JOHN REED
ZEHN TAGE, DIE DIE WELT
ERSCHÜTTERTEN

JOHN REED

# JOHN REED

# ZEHN TAGE
## DIE DIE WELT
## ERSCHÜTTERTEN

MIT EINEM VORWORT VON
W. I. LENIN
UND EINEM VORWORT VON
N. K. KRUPSKAJA

DIETZ VERLAG BERLIN

1988

Originaltitel:
TEN DAYS THAT SHOOK THE WORLD

© Deutsche Übersetzung:
Dietz Verlag Berlin 1957

Reed, John: Zehn Tage, die die Welt erschütterten / John Reed.
Mit e. Vorw. von W. I. Lenin u. e. Vorw. von N. K. Krupskaja.
[Im Anh. Dokumente u. Materialien aus d. Oktobertagen
d. Jahres 1917].
– 21. Aufl. – Berlin : Dietz Verl., 1988. – 516 S. : 7 Abb.
EST: Ten days that shook the world ⟨dt.⟩

ISBN 3-320-00600-2

Mit einem Bild und sechs Faksimiles
Im Anhang Dokumente und Materialien
aus den Oktobertagen des Jahres 1917

21. Auflage 1988
Dietz Verlag Berlin
Lizenznummer 1 · LSV 7333
Lektor: Ursula Schäffer
Einband und Schutzumschlag: JOHN HEARTFIELD (1927)
Printed in the German Democratic Republic
Gesamtherstellung: Karl-Marx-Werk Pößneck V 15/30
„Betrieb der ausgezeichneten Qualitätsarbeit"
Best.-Nr. 735 227 3

00750

# VORWORT
## ZUR AMERIKANISCHEN AUSGABE

Mit größtem Interesse und nicht erlahmender Aufmerksamkeit las ich John Reeds Buch „Zehn Tage, die die Welt erschütterten", und ich möchte es den Arbeitern in aller Welt von ganzem Herzen empfehlen. Dies ist ein Buch, das ich in Millionen von Exemplaren verbreitet und in alle Sprachen übersetzt wissen möchte. Es gibt eine wahrheitsgetreue und äußerst lebendige Darstellung der Ereignisse, die für das Verständnis der proletarischen Revolution und der Diktatur des Proletariats von größter Bedeutung sind. Diese Probleme werden gegenwärtig weit und breit diskutiert, aber bevor man diese Ideen annimmt oder verwirft, muß man die ganze Bedeutung einer solchen Entscheidung begriffen haben. Ohne Zweifel wird John Reeds Buch zur Klärung dieser Frage beitragen, die das Grundproblem der internationalen Arbeiterbewegung ist.

*Geschrieben 1919*                                     *N. Lenin*

„Zehn Tage, die die Welt erschütterten" hat John Reed sein
ausgezeichnetes Buch benannt. Hier sind die ersten Tage der
Oktoberrevolution ungewöhnlich eindrucksvoll und stark beschrieben. Es ist keine einfache Aufzählung von Tatsachen,
keine Sammlung von Dokumenten, es ist eine Reihe leben-
diger, derart typischer Szenen, daß jedem Teilnehmer der Revolution die analogen Szenen, deren Zeuge er war, in Erinnerung kommen müssen. All diese aus dem Leben gegriffenen
Bilder können die Stimmung der Massen gar nicht besser wie-
dergeben – eine Stimmung, auf deren Hintergrund jeder Akt
der großen Revolution besonders klar verständlich wird.

Auf den ersten Blick erscheint es seltsam, wie ein Ausländer,
ein Amerikaner, der die Sprache und den Alltag des Volkes
nicht kannte, dieses Buch schreiben konnte.

Ausländer schreiben über Sowjetrußland anders. Sie verstehen die sich vollziehenden Ereignisse entweder überhaupt nicht
oder greifen einzelne Tatsachen heraus, die nicht immer typisch
sind, und verallgemeinern diese.

Es hat freilich sehr wenige Augenzeugen der Revolution gegeben.

John Reed war kein gleichgültiger Beobachter, er war ein leidenschaftlicher Revolutionär, ein Kommunist, der den Sinn
der Ereignisse, den Sinn des großen Kampfes erfaßt hat.

Dieses Verstehen gab ihm jenen scharfen Blick, ohne den er ein solches Buch niemals hätte schreiben können.

Die Russen schreiben auch anders über die Oktoberrevolution: sie geben entweder eine Einschätzung der Revolution oder schildern jene Episoden, die sie selbst miterlebt haben. Das Buch John Reeds vermittelt das allgemeine Bild einer echten Volksrevolution, und daher wird es eine besonders große Bedeutung für die Jugend haben, für die künftigen Generationen, für diejenigen, für die die Oktoberrevolution bereits Geschichte sein wird. Das Buch John Reeds ist ein Epos eigener Art.

John Reed hat sich mit der russischen Revolution ganz verbunden. Sowjetrußland wurde ihm vertraut und nahe. Er starb hier am Typhus und wurde unter der Roten Mauer bestattet. Derjenige, der die Bestattung der Opfer der Revolution so geschildert hat wie John Reed, ist dieser Ehre würdig.

*N. Krupskaja*

## VORWORT DES AUTORS

Dieses Buch ist ein Stück geballte Geschichte — Geschichte, wie ich sie selbst erlebt habe. Es will nichts anderes sein als ein eingehender Tatsachenbericht der Novemberrevolution*, in der die Bolschewiki an der Spitze der Arbeiter und Soldaten die Staatsmacht in Rußland ergriffen und in die Hände der Sowjets legten.

Natürlich beschäftigt es sich zum größten Teil mit dem „Roten Petrograd", der Hauptstadt und dem Herzen des Aufstandes. Aber der Leser muß verstehen, daß alles, was in Petrograd geschah, früher oder später, mehr oder weniger machtvoll, überall in Rußland seine Wiederholung fand.

In diesem Buch, dem ersten einer Serie, an der ich arbeite, muß ich mich auf eine Chronik jener Ereignisse beschränken, die ich selbst gesehen und erlebt habe oder von denen ich zuverlässige Berichte erhielt. An den Anfang stelle ich zwei Kapitel, die in großen Zügen den Hintergrund und die Ursachen der Novemberrevolution umreißen. Ich bin mir darüber klar, daß diese beiden Kapitel schwer zu lesen sind, aber sie sind notwendig, um die späteren Ereignisse zu verstehen.

Beim Leser werden eine ganze Reihe Fragen auftauchen. Was

---

* Sämtliche Daten, die von John Reed angeführt werden, entsprechen dem neuen Kalenderstil. Die Daten in Klammern entsprechen dem alten Kalenderstil. Die Red.

ist Bolschewismus? Wie sah die von den Bolschewiki aufgestellte Regierung aus? Wenn die Bolschewiki vor der Novemberrevolution die Konstituierende Versammlung forderten, warum lösten sie sie nachher mit Waffengewalt auf? Und wenn die Bourgeoisie gegen die Konstituierende Versammlung war, bevor die Gefahr des Bolschewismus für sie offensichtlich wurde, warum setzte sie sich nachher so energisch dafür ein?

Diese und viele andere Fragen können in diesem Buch nicht beantwortet werden. In einem weiteren Band, „Von Kornilow bis Brest-Litowsk"*, verfolge ich den Lauf der Revolution bis zum Friedensschluß mit Deutschland. Dort erkläre ich auch den Ursprung und die Tätigkeit der revolutionären Organisationen, die Entwicklung im Denken und Fühlen der Massen, die Auflösung der Konstituierenden Versammlung, die Struktur des Sowjetstaates, den Verlauf und das Ergebnis der Verhandlungen von Brest-Litowsk . . .

Wenn wir den Aufstieg der Bolschewiki betrachten, müssen wir verstehen, daß das Wirtschaftsleben Rußlands und die russische Armee nicht am 7. November 1917 desorganisiert wurden, sondern schon Monate früher, als logisches Ergebnis eines Prozesses, der schon 1915 einsetzte. Die korrupten Reaktionäre, die am Zarenhof das Regiment führten, untergruben Rußland ganz systematisch, um einen separaten Friedensvertrag mit Deutschland herbeizuführen. Der Waffenmangel an der Front, der im Sommer 1915 zum großen Rückzug führte, der Lebensmittelmangel an der Front und in den Großstädten, der Zusammenbruch der Industrie und des Verkehrswesens im Jahre 1916 — all das waren, wie wir heute wissen, einzelne Phasen einer gewaltigen Sabotageaktion. Allein die Märzrevolution** schob ihr in letzter Minute einen Riegel vor.

---

* Dieses Buch ist nicht erschienen. John Reed hat es nicht beenden können. *Die Red.*

** Februarrevolution (alten Stils). *Die Red.*

Bei einer großen Revolution, in der hundertsechzig Millionen der am schwersten unterdrückten Menschen in der Welt plötzlich ihre Freiheit errangen, konnte es begreiflicherweise nicht ohne Verwirrung abgehen. Und dennoch besserte sich in den ersten Monaten des neuen Regimes die innere Lage und erhöhte sich auch die Kampfkraft der Truppen.

Aber die „Flitterwochen" waren kurz. Die besitzenden Klassen wollten eine ausschließlich politische Revolution, die dem Zaren die Macht nähme und sie ihnen gäbe. Sie wollten aus Rußland eine konstitutionelle Republik machen wie Frankreich oder die Vereinigten Staaten; oder eine konstitutionelle Monarchie wie England. Die Massen des Volkes dagegen wollten eine wirkliche Revolution in Industrie und Landwirtschaft.

William English Walling beschreibt in seinem Buch „Rußlands Botschaft"* die Stimmung der russischen Arbeiter, die später fast ausnahmslos den Bolschewismus unterstützten.

„Sie (die Arbeiter) sahen, daß sie selbst unter einer freien Regierung, wenn sie in die Hand anderer Gesellschaftsklassen fiel, unter Umständen weiter Hunger leiden würden ...

Der russische Arbeiter ist revolutionär, aber er ist weder gewalttätig noch dogmatisch, noch unintelligent. Er ist bereit, auf die Barrikaden zu gehen, aber er hat die Barrikaden auch studiert, und er als einziger unter den Arbeitern der ganzen Welt hat sie aus eigener Erfahrung kennengelernt. Er ist bereit und gewillt, seinen Unterdrücker, die Kapitalistenklasse, bis zum Ende zu bekämpfen. Aber er übersieht nicht das Bestehen anderer Klassen, nur verlangt er, daß die anderen Klas-

---

* William English Walling (1877–1936), amerikanischer Wirtschaftswissenschaftler und Soziologe, Verfasser mehrerer Arbeiten über die Arbeiterbewegung und über den Sozialismus. Die von John Reed zitierte Arbeit Wallings „Rußlands Botschaft" ist 1908 in den USA veröffentlicht worden. Die Red.

sen sich in dem herannahenden erbitterten Kampf klar auf die eine oder andere Seite stellen.

Sie (die Arbeiter) waren sich darüber einig, daß unsere (die amerikanischen) politischen Institutionen besser sind als ihre eigenen, aber sie hatten keine Lust, einen Despoten gegen einen anderen (d. h. die Kapitalistenklasse) auszutauschen . . .

Die Arbeiter Rußlands ließen sich nicht dafür zu Hunderten niederschießen und hinrichten, in Moskau, in Riga, in Odessa, ließen sich nicht zu Tausenden in jedes russische Gefängnis sperren, in die schlimmsten Einöden und arktischen Gebiete verbannen, um dafür das zweifelhafte Glück eines Arbeiters in Goldfields oder Cripple Creek* einzutauschen . . ."

Und so entwickelte sich in Rußland, inmitten eines Weltkrieges, aus der politischen Revolution heraus die soziale Revolution, die mit dem Sieg der Bolschewiki ihren Höhepunkt erreichte.

Mr. A. J. Sack, der Direktor des russischen Informationsbüros in den Vereinigten Staaten und ein Gegner der Sowjetregierung, hat in seinem Buch „Die Geburt der russischen Demokratie" folgendes zu sagen:

„Die Bolschewiki bildeten ihr eigenes Kabinett mit Nikolai Lenin als Premier und Leo Trotzki als Außenminister. Schon bald nach der Märzrevolution war es klar, daß es so kommen mußte. Die Geschichte der Bolschewiki nach der Revolution ist eine Geschichte ihres ständigen Wachstums . . ."

Ausländer, ganz besonders die Amerikaner, sprechen gern von der „Unwissenheit" der russischen Arbeiter. Es ist wahr, sie hatten nicht die politischen Erfahrungen der Völker des Westens, aber sie waren Meister im freiwilligen Zusammenschluß. 1917 gab es mehr als zwölf Millionen Mitglieder der

---

* Grubenstädte im Westen der USA, in denen die Streiks der Bergarbeiter blutig niedergeschlagen wurden. *Die Red.*

russischen Konsumgenossenschaften; und die Sowjets selbst sind ein hervorragender Beweis für ihr Organisationstalent. Außerdem gibt es wahrscheinlich in der ganzen Welt kein anderes Volk, das so gut in der sozialistischen Theorie und ihrer praktischen Anwendung geschult ist.

William English Walling charakterisierte es folgendermaßen: „Die russischen Werktätigen können meist lesen und schreiben. Seit langem herrscht im Land eine so große Unzufriedenheit, daß die Arbeiter ihre Führer nicht nur unter den Intelligentesten aus ihrer eigenen Mitte suchen müssen, sondern auch auf einen großen Teil der nicht minder revolutionären gebildeten Klasse rechnen können, die sich mit ihren Gedanken über die politische und soziale Umgestaltung Rußlands den Arbeitern zugewandt hat . . .“

Viele Schriftsteller und Journalisten behaupten, um ihre Gegnerschaft zur Sowjetregierung zu begründen, die letzte Phase der Revolution sei nichts anderes gewesen als ein Kampf der „anständigen“ Elemente gegen die brutalen Angriffe der Bolschewiki. Tatsächlich war es aber so, daß die besitzenden Klassen, als sie die ständig steigende Macht der revolutionären Organisationen des Volkes erkannten, alles versuchten, um sie zu vernichten und der Revolution Einhalt zu gebieten. Dazu war ihnen jedes, auch das verzweifeltste Mittel recht. Um die Kerenskiregierung und die Sowjets zugrunde zu richten, wurde das Verkehrswesen desorganisiert, wurden innere Unruhen heraufbeschworen. Um die Fabrikkomitees zu vernichten, wurden Fabriken geschlossen, Brennstoff und Rohmaterial beiseite geschafft. Um die Armeekomitees an der Front zu sprengen, wurde die Todesstrafe wieder eingeführt und alles getan, um eine militärische Niederlage heraufzubeschwören.

Das alles war ein guter Nährboden für die Bolschewiki. Sie riefen zum Klassenkampf auf und verkündeten die Überlegenheit der Sowjets.

Zwischen diesen beiden Extremen standen die sogenannten gemäßigten Sozialisten, die Menschewiki und Sozialrevolutionäre, und einige kleinere Parteien und Splittergruppen, die sie aus ganzem oder halbem Herzen unterstützten. Auch diese Gruppen wurden von den besitzenden Klassen angegriffen, aber durch ihre Theorien hatten sie selbst ihre Widerstandskraft gelähmt.

Allgemein kann man sagen, daß die Menschewiki und Sozialrevolutionäre die Meinung vertraten, Rußland sei für eine soziale Revolution wirtschaftlich noch nicht reif — nur eine *politische* Revolution sei möglich. Ihrer Meinung nach waren die russischen Massen noch zu ungebildet, um die Macht zu übernehmen; jeder Versuch in dieser Richtung müsse unvermeidlich eine Reaktion hervorrufen, die von skrupellosen Opportunisten dazu ausgenutzt werden könnte, das alte Regime wiederherzustellen. Als nun die „gemäßigten" Sozialisten zwangsläufig die Macht übernehmen mußten, konnte es unter diesen Umständen nicht ausbleiben, daß sie sich fürchteten, sie auszuüben.

Sie glaubten, Rußland müsse alle Phasen der politischen und wirtschaftlichen Entwicklung durchlaufen, die auch Westeuropa durchgemacht hatte, um schließlich zusammen mit der ganzen Welt in den fertigen Sozialismus einzutreten. So stimmten sie natürlich mit den besitzenden Klassen darin überein, daß Rußland zunächst einmal ein parlamentarischer Staat werden müsse — allerdings mit gewissen Fortschritten gegenüber den westlichen Demokratien. Deshalb bestanden sie auch auf Teilnahme der besitzenden Klassen an der Regierung.

Von einer solchen Position zur eindeutigen Unterstützung der Besitzenden war nur noch ein Schritt. Die „gemäßigten" Sozialisten brauchten die Bourgeoisie. Die Bourgeoisie dagegen brauchte die „gemäßigten" Sozialisten nicht. So mußten also die sozialistischen Minister nach und nach ihr gesamtes Programm preisgeben, während die besitzenden Klassen immer mehr verlangten.

Und schließlich, als die Bolschewiki diesem ganzen faulen Kompromiß den Todesstoß versetzten, standen die Menschewiki und Sozialrevolutionäre im Kampf auf der Seite der besitzenden Klassen ... In fast jedem Land der Welt erleben wir heute das gleiche.

Statt, wie so oft behauptet wird, eine zerstörende Kraft zu sein, waren die Bolschewiki meines Erachtens die einzigen in Rußland, die ein konstruktives Programm aufzuweisen hatten und auch über die Macht verfügten, um es durchzusetzen. Hätten sie nicht in dem Augenblick die Regierungsgewalt ergriffen, zweifle ich nicht im mindesten daran, daß die Truppen des deutschen Kaiserreiches noch im Dezember in Petrograd und Moskau einmarschiert wären und Rußland wieder den Zaren auf dem Nacken gehabt hätte ...

Noch heute, ein Jahr nach der Konstituierung der Sowjetregierung, gehört es zum sogenannten guten Ton, den bolschewistischen Aufstand ein „Abenteuer" zu nennen. Ein Abenteuer war es, und eines der herrlichsten, das die Menschheit aufzuweisen hat. Die arbeitenden Massen haben die Geschichte in die Hand genommen und alles ihren gewaltigen und doch so leichtverständlichen Wünschen untergeordnet. Der Apparat war vorhanden, mit dessen Hilfe der Großgrundbesitz unter die Bauern aufgeteilt werden konnte. Es gab die Fabrikkomitees und Gewerkschaften, um die Kontrolle der Arbeiter über die Industrie in Gang zu bringen. In jedem Dorf, in jeder Stadt, in jedem Bezirk, in jedem Gouvernement gab es Sowjets der Arbeiter-, Soldaten- und Bauerndeputierten, bereit, die örtliche Verwaltung in die Hand zu nehmen.

Was man auch vom Bolschewismus denken mag, unbestreitbar ist, daß die russische Revolution eine der größten Taten in der Geschichte der Menschheit ist und der Aufstieg der Bolschewiki ein Ereignis von weltweiter Bedeutung. Ebenso wie die Historiker jeder Einzelheit aus der Geschichte der Pariser Kommune nachspüren, werden sie auch wissen wollen, was sich im November 1917 in Petrograd zutrug, welcher Geist die Menschen beseelte, wie ihre Führer aussahen, wie sie sprachen und wie sie handelten. Das hat mich bewogen, dieses Buch zu schreiben.

Im Kampf waren meine Sympathien nicht neutral. Aber in meiner Schilderung der Geschichte dieser großen Tage habe ich versucht, die Ereignisse mit den Augen eines gewissenhaften Reporters zu sehen, der nichts anderes will als die Wahrheit schreiben.

New York, 1. Januar 1919                                J. R.

## EINFÜHRENDE BEMERKUNGEN
## UND ERKLÄRUNGEN*

Dem Durchschnittsleser wird es schwerfallen, sich durch die
Vielfalt der russischen Organisationen – politische Gruppen,
Komitees, Zentralkomitees, Sowjets, Dumas und Verbände –
durchzufinden. Deshalb möchte ich hier einige kurze Defini-
tionen und Erklärungen dazu geben.

### Politische Parteien

Bei den Wahlen zur Konstituierenden Versammlung gab es
in Petrograd siebzehn Listen und in einigen Provinzstädten bis
zu vierzig; die folgende Übersicht über die Ziele und die Zusammensetzung einiger politischer Parteien und Gruppen beschränkt sich jedoch auf die in diesem Buch erwähnten. Ich
kann hier über ihr Programm und den allgemeinen Charakter
ihrer Anhänger nur das Wesentlichste sagen ...

---

* Trotz einiger Ungenauigkeiten sind die von John Reed zu-
sammengestellten „Einführenden Bemerkungen und Erklärungen"
von bedeutendem Interesse. Sie zeigen, wie gründlich er die politischen Verhältnisse, die sich in Rußland in der Periode vor dem
Oktober herausgebildet hatten, studiert hat; vor allem aber gestatten sie es, die politischen Sympathien und Antipathien des Ver-
fassers sowie dessen eigene Einschätzung der sich gegenseitig bekämpfenden Parteien und Gruppierungen zu beurteilen. *Die Red.*

1. *Monarchisten* verschiedener Schattierungen, *Oktobristen* usw. Diese ehemals so mächtigen Gruppen bestanden als legale Parteien nicht mehr; sie arbeiteten entweder illegal, oder ihre Mitglieder schlossen sich den Kadetten an, die dem politischen Programm der Monarchisten immer näher kamen. Ihre in diesem Buch genannten Vertreter sind Rodsjanko und Schulgin.

2. *Kadetten*. Diese Bezeichnung leitet sich von den Anfangsbuchstaben des Namens „Konstitutionelle Demokraten" ab. Ihr offizieller Name lautet „Partei der Volksfreiheit". Unter dem Zaren eine Partei der Liberalen aus den Reihen der besitzenden Klassen, traten die Kadetten damals als die große Partei der *politischen* Reformen auf und entsprachen damit mehr oder weniger der Fortschrittspartei* in Amerika. Als im März 1917 die Revolution ausbrach, bildeten die Kadetten die erste Provisorische Regierung. Das Kabinett der Kadetten wurde im April gestürzt, weil es sich für die imperialistischen Ziele der Alliierten aussprach, einschließlich der imperialistischen Ziele der Zarenregierung. Je mehr die Revolution einen *sozialen* und *ökonomischen* Charakter annahm, desto konservativer wurden die Kadetten. Ihre Vertreter in diesem Buch sind Miljukow, Winawer, Schazki.

2a. *Bund von Männern der Öffentlichkeit*. Nachdem die Kadetten durch ihre Verbindung zur Konterrevolution Kornilows jede Popularität verloren hatten, wurde in Moskau der „Bund von Männern der Öffentlichkeit" gebildet. Delegierte dieser Gruppe erhielten Ministerposten im letzten Kabinett Kerenskis. Die Gruppe gab sich als überparteilich aus, aber ihre intellektuellen Führer waren Männer wie Rodsjanko und Schulgin. Dieser Gruppe gehörten die „modernen" Bankiers,

---

* Progressive (Bull Moose) Party. Von Theodore Roosevelt 1912 gegründete Partei, die mit einem demagogischen Programm die anwachsende Volksbewegung ablenken und desorganisieren sollte. Sie zerfiel kurze Zeit später. *Die Red.*

Kaufleute und Fabrikanten an, die klug genug waren, um einzusehen, daß man die Sowjets mit ihren eigenen Waffen bekämpfen mußte – mit der wirtschaftlichen Organisation. Typisch für diese Gruppe sind Lianosow und Konowalow.

3. *Volkssozialisten oder Trudowiki* (Gruppe der Arbeit). Zahlenmäßig eine kleine Partei. Zu ihren Mitgliedern gehörten gemäßigte Intellektuelle, die Führer der Genossenschaften und konservativen Bauern. Obwohl sie vorgaben, Sozialisten zu sein, unterstützten die Volkssozialisten in Wirklichkeit die Interessen des Kleinbürgertums – der Beamten, Gewerbetreibenden usw. Sie übernahmen als direktes Erbe die kompromißlerischen Traditionen der „Gruppe der Arbeit" in der zaristischen Duma, der vor allem Bauernvertreter angehört hatten. Kerenski war der Führer der Trudowiki in der zaristischen Duma, als die Märzrevolution 1917 ausbrach. Die Volkssozialisten sind eine nationalistische Partei. Ihre Vertreter in diesem Buch sind Peschechonow und Tschaikowski.

4. *Sozialdemokratische Arbeiterpartei Rußlands.* Ursprünglich eine marxistische Partei. Auf ihrem Parteitag von 1903 spaltete sie sich über Fragen der Taktik in zwei Gruppen – die Mehrheit (Bolschinstwo) und die Minderheit (Menschinstwo). Daraus ergaben sich die Bezeichnungen „Bolschewiki" und „Menschewiki" – „Angehörige der Mehrheit" und „Angehörige der Minderheit". Diese beiden Flügel entwickelten sich zu voneinander unabhängigen Parteien, die sich aber beide „Sozialdemokratische Arbeiterpartei Rußlands" nannten und beide für sich in Anspruch nahmen, marxistisch zu sein. Seit der Revolution waren die Bolschewiki zahlenmäßig in der Minderheit und wurden erst im September 1917 wieder die Mehrheit.

a) *Menschewiki.* Dieser Partei gehören Sozialisten aller Schattierungen an, die der Meinung sind, die Gesellschaft müsse durch eine natürliche Evolution zum Sozialismus gelangen und die Arbeiterklasse müsse zunächst die politische Macht erobern. Auch sie ist eine nationalistische Partei. Von jeher war sie die Partei der sozialistischen Intellektuellen, die sich, unter dem Bildungsmonopol der besitzenden Klassen erzogen, diesem Einfluß nicht entziehen konnten und sich letzten Endes auf ihre Seite stellten. Zu ihren Vertretern in diesem Buch gehören Dan, Liber, Zereteli.

b) *Menschewiki-Internationalisten*. Der radikale Flügel der Menschewiki, Internationalisten und Gegner jeder Koalition mit den besitzenden Klassen. Trotzdem waren sie nicht bereit, sich völlig von den konservativen Menschewiki zu lösen. Sie sind Gegner der von den Bolschewiki vertretenen Diktatur des Proletariats. Trotzki war lange Mitglied dieser Gruppe. Zu ihren Führern gehören Martow und Martynow.

c) *Bolschewiki*. Heute nennen sie sich „Kommunistische Partei", um ihre völlige Loslösung von der Tradition des „gemäßigten" oder „parlamentarischen" Sozialismus zu dokumentieren, der bei den Menschewiki und den sogenannten Mehrheitssozialisten aller Länder vorherrscht. Die Bolschewiki forderten den sofortigen proletarischen Aufstand, die Machtergreifung, um durch die gewaltsame Übernahme der Industrie, des Bodens, der Naturschätze und Finanzinstitutionen die Herbeiführung des Sozialismus zu beschleunigen. Diese Partei vertritt in der Hauptsache den Willen der Industriearbeiter, aber auch großer Teile der armen Bauern. Der Name „Bolschewiki" darf keinesfalls mit „Maximalisten" übersetzt werden. Die Maximalisten sind eine besondere Gruppe (siehe Absatz 5b). Zu den Führern der Bolschewiki gehören Lenin, Trotzki, Lunatscharski.

d) *Vereinigte Sozialdemokraten – Internationalisten*, auch als Gruppe „Nowaja Shisn" (Neues Leben) nach ihrer sehr einflußreichen Zeitung bekannt. Eine kleine Gruppe von Intellektuellen. Außer den persönlichen Anhängern Gorkis, des Führers dieser Gruppe, gehören ihr kaum Arbeiter an. Die

Gruppe vertritt fast das gleiche Programm wie die Mensche-wiki-Internationalisten, unterscheidet sich aber von ihnen dadurch, daß sie sich weder den Bolschewiki noch den Menschewiki anschlossen. Obwohl Gegner der bolschewistischen Taktik, verblieben sie doch in der Sowjetregierung. Weitere Vertreter in diesem Buch sind Awilow, Kramarow.

e) *Jedinstwo*. Eine sehr kleine, im Verschwinden begriffene Gruppe, der fast nur die persönlichen Anhänger Plechanows angehören. Plechanow war einer der Pioniere der russischen sozialdemokratischen Bewegung in den achtziger Jahren des vorigen Jahrhunderts und ihr größter Theoretiker. Als alter Mann nahm Plechanow eine extrem patriotische Haltung ein und war sogar den Menschewiki zu konservativ. Nach dem bolschewistischen Aufstand löste sich die Gruppe Jedinstwo auf.

5. *Sozialrevolutionäre Partei*. Ihren Anfangsbuchstaben nach nannte man sie „SR". Ursprünglich war sie die revolutionäre Partei der Bauern, die Partei der „Kampforganisationen" – der Terroristen. Nach der Märzrevolution strömten ihr viele Mitglieder zu, die niemals Sozialisten waren. Nunmehr traten sie dafür ein, daß lediglich das Privateigentum an Grund und Boden abgeschafft werden solle. Die Eigentümer sollten irgendwie entschädigt werden. Schließlich zwang die immer stärker werdende revolutionäre Stimmung unter den Bauern die Sozialrevolutionäre, ihre „Entschädigungsklausel" fallenzulassen. Daraufhin verließen im Herbst 1917 die jüngeren und stürmischeren Intellektuellen die Partei und schlossen sich zur „linken sozialrevolutionären Partei" zusammen. Die alte Partei, die später von den radikalen Gruppen immer „rechte sozialrevolutionäre Partei" genannt wurde, verfolgte die gleiche Politik wie die Menschewiki und arbeitete mit ihnen zusammen. Schließlich wurden die rechten Sozialrevolutionäre die Vertreter der wohlhabenden Bauern, der Intellektuellen

und der politisch ungeschulten Bevölkerung entlegener ländlicher Gebiete. Es gab unter ihnen jedoch eine größere Vielfalt politischer und ökonomischer Schattierungen als unter den Menschewiki. Zu ihren in diesem Buch erwähnten Führern gehören: Awxentjew, Goz, Kerenski, Tschernow, „Babuschka" Breschkowskaja.

a) *Linke Sozialrevolutionäre.* Obwohl sie theoretisch dem bolschewistischen Programm der Diktatur des Proletariats zustimmten, zögerten sie anfangs, sich der rücksichtslosen Taktik der Bolschewiki anzuschließen. Die linken Sozialrevolutionäre blieben jedoch in der Sowjetregierung und übernahmen Posten im Kabinett, insbesondere das Volkskommissariat für Landwirtschaft. Sie verließen die Regierung mehrere Male, kehrten aber immer wieder zurück. Die Bauern, die in immer größerer Zahl die rechten Sozialrevolutionäre verließen, schlossen sich den linken Sozialrevolutionären an, die somit zur großen Bauernpartei wurden. Sie unterstützten die Sowjetregierung und traten für die entschädigungslose Enteignung des Großgrundbesitzes und seine Übergabe an die Bauern ein. Zu ihren Führern gehören Spiridonowa, Karelin, Kamkow, Kalagajew.

b) *Maximalisten.* Eine Splittergruppe der Sozialrevolutionären Partei in der Revolution von 1905. Damals führten sie eine machtvolle Bauernbewegung, die für die sofortige Durchführung eines sozialistischen Maximalprogramms eintrat. Jetzt eine unbedeutende Gruppe bäuerlicher Anarchisten.

### Parlamentarische Gepflogenheiten

Die Verfahrensregeln bei russischen Versammlungen und Kongressen sind den kontinentalen Gepflogenheiten ähnlicher als den unseren. Die erste Handlung ist im allgemeinen die Wahl eines Präsidiums.

21

Das Präsidium ist ein Komitee, das den Vorsitz über die Versammlung innehat. Ihm gehören Vertreter der an der Versammlung teilnehmenden Gruppen und politischen Parteien im Verhältnis zu ihrer Mitgliederzahl an. Das Präsidium stellt die Geschäftsordnung auf, und jedes seiner Mitglieder kann vom Vorsitzenden aufgefordert werden, zeitweise die Versammlung zu leiten.

Jede Frage wird erst allgemein aufgeworfen und dann diskutiert. Zum Abschluß der Debatte bringen die verschiedenen Parteien Resolutionen ein, über die einzeln abgestimmt wird. Es kann geschehen, und geschieht auch meistens, daß die Geschäftsordnung schon in der ersten halben Stunde über den Haufen geworfen wird. Unter Berufung auf besondere „Dringlichkeit", die von der Versammlung fast immer anerkannt wird, kann jeder aufstehen und sich zu jedem beliebigen Thema äußern. Die Versammlung wird von den Massen der Teilnehmer beherrscht. Dem Versammlungsleiter bleibt weiter nichts zu tun, als mit einer Glocke Ordnung zu schaffen und die Redner anzusagen. Die Hauptarbeit der Tagungen wird in den Fraktionssitzungen der verschiedenen Gruppen und Parteien geleistet, die fast immer geschlossen abstimmen und von Fraktionsführern vertreten werden. Das führt jedoch dazu, daß bei jeder neuen wichtigen Frage, bei jeder Abstimmung, die Tagung unterbrochen werden muß, damit sich die verschiedenen Gruppen und Parteien zu einer Fraktionsbesprechung zusammenfinden können.

Die Versammlungsteilnehmer sind sehr laut, bekunden den Rednern ihren Beifall oder ihr Mißfallen und machen jede vom Präsidium festgelegte Ordnung zunichte. Zu den üblichen Zurufen gehören: „Prossim!" (Bitte! Weitermachen!), „Prawilno!" „Eto werno!" (Sehr richtig! Sehr wahr!), „Dowolno!" (Genug!), „Doloi!" (Abtreten!), „Posor!" (Schande!) und „Tische!" (Ruhe!)

## Massenorganisationen

1. *Sowjets.* Das Wort Sowjet bedeutet „Rat". Unter dem Zaren wurde der Reichsrat „Gossudarstwenny Sowjet" genannt. Seit der Revolution versteht man aber unter Sowjet immer mehr ein von den Mitgliedern der wirtschaftlichen Organisationen der Werktätigen gewähltes Parlament – den Sowjet der Arbeiter-, Soldaten- und Bauerndeputierten. Ich habe also nur diese spezifischen Organisationen mit dem Wort Sowjet bezeichnet und an allen anderen Stellen das Wort mit „Rat" übersetzt.

Neben den örtlichen Sowjets, die in jeder Stadt und jedem Dorf Rußlands gewählt werden – in den Großstädten außerdem Sowjets der Stadtbezirke (Rayons) –, gibt es auch Bezirks- und Gouvernementssowjets (oblastnyje oder gubernskije) und das Zentralexekutivkomitee der Gesamtrussischen Sowjets in der Hauptstadt, nach den Anfangsbuchstaben ZEK genannt (siehe auch weiter unten „Zentralkomitees").

Fast überall vereinten sich nach der Märzrevolution die Sowjets der Arbeiterdeputierten und die der Soldatendeputierten. In besonderen Fragen, die sich auf ihre spezifischen Interessen bezogen, traten die Sektionen der Arbeiter und Soldaten auch weiterhin gesondert zusammen. Die Sowjets der Bauerndeputierten schlossen sich den anderen erst nach der Machtergreifung durch die Bolschewiki an. Auch sie waren wie die Arbeiter und Soldaten organisiert, mit einem Gesamtrussischen Exekutivkomitee der Bauernsowjets in der Hauptstadt.

2. *Gewerkschaften.* Obwohl meist in Form von Industriegewerkschaften organisiert, nannten sich die russischen Gewerkschaften noch immer Fachverbände. Zur Zeit der bolschewistischen Revolution hatten sie vier Millionen Mitglieder. Auch die Gewerkschaften waren in einem gesamtrussischen Verband zusammengeschlossen, einer Art Russischer Arbeiter-

föderation*, mit einem Zentralexekutivkomitee in der Hauptstadt.

3. *Fabrikkomitees.* Diese waren spontan entstandene Organisationen, von den Arbeitern in den Fabriken gebildet, um die Kontrolle über die Industrie auszuüben. Sie nutzten das administrative Chaos, das die Revolution mit sich gebracht hatte, um sich eine feste Position zu schaffen. Ihre Funktion bestand darin, durch revolutionäre Aktionen die Fabriken in die eigenen Hände zu nehmen und zu leiten. Die Fabrikkomitees hatten auch ihre gesamtrussische Organisation mit einem Zentralkomitee in Petrograd, das mit den Gewerkschaften zusammenarbeitete.

4. *Dumas.* Das Wort Duma bedeutet mehr oder weniger „beratende Körperschaft". Die alte zaristische Duma, die in etwas demokratisierter Form noch sechs Monate nach der Revolution bestand, starb im September 1917 eines natürlichen Todes. Die Stadtduma, die in diesem Buch eine Rolle spielt, war der reorganisierte Stadtrat, häufig auch „städtische Selbstverwaltung" genannt. Sie wurde in direkter und geheimer Wahl gewählt, und wenn sie während der bolschewistischen Revolution die Unterstützung der Massen verlor, dann liegt das hauptsächlich daran, daß mit der aufsteigenden Macht der Organisationen, die sich auf *ökonomische* Gruppen stützten, alle rein *politischen* Vertretungen an Einfluß verloren.

5. *Semstwos.* Dieser Name läßt sich mehr oder weniger mit „Landräte" übersetzen. Unter dem Zaren waren die Semstwos halb politische, halb soziale Körperschaften, mit verschwindend kleinen administrativen Funktionen. Sie wurden zum größten Teil von intellektuellen Liberalen aus der Grundbesitzerklasse beherrscht. Ihre wichtigste Funktion war die Schaffung

---

* Hier will Reed offensichtlich auf die Amerikanische Arbeiterföderation (American Federation of Labor – AFL) hinweisen. *Die Red.*

von Schulen und sozialen Einrichtungen für die Bauern. Während des Krieges nahmen die Semstwos allmählich die gesamte Versorgung der Armee mit Lebensmitteln und Kleidung sowie die Käufe aus dem Ausland in die Hand. Sie leisteten unter den Soldaten eine Arbeit, die mehr oder weniger der Tätigkeit des Christlichen Vereins junger Männer an der Front entspricht. Nach der Märzrevolution wurden die Semstwos demokratisiert, weil man beabsichtigte, ihnen die örtlichen Regierungsorgane in den ländlichen Gebieten zu übertragen. Sie konnten aber ebensowenig wie die Stadtdumas gegen die Sowjets aufkommen.

6. *Genossenschaften.* Darunter sind die Konsumgenossenschaften der Arbeiter und Bauern zu verstehen, die vor der Revolution in Rußland mehrere Millionen Mitglieder hatten. Von Liberalen und „gemäßigten" Sozialisten gegründet, wurden die Genossenschaften nicht von den revolutionären sozialistischen Gruppen unterstützt, da sie eine Ersatzlösung gegenüber der völligen Übernahme der Produktionsmittel und der Verteilung in die Hände der Werktätigen darstellten. Nach der Märzrevolution vergrößerten sich die Genossenschaften rasch. Sie wurden von den Volkssozialisten, Menschewiki und Sozialrevolutionären beherrscht und spielten bis zur bolschewistischen Revolution die Rolle einer konservativen politischen Kraft. Trotzdem darf man nicht übersehen, daß die Genossenschaften Rußland mit Lebensmitteln versorgten, als der alte Handels- und Verkehrsapparat zusammengebrochen war.

7. *Armeekomitees.* Die Armeekomitees wurden von den Soldaten an der Front gebildet, um den reaktionären Einfluß der Offiziere des alten Regimes zu bekämpfen. Jede Kompanie, jedes Regiment, jede Brigade und Division, jedes Korps hatte ein eigenes Komitee. Als Dachorganisation wurde ein Armeekomitee gewählt. Das Zentrale Armeekomitee arbeitete mit dem Generalstab zusammen. Der durch die Revolution verursachte

administrative Zusammenbruch in der Armee lud fast die gesamte Arbeit der Quartiermeister und in einigen Fällen sogar den Befehl über die Truppen auf die Schultern der Armeekomitees.

8. *Flottenkomitees.* Die entsprechende Organisation in der Flotte.

## Zentralkomitees

Im Frühjahr und Sommer 1917 wurden in Petrograd gesamtrussische Kongresse der verschiedenartigsten Organisationen abgehalten. Es gab Nationalkongresse der Arbeiter-, der Soldatenund der Bauernsowjets, der Gewerkschaften, der Fabrikkomitees, der Armee- und Flottenkomitees – außerdem Kongresse jedes Zweiges innerhalb der Armee und Flotte, Kongresse der Genossenschaften, der Nationalitäten usw. Jeder dieser Kongresse wählte ein Zentralkomitee oder ein Zentralexekutivkomitee, um die besonderen Interessen seiner Organisation am Sitz der Regierung zu wahren. Als dann die Provisorische Regierung von Tag zu Tag schwächer wurde, mußten die Zentralkomitees eine immer größere administrative Macht in ihre eigenen Hände nehmen.

Die wichtigsten in diesem Buch erwähnten Zentralkomitees sind:

Der *Verband der Verbände.* Während der Revolution von 1905 bildeten Professor Miljukow und andere Liberale Verbände freiberuflicher Intellektueller – Ärzte, Juristen usw. Diese vereinigten sich zu einer zentralen Organisation, dem Verband der Verbände. 1905 kämpfte der Verband der Verbände auf der Seite der revolutionären Demokratie; 1917 dagegen wandte er sich gegen den bolschewistischen Aufstand und stellte sich an die Spitze der Regierungsangestellten, die gegen die Autorität der Sowjets streikten.

*Zentralexekutivkomitee.* Gesamtrussisches Zentralexekutivkomitee der Sowjets der Arbeiter- und Soldatendeputierten.

*Zentroflot.* „Zentralflotte" – das Zentrale Flottenkomitee.

*Wikshel.* Gesamtrussisches Exekutivkomitee des Eisenbahnerverbandes. Genannt nach seinen Anfangsbuchstaben.

### Andere Organisationen

*Rote Garden.* Die bewaffneten Fabrikarbeiter Rußlands. Die
Roten Garden entstanden zum erstenmal in der Revolution
von 1905 und erschienen erneut in den Märztagen 1917 auf
dem Schauplatz, als eine Kraft gebraucht wurde, um Ruhe und
Ordnung in den Städten zu wahren. Sie waren bewaffnet, und
jeder Versuch der Provisorischen Regierung, sie zu entwaffnen,
blieb mehr oder weniger erfolglos. In jeder großen Krise der
Revolution erschienen die Roten Garden auf der Straße, un-
geschult und undiszipliniert, aber von revolutionärem Elan erfüllt.

*Weiße Garden.* Freiwillige aus den Kreisen der Bourgeoisie,
die in den letzten Etappen der Revolution in Erscheinung traten, um das Privateigentum, das die Bolschewiki abschaffen
wollten, zu verteidigen. Sehr viele von ihnen waren Studenten.

*Jekinzy.* Die sogenannte Wilde Division in der Armee.
Sie bestand aus Angehörigen mohammedanischer Stämme aus
Mittelasien, die Kornilow persönlich zugetan waren. Sie waren
wegen ihres blinden Gehorsams und ihrer grausamen Kriegs-
führung bekannt.

*„Todesbataillone"* oder *„Stoßbataillone".* Im allgemeinen ist
das Frauenbataillon in der Welt als Todesbataillon bekannt, aber
es gab auch Männerbataillone dieser Art. Sie wurden im Sommer 1917 von Kerenski gebildet, um durch Beispiele von Helden-
tum die Disziplin und Kampfkraft der Armee zu erhöhen. Die

27

Todesbataillone wurden zumeist aus fanatisch patriotischen jungen Menschen gebildet. Zum größten Teil waren es Söhne aus den besitzenden Klassen.

*Offiziersverband.* Eine Organisation der reaktionären Offiziere in der Armee, dazu bestimmt, die wachsende Macht der Armeekomitees politisch zu bekämpfen.

*Ritter des heiligen Georg.* Das Georgskreuz wurde für hervorragende Verdienste in der Schlacht verliehen. Die Träger dieses Ordens wurden automatisch Georgsritter. Diese Organisation spielte hauptsächlich als Vorkämpfer militärischer Ideale eine Rolle.

*Bauernverband.* 1905 war der Bauernverband eine revolutionäre Bauernorganisation. 1917 war er jedoch zum politischen Interessenvertreter der wohlhabenden Bauern geworden und bekämpfte die wachsende Macht und die revolutionären Ziele der Sowjets der Bauerndeputierten.


## Zeitrechnung und Schreibweise

Ich habe in diesem Buch überall unseren Kalender benutzt und nicht den russischen, der dreizehn Tage zurückliegt.

In der Schreibweise der russischen Wörter und Namen habe ich nicht versucht, mich an wissenschaftliche Transkriptionsregeln zu halten, sondern habe eine Schreibweise gewählt, die dem englischen Leser die Aussprache am leichtesten klarmachen kann.


## Quellen

Das Material in diesem Buch stammt zu einem großen Teil aus meinen eigenen Notizen. Darüber hinaus habe ich mich aber auch auf ein wahllos zusammengetragenes Archiv mehrerer Hundert russischer Zeitungen gestützt, die über fast jeden Tag der geschilderten Zeitspanne Meldungen enthalten. Außerdem benutzte ich eine Sammlung der englischen Zeitung „Russian Daily News" und der beiden französischen Zeitungen „Journal de Russie" und „Entente". Viel wertvoller als diese Zeitungen ist allerdings das „Bulletin de la Presse", täglich vom französischen Informationsbüro in Petrograd herausgegeben, das über alle wichtigen Ereignisse, Reden und Kommentare der russischen Presse berichtet. Von diesem Bulletin habe ich eine nahezu vollständige Sammlung vom Frühjahr 1917 bis Ende Januar 1918.

Daneben habe ich fast jede Proklamation, jedes Dekret und jede Ankündigung, die von Mitte September 1917 bis Januar 1918 in den Straßen Petrograds angeschlagen wurden, gesammelt; ebenso die offiziellen Veröffentlichungen aller Dekrete und Befehle der Regierung sowie die offizielle Veröffentlichung der Geheimabkommen und anderer Dokumente, die im Außenministerium gefunden wurden, als es die Bolschewiki übernahmen.

ZEHN TAGE
DIE DIE WELT
ERSCHÜTTERTEN

# I

## HINTERGRUND

Gegen Ende September 1917 besuchte mich ein ausländischer Professor der Soziologie in Petrograd. Ihm war von Männern der Wirtschaft und von Intellektuellen erzählt worden, daß die Revolution im Abebben sei. Der Herr Professor schrieb darüber einen Artikel und durchreiste dann das Land; er besuchte Fabrikstädte und Dorfgemeinden, wo zu seinem großen Erstaunen die Revolution ihren Schritt eher zu beschleunigen schien. Unter den Lohnarbeitern und der werktätigen Landbevölkerung ertönte immer öfter der Ruf: „Alles Land den Bauern!" „Alle Fabriken den Arbeitern!" Wenn der Herr Professor die Front besucht hätte, so hätte er hören können, wie in der ganzen Armee von nichts als dem Frieden die Rede war . . .

Der Herr Professor war verwirrt; ohne Grund; beide Beobachtungen waren richtig. Die besitzenden Klassen wurden konservativer, die Volksmassen radikaler.

In den Reihen der Geschäftswelt und in der Intelligenz herrschte allgemein das Gefühl, daß die Revolution weit genug gegangen sei und schon allzu lange währe; daß es an der Zeit sei, Ruhe zu schaffen. Dieser Auffassung waren auch die herrschenden „gemäßigten" sozialistischen Gruppen, die Menschewiki-„Oboronzy"[1]* und Sozialrevolutionäre, die die Provisorische Kerenskiregierung unterstützten.

Am 14. Oktober erklärte das offizielle Organ der „gemäßigten" Sozialisten:**

„Das Drama der Revolution hat zwei Akte: die Zerstörung der alten Ordnung und die Schaffung der neuen. Der erste Akt hat lange genug gedauert. Jetzt ist es an der Zeit, den zweiten zu beginnen und ihn so schnell als möglich zu Ende zu führen. Von einem großen Revolutionär stammt das Wort: ‚Eilen wir uns, Freunde, die Revolution zu beenden. Wer sie zu lange währen läßt, läuft Gefahr, um ihre Früchte zu kommen' . . ."

Die Arbeiter-, Soldaten- und Bauernmassen waren dagegen der festen Überzeugung, daß der „erste Akt" noch lange nicht zu Ende gespielt war. An der Front stießen überall Armeekomitees mit den Offizieren zusammen, die sich noch immer nicht gewöhnen konnten, die Soldaten als Menschen zu behandeln; im Hinterland wurden die von den Bauern gewählten Bodenkomitees eingesperrt, wo sie sich unterfingen, die von der Regierung angeordneten Bestimmungen über den Grund und Boden durchzuführen; und die Arbeiter[2] in den Fabriken mußten einen schweren Kampf gegen schwarze Listen und Aussperrungen führen. Die zurückkehrenden politischen Verbannten wurden als „unerwünschte Bürger" nicht ins Land hineingelassen, und in manchen Fällen wurden Menschen, die aus dem Auslande in ihre Dörfer zurückkehrten, wegen der im

---

* Die Ziffern im Text des Buches verweisen den Leser auf die Beilagen John Reeds (siehe Anhang). Für die Beilagen eines jeden Kapitels hat der Autor eine laufende Numerierung verwendet. *Die Red.*

** John Reed meint die Zeitung „Iswestija des Zentralexekutivkomitees", die sich damals in den Händen der Menschewiki und Sozialrevolutionäre befand. *Die Red.*

Jahre 1905 begangenen politischen Handlungen verfolgt und eingekerkert.

Auf die mannigfaltige Unzufriedenheit des Volkes hatten die „gemäßigten" Sozialisten nur eine Antwort: Die Konstituierende Versammlung abzuwarten, die im Dezember zusammentreten sollte. Aber die Massen waren damit nicht zufrieden. Die Konstituierende Versammlung war gut und schön; doch es gab gewisse klar umrissene Dinge, um derentwillen die russische Revolution gemacht worden war, für die die revolutionären Märtyrer, die in den Massengräbern des Marsfeldes lagen, ihr Blut vergossen hatten; diese galt es zu verwirklichen, mit oder ohne Konstituierende Versammlung: Frieden, Land, Kontrolle der Arbeiter über die Industrie. Die Konstituierende Versammlung war bisher immer wieder vertagt worden – und würde wahrscheinlich noch einmal vertagt werden, so lange vielleicht, bis das Volk ruhig genug geworden war, um auf einen Teil seiner Forderungen zu verzichten. Acht Monate Revolution waren bereits ins Land gegangen, und wenig genug zu sehen . . .

Inzwischen begannen die Soldaten, die Friedensfrage auf eigene Faust zu lösen, indem sie einfach desertierten; die Bauern brannten die Gutshäuser nieder und setzten sich in den Besitz der großen Güter; die Arbeiter streikten . . . Die Fabrikanten, Gutsbesitzer und Offiziere der Armee setzten ihren ganzen Einfluß ein, um jedes demokratische Zugeständnis zu verhindern . . .

Die Politik der Provisorischen Regierung schwankte zwischen wertlosen Reformen und brutaler Unterdrückung. Ein Befehl des sozialistischen Arbeitsministers* ordnete an, daß die Arbeiterkomitees fortan nur nach Feierabend zusammentreten

---

* Eines der „Einschränkungs"rundschreiben Skobelews vom 28. August 1917. Die Red.

dürften. Bei den Truppen an der Front wurden die „Agitatoren" der oppositionellen politischen Parteien verhaftet, die radikalen Zeitungen verboten und die Todesstrafe gegen revolutionäre Propagandisten angewandt. Versuche wurden unternommen, die Roten Garden zu entwaffnen. Kosaken wurden in die Provinzen geschickt, damit sie dort die Ordnung wiederherstellten ...

Diese Maßnahmen wurden von den „gemäßigten" Sozialisten und ihren Führern im Ministerium, die die Zusammenarbeit mit den besitzenden Klassen für notwendig hielten, gutgeheißen. Die Volksmassen wandten sich in schnellem Tempo von ihnen ab und gingen zu den Bolschewiki über, die für Frieden, Land, für die Kontrolle der Arbeiter über die Industrie und für eine Regierung der Arbeiterklasse waren. Im September 1917 spitzten sich die Dinge zur Krise zu. Gegen den überwältigenden Willen des Landes gelang es Kerenski und den „gemäßigten" Sozialisten, eine Koalitionsregierung mit den besitzenden Klassen zu errichten; das Resultat war, daß die Menschewiki und Sozialrevolutionäre das Vertrauen des Volkes endgültig verloren.

Ein Artikel im „Rabotschi Put" (Der Arbeiterweg) um die Mitte des Oktobers unter dem Titel „Die sozialistischen Minister"[3] brachte die Meinung der Volksmassen über die „gemäßigten" Sozialisten wie folgt zum Ausdruck:

„Hier eine Liste ihrer Leistungen:

*Zereteli:* entwaffnete die Arbeiter mit Unterstützung des Generals Polowzew, brachte den revolutionären Soldaten eine Niederlage bei und stimmte der Todesstrafe in der Armee zu.

*Skobelew:* begann mit dem Versprechen, eine hundertprozentige Steuer auf die Profite der Kapitalisten zu legen, und endete – und endete mit dem Versuch, die Arbeiterkomitees in den Werkstätten und Fabriken aufzulösen.

*Awxentjew:* warf einige Hundert Bauern ins Gefängnis, die

Mitglieder der Bodenkomitees, und unterdrückte Dutzende von Arbeiter- und Soldatenzeitungen.

*Tschernow:* unterzeichnete das Kaiserliche Manifest, das die Auflösung des Finnischen Landtages anordnete.

*Sawinkow:* schloß ein offenes Bündnis mit dem General Kornilow. Wenn es diesem Retter des Landes nicht gelang, Petrograd zu verraten, so ist das auf Gründe zurückzuführen, die seinem Einfluß nicht unterlagen.

*Sarudny:* kerkerte mit Zustimmung Alexinskis und Kerenskis Tausende revolutionärer Arbeiter, Soldaten und Matrosen ein.

*Nikitin:* handelte als ordinärer Polizist gegen die Eisenbahner.

*Kerenski:* über den sagt man am besten gar nichts. Die Liste seiner Leistungen würde zu lang werden . . ."

Ein Delegiertenkongreß der Baltischen Flotte in Helsingfors beschloß eine Resolution, die wie folgt begann:

„Wir fordern die sofortige Entfernung des ‚Sozialisten‘ und politischen Abenteurers Kerenski aus der Provisorischen Regierung, der die große Revolution und mit ihr die revolutionären Massen durch seine schamlosen politischen Erpressungen im Interesse der Bourgeoisie zugrunde richtet . . ."

Das unmittelbare Ergebnis alles dessen war der Aufstieg der Bolschewiki . . .

Seit dem März 1917, als der Ansturm der Arbeiter und Soldaten auf den Taurischen Palast die widerstrebende Reichsduma zwang, die Macht in Rußland zu übernehmen, waren es die Massen des Volkes, die Arbeiter, Soldaten und Bauern, die jeden Wechsel im Fortgang der Revolution erzwangen. Sie stürzten das Ministerium Miljukows; ihr Sowjet war es, der der Welt die russischen Friedensvorschläge verkündete: „Keine Annexionen, keine Entschädigungen, Selbstbestimmungsrecht der Völker!" und wieder, im Juli, war es die spontane Erhebung des unorganisierten Proletariats, das zum zweiten Male den Taurischen Palast stürmte und die Forderung erhob: Übernahme der Regierungsgewalt in Rußland durch die Sowjets.

Die Bolschewiki, zu der Zeit eine kleine politische Sekte*, stellten sich an die Spitze der Bewegung. Das Ergebnis des völligen Mißerfolges der Erhebung war, daß sich die öffentliche Meinung gegen sie kehrte. Ihre führerlosen Massen fluteten in das Wiborgviertel zurück, das Saint-Antoine** von Petrograd. Dann folgte eine wilde Bolschewistenhetze: Hunderte wurden eingekerkert, darunter Trotzki***, Frau Kollontai und

---

* John Reed gebraucht hier das Wort „Sekte", womit er unterstreichen möchte, daß die noch kurz vorher illegale Partei der Bolschewiki unmittelbar nach der bürgerlich-demokratischen Revolution im März 1917 verhältnismäßig klein war. *Die Red.*

** „Saint-Antoine" ist die Bezeichnung einer Pariser Vorstadt, deren arbeitende Bevölkerung sich während der revolutionären Aufstände in Frankreich am Ende des 18. und im 19. Jahrhundert durch einen besonders hohen Kampfgeist hervorgetan hat. Mit dieser Vorstadt vergleicht John Reed den bekannten Petrograder Arbeiterbezirk Wiborg. *Die Red.*

*** L. D. Trotzki (Bronstein) war seit 1903 Menschewik, stand an der Spitze der zentristischen Richtung („Trotzkismus") in der russischen sozialdemokratischen Bewegung. Insgeheim ein Liquidator, organisierte er 1912 den gegen den Bolschewismus gerichteten liquidatorischen „Augustblock". In den Jahren des imperialistischen Krieges nahm er im Grunde die chauvinistische Position der „Vaterlandsverteidigung" ein, propagierte er die Losung „Weder Sieg noch Niederlage". Er führte einen Kampf gegen die Leninsche Theorie des Sieges des Sozialismus in einem Lande. Im Sommer 1917 trat er in die Partei der Bolschewiki ein. Ohne sich im Prinzip gegen einen bewaffneten Aufstand auszusprechen, schlug er vor, den Sowjetkongreß abzuwarten. Lenin trat entschieden gegen diese Taktik auf, die den Aufstand zum Scheitern verurteilt hätte. In der Periode der Brester Friedensverhandlungen verfocht Trotzki die verräterische Losung „Weder Krieg noch Frieden".

Kamenew; Lenin und Sinowjew* mußten sich verbergen, gehetzt von der Justiz; die bolschewistischen Zeitungen wurden unterdrückt. Provokateure und Reaktionäre wurden nicht müde, die Bolschewiki als deutsche Agenten zu bezeichnen, bis sich in der ganzen Welt Leute fanden, die das glaubten.

---

Von 1920 an führte er einen erbitterten Fraktionskampf gegen die Leninsche Parteilinie zum Aufbau des Sozialismus in der UdSSR. 1926 stand er an der Spitze des „Oppositionsblocks" (Sinowjew, Kamenew, Trotzki), der sich gegen die Führung der KPdSU(B) und der Komintern richtete. 1927 wurde er wegen parteifeindlicher und konterrevolutionärer Tätigkeit aus der Partei ausgeschlossen. 1929 wurde er des Landes verwiesen; im Ausland setzte er dann den Kampf gegen die Sowjetunion und die kommunistischen Parteien fort. *Die Red.*

* G. E. Sinowjew (Radomyslski) hat sich mehrmalige Abweichungen vom Bolschewismus zuschulden kommen lassen und hat im Endergebnis mit dem Marxismus-Leninismus gebrochen. In der Periode der Stolypinschen Reaktion trat er gegenüber den menschewistischen Liquidatoren und Otsowisten als Versöhnler auf. Im Oktober 1917 beging er zusammen mit Kamenew Verrat, indem er in der menschewistischen Zeitung „Nowaja Shisn" gegen den Beschluß des Zentralkomitees über den Aufstand auftrat und somit den Plan des Aufstands den Feinden preisgab. In einem „Brief an die Mitglieder der Partei der Bolschewiki" (siehe „Das Jahr 1917", Dietz Verlag, Berlin 1957, S. 462) hat Lenin dieses Vergehen Sinowjews und Kamenews als Streikbrechertum angeprangert und ihren Ausschluß aus der Partei gefordert. Nach dem Sieg der Oktoberrevolution trat Sinowjew für die Schaffung einer Koalitionsregierung mit Vertretern der Menschewiki, Sozialrevolutionäre und „Volkssozialisten" ein. Die Möglichkeit des Aufbaus des Sozialismus in einem Lande verneinend, stellte er sich 1925 an die Spitze der „Neuen Opposition", die zusammen mit Trotzki einen Block bildete. 1927 wurde er wegen fortgesetzter parteifeindlicher Fraktionstätigkeit aus der Partei ausgeschlossen. Nachdem er seine Wiederaufnahme in die Partei erwirkt hatte, setzte er die partei- und sowjetfeindliche Tätigkeit fort und wurde erneut aus der Partei ausgeschlossen. *Die Red.*

Aber die Provisorische Regierung konnte ihre Anklagen nicht beweisen; die Dokumente, die die prodeutsche Verschwörertätigkeit der Bolschewiki beweisen sollten*, wurden als Fälschungen enthüllt. Und die Bolschewiki wurden, einer nach dem anderen, aus den Gefängnissen entlassen, ohne jeden Prozeß, gegen nominelle oder ohne jede Bürgschaft, bis nur sechs Verhaftete übrigblieben. Die Machtlosigkeit und Unentschlossenheit der ständig wechselnden Provisorischen Regierung war allein schon ein unwiderlegbares Argument. Die Bolschewiki stellten erneut die den Massen so wertvolle Losung auf: „Alle Macht den Sowjets!", und sie taten das nicht aus Selbstsucht; zu der Zeit gehörte die Mehrheit in den Sowjets den „gemäßigten" Sozialisten, ihren wütendsten Gegnern.

Doch mehr noch; sie übernahmen die elementaren, einfachen Wünsche der Arbeiter, Soldaten und Bauern und schufen daraus ihr Aktionsprogramm. Und während die sozialpatriotischen Menschewiki und Sozialrevolutionäre sich in der Politik des Kompromisses mit der Bourgeoisie verwirrten, eroberten die Bolschewiki schnell die russischen Massen. Im Juli waren sie noch gehetzt und verachtet, im September waren die Arbeiter der Hauptstadt, die Matrosen der Baltischen Flotte und die Soldaten bereits fast ganz auf ihrer Seite. Die Kommunalwahlen, die im September** in den großen Städten stattfanden[4], waren dafür bezeichnend; nur achtzehn Prozent der Gewählten waren Menschewiki und Sozialrevolutionäre gegenüber mehr als siebzig Prozent im Juni ...

Es bleibt ein Umstand, der geeignet ist, den nichtrussischen

---

* Ein Teil der berüchtigten „Sisson-Dokumente". J. R. Sisson, ein reaktionärer amerikanischer Journalist, hat in den USA eine Sammlung von Verleumdungen herausgegeben, die fabriziert wurden, um die Führer der Bolschewiki zu diskreditieren. *Die Red.*
** Die Augustwahlen (alten Stils). In Petrograd waren die Wahlen am 20. August. *Die Red.*

Beobachter zu verwirren: das Zentralexekutivkomitee der Sowjets, die zentralen Armee- und Flottenkomitees* und die Zentralkomitees einiger Gewerkschaften, vor allem die der Post- und Telegrafenarbeiter und der Eisenbahner, waren den Bolschewiki entschieden feindlich. Alle diese Zentralkomitees waren in der Mitte des Sommers oder sogar vorher gewählt worden, als die Menschewiki und Sozialrevolutionäre noch eine ungeheure Anhängerschaft hatten; jetzt schoben sie Neuwahlen immer wieder hinaus oder verhinderten sie sogar. So hätte beispielsweise den Bestimmungen der Sowjets der Arbeiter- und Soldatendeputierten gemäß der Gesamtrussische Sowjetkongreß zum September einberufen werden müssen; doch das Zentralexekutivkomitee** wollte ihn nicht zusammentreten lassen unter dem Vorwand, daß die Konstituierende Versammlung in spätestens zwei Monaten tagen würde, womit, so deuteten sie an, die Aufgabe der Sowjets erledigt wäre und sie abzutreten hätten. Mittlerweile eroberten die Bolschewiki im ganzen Lande einen nach dem anderen die örtlichen Sowjets, die lokalen Gewerkschaftsorganisationen und die unteren Soldaten- und Matrosenmassen. Die Bauernsowjets blieben noch konservativ, weil in den rückständigen ländlichen Gebieten das politische Bewußtsein sich nur langsam entwickelte; außerdem hatte seit einer ganzen Generation die Agitation unter den Bauernmassen in den Händen der Sozialrevolutionäre gelegen ... Doch selbst unter den Bauern begann sich ein revolutionärer Flügel zu bilden. Das zeigte sich klar im Oktober, als sich der linke Flügel der Sozialrevolutionäre abspaltete und eine neue politische Partei bildete, die Partei der linken Sozialrevolutionäre.

---

* Siehe „Einführende Bemerkungen und Erklärungen", *J. R.* (S. 25/26. *Die Red.*)
** Siehe „Einführende Bemerkungen und Erklärungen", *J. R.* (S. 27. *Die Red.*)

Gleichzeitig waren allenthalben Anzeichen vorhanden, daß die Reaktion wieder Selbstvertrauen gewann.[5] In der Troizki-Komödie in Petrograd wurde beispielsweise eine Burleske mit dem Titel „Die Sünden des Zaren" von einer Monarchistengruppe gestört, die die Schauspieler zu lynchen drohte, weil sie „den Zaren beleidigt" hatten. Gewisse Zeitungen begannen nach einem „russischen Napoleon" zu rufen. Es war damals bei der bürgerlichen Intelligenz üblich, die Arbeiterdeputierten als „Hundedeputierte" zu bezeichnen.

Am 15. Oktober hatte ich eine Unterhaltung mit einem russischen Großkapitalisten, Stepan Georgijewitsch Lianosow, bekannt als der „russische Rockefeller", seiner politischen Parteizugehörigkeit nach ein Kadett.

„Die Revolution", sagte dieser, „ist eine Krankheit. Früher oder später werden die fremden Mächte eingreifen müssen, gerade so, wie man eingreifen muß, um ein krankes Kind zu heilen oder es laufen zu lehren. Natürlich wird das mehr oder weniger unangenehm sein, aber die Nationen müssen sich klarwerden über die Gefahr des Bolschewismus in ihren eigenen Ländern, über die Gefährlichkeit so ansteckender Ideen wie die der proletarischen Diktatur und der sozialen Weltrevolution... Es besteht *eine* Möglichkeit, daß das Eingreifen nicht notwendig ist: das Transportwesen ist zerstört, die Fabriken schließen ihre Tore, und die Deutschen sind im Vormarsch. Der Hunger und die Niederlage möchten vielleicht das russische Volk zur Vernunft bringen..."

Herr Lianosow erklärte entschieden, daß sich die Kaufleute und Fabrikanten unter keinen Umständen mit der Existenz der Fabrikkomitees abfinden oder zugeben könnten, daß die Arbeiter irgendeinen Einfluß auf die Leitung der Industrie gewinnen.

„Was die Bolschewiki anbelangt, so könnte man mit ihnen auf zweierlei Art fertig werden: die Regierung kann Petrograd räumen, dann den Belagerungszustand erklären, womit der Militärkommandant des Gebietes die Möglichkeit erhalten würde, mit diesen Herrschaften, ungehindert durch gesetzliche Formalitäten, abzurechnen ... *Oder aber, falls die Konstituierende Versammlung irgendwelche utopische Neigungen zeigen sollte, kann sie mit Waffengewalt auseinandergetrieben werden ...*"

Der Winter rückte heran – der schreckliche russische Winter. Ich hörte Kapitalisten über ihn wie folgt sprechen: „Der Winter war immer Rußlands bester Freund. Vielleicht wird er uns jetzt von der Revolution befreien." An der frierenden Front fuhren die Armeen fort, zu hungern und zu sterben, ohne Begeisterung. Der Eisenbahnverkehr brach zusammen, die Lebensmittel wurden knapp, die Fabriken schlossen die Tore. Die verzweifelten Massen beschuldigten die Bourgeoisie, das Leben des Volkes zu sabotieren und die Niederlage an der Front herbeizuführen. Riga war preisgegeben worden, unmittelbar nachdem der General Kornilow in aller Öffentlichkeit erklärt hatte: „Vielleicht ist Riga der Preis, den wir zahlen müssen, um das Land zum Bewußtsein seiner Pflicht zu bringen."[*]

Für Amerikaner mag es unglaublich klingen, daß der Klassenkampf sich dermaßen zuspitzen kann. Aber ich habe persönlich an der Nordfront mit Offizieren gesprochen, die offen den militärischen Zusammenbruch der Zusammenarbeit mit den Soldatenkomitees vorzogen. Der Sekretär der Petrograder Organisation der Kadettenpartei erzählte mir, daß der Zusammenbruch des ökonomischen Lebens des Landes ein Teil der Kampagne war, die die Revolution diskreditieren sollte. Ein Ententediplomat, dessen Namen ich zu verschweigen versprochen habe, bestätigte mir dies aus eigener Kenntnis. Ich weiß von gewissen Kohlenbergwerken in der Nähe von Charkow, die

---

[*] Siehe John Reed, „Kornilov to Brest-Litovsk" (Von Kornilow bis Brest-Litowsk), Boni and Liveright, New York 1919. J. R. (Siehe Anmerkung der Redaktion, S. 9. *Die Red.*)

von ihren Besitzern in Brand gesteckt und unter Wasser gesetzt wurden, von Textilfabriken in Moskau, deren Ingenieure die Maschinen vor ihrer Flucht zerstört hatten, von hohen Eisenbahnbeamten, die von den Arbeitern dabei ertappt wurden, als sie die Lokomotiven zu zerstören im Begriff waren . . .

Ein großer Teil der besitzenden Klassen zog die Deutschen der Revolution vor – selbst der Provisorischen Regierung – und zögerte nicht, dies auszusprechen. In der russischen Familie, bei der ich wohnte, war der Gegenstand der Unterhaltung bei Tisch fast immer das Kommen der Deutschen, die „Ordnung und Ruhe" bringen würden . . . Ich verlebte einmal einen Abend im Hause eines Moskauer Kaufmanns; beim Tee fragten wir die elf Personen am Tisch, wen sie vorzögen, „Wilhelm oder die Bolschewiki". Zehn stimmten für Wilhelm . . .

Die Spekulanten nützten die allgemeine Desorganisation aus, um Reichtümer anzuhäufen, die sie in phantastischen Schwelgereien vergeudeten oder dazu verwendeten, die Staatsbeamten zu bestechen. Lebensmittel und Brennmaterial wurden versteckt oder im geheimen nach Schweden verkauft. In den ersten vier Monaten der Revolution beispielsweise wurden die Lebensmittelreserven fast in voller Öffentlichkeit aus den großen städtischen Speichern Petrograds geplündert, bis von den Getreidevorräten, die für zwei Jahre bestimmt waren, kaum genug übrig war, um die Stadt einen Monat lang zu versorgen . . . Nach dem offiziellen Bericht des letzten Ernährungsministers in der Provisorischen Regierung wurde der Kaffee in Wladiwostok im Großeinkauf für zwei Rubel das Pfund gekauft, während die Konsumenten in Petrograd dreizehn Rubel bezahlen mußten. In den Geschäften der großen Städte waren große Mengen an Lebensmitteln und Kleidung; aber nur die Reichen konnten sie kaufen.

Ich kannte in einer Provinzstadt eine Kaufmannsfamilie, die sich der Spekulation zugewandt hatte. Marodeure werden solche von den Russen genannt. Die drei Söhne hatten sich vom Militärdienst gedrückt. Der eine spekulierte in Lebensmitteln. Der zweite verkaufte im geheimen Gold aus den Lena-Gruben an geheimnisvolle Interessenten in Finnland. Der dritte besaß die Aktienmehrheit in einer Schokoladenfabrik, die die örtlichen Genossenschaften versorgte – unter der Bedingung, daß die Genossenschaften ihm lieferten, was er brauchte. Während die Volksmassen auf ihre Brotkarten ein Viertelpfund Schwarzbrot erhielten, hatte er im Überfluß Weißbrot, Zucker, Tee, Kuchen und Butter... Das hinderte diese saubere Familie nicht, die erschöpften Soldaten, die an der Front infolge der Kälte und des Hungers nicht mehr kämpfen konnten, als „Feiglinge" zu beschimpfen, und daß sie sich „schämten", „Russen" zu sein... Und als die Bolschewiki große Mengen versteckter Vorräte entdeckten und beschlagnahmten, bezeichneten sie diese als „Räuber".

Unter all dieser äußeren Korruptheit arbeiteten die alten reaktionären Kräfte, die sich seit dem Sturz Nikolaus' II. nicht geändert hatten, im geheimen, still und sehr aktiv. Die Agenten der berüchtigten Ochrana waren noch immer in Funktion, für und gegen den Zaren, für und gegen Kerenski – je nachdem, von wem sie bezahlt wurden... Geheime Organisationen aller Art, wie die Schwarzhunderter, waren eifrig bemüht, in der einen oder anderen Weise die Reaktion wiederherzustellen.

In dieser Atmosphäre der Fäulnis, der halben Wahrheiten ließ sich, tagaus, tagein, nur ein klarer Ton vernehmen, der Ruf der Bolschewiki: „Alle Macht den Sowjets!", „Alle Macht den wahren Vertretern der Millionen und aber Millionen Arbeiter, Soldaten und Bauern!", „Land, Brot!", „Schluß mit dem sinnlosen Krieg!", „Schluß mit der Geheimdiplomatie!", „Schluß mit der Spekulation und dem Verrat!"... „Die Revolution ist in Gefahr und mit ihr die Sache des Volkes in der ganzen Welt!"

Der Kampf zwischen dem Proletariat und dem Bürgertum,

zwischen den Sowjets und der Regierung, der in den ersten Märztagen begonnen hatte, war seinem Gipfel nahe. Rußland, das mit einem Satze aus dem tiefsten Mittelalter ins zwanzigste Jahrhundert gesprungen war, bot der erstaunten Welt das Schauspiel des tödlichen Kampfes zweier Systeme der Revolution – der formal politischen und der sozialen.

Was für eine unglaubliche Lebenskraft offenbarte diese russische Revolution, nach all den Monaten des Hungers und der Enttäuschung! Die Bourgeoisie hätte ihr Rußland besser kennen sollen. Lange noch wird es dauern, bis die „Krankheit" der Revolution in Rußland ihren Lauf genommen hat . . .

Blickt man zurück, so scheint das Rußland vor dem Novemberaufstand einem anderen Zeitalter anzugehören, fast unglaublich konservativ. So schnell haben wir uns dem neuen, schnelleren Leben angepaßt. In dem Maße, wie das russische politische Leben sich radikalisierte, bis die Kadetten als Volksfeinde geächtet wurden, wurde Kerenski „ein Konterrevolutionär"; die „gemäßigten" sozialistischen Führer, Zereteli, Dan, Liber, Goz und Awxentjew, waren zu reaktionär für ihre Gefolgschaft, und Männer wie Wiktor Tschernow, ja sogar Maxim Gorki gehörten zum rechten Flügel . . .

Gegen Mitte Dezember 1917 besuchte eine Gruppe sozialrevolutionärer Führer privatim Sir George Buchanan, den britischen Gesandten, und sie baten ihn inständig, nichts davon zu erwähnen, daß sie bei ihm gewesen waren, weil sie als „zu weit rechts stehend" betrachtet wurden.

„Man bedenke", sagte Buchanan, „daß noch vor einem Jahr die englische Regierung mir Anweisung gab, Miljukow nicht zu empfangen, weil er ein so gefährlicher Linker war."

Der September und der Oktober sind die schlimmsten Monate im russischen Jahr, besonders in Petrograd. Aus einem

trostlos grauen Himmel, der die kürzer werdenden Tage noch
dunkler machte, strömte unaufhörlicher Regen. Der Schmutz
in den Straßen lag tief, schlüpfrig, von schweren Stiefeln zer-
furcht, schlimmer als gewöhnlich, weil die Stadtverwaltung völlig zusammengebrochen war. Vom Finnischen Meerbusen her
fegte ein feuchter Wind, die Straßen waren in kalten Nebel gehüllt. Des Nachts waren aus Gründen der Sparsamkeit und aus
Furcht vor den Zeppelinen die Straßen nur ganz unzureichend
beleuchtet; in den Privatwohnungen und Mietshäusern brannte
das elektrische Licht von sechs Uhr bis Mitternacht. Wollte man
außer dieser Zeit Licht haben, so war man auf Kerzen angewiesen, die fast zwei Rubel das Stück kosteten. Petroleum war
kaum zu haben. Dabei war es von drei Uhr nachmittags bis
zehn Uhr vormittags finster. Überfälle und Einbrüche nahmen
zu. In den Mietshäusern mußten die Männer jede Nacht mit
geladenen Gewehren Wachdienst verrichten. Dies alles schon
unter der Provisorischen Regierung.

Mit jeder Woche wurden die Lebensmittel knapper. Die tägliche Brotration fiel von anderthalb russischen Pfund auf ein
Pfund, dann auf drei viertel, auf ein halbes und auf ein viertel. Gegen Ende gab es eine Woche, wo Brot überhaupt nicht
ausgegeben wurde. Auf Zucker hatte man Anrecht von zwei
Pfund im Monat, vorausgesetzt, daß man überhaupt welchen
erhielt, was selten der Fall war. Eine Schokoladentafel oder ein
Pfund Bonbons, ohne jeden Geschmack, kostete allenthalben
sieben bis zehn Rubel, das entspricht mindestens einem Dollar.
Milch gab es für die Hälfte der Säuglinge in der Stadt; die
Mehrzahl der Hotels und Privathaushaltungen bekam sie
monatelang nicht zu Gesicht. In der Obstsaison wurden Äpfel
und Birnen für etwas weniger als einen Rubel das Stück an den
Straßenecken verkauft . . .

Um Milch und Brot, Zucker und Tabak mußte man stundenlang im kalten Regen anstehen. Als ich einmal aus einer die

ganze Nacht während Versammlung nach Hause kam, sah ich, wie die Menschen, meist Frauen mit kleinen Kindern auf dem Arm, sich bereits vor Morgengrauen anzustellen begannen ... Carlyle hat in seiner Geschichte der Französischen Revolution das französische Volk als das Volk bezeichnet, das in der Kunst des Anstehens alle anderen Völker übertreffe. Rußland hatte schon im Jahre 1915, unter der gesegneten Regierung Nikolaus', Gelegenheit, sich in dieser Kunst zu üben, und dann, ohne Unterbrechung, bis zum Sommer 1917, wo das Anstehen um alle Dinge der gewöhnliche Zustand wurde. Man muß sich die ärmlich gekleideten Menschen vorstellen, wie sie mitten im russischen Winter oft den ganzen Tag in den froststarren Straßen Petrograds standen! Ich habe in den Schlangen zugehört und den bitteren Unterton der Unzufriedenheit vernommen, wenn er sich hier und da sogar durch die wie ein Wunder anmutende Gutmütigkeit des russischen Volkes Bahn brach.

Dabei hatten alle Theater Abend für Abend, auch des Sonntags, Hochbetrieb. Die Karsawina zeigte sich in einem neuen Ballett im Marientheater, und alle tanzbegeisterten Russen gingen hin, sie zu sehen. Schaljapin sang. Im Alexandratheater wurde Meyerholds Inszenierung von Tolstois „Der Tod Iwans des Schrecklichen" gegeben. Und bei dieser Vorstellung erinnere ich mich, einen Zögling der kaiserlichen Pagenschule in Galauniform beobachtet zu haben, der in den Pausen jedesmal aufstand und vor der leeren, ihrer Adler beraubten kaiserlichen Loge seine Ehrenbezeugungen machte ... Das Kriwoje-Serkalo-Theater brachte eine prunkvolle Aufführung von Schnitzlers „Reigen".

Obgleich die Ermitage und andere Gemäldegalerien nach Moskau übergeführt worden waren, gab es wöchentlich Gemäldeausstellungen. Scharen von Studentinnen liefen zu den Vorlesungen über Kunst, Literatur und Philosophie. Es war eine

ausnehmend günstige Zeit für Theosophen. Und die Heils-
armee, die zum erstenmal in Rußland zugelassen war, bedeckte
die Mauern mit Einladungen zu ihren Versammlungen, die die
russischen Hörer amüsierten und in Erstaunen versetzten . . .

Wie immer in solchen Zeiten, ging das tägliche Leben der
Stadt seinen gewohnten Trott und ignorierte die Revolution soweit wie möglich. Die Poeten machten Verse – doch nicht über
die Revolution. Die realistischen Maler malten Szenen aus der
mittelalterlichen Geschichte Rußlands – alles mögliche, nur nicht
die Revolution. Die jungen Damen aus der Provinz kamen in
die Hauptstadt, um Französisch zu lernen und ihre Stimme zu
kultivieren, und die lustigen, jungen Offiziere trugen ihre gold-
verbrämten roten Uniformen und ihre kostbar ziselierten kaukasischen Säbel in den Salons der Hotels spazieren. Die Damen
der Beamtenschaft trafen sich an den Nachmittagen zum Tee,
wobei jede ihr goldenes oder silbernes, mit Edelsteinen besetz-
tes Zuckerdöschen und einen halben Laib Brot in ihrem Muff
mit sich brachte – und wünschten sich den Zaren zurück, oder
daß die Deutschen kommen sollten, oder irgend etwas, was das
schwierige Dienstbotenproblem zu lösen geeignet wäre . . . Die
Tochter eines meiner Bekannten bekam eines Nachmittags einen
hysterischen Anfall, weil die Straßenbahnschaffnerin sie „Genossin" genannt hatte.

Um sie herum war das ganze große Rußland in Bewegung,
schwanger mit einer neuen sozialen Ordnung. Die Dienstboten, die man gewohnt war, wie Tiere zu behandeln und mit
einem Bettelpfennig zu entlohnen, begannen aufsässig zu werden. Ein Paar Schuhe kostete über hundert Rubel, und da die
Löhne in der Regel nicht mehr als fünfunddreißig Rubel im
Monat betrugen, weigerten sich die Dienstboten, um Lebensmittel anzustehen und dabei ihr Schuhzeug zu verderben. Aber
– was weitaus schlimmer war – in dem neuen Rußland durfte
jeder Mann und jede Frau wählen; es gab Arbeiterzeitungen,

die ganz neue und erstaunliche Dinge schrieben; es gab Sowjets, und es gab Gewerkschaften. Die Droschkenkutscher hatten einen Verband; sie waren auch im Petrograder Sowjet vertreten. Und die Kellner und Hotelbediensteten waren organisiert und weigerten sich, Trinkgelder zu nehmen. An den Wänden der Restaurants klebten sie Zettel an, auf denen zu lesen stand: „Keine Trinkgelder!" oder auch: „Die Tatsache, daß ein Mann seinen Lebensunterhalt verdient, indem er bei Tisch aufwartet, gibt niemandem das Recht, ihn durch Trinkgeldgeben zu beleidigen."

An der Front setzten sich die Soldaten mit den Offizieren auseinander und lernten es, sich mit Hilfe ihrer Komitees selbst zu regieren. In den Fabriken erlangten die Fabrikkomitees*, diese einzigartigen russischen Organisationen, Erfahrung und Stärke und kamen zum Bewußtsein ihrer historischen Mission durch den Kampf mit der alten Ordnung. Ganz Rußland lernte lesen. Und es *las* – Politik, Ökonomie, Geschichte. Das Volk wollte *Wissen* ... In jeder Großstadt, fast in jeder Stadt, an der ganzen Front hatte jede politische Partei ihre Zeitung, manchmal mehrere. Hunderttausende von Flugblättern wurden von Tausenden Organisationen verteilt, überschwemmten die Armee, die Dörfer, die Fabriken, die Straßen. Der Drang nach Wissen, solange unterdrückt, brach sich in der Revolution mit Ungestüm Bahn. Allein aus dem Smolny-Institut gingen in den ersten sechs Monaten täglich Tonnen, Wagenladungen Literatur ins Land. Rußland saugte den Lesestoff auf, unersättlich, wie heißer Sand das Wasser. Und es waren nicht Fabeln, die verschlungen wurden, keine Geschichtslügen, keine verwässerte

---

* Siehe „Einführende Bemerkungen und Erklärungen". J. R. (S. 24. *Die Red.*) Die Petrograder Konferenz der Fabrikkomitees, die vom 12. Juni (30. Mai) bis 16. (3.) Juni stattgefunden hatte, stand in ihrer überwiegenden Mehrheit (drei Viertel der Delegierten) auf seiten der Bolschewiki. *Die Red.*

Religion oder der billige Roman, der demoralisiert – es waren soziale und ökonomische Theorien, philosophische Schriften, die Werke Tolstois, Gogols und Gorkis . . .

Und dann das gesprochene Wort, neben dem Carlyles „Flut der französischen Rede" wie ein armseliges Rinnsal anmutet: Vorlesungen, Debatten, Reden; in Theatern, Zirkussen, Schulen, Klubs, in den Sitzungen der Sowjets, der Gewerkschaften, in den Kasernen . . . Versammlungen in den Schützengräben an der Front, auf den Dorfplätzen, in den Fabriken . . . Was für ein Anblick, die Arbeiter der Putilow-Werke, vierzigtausend Mann stark, herausströmen zu sehen, um die Sozialdemokraten zu hören, die Sozialrevolutionäre, die Anarchisten – wer immer etwas zu sagen hatte, so lange er reden wollte. Monate hindurch war in Petrograd, in ganz Rußland jede Straßenecke eine öffentliche Tribüne. In den Eisenbahnen, in den Straßenbahnwagen, überall improvisierte Debatten, überall . . .

Und die Gesamtrussischen Konferenzen und Kongresse, die die Menschen zweier Kontinente in Verbindung brachten – Kongresse der Sowjets, der Genossenschaften, der Semstwos*, der Nationalitäten, der Priester, der Bauern, der politischen Parteien; die Demokratische Beratung, die Moskauer Beratung, der Rat der Russischen Republik. In Petrograd tagten ständig drei oder vier Kongresse. In den Versammlungen wurde jeder Versuch, die Redezeit einzuschränken, abgelehnt. Jedermann hatte vollkommene Freiheit, auszusprechen, was er auf dem Herzen hatte . . .

Wir waren bei der Zwölften Armee an der Front, die eben von Riga gekommen war, wo hungernde und barfüßige Soldaten in dem Moder der Schützengräben dahinkrankten; kaum sahen sie uns, als sie auch schon aufsprangen, mit ihren mageren

---

* Siehe „Einführende Bemerkungen und Erklärungen". J. R. (S. 23–25. Die Red.)

Gesichtern und ihren blaugefrorenen Gliedern, die durch ihre zerrissenen Kleider schimmerten. Und das erste, was sie fragten, war: „Habt ihr was zu lesen?"

Wenn aber auch an äußeren und sichtbaren Zeichen der Wandlung kein Mangel war: zum Beispiel die Statue der „Großen Katharina" vor dem Alexandratheater eine kleine rote Fahne in der Hand hielt und andere – etwas verblichen – von allen öffentlichen Gebäuden herabwehten; die kaiserlichen Insignien und Adler teils heruntergerissen, teils verdeckt waren; an Stelle der brutalen zaristischen Polizisten in den Straßen eine sanfte unbewaffnete Bürgermiliz patrouillierte – so gab es dennoch zahllose wunderliche Anachronismen.

Beispielsweise existierte noch immer die Rangordnung, die Peter der Große Rußland mit eiserner Hand aufgezwungen hatte. Fast jedermann, vom Schulbuben angefangen, hatte seine vorgeschriebene Uniform, mit den Abzeichen des Kaisers auf den Knöpfen und Achselstücken. Von fünf Uhr nachmittags an waren die Straßen gefüllt mit alten Herren in Uniform, die Aktenmappen trugen und von der Arbeit in den riesengroßen kasernengleichen Ministerien oder Regierungsinstitutionen kamen, wo ihre Tätigkeit darin bestehen mochte, auszurechnen, wie lange es währen würde, bis der Tod eines ihrer Vorgesetzten sie zum Rang eines Assessors oder Geheimrats aufsteigen lassen würde mit der Aussicht auf Pensionierung, mit einem einträglichen Ruhegehalt und womöglich mit dem St. Annenkreuz ... Dem Senator Sokolow ist es passiert, in einem Moment, als die Revolution ihre höchste Welle erreicht hatte, daß er eines Tages zu einer Senatssitzung in Zivilkleidung erschien und nicht zugelassen wurde, weil er nicht die vorgeschriebene Livree des Zarendienstes trug!

Gegen diesen Hintergrund einer ganzen Nation in Gärung und Auflösung rollte die Erhebung der russischen Massen heran ...

## II

## DER HERAUFZIEHENDE STURM

Im September*1917 marschierte der General Kornilow auf Petrograd, um sich zum militärischen Diktator über Rußland aufzuschwingen. Hinter ihm wurde plötzlich die Eisenfaust der Bourgeoisie sichtbar, die sich anschickte, mit verwegenem Schlag die Revolution niederzuschmettern. In die Verschwörung waren auch einige der sozialistischen Minister verwickelt. Selbst Kerenski war verdächtig.[1] Sawinkow, von dem Zentralkomitee seiner Partei, den Sozialrevolutionären, aufgefordert, Aufklärung zu geben, weigerte sich dessen und wurde ausgeschlossen. Soldatenkomitees verhafteten Kornilow, Generale wurden entlassen, Minister ihrer Ämter enthoben, und das Kabinett wurde gestürzt.

Kerenski machte den Versuch, eine neue Regierung zu bilden mit Einschluß der Kadetten, der Partei der Bourgeoisie. Seine eigene Partei, die Sozialrevolutionäre, befahlen ihm den Ausschluß der Kadetten. Kerenski weigerte sich zu gehorchen und drohte mit seinem eigenen Rücktritt aus dem Kabinett, wenn die Sozialisten auf ihrer Forderung beständen. Indessen war die Aufregung der Volksmassen so groß, daß er sich – wenigstens für den Moment – nicht zu widersetzen wagte, und ein provisorisches Direktorium von fünf der bisherigen Minister,

---

* August (alten Stils). *Die Red.*

mit Kerenski an der Spitze, übernahm die Macht bis zur endgültigen Regelung der Frage.*

Die Kornilow-Affäre hatte alle sozialistischen Gruppen, von
den Gemäßigten bis zu den Revolutionären, in einem leidenschaftlichen Impuls der Selbstverteidigung zusammengeführt.
Es galt, das Auftauchen neuer Kornilows zu verhindern. Eine
neue Regierung mußte gebildet werden, die den der Revolution
ergebenen Elementen verantwortlich war. So forderte denn das
Zentralexekutivkomitee der Sowjets die Organisationen auf,
Delegierte zu einer „Demokratischen Beratung" zu entsenden,
die im September in Petrograd zusammentreten sollte.

Im Zentralexekutivkomitee der Sowjets hatten sich von
vornherein drei Richtungen bemerkbar gemacht. Die Bolschewiki forderten die Einberufung eines neuen (zweiten) Gesamtrussischen Sowjetkongresses und die Übernahme der Macht
durch die Sowjets. Das von Tschernow geführte Zentrum der
Sozialrevolutionäre, die linken Sozialrevolutionäre unter Führung von Kamkow und Spiridonowa, die Menschewiki-Internationalisten unter Martow und das Zentrum der Menschewiki**, dessen Sprecher Bogdanow und Skobelew waren, traten
für eine „rein sozialistische" Regierung ein. Zereteli, Dan und
Liber, die Führer der rechten Menschewiki, und die rechten
Sozialrevolutionäre unter Awxentjew und Goz bestanden auf
der Hinzuziehung der besitzenden Klassen bei der Bildung der
neuen Regierung.

Im Petrograder Sowjet gelang es den Bolschewiki fast sofort, die Mehrheit zu gewinnen. Dem Beispiel Petrograds folgten schnell die Sowjets in Moskau, Kiew, Odessa und anderen
Städten.

---

* Zum provisorischen Direktorium gehörten: Kerenski, Nikitin,
Tereschtschenko, Werchowski und Werderewski. *Die Red.*
** Siehe „Einführende Bemerkungen und Erklärungen". *J. R.*
(S. 18/19. *Die Red.*)

Aufs höchste bestürzt, kamen die das Zentralexekutivkomitee der Sowjets beherrschenden Menschewiki zu der Schlußfolgerung, daß die Gefahr Lenin mehr zu fürchten sei als die Gefahr Kornilow. Sie revidierten den für die Demokratische Beratung aufgestellten Vertretungsmodus[2], indem sie den Genossenschaften und ähnlichen konservativen Organisationen eine größere Anzahl von Delegierten zusprachen. Selbst diese gesiebte Versammlung stimmte zuerst für eine Koalitionsregierung ohne die Kadetten. Nur Kerenskis offene Drohung mit dem Rücktritt und das Alarmgeschrei der „gemäßigten" Sozialisten, daß „die Republik in Gefahr sei", erreichten, daß die Beratung mit einer geringen Mehrheit sich zugunsten der Koalition mit der Bourgeoisie aussprach und der Errichtung einer Art beratenden Parlaments, ohne gesetzgebende Gewalt, zustimmte, das den Namen „Provisorischer Rat der Russischen Republik" erhielt.

Die neue Regierung wurde praktisch von den besitzenden Klassen beherrscht, und auch in dem neugeschaffenen Rat der Russischen Republik hatten diese eine verhältnismäßig große Zahl von Sitzen inne.

Das Zentralexekutivkomitee der Sowjets hatte faktisch aufgehört, die einfachen Menschen in den Sowjets zu vertreten. Es weigerte sich, den im September fälligen neuen Gesamtrussischen Sowjetkongreß einzuberufen, und war auch nicht gewillt, seine Einberufung durch andere zu dulden. Das offizielle Organ des Komitees, „Iswestija", begann sogar anzudeuten, daß die Funktion der Sowjets beendet und ihre baldige Auflösung zu erwarten sei.[3] Zur selben Zeit bezeichnete die neue Regierung als einen wesentlichen Teil ihrer Politik die Liquidierung aller „unverantwortlichen Organisationen", womit die Sowjets gemeint waren.

Die Bolschewiki antworteten hierauf mit der Aufforderung an die Gesamtrussischen Sowjets, sich am 2. November in Petrograd zu versammeln und die Regierungsgewalt zu übernehmen. Gleichzeitig zogen sie ihre Vertreter aus dem Provisorischen Rat der Russischen Republik zurück mit der Erklärung, daß sie es ablehnten, an einer „Regierung des Volksverrats" teilzunehmen.[4]

Der Rücktritt der Bolschewiki ließ den unglückseligen Rat indes keineswegs zur Ruhe kommen. Die besitzenden Klassen, wieder im Besitz einer Machtposition, wurden arrogant. Die Kadetten erklärten, daß die Regierung nicht berechtigt gewesen sei, Rußland zu einer Republik zu proklamieren. Sie forderten strenge Maßnahmen in Armee und Flotte zur Unterdrückung der Soldaten- und Matrosenkomitees und griffen die Sowjets heftig an. Auf der anderen Seite traten die Menschewiki-Internationalisten und die linken Sozialrevolutionäre für den sofortigen Friedensschluß ein, für die Übergabe des Landes an die Bauern und für die Durchführung der Arbeiterkontrolle über die Industrie, was praktisch auf das Programm der Bolschewiki hinauslief.

Ich habe Martows Antwortrede an die Kadetten gehört. Todkrank, wie er war, hielt er sich mit Mühe am Rednerpult aufrecht, und mit einer Stimme, so heiser, daß man ihn kaum zu hören vermochte, drohte er nach den rechten Bänken hinüber:

„Ihr schimpft uns Defätisten; aber die wahren Defätisten sind jene, die um ihrer egoistischen Interessen willen den Friedensschluß so lange hinauszögern möchten, bis von der russischen Armee nichts mehr übriggeblieben sein wird und Rußland nur noch ein Schacherobjekt der verschiedenen imperialistischen Gruppen ist . . . Ihr versucht, dem russischen Volk eine von den Interessen der Bourgeoisie diktierte Politik aufzuzwingen. Die Frage des Friedens sollte unverzüglich entschieden werden . . . Ihr werdet dann sehen, daß sie nicht umsonst gearbeitet haben, jene, die ihr deutsche Agenten nennt, jene Zimmerwalder*, die in allen Ländern dafür gewirkt haben, daß das Bewußtsein der demokratischen Massen erwacht . . ."

Zwischen diesen beiden Gruppen schwankten die Menschewiki und die Sozialrevolutionäre – mit unwiderstehlicher Gewalt nach links getrieben durch den Druck der steigenden Unzufriedenheit der Massen. Eine tiefgehende Feindschaft teilte so den Rat in Gruppen, die miteinander auszusöhnen unmöglich war.

So war die Lage, als die lang erwartete Ankündigung der Pariser Alliiertenkonferenz die brennende Frage der Außenpolitik auf die Tagesordnung setzte.

In der Theorie waren alle sozialistischen Parteien für den schnellstmöglichen Friedensschluß auf demokratischer Grundlage. Schon im Mai 1917 hatte der Petrograder Sowjet, damals noch unter menschewistischer und sozialrevolutionärer Führung, die berühmten russischen Friedensbedingungen proklamiert und die Alliierten aufgefordert, eine Konferenz zur Besprechung der Kriegsziele einzuberufen. Diese Konferenz, für den August versprochen, wurde ein erstes Mal bis zum September, dann bis zum Oktober vertagt und sollte jetzt endgültig am 10. November stattfinden.**

Die Provisorische Regierung hatte zwei Vertreter vorgeschlagen, den General Alexejew, einen reaktionären Militär, und Tereschtschenko, den Minister des Auswärtigen. Die Sowjets erwählten Skobelew zu ihrem Sprecher und entwarfen ein Manifest, den berühmten „Nakas"[5] (Direktiven). Die Pro-

---

* Mitglieder des revolutionären internationalistischen Flügels der Sozialisten Europas, mit diesem Namen bezeichnet, weil sie an der Internationalen Konferenz in Zimmerwald (Schweiz) 1915 teilnahmen. *J. R.*
** Die Konferenz fand infolge des Sturzes der Provisorischen Regierung nicht statt. *Die Red.*

visorische Regierung lehnte Skobelew und seinen „Nakas" ab. Die Gesandten der Alliierten protestierten, und zu guter Letzt erklärte Bonar Law* im englischen Unterhaus in Beantwortung einer an die Regierung gerichteten Anfrage kühl: „Soweit mir bekannt, wird die Pariser Konferenz die Kriegsziele überhaupt nicht diskutieren, sondern nur die Methoden der Kriegführung ..."

Die konservative russische Presse jubelte, wohingegen die Bolschewiki riefen: „Da seht ihr, wohin die Menschewiki und Sozialrevolutionäre mit ihrer Kompromißtaktik gelangt sind!"

Mittlerweile waren an der Tausende Kilometer weiten Front die Millionen Soldaten der russischen Armeen in Bewegung geraten. Höher und höher gingen die Wogen der Erregung, immer neue Delegationen fluteten in die Hauptstadt mit dem Ruf: Friede, Friede!

Ich ging eines Abends nach dem jenseits des Flusses gelegenen Zirkus „Modern" in eine der großen Volksversammlungen, die, jeden Abend zahlreicher, in der ganzen Stadt veranstaltet wurden. In dem schmucklosen Amphitheater, von fünf winzigen, an einem dünnen Draht herabhängenden Glühlampen unzureichend erleuchtet, drängten sich von der Arena bis hoch unterm Dach unübersehbare Massen von Soldaten, Matrosen, Arbeitern und Frauen, alle mit gespanntester Aufmerksamkeit lauschend, als ob es um ihr Leben ginge. Ein Soldat redete von der 548. Division:

„Genossen", rief er, und tiefe Sorge sprach aus seinem eingefallenen Gesicht und seinen verzweifelten Gesten. „Die an der Spitze verlangen von uns immer neue Opfer und Opfer, aber wir müssen sehen, daß die, die im Besitze sind, völlig ungeschoren bleiben.

---

* Englischer konservativer Politiker, 1917 Schatzkanzler in der Koalitionsregierung Lloyd Georges und Führer im Unterhaus. *Die Red.*

Wir führen Krieg gegen die Deutschen. Würde es uns einfallen, die Arbeiten unseres Stabes deutschen Generalen anzuvertrauen? Wir stehen auch mit den Kapitalisten im Kriege, und doch laden wir diese ein, an unserer Regierung teilzunehmen.

Der Soldat sagt: ‚Zeigt mir, wofür ich kämpfen soll. Für Konstantinopel oder für ein freies Rußland? Für die Demokratie oder für die kapitalistischen Räuber? Wenn man mir beweisen kann, daß ich die Revolution verteidige, dann werde ich hingehen und kämpfen, auch ohne die Todesstrafe, mit der man mich zwingen will.'

Wenn das Land den Bauern gehören wird, die Fabriken den Arbeitern, wenn die Sowjets die Macht ausüben werden, dann haben wir etwas zu verteidigen und dann werden wir auch kämpfen!"

Überall in den Kasernen, in den Fabriken, an jeder Straßenecke reden Soldaten zu den Massen. Alle fordern die Beendigung des Krieges und erklären, daß die Truppen die Schützengräben zu verlassen und nach Hause zu gehen entschlossen seien, wenn die Regierung keine ernstlichen Anstrengungen machen würde, um zum Frieden zu gelangen.

Ein Vertreter der Achten Armee:

„Wir sind schwach, unsere Kompanien zählen nur noch wenige Mann. Wir brauchen Lebensmittel und Stiefel und Verstärkung, oder die Schützengräben werden bald verlassen sein. Frieden oder Verstärkung ... Die Regierung muß den Krieg beendigen oder der Armee zu Hilfe kommen ..."

Dann ein Redner, der für die Sechsundvierzigste Sibirische Artillerie sprach:

„Die Offiziere lehnten es ab, mit unsern Komitees zu arbeiten, sie verraten uns an den Feind, sie verhängen über unsere Agitatoren die Todesstrafe; und die konterrevolutionäre Regierung unterstützt sie. Wir glaubten, daß die Revolution den

Frieden bringen wird. Jetzt aber verbietet uns die Regierung, von solchen Dingen auch nur zu reden, während sie uns gleichzeitig hungern läßt und uns die Munition nicht liefert, die wir brauchen, wenn wir kämpfen sollen . . ."

Dazu kamen aus Europa Gerüchte über einen Friedensschluß auf Kosten Rußlands.[6]

Die allgemeine Unzufriedenheit wurde noch gesteigert durch die Nachrichten über die Behandlung der russischen Truppen in Frankreich. Die 1. Brigade hatte dort versucht, ihre Offiziere durch Soldatenkomitees zu ersetzen, wie das ihre Kameraden zu Hause getan hatten, und sich geweigert, einem Befehl Folge zu leisten, der sie nach Saloniki beorderte. Sie verlangte, nach Rußland geschickt zu werden. Man hatte die Brigade daraufhin eingeschlossen und ausgehungert, dann unter Artilleriefeuer genommen, wobei viele Soldaten getötet wurden.[7]

Am 29. Oktober hörte ich in dem weißmarmornen, rotdekorierten Saal des Marienpalastes die von dem erschöpften und nach Frieden lechzenden Lande mit Ungeduld erwartete Erklärung Tereschtschenkos über die Außenpolitik der Regierung.

Diese äußerst sorgfältig vorbereitete, ganz unverbindliche Rede[8] brachte indessen nichts als die sattsam bekannten Phrasen über die Zerschmetterung des deutschen Militarismus mit Hilfe der Alliierten, über das Staatsinteresse Rußlands, über die durch Skobelews „Nakas" verursachten Verlegenheiten. Der Schluß war bezeichnend:

„Rußland ist mächtig, es wird mächtig bleiben, was auch geschehen mag. Wir müssen Rußland verteidigen. Wir müssen zeigen, daß wir die Vorkämpfer eines großen Ideals sind und Kinder einer großen Nation."

Befriedigt war niemand. Den Reaktionären war es um eine starke imperialistische Politik zu tun, und die demokratischen Parteien wollten die Garantie haben, daß die Regierung nichts unversucht lassen würde, um zum Frieden zu gelangen.

Hier ein Artikel aus „Rabotschi i Soldat" (Arbeiter und Soldat), dem Organ des bolschewistischen Petrograder Sowjets:

## „Was die Regierung den Schützengräben zu sagen hat!

Der schweigsamste unserer Minister, Herr Tereschtschenko, hat endlich die Sprache gefunden, um den Schützengräben das Folgende mitzuteilen:

1. Wir sind auf das engste verbündet mit unseren Alliierten (nicht mit den Völkern, sondern mit den Regierungen).

2. Es ist zwecklos für die Demokratie, die Möglichkeit oder Unmöglichkeit eines Winterfeldzuges zu diskutieren. Darüber entscheiden die Regierungen unserer Verbündeten.

3. Die Julioffensive war nützlich, und sie war eine sehr glückliche Sache. (Kein Wort über die Folgen!)

4. Es ist nicht wahr, daß sich unsere Verbündeten nicht um uns sorgen. Der Minister ist im Besitz sehr wichtiger Erklärungen. (Erklärungen? Wie ist's mit den Taten? Das Verhalten der britischen Flotte?[9] Die Unterredung des englischen Königs mit dem landesflüchtigen konterrevolutionären General Gurko? Alles dies ließ der Minister unerwähnt.)

5. Der Nakas Skobelews taugt nichts; unsere Verbündeten wollen davon nichts wissen, auch die russischen Diplomaten wollen ihn nicht. In der Alliiertenkonferenz müssen alle eine Sprache sprechen.

Und das ist alles? – Das ist alles. Wo ist der Ausweg? – Vertrauen zu den Alliierten und zu Tereschtschenko! Wann wird der Friede kommen? – Wenn die Alliierten es erlauben!

Das ist die Antwort der Regierung auf die Frage der Schützengräben nach dem Frieden."

Da tauchte – vorläufig noch in unklaren Umrissen – im Hintergrunde der russischen Politik eine gefährliche Macht auf:

die Kosaken. „Nowaja Shisn" (Neues Leben), die Zeitung Gorkis, machte auf ihre Tätigkeit aufmerksam:

„Zu Beginn der Revolution weigerten sich die Kosaken, auf das Volk zu schießen. Als Kornilow auf Petrograd marschierte, folgten sie ihm nicht. In der letzten Zeit hat sich ihre Rolle etwas geändert. Von einer passiven Loyalität zur Revolution sind sie zu einer aktiven politischen Offensive (gegen sie) übergegangen ..."

Kaledin, der Ataman der Donkosaken, von der Provisorischen Regierung wegen seiner Beteiligung an dem Kornilowabenteuer seines Postens enthoben, weigerte sich zu gehen, und von drei riesigen Armeen umgeben, lagerte er intrigierend und drohend bei Nowotscherkassk. So groß war seine Macht, daß die Regierung seiner Gehorsamsverweigerung gegenüber die Augen verschließen mußte. Ja, mehr als das, sie sah sich gezwungen, den Rat des Verbandes der Kosakenarmeen anzuerkennen und die neugebildeten Kosakensektionen der Sowjets für ungesetzlich zu erklären.

In der ersten Oktoberhälfte erschien eine Kosakendelegation bei Kerenski, die in arrogantem Ton die Niederschlagung der gegen Kaledin gerichteten Anklagen forderte und dem Ministerpräsidenten den Vorwurf machte, zu nachgiebig gegenüber den Sowjets gewesen zu sein. Kerenski erklärte sich bereit, Kaledin ungeschoren zu lassen. Außerdem soll er sich wie folgt geäußert haben: „In den Augen der Sowjetführer bin ich ein Despot und Tyrann ... Die Provisorische Regierung hängt nicht nur nicht von den Sowjets ab, sie bedauert im Gegenteil, daß diese überhaupt existieren."

Gleichzeitig erschien eine andere Kosakenabordnung bei dem englischen Gesandten und hatte die Kühnheit, mit ihm als Vertreter des „freien Kosakenvolkes" zu verhandeln.

Im Dongebiet war eine Art Kosakenrepublik gebildet worden. Das Kubangebiet proklamierte sich als unabhängiger Kosakenstaat. Die Sowjets von Rostow am Don und Jekaterinburg waren von bewaffneten Kosaken auseinandergejagt und der Hauptsitz des Bergarbeiterverbandes in Charkow überfallen worden. In allen diesen Manifestationen zeigte die Kosakenbewegung ihren antisozialistischen und militaristischen Charakter. Ihre Führer waren Adlige und große Grundbesitzer von der Art Kaledins, Kornilows, des Generals Dutow, Karaulows und Bardishis, sie hatten die Unterstützung der mächtigen Kaufleute und Bankiers Moskaus . . .

Das alte Rußland begann mit großer Schnelligkeit auseinanderzufallen. In Finnland, in Polen, in der Ukraine und Weißrußland wuchs die nationalistische Bewegung und wurde kühner. Die unter dem Einfluß der besitzenden Klassen stehenden lokalen Regierungen forderten Autonomie und weigerten sich, den Anordnungen Petrograds Folge zu leisten. In Helsingfors lehnte das finnische Parlament es ab, der Provisorischen Regierung Geld zu leihen, proklamierte die Selbständigkeit Finnlands und verlangte die Zurückziehung der russischen Truppen. Die bürgerliche Rada in Kiew zog die Grenzen der Ukraine so weit, daß sie die reichsten Agrargebiete Südrußlands, östlich bis zum Ural hin, umfaßten, und begann mit der Aufstellung einer eigenen Armee. Ihr Ministerpräsident Winnitschenko arbeitete auf einen Sonderfrieden mit Deutschland hin, und die Provisorische Regierung war hilflos. Sibirien und der Kaukasus forderten ihre besonderen konstituierenden Versammlungen, und in allen diesen Ländern begann ein verzweifelter Kampf zwischen den Regierungen und den lokalen Sowjets der Arbeiter- und Soldatendeputierten.

Die Verwirrung wurde mit jedem Tag größer. Die Soldaten desertierten zu Hunderttausenden und begannen in ungeheuren Wellen plan- und ziellos über das Land zu fluten. Die Bauern der Gouvernements Tambow und Twer, des langen Wartens auf das ihnen versprochene Land müde und durch die Gewaltmaßregeln der Regierung in Verzweiflung gebracht, brannten die Gutshäuser nieder und massakrierten die Gutsbesitzer. In Moskau, Odessa und in den Kohlenbergwerken des Donezbeckens mächtige Streiks und Aussperrungen. Der Transport war lahmgelegt, die Armee hungerte, und in den großen Städten gab es kein Brot.

Die Regierung, hin- und hergerissen zwischen den reaktionären und demokratischen Parteien, konnte nichts tun, und wo sie gezwungenermaßen eingriff, geschah es stets im Interesse der besitzenden Klassen. Sie bot die Kosaken auf, um die Bauern zur Räson zu bringen und die Streiks niederzuschlagen. In Taschkent unterdrückten die Behörden den Sowjet. In Petrograd hatte sich der Wirtschaftsrat, dessen Aufgabe es sein sollte, das Wirtschaftsleben des Landes wiederherzustellen, zwischen den feindlichen Kräften von Kapital und Arbeit festgefahren und wurde von Kerenski aufgelöst. Die Militärs des alten Regimes, die von den Kadetten gestützt wurden, forderten strenge Maßnahmen, um die Disziplin in Armee und Flotte wiederherzustellen. Umsonst wiesen der Marineminister, Admiral Werderewski, und der Kriegsminister, General Werchowski, darauf hin, daß nur eine neue, freiwillige, auf der Zusammenarbeit mit den Soldaten- und Matrosenkomitees basierende demokratische Disziplin die Armee und Flotte retten könnte. Ihre Vorschläge wurden nicht beachtet.

Die Reaktion war offenbar darauf aus, die Volksmassen zu provozieren. Der Kornilow-Prozeß rückte näher und näher; immer unverhüllter nahm die bürgerliche Presse für den General Partei. Sie sprach von ihm als von dem „großen russischen Patrioten". Burzews Zeitung „Obschtscheje Delo" (Die gemeinsame Sache) erhob offen den Ruf nach einer Diktatur „Kornilow-Kaledin-Kerenski".

Mit Burzew, einem kleinen, gebückt gehenden Mann mit einem Gesicht voller Runzeln und kurzsichtigen Augen hinter dicken Brillengläsern, struppigem Haar und ergrautem Bart, hatte ich eines Tages eine Unterredung in der Pressegalerie des Rates der Republik.

„Hören Sie mir zu, junger Mann! Was Rußland braucht, ist ein starker Mann. Wir sollten unser Denken endlich von der Revolution frei machen und auf die Deutschen konzentrieren. Politische Pfuscher haben Kornilow gestürzt; aber hinter diesen Pfuschern stehen deutsche Agenten. Ah! Kornilow hätte gewinnen sollen . . ."

Auf der äußersten Rechten traten die Organe der kaum verhüllten Monarchisten, Purischkewitschs „Narodny Tribun" (Der Volkstribun), „Nowaja Rus" (Das neue Rußland), „Shiwoje Slowo" (Lebendiges Wort), offen für die Ausrottung der revolutionären Demokratie ein.

Am 23. Oktober fand im Golf von Riga eine Seeschlacht mit einem deutschen Geschwader statt. Unter dem Vorwand, daß Petrograd in Gefahr sei, bereitete die Regierung die Räumung Petrograds vor. Zuerst sollten die großen Munitionswerke verlegt und über das ganze Rußland verteilt werden; dann wollte die Regierung selber nach Moskau gehen. Die Bolschewiki wiesen sofort darauf hin, daß die Regierung die rote Hauptstadt nur preisgebe, um die Revolution zu schwächen. Man hatte Riga an die Deutschen verkauft; jetzt sollte Petrograd verraten werden!

Die bürgerliche Presse jubelte. „In Moskau", so erklärte das Kadettenblatt „Retsch" (Die Rede), „wird die Regierung in einer ruhigeren Atmosphäre arbeiten können, ohne fortwährend von Anarchisten gestört zu werden." Rodsjanko, der Führer des rechten Flügels der Kadetten, erklärte im „Utro Rossii" (Rußlands Morgen), daß die Einnahme Petrograds durch die Deutschen ein Segen wäre, da diese die Sowjets zerstören und die revolutionäre Baltische Flotte erledigen würden.

„Petrograd ist in Gefahr", schrieb er. „Ich sage mir, ,überlassen wir Petrograd unserem Herrgott'. Sie fürchten, wenn Petrograd verloren ist, dann werden auch die zentralen revolutionären Organisationen vernichtet werden. Dazu sage ich, daß ich überglücklich sein werde, wenn all diese Organisationen vernichtet sind; denn sie werden nichts als Unglück über Rußland bringen . . .

Mit dem Fall Petrograds wird auch die Baltische Flotte vernichtet werden . . . Aber das braucht uns nicht leid zu tun; die meisten Kriegsschiffe sind ohnehin völlig demoralisiert . . ."

Angesichts des Protestes der Volksmassen mußte die Regierung ihren Plan, Petrograd zu verlassen, jedoch aufgeben.

Währenddem hing, einer von Blitzen durchzuckten Gewitterwolke gleich, drohend über Rußland der Kongreß der Sowjets, bekämpft nicht nur von der Regierung, sondern auch von allen „gemäßigten" Sozialisten. Die zentralen Armee- und Flottenkomitees, die Zentralkomitees einiger Gewerkschaften, die Bauernsowjets, vor allem aber das Zentralexekutivkomitee der Sowjets selbst sparten keine Mühe, um das Zustandekommen des Kongresses zu verhindern. Die Zeitungen „Iswestija" und „Golos Soldata" (Die Stimme des Soldaten), ursprünglich von dem Petrograder Sowjet gegründet, aber jetzt im Besitz des Zentralexekutivkomitees der Sowjets, griffen ihn heftig an; die gesamte sozialrevolutionäre Presse, „Delo Naroda" (Die Sache des Volkes) und „Wolja Naroda" (Volkswille), entfesselten ein wahres Trommelfeuer gegen ihn.

Der Telegraf arbeitete, Delegierte wurden im Lande umhergeschickt, mit Anweisungen für die Komitees der lokalen Sowjets, für die Armeekomitees, die Wahlen für den Kongreß einzustellen oder zu verzögern. Feierliche öffentliche Resolutionen gegen den Kongreß wurden gefaßt, Erklärungen, daß die demokratischen Elemente sich der Abhaltung des Kongresses so unmittelbar vor dem Zusammentritt der Konstituierenden Versammlung widersetzten; Vertreter der Frontsoldaten, der Semstwoverbände, der Bauern, des Verbandes der Kosakenarmeen, des Offiziersbundes, der „Ritter des heiligen Georg", der „Todesbataillone"* – alle waren sie vereinigt in einem einzigen großen Protest ... Im Rat der Russischen Republik gab es nicht eine Stimme, die sich für den Kongreß einsetzte. Der ganze, von der russischen Märzrevolution geschaffene Apparat funktionierte, um die Abhaltung des Sowjetkongresses zu verhindern.

Demgegenüber stand der vorläufig noch formlose Wille des Proletariats – der Arbeiter, einfachen Soldaten und armen Bauern. Viele der lokalen Sowjets waren bereits bolschewistisch; daneben bestanden die Organisationen der Industriearbeiter, die Fabrikkomitees, und die revolutionären Organisationen der Armee und Flotte. In einigen Orten hielten die Massen, an der regulären Wahl ihrer Sowjetdelegierten verhindert, Rumpfversammlungen ab, in denen sie aus ihrer Mitte heraus einen bestimmten, der nach Petrograd zu gehen hatte. In anderen jagten sie die alten, Obstruktion treibenden Komitees auseinander und bildeten neue. Die Kruste, die sich an der Oberfläche der seit Monaten schlummernden revolutionären Glut gebildet hatte, kam in Bewegung und begann bedenklich zu krachen. Nur eine solche spontane Massenbewegung konnte den Gesamtrussischen Sowjetkongreß bringen.

Und die bolschewistischen Redner schleuderten Tag für Tag in allen Kasernen und Fabriken die heftigsten Anklagen gegen die „Regierung des Bürgerkrieges". Eines Sonntags fuhren wir auf einem über Ozeane von Schmutz rumpelnden ungefügen Dampfstraßenbahnwagen, an steif dastehenden Fabriken und riesigen Kirchen vorbei, zum Obuchow-Werk, einer staatlichen Munitionsfabrik jenseits des Schlüsselburg-Prospekts.

---

* Siehe „Einführende Bemerkungen und Erklärungen". J. R. (S. 27/28. *Die Red.*)

Die Versammlung fand zwischen den ungeputzten Mauern eines mächtigen, im Bau unterbrochenen Hauses statt. Wohl an die Zehntausend dunkelgekleidete Männer und Frauen drängten sich um eine rotdrapierte Tribüne, saßen auf Balken oder Steinhaufen oder thronten auf hohen Gerüsten, voll grimmiger Entschlossenheit und ihren Willen mit Donnerstimme hinausschreiend. Durch den trüben, wolkenschweren Himmel brach dann und wann die Sonne und goß durch die leeren Fensteröffnungen einen rötlichen Schimmer über die zu uns aufgekehrten einfachen Gesichter.

Lunatscharski, eine schmächtige, studentenhafte Erscheinung mit einem sensitiven Künstlerantlitz, setzte auseinander, warum die Sowjets unter allen Umständen die Macht übernehmen müßten. Niemand anders könne die Revolution gegen ihre Feinde schützen, die mit Vorbedacht das Land und die Armee zugrunde richteten und einem neuen Kornilow das Feld bereiteten.

Ein Soldat sprach, von der rumänischen Front, abgemagert, voll bebender Leidenschaft: „Genossen, wir hungern an der Front, wir frieren, wir sterben und wissen nicht wofür. Ich bitte die amerikanischen Genossen, es in Amerika zu sagen, daß wir Russen unsere Revolution bis zum Tode verteidigen werden. Wir werden alles daransetzen, unsere Feste zu halten, bis die Massen der ganzen Welt sich erheben werden, um uns zu Hilfe zu eilen. Sagt den amerikanischen Arbeitern, daß sie aufstehen mögen zum Kampfe für die soziale Revolution!"

Petrowski redete, hart, unerbittlich:

„Jetzt ist keine Zeit für Worte, jetzt muß gehandelt werden. Die ökonomische Situation ist schlecht, aber wir müssen uns daran gewöhnen. Sie versuchen uns auszuhungern, im Frost umkommen zu lassen. Sie wollen uns provozieren. Aber sie sollen wissen, daß sie darin zu weit gehen können – daß, wenn sie es wagen sollten, an die Organisationen des Proletariats zu rühren, wir sie vom Antlitz der Erde wegfegen werden!"

Die bolschewistische Presse wuchs plötzlich an. Neben den zwei Parteizeitungen „Rabotschi Put" und „Soldat" erschien eine neue Zeitung für die Bauern, „Derewenskaja Bednota" (Die Dorfarmut), die in einer Auflage von einer halben Million herauskam, und am 17. Oktober „Rabotschi i Soldat". Dessen Leitartikel faßte den bolschewistischen Standpunkt wie folgt zusammen:

„Ein viertes Kriegsjahr wird die Vernichtung der Armee und des Landes bedeuten ... Petrograd ist bedroht ... Die Konterrevolution freut sich über das Unglück des Volkes ... Die zur Verzweiflung gebrachten Bauern gehen zum offenen Aufstand über; die Großgrundbesitzer und die Regierungsbehörden schicken blutige Strafexpeditionen gegen sie aus; Betriebe werden geschlossen, den Arbeitern droht der Hungertod ... Die Bourgeoisie und ihre Generale wollen eine blinde Disziplin in der Armee wiederherstellen ... Von der Bourgeoisie unterstützt, bereiten sich die Kornilowleute offen darauf vor, den Zusammentritt der Konstituierenden Versammlung zu verhindern ...

Die Kerenskiregierung ist gegen das Volk. Sie wird das Land zugrunde richten ... Wir stehen auf seiten des Volkes und bei dem Volk — bei den besitzlosen Klassen, den Arbeitern, Soldaten und Bauern. Das Volk kann nur durch die Vollendung der Revolution gerettet werden ... Und zu diesem Zweck muß die gesamte Macht in die Hände der Sowjets übergehen ...

Wir treten für folgende Forderungen ein:

Alle Macht den Sowjets, in der Hauptstadt sowohl wie in der Provinz.

Sofortiger Waffenstillstand an allen Fronten. Ein ehrlicher Friede zwischen den Völkern.

Die großen Güter – ohne Entschädigung – in die Hände der Bauern.

Kontrolle der Arbeiter über die industrielle Produktion.

Eine auf ehrliche Weise gewählte Konstituierende Versammlung."

Hier noch eine interessante Stelle aus demselben Organ der Bolschewiki, die in der ganzen Welt als deutsche Agenten bezeichnet wurden:

„Der deutsche Kaiser, an dessen Händen das Blut von Millionen Gefallener klebt, will seine Armee gegen Petrograd schicken. Man muß an die deutschen Arbeiter appellieren, an die Soldaten und Bauern, die den Frieden nicht weniger wünschen als wir, daß sie aufstehen mögen gegen diesen verdammten Krieg!

Das kann jedoch nur eine revolutionäre Regierung tun, die wirklich im Namen der Arbeiter, Soldaten und Bauern Rußlands spricht, die über die Köpfe der Diplomaten hinweg sich direkt an die deutschen Truppen wendet, die die deutschen Schützengräben mit Proklamationen in deutscher Sprache überschwemmen würde . . . Unsere Flieger würden diese Proklamationen in ganz Deutschland abwerfen . . ."

Im Rat der Russischen Republik vertiefte sich der Riß mit jedem Tage mehr.

„Die besitzenden Klassen", erklärte Karelin für die linken Sozialrevolutionäre, „sind bestrebt, den revolutionären Staatsapparat auszunützen, um Rußland an den Kriegswagen der Alliierten zu binden. Die revolutionären Parteien sind entschiedene Gegner dieser Politik . . ."

Der alte Nikolai Tschaikowski, der Vertreter der Volkssozialisten, sprach gegen die Übergabe des Landes an die Bauern und stellte sich auf die Seite der Kadetten:

„In der Armee muß sofort die straffste Disziplin hergestellt werden . . . Ich habe seit dem Beginn des Krieges nicht aufgehört zu erklären, daß ich es als ein Verbrechen betrachte, soziale und wirtschaftliche Reformen durchzuführen, solange der Krieg währt. Wir begehen jetzt dieses Verbrechen. Trotzdem bin ich kein Gegner dieser Reformen; denn ich bin Sozialist."

Von links antworten ihm heftige Zurufe: „Wir glauben Ihnen nicht." Rechts findet er mächtigen Beifall.

Für die Kadetten erklärte Adshemow, daß es nicht notwendig sei, den Soldaten zu sagen, wofür sie kämpften, da jeder Soldat wissen müsse, daß es vor allem darauf ankomme, die Feinde Rußlands aus dem Lande zu jagen.

Kerenski selber erschien zweimal, um einen leidenschaftlichen Appell für die nationale Einheit an die Kammer zu richten, einmal sogar am Schlusse seiner Rede in Tränen ausbrechend. Er wurde mit Eiseskälte angehört und oft durch ironische Zwischenrufe unterbrochen.

Das Smolny-Institut, der Hauptsitz des Zentralexekutivkomitees der Sowjets und des Petrograder Sowjets, lag einige Kilometer außerhalb der Stadt, am Ufer der mächtigen Newa. Ich fuhr dorthin in einer Art Omnibus, der in schneckengleichem Tempo und knarrend über das miserable und schmutzige Pflaster der kolossal belebten Straße holperte. Am Ende des Weges erhob sich in wunderbarer Grazie die rauchblaue, mit mattem Gold verzierte Kuppel des Smolny-Klosters; daneben die an eine Kaserne erinnernde Fassade des Smolny-Instituts, sechshundert Fuß lang und drei mächtige Stockwerk hoch, über dem Eingang noch immer riesengroß das in Stein gehauene kaiserliche Wappen.

Unter dem alten Regime eine berühmte Klosterschule für die Töchter des russischen Adels und unter dem Patronat der Zarin selber stehend, wurde das Institut nach der Umwälzung von den revolutionären Organisationen der Arbeiter und Sol-

71

daten übernommen. In seinem Innern befinden sich über hundert große Zimmer, weiß und schmucklos. Kleine weiße Emailleschildchen weisen den Vorübergehenden darauf hin, welcher Bestimmung einst die einzelnen Zimmer dienten. „Damenklassenzimmer Nr. 4", lese ich, oder „Büro für das Lehrpersonal" usw. Darüber aber hängen mit ungeschickten Schriftzeichen Tafeln, die Merkmale der neuen Ordnung: „Exekutivkomitee des Petrograder Sowjets", „Zentralexekutivkomitee der Sowjets" und „Büro des Auswärtigen", „Verband Sozialistischer Soldaten", „Zentralrat der Gesamtrussischen Gewerkschaften", „Fabrikkomitees", „Zentrales Armeekomitee" und das Zentralbüro und Fraktionszimmer der politischen Parteien.

In den langen, gewölbten, von wenigen elektrischen Birnen erhellten Korridoren geschäftig hin- und hereilende Soldaten und Arbeiter, einige tief gebeugt unter der Last riesiger Bündel Zeitungen, Proklamationen, Propagandaschriften aller Art; mit dem Aufklappen ihrer schweren Stiefel verursachten sie ein tiefes, unaufhörliches Getöse auf dem hölzernen Fußboden.

Überall waren Plakate: „Genossen! Im Interesse eurer Gesundheit, achtet auf Reinlichkeit!" In jeder Etage, auf allen Treppenabsätzen standen lange Tische, bedeckt mit Flugschriften und Literatur der verschiedenen politischen Parteien, die zum Verkauf auslagen.

Der im Erdgeschoß gelegene, sehr geräumige, aber niedrige Speisesaal des einstigen Klosters diente auch jetzt seinem alten Zweck. Für zwei Rubel kaufte ich einen Bon, der mir Anrecht auf ein Mittagessen gab, und schloß mich einer wohl tausend Personen langen Reihe an, um Schritt für Schritt den großen Serviertischen näher zu kommen, wo zwanzig Männer und Frauen aus mächtigen Kesseln Kohlsuppe, Fleisch, ganze Berge Kascha (Brei) und Stücke schwarzen Brotes verteilten. Für fünf Kopeken gab es einen Zinnbecher Tee. Einem zur Hand stehenden Korb entnahm man einen fettigen Holzlöffel ... An den hölzernen Tischen drängten sich auf ihren Bänken hungrige Proletarier, die ihr Brot verzehrten, diskutierten und den weiten Raum mit ihren derben Späßen erfüllten.

In der oberen Etage war ein weiterer Eßraum für das Zentralexekutivkomitee der Sowjets reserviert, wenngleich hinging, wer wollte. Hier gab es dick mit Butter belegtes Brot und Tee in unbeschränkten Mengen.

Im Südflügel befand sich in der zweiten Etage der große Sitzungssaal, der ehemalige Ballsaal des Instituts. Ein prächtiger, ganz in weiß gehaltener Raum, von weißglasierten Leuchtern mit Hunderten elektrischer Lampen erhellt und durch zwei Reihen massiver Säulen geteilt; an dem einen Ende eine Balustrade, von zwei hohen, vielverzweigten Leuchtern flankiert, dahinter ein goldener Rahmen, aus dem man das Porträt des Zaren herausgeschnitten hatte. Hier hatten bei festlichen Anlässen in fürstlicher Umgebung die Galauniformen und geistlichen Gewänder geprangt.

Auf der anderen Seite des Saals befand sich das Büro der Mandatsprüfungskommission für den Sowjetkongreß. Hier stand ich und musterte die neuankommenden Delegierten: bärtige Soldaten, Arbeiter in schwarzen Blusen, einige wenige langhaarige Bauern. Das den Dienst versehende Mädchen, ein Mitglied der Plechanowgruppe*, lächelte verächtlich. „Wie verschieden sind diese Leute von den Delegierten des ersten Kongresses", bemerkte sie. „Sehen Sie nur, wie roh und unwissend sie aussehen. Das sind die dunkelsten Schichten des russischen Volkes ..." Sie hatte recht. Rußland war bis zum Grunde aufgewühlt, und das Unterste war zuoberst gekehrt. Die Mandatsprüfungskommission, noch von dem alten Zentralexekutivkomi-

---

* Siehe „Einführende Bemerkungen und Erklärungen". J. R. (S. 20. Die Red.)

tee der Sowjets eingesetzt, wies einen nach dem anderen die Delegierten als nicht ordnungsgemäß gewählt zurück. Aber Karachin vom Zentralkomitee der Bolschewiki lächelte nur: „Unbesorgt, wenn die Zeit herankommt, werden wir schon sehen, daß ihr eure Sitze bekommt."

„Rabotschi i Soldat" schrieb:

„Die Aufmerksamkeit der Delegierten zum Gesamtrussischen Kongreß sei auf die Versuche gewisser Mitglieder des Organisationskomitees gelenkt, das Stattfinden des Kongresses zu hintertreiben, indem sie behaupten, daß er nicht stattfinden werde und daß die Delegierten gut daran tun würden, Petrograd zu verlassen ... Schenkt diesen Lügen keinen Glauben ... Große Tage nahen heran ..."

Da es mittlerweile zweifellos war, daß der Kongreß bis zum 2. November nicht vollständig beisammen sein würde, vertagte man seine Eröffnung auf den 7. November. Das ganze Land war jetzt aber in Bewegung, und die Menschewiki und Sozialrevolutionäre, als sie ihre Niederlage erkannten, änderten plötzlich ihre Taktik und gaben ihren Provinzialorganisationen telegrafische Anweisungen, soviel gemäßigte sozialistische Delegierte zu dem Kongreß zu wählen, wie ihnen noch möglich wäre. Gleichzeitig berief das Exekutivkomitee der Bauernsowjets einen außerordentlichen Bauernkongreß für den 13. Dezember ein, der alle eventuellen Aktionen der Arbeiter und Soldaten wieder abbiegen sollte.

Die Frage war: Was werden die Bolschewiki tun? Gerüchte liefen um, daß sie eine bewaffnete Demonstration der Arbeiter und Soldaten planten. Die bürgerliche und reaktionäre Presse sagte einen Aufstand voraus und forderte von der Regierung die Verhaftung des Petrograder Sowjets oder zum mindesten die Verhinderung des Kongreßzusammentritts. Blätter wie „Nowaja Rus" gingen bis zur Aufforderung zu einem allgemeinen Bolschewistengemetzel.

Gorkis Blatt „Nowaja Shisn" war ebenso wie die Bolschewiki der Meinung, daß die Reaktionäre die Revolution zunichte machen wollten und daß man ihnen, falls notwendig, bewaffneten Widerstand entgegensetzen müsse; alle revolutionären demokratischen Parteien müßten jedoch als eine geeinte Front auftreten.

„Solange die Demokratie ihre Hauptkräfte noch nicht mobilisiert hat, solange der Widerstand gegen ihren Einfluß noch stark ist, sollte man nicht zum Angriff übergehen. Wenn aber die gegnerischen Kräfte zur Gewalt greifen, dann sollte die revolutionäre Demokratie den Kampf um die Macht aufnehmen, dann wird sie von den breitesten Schichten des Volkes unterstützt werden."

Gorki stellte fest, daß sowohl die reaktionäre als auch die Regierungspresse die Bolschewiki zur Gewalt provozierten. Indessen konnte seiner Meinung nach der Aufstand nur einem neuen Kornilow nützlich sein, und er forderte die Bolschewiki auf, die umlaufenden Gerüchte zu dementieren. Im menschewistischen „Den" (Der Tag) veröffentlichte Potressow einen sensationell aufgemachten Bericht mit einer Karte, der angeblich den geheimen bolschewistischen Kriegsplan enthüllen sollte.

Wie durch Zauberei waren alle Straßenzüge mit Warnungen, Proklamationen, Aufrufen[10] der Zentralkomitees der „gemäßigten" und konservativen Parteien und des Zentralexekutivkomitees der Sowjets bedeckt, die die Demonstration verurteilten und die Arbeiter und Soldaten dringend aufforderten, den Hetzern keine Folge zu leisten. Hier ein solcher Aufruf der Militärabteilung der Sozialrevolutionären Partei:

„Wieder gehen in der Stadt Gerüchte um über eine beabsichtigte bewaffnete Demonstration. Wo ist die Quelle dieser Gerüchte? Welche Organisation ermächtigt diese Agitatoren, den Aufstand zu predigen? Die Bolschewiki leugneten auf eine im Zentralexekutivkomitee an sie gerichtete Frage, daß sie irgend etwas damit zu tun hätten . . . Doch diese Gerüchte bergen eine große Gefahr in sich. Es kann leicht geschehen, daß einzelne unverantwortliche Hitzköpfe, die keine rechte Vorstellung von der geistigen Verfassung der Mehrheit der Arbeiter, Soldaten und Bauern haben, die Arbeiter und Soldaten auf die Straße rufen und sie zu einer Erhebung aufhetzen . . . In dieser fürchterlichen Zeit, die das revolutionäre Rußland durchlebt, kann jede Erhebung leicht zum Bürgerkrieg führen und das Ergebnis die Zerstörung aller mit so viel Arbeit aufgebauten Organisationen des Proletariats sein . . . Die konterrevolutionären Verschwörer wollen die Erhebung ausnützen, um die Revolution zu zerstören, im Interesse Wilhelms die Front zu öffnen und die Konstituierende Versammlung zu verhindern . . . Bleibt auf euren Posten! Geht nicht auf die Straße!"

Am 28. Oktober sprach ich in dem Korridor des Smolny Kamenew, einen kleinen Mann mit rötlichem Spitzbart und gallischer Beweglichkeit. Er war noch keineswegs sicher, ob genug Delegierte zum Kongreß erscheinen würden: „Sollte der Kongreß zustande kommen, dann wird er auch die überwältigende Mehrheit des Volkes repräsentieren. Und ist die Mehrheit eine bolschewistische, wie ich überzeugt bin, daß sie es sein wird, dann werden wir die Übernahme der Macht durch die Sowjets fordern, und die Provisorische Regierung wird zurücktreten müssen."

Wolodarski, ein hochgewachsener blasser Jüngling mit einer Brille und ungesunder Gesichtsfarbe, war in seinen Äußerungen bestimmter. „Liber, Dan und die anderen Kompromißler sabotieren den Kongreß. Sollte es ihnen gelingen, sein Zusammentreten zu verhindern, nun – dann werden wir real genug sein, nicht von ihm abzuhängen."

In meinen Papieren finde ich unter dem 24. Oktober folgende, den Zeitungen vom gleichen Tage entnommene Notizen:

„Mogiljow (Generalstabsquartier). Konzentrierung treuer

Garderegimenter, der ‚Wilden Division', der Kosaken und der Todesbataillone.

Die Offiziersschüler von Pawlowsk, Zarskoje Selo und Peterhof von der Regierung nach Petrograd beordert. Ankunft der Offiziersschüler von Oranienbaum in der Stadt.

Teilweise Stationierung der Panzerwagendivision der Petrograder Garnison im Winterpalast.

Auf Befehl Trotzkis Auslieferung einiger Tausend Gewehre an die Delegierten der Petrograder Arbeiter durch die Staatliche Waffenfabrik in Sestrorezk.

Annahme einer Resolution in einer Versammlung der Stadtmiliz des unteren Litejnyviertels, die die Übergabe der gesamten Macht an die Sowjets fordert."

Das sind nur einige Proben von den verwirrenden Ereignissen jener fiebrigen Tage, da jeder ahnte, daß sich etwas vorbereitete, aber niemand wußte, was.

In einer Sitzung des Petrograder Sowjets im Smolny, in der Nacht des 30. Oktober, brandmarkte Trotzki die Behauptungen der bürgerlichen Presse, daß der Sowjet den bewaffneten Aufstand plane, als „einen Versuch der Reaktion, den Sowjetkongreß zu diskreditieren und zu verhindern ... Der Petrograder Sowjet", erklärte er, „hat keine Aktion angeordnet. Sollte dies notwendig werden, werden wir es tun, und wir werden die Unterstützung der Petrograder Garnison haben ... Sie (die Regierung) bereitet die Konterrevolution vor; wir werden darauf mit einer Offensive antworten, die erbarmungslos und entscheidend sein wird."

Es ist richtig, daß der Petrograder Sowjet keine bewaffnete Demonstration angeordnet hatte, aber das Zentralkomitee der bolschewistischen Partei diskutierte die Frage des Aufstandes.

Am 23. Oktober tagte das Zentralkomitee die ganze Nacht. Anwesend waren alle Intellektuellen der Partei, die Führer, und die Delegierten der Petrograder Arbeiter und der Garnison.

Von den Intellektuellen waren nur Lenin und Trotzki für den Aufstand. Selbst die Militärfachleute lehnten ihn ab. Es wurde eine Abstimmung vorgenommen und der Aufstand verworfen.

Da aber erhob sich mit wutverzerrten Zügen ein Arbeiter: „Ich spreche für das Petrograder Proletariat", stieß er rauh hervor. „Wir sind für den Aufstand, macht, was ihr wollt. Aber das eine sage ich euch, wenn ihr gestattet, daß die Sowjets auseinandergejagt werden, *dann sind wir mit euch fertig.*" Einige Soldaten schlossen sich dieser Erklärung an ... Eine zweite Abstimmung wurde vorgenommen und – der Aufstand beschlossen.*

---

* Der Verlauf der Beratungen über die Frage des bewaffneten Aufstands auf den historischen Sitzungen des Zentralkomitees der Partei der Bolschewiki im Oktober 1917 ist von John Reed falsch dargelegt. Der Beschluß über den bewaffneten Aufstand wurde in einer geschlossenen Sitzung des Zentralkomitees der Partei am 23. (10.) Oktober 1917 angenommen, an der Lenin, Bubnow, Dzierzynski, Sinowjew, Kamenew, Kollontai, Lomow, Swerdlow, Sokolnikow, Stalin, Trotzki, Urizki teilnahmen. Gegen die von Lenin vorgeschlagene Resolution stimmten Sinowjew und Kamenew. Sechs Tage später, am 29. (16.) Oktober, fand eine erweiterte Sitzung des Zentralkomitees der Partei statt, auf der die Vertreter der Exekutivkommission des Petrograder Parteikomitees, der militärischen Organisation, des Petrograder Sowjets, der Gewerkschaften, der Fabrikkomitees, der Eisenbahner und des Petrograder Kreisparteikomitees anwesend waren. Auf dieser Sitzung verlas Lenin die Resolution, die in der vorangegangenen Sitzung des Zentralkomitees angenommen worden war. In seiner Rede unterstrich Lenin, daß die objektive politische Situation sowohl in Rußland als auch in Europa die Notwendigkeit der energischsten, aktivsten Politik diktiert, die nur der bewaffnete Aufstand sein kann. Lenin schlug der Versammlung eine Resolution vor, die den Beschluß des Zentralkomitees über den Aufstand begrüßt und unterstützt. Die Resolution wurde mit neunzehn Stimmen gegen zwei bei vier Stimmenthaltungen angenommen. Sinowjew und Kamenew stimmten erneut gegen die Resolution des Zentralkomitees. *Die Red.*

Der rechte Flügel der Bolschewiki unter Rjasanow, Kamenew und Sinowjew fuhr trotzdem fort, gegen die bewaffnete Erhebung zu polemisieren. Am Morgen des 31. Oktober* erschien im „Rabotschi Put" der erste Teil von Lenins „Brief an die Genossen"[11], eine der kühnsten politischen Propagandaschriften, die die Welt je gesehen. Als Text die Einwendungen Kamenews und Rjasanows nehmend, trug Lenin hier alle Argumente zusammen, die zugunsten des Aufstandes sprachen.

„Entweder", schrieb er, „*offener* Verzicht auf die Losung ‚Alle Macht den Sowjets' oder Aufstand. Einen Mittelweg gibt es nicht."

Am selben Nachmittag hielt in dem Rat der Russischen Republik der Kadettenführer Miljukow eine scharfe Rede[12], in der er den „Nakas" Skobelews als „prodeutsch" bezeichnete und erklärte, daß die „revolutionäre Demokratie" im Begriff sei, Rußland zugrunde zu richten. Er machte sich über Tereschtschenko lustig und sprach es offen aus, daß er die deutsche Diplomatie der russischen vorziehe. Während seiner ganzen Rede herrschte auf den linken Bänken wilder Tumult.

Die Regierung ihrerseits konnte sich der Bedeutung des Erfolges der bolschewistischen Propaganda nicht verschließen. Am 29. entwarf eine gemeinsame Kommission der Regierung und des Rates der Russischen Republik in aller Hast zwei neue Gesetze, deren eines die vorübergehende Übergabe des Landes an die Bauern bestimmte, während das andere die Einleitung einer energischen auswärtigen Friedenspolitik bedeuten sollte. Einen Tag darauf beseitigte Kerenski die Todesstrafe in der Armee. Am selben Nachmittag erfolgte die feierliche Eröffnung der ersten Sitzung der „Kommission zur Festigung des republikanischen Regimes und Bekämpfung der Anarchie und Konterrevolution", die allerdings in der ferneren Entwicklung nicht

* Beim Autor nicht genau. Diese Nummer erschien am 1. November (19. Oktober). *Die Red.*

die geringsten Spuren hinterlassen hat ... Am folgenden Morgen interviewte ich, zusammen mit zwei anderen Journalisten, Kerenski[13] – das letztemal, daß dieser Journalisten empfing.

„Das russische Volk", meinte er bitter, „leidet unter seiner ökonomischen Ermattung und den Enttäuschungen, die die Alliierten ihm bereiteten! Die Welt gibt sich dem Wahn hin, daß die russische Revolution zu Ende sei. Irre man sich nicht. Die russische Revolution steht erst an ihrem Beginn." Worte, prophetischer, als er es selber geahnt haben mochte.

Am 30. Oktober fand eine die ganze Nacht während ungemein stürmische Sitzung des Petrograder Sowjets statt, auf der ich zugegen war. Die „gemäßigten" sozialistischen Intellektuellen, Offiziere, Armeekomitees, das Zentralexekutivkomitee der Sowjets waren zahlreich erschienen. Gegen sie erhoben sich, leidenschaftlich und einfach, die Arbeiter, Bauern und niederen Soldaten.

Ein Bauer berichtete von den Unruhen in Twer, die, wie er sagte, durch die Verhaftungen der Bodenkomitees verursacht waren. „Dieser Kerenski", rief er, „ist nichts anderes als ein Schild für die Grundbesitzer, die wissen, daß auf der Konstituierenden Versammlung wir uns das Land irgendwie nehmen werden, und die diese darum unmöglich machen wollen."

Ein Maschinist von den Putilow-Werken schilderte, wie die Direktion die Abteilungen, eine nach der anderen, schließe, unter dem Vorwande, daß man weder Feuerung noch Rohmaterialien habe, währenddessen die Fabrikkomitees riesige Mengen an Materialien entdeckt hätten, die versteckt worden waren.

„Das ist eine Provokation", sagte er. „Man will uns aushungern oder zur Gewalt treiben!"

Ein Soldat begann mit den Worten: „Genossen! Ich überbringe euch Grüße von dorther, wo Männer ihre eigenen Gräber schaufeln und diese Schützengräben nennen."

80

Dann erhob sich, von mächtigem Beifallssturm begrüßt, ein langer, hagerer, noch junger Soldat. Es war Tschudnowski, als in den Julikämpfen gefallen gemeldet und jetzt mit einem Male von den Toten auferstanden:

„Die Soldatenmassen trauen ihren Offizieren nicht mehr. Sogar die Armeekomitees, die es ablehnten, unsern Sowjet einzuberufen, haben uns verraten. Die Massen der Soldaten bestehen auf den Zusammentritt der Konstituierenden Versammlung genau an dem Tag, für den sie einberufen war. Die es wagen sollten, sie hinauszuschieben, werden ihre Strafe finden, und nicht nur platonisch – die Armee hat auch Kanonen."

Er berichtete von der im Augenblick in der Fünften Armee geführten Wahlkampagne für die Konstituierende Versammlung. „Die Offiziere, und besonders die Menschewiki und Sozialrevolutionäre, tun alles, um die Wahltätigkeit der Bolschewiki unmöglich zu machen. Man verbietet die Verbreitung unserer Zeitungen in den Schützengräben und verhaftet unsere Redner."

„Warum sprichst du nicht davon, daß wir kein Brot haben?" rief ein anderer Soldat dazwischen.

„Der Mensch lebt nicht vom Brot allein", antwortete Tschudnowski streng.

Ihm folgte ein Offizier und menschewistischer Sozialpatriot des Witebsker Sowjets. „Es handelt sich hier nicht darum, in wessen Händen die Macht liegt. Nicht die Regierung ist das Problem, sondern der Krieg . . ., und der muß gewonnen werden, bevor an irgendeine Änderung zu denken ist." (Lärm und ironischer Beifall.) „Die bolschewistischen Agitatoren sind Demagogen." (Allgemeines Gelächter.) „Laßt uns nur einen Augenblick den Klassenkampf vergessen." Weiter kam er jedoch nicht. Laut rief eine Stimme: „Das könnte dir wohl so passen!"

Petrograd bot in jenen Tagen ein eigenartiges Schauspiel, die Komiteeräume in den Fabriken starrten von Waffen, Kuriere kamen und gingen, die Roten Garden* exerzierten ... In den Kasernen Abend für Abend Versammlungen und tagsüber heiße Diskussionen. In den Straßen drängten sich gegen Abend riesige Menschenmassen, den Newski auf- und niederflutend und sich um die herauskommenden Zeitungen reißend ...

Raubüberfälle mehrten sich in einem Maße, daß es gefährlich war, sich in die Nebenstraßen zu wagen. Auf der Sadowaja sah ich eines Nachmittags, wie eine Volksmenge von einigen hundert Menschen einen beim Stehlen erwischten Soldaten niederschlug und zu Tode trampelte. Geheimnisvolle Individuen strichen um die in der Kälte stundenlang nach Brot und Milch anstehenden, vor Frost zitternden Frauen herum, tuschelnd, daß die Juden die Lebensmittel auf die Seite brächten und daß, während das Volk hungere, die Sowjetmitglieder im Luxus schwelgten.

Der Smolny wurde aufs schärfste bewacht. Niemand kam hinein und heraus, der keinen Passierschein hatte. In allen Komiteeräumen herrschte geschäftiges Leben den ganzen Tag hindurch, und auch des Nachts waren dort Hunderte von Arbeitern und Soldaten, die auf dem nackten Boden schliefen, wo immer sich ein Plätzchen bot. Oben, in dem großen Saal, strömten die Menschen zu den lärmerfüllten Sitzungen des Petrograder Sowjets.

In der Stadt taten sich zahllose Spielklubs auf, die bis zum Morgengrauen in Betrieb waren, wo der Champagner in Strömen floß und Einsätze von zwanzigtausend Rubel keine Seltenheit waren. Im Zentrum der Stadt promenierten Dirnen, juwelen- und pelzgeschmückt, und drängten sich in die Cafes.

Monarchistenverschwörungen, Schmuggler, deutsche Spione, die ihre Unternehmungen vorbereiteten.

Und in dem kalten Regen, unter einem unfreundlichen grauen Himmel, die große pulsierende Stadt, die rascher und rascher dahinstürmt – wohin?

---

* Siehe „Einführende Bemerkungen und Erklärungen". J. R. (S. 27. Die Red.)

# III

## AM VORABEND

Wo immer ein revolutionäres Volk einer schwachen Regierung gegenübersteht, kommt unausbleiblich früher oder später der Moment, da jede Handlung der Regierung die Massen erbittert und jede Unterlassung ihre Verachtung weckt.

Der Plan, Petrograd preiszugeben, beschwor einen Sturm herauf; Kerenskis öffentliche Erklärung, daß die Regierung eine derartige Absicht nie gehabt hätte, wurde mit einem Hohngelächter beantwortet.

„Durch den Vorstoß der Revolution an die Wand gedrückt", so rief die Zeitung „Rabotschi Put" aus, „versucht sich die Regierung der bürgerlichen Favoriten mit Lügen und Ausflüchten aus der Affäre zu ziehen. Nie habe sie daran gedacht, aus Petrograd zu flüchten; niemals sei es ihr in den Sinn gekommen, die Hauptstadt preiszugeben."

In Charkow* akzeptierte eine Versammlung von dreißigtausend organisierten Bergarbeitern den Grundsatz der IWW**.

---

* Anscheinend meinte der Autor das Steinkohlenrevier des Donezbeckens. *Die Red.*

** „Industriearbeiter der Welt" (IWW) war eine der revolutionären gewerkschaftlichen Massenorganisationen der USA. Sie entstand 1905 unter dem Eindruck der revolutionären Ereignisse in Rußland. Faktisch aufgehört zu existieren hat sie in den dreißiger Jahren, nachdem sie zu einer sektiererischen Organisation entartet war und die einstigen Verbindungen zu den Massen verloren hatte. In der Blütezeit dieser Organisation hat John Reed an ihrer Tätigkeit aktiv Anteil genommen. *Die Red.*

„Die arbeitenden und die besitzenden Klassen haben nichts miteinander gemein." Kosaken jagten die Bergarbeiter auseinander; einige wurden von den Bergwerksbesitzern ausgesperrt, der Rest rief den Generalstreik aus. Der Minister für Handel und Industrie, Konowalow, gab seinem Vertreter Orlow unbeschränkte Vollmacht, der Schwierigkeiten mit allen ihm gutdünkenden Mitteln Herr zu werden. Die Bergarbeiter haßten Orlow. Aber das Zentralexekutivkomitee der Sowjets bestätigte nicht nur seine Ernennung, sondern lehnte auch die Forderung ab, die Kosaken aus dem Donezbecken zurückzurufen.

Dazu kam die Sprengung des Sowjets in Kaluga. Die Bolschewiki hatten dort die Mehrheit erlangt und einige politische Gefangene freigesetzt. Die Stadtduma rief mit Zustimmung des Regierungskommissars Truppen aus Minsk herbei, die das Gebäude des Sowjets mit Artillerie beschossen. Die Bolschewiki kapitulierten. Während sie das Gebäude verließen, wurden sie plötzlich von Kosaken mit dem Ruf überfallen: „So werden wir es mit allen bolschewistischen Sowjets machen, die von Petrograd und Moskau nicht ausgenommen!" Der Zwischenfall hatte eine durch ganz Rußland wogende zornige Erregung zur Folge.

In Petrograd ging gerade ein Bezirkssowjetkongreß für Nordrußland zu Ende, dem der Bolschewik Krylenko präsidierte. Der Kongreß sprach sich mit überwältigender Mehrheit für die Übernahme der Macht durch den Gesamtrussischen Sowjetkongreß aus. Er grüßte die in den Kerkern schmachtenden Bolschewiki, ihnen Mut zurufend, da die Stunde ihrer Befreiung nahe sei. Zur selben Zeit erklärte sich der Erste Gesamtrussische Kongreß der Fabrik- und Werkstättenkomitees[1] mit Entschiedenheit für die Sowjets. Ein Beschluß dieses Kongresses erklärte:

„... Nachdem die Selbstherrschaft auf politischem Gebiet gestürzt worden ist, strebt die Arbeiterklasse danach, auch auf dem Gebiet ihrer Produktionstätigkeit der demokratischen Ordnung zum Siege zu verhelfen. Ausdruck dieses Bestrebens ist die Idee der Arbeiterkontrolle, die in der bestehenden Situation der wirtschaftlichen Zerrüttung durch die verbrecherische Politik der herrschenden Klasse heraufbeschworen wurde . . ."

Der Verband der Eisenbahner forderte den Rücktritt Liwerowskis, des Verkehrsministers . . .

Im Namen des Zentralexekutivkomitees bestand Skobelew darauf, daß der „Nakas" der Konferenz der Alliierten vorgelegt werden müsse, und protestierte formell gegen die Entsendung Tereschtschenkos nach Paris. Tereschtschenko bot seinen Rücktritt an . . .

General Werchowski, außerstande, seine Reorganisation der Armee durchzuführen, kam nur in langen Zwischenräumen zu den Kabinettssitzungen . . .

Am 3. November kam Burzews „Obschtscheje Delo" mit großen Schlagzeilen heraus:

### „Bürger! Rettet das Vaterland!

Ich erfahre eben, daß gestern in einer Sitzung der Kommission für Verteidigung im Rat der Russischen Republik der Kriegsminister, General Werchowski, einer der Hauptschuldigen für den Sturz Kornilows, den Vorschlag der Unterzeichnung eines Sonderfriedens, unabhängig von den Alliierten, gemacht hat.

Das ist der Verrat Rußlands!

Tereschtschenko erklärte, daß die Provisorische Regierung es abgelehnt habe, den Vorschlag Werchowskis auch nur zu prüfen.

,Man könnte meinen', erklärte Tereschtschenko, ,wir wären in einem Irrenhause.'

Die Mitglieder der Kommission waren über die Worte des Generals erstaunt.

General Alexejew weinte.

Nein! Das ist nicht Wahnsinn! Das ist Schlimmeres. Das ist der direkte Verrat Rußlands!

Kerenski, Tereschtschenko und Nekrassow müssen unverzüglich auf die Worte Werchowskis antworten.

Bürger, wacht auf.

Rußland soll verkauft werden!

Rettet es!"

In Wirklichkeit hatte Werchowski darauf hingewiesen, daß man die Alliierten zwingen müsse, einen Friedensvorschlag zu machen, weil die russische Armee nicht länger kämpfen könne . . .

Sowohl in Rußland wie im Auslande war die Sensation ungeheuer. Werchowski erhielt „unbeschränkten Krankenurlaub" und trat aus der Regierung aus. „Obschtscheje Delo" wurde verboten.

Zum Sonntag, dem 4. November, war eine riesige Veranstaltung geplant, ein sogenannter Tag des Petrograder Sowjets, mit Massenversammlungen in der ganzen Stadt, nach außen hin zum Zwecke der Sammlung von Geld für die Organisation und die Presse, in Wahrheit eine Demonstration, bestimmt, die Macht der revolutionären Massen zu zeigen. Plötzlich wurde bekannt, daß am gleichen Tage auch die Kosaken einen „Krestni Chod" (Kreuzprozession) zu veranstalten beabsichtigen, zu Ehren des Heiligen von 1812, dessen wunderbares Eingreifen die Vertreibung Napoleons aus Moskau ermöglicht haben soll. Eine ungeheure Spannung lag in der Luft. Ein Funke konnte den Bürgerkrieg entfachen.

Der Petrograder Sowjet veröffentlichte ein Manifest, betitelt:

An unsere Brüder, die Kosaken!

„Man will euch, Kosaken, gegen uns Arbeiter und Soldaten aufhetzen. Diese Kainsarbeit stammt von unseren gemeinsamen

Feinden: von den Gewalttätern – den Adligen, Bankiers, Gutsbesitzern, alten Beamten und ehemaligen Lakaien des Zaren ...
Sie hassen uns bitter, die Spekulanten, Kapitalisten, Fürsten,
der Adel, die Generale, mit Einschluß eurer Kosakengenerale.
Sie sind jeden Moment bereit, den Petrograder Sowjet auseinanderzujagen und die Revolution niederzuschlagen.

Irgend jemand hat zum 4. November eine Kirchenprozession
für die Kosaken organisiert. Es ist eine persönliche Angelegenheit jedes einzelnen, ob er dorthin gehen will oder nicht. Wir
werden uns da nicht einmischen oder jemand hindern. Wir
warnen euch aber, Kosaken! Seid achtsam, daß unter dem Vorwand einer Kreuzesprozession eure Kaledins euch nicht gegen
die Arbeiter und Soldaten hetzen!"

Die Prozession wurde eiligst abgesagt.

In den Fabriken, in den Arbeitervierteln propagierten die
Bolschewiki ihre Parole: „Alle Macht den Sowjets", während
die Agenten der Schwarzhunderter unaufhörlich zur Abschlach-
tung der Juden, Geschäftsinhaber und der sozialistischen Führer hetzten.

Auf der einen Seite die monarchistische Presse, blutige Un-
terdrückungsmaßregeln fordernd, auf der anderen Lenins mächtige Stimme: „Aufstand!... man darf nicht länger warten!"

Auch der bürgerlichen Presse war nicht wohl.[2] Die „Birshewyje Wedomosti" (Börsennachrichten) nannten die bolschewistische Propaganda einen Angriff auf die elementarsten
Grundlagen der Gesellschaft: die persönliche Sicherheit und die
Achtung vor dem Privateigentum.

Am wütendsten gebärdeten sich jedoch die „gemäßigten" sozialistischen Blätter.[3] „Die Bolschewiki sind die gefährlichsten
Feinde der Revolution", schimpften „Delo Naroda" und der
menschewistische „Den", „die Regierung muß sich und uns
schützen." Das Blatt Plechanows, „Jedinstwo" (Einheit)[4], wies

die Regierung auf die Tatsache hin, daß die Petrograder Arbeiter bewaffnet wurden, und forderte die allerstrengsten Maßnahmen gegen die Bolschewiki.

Die Regierung wurde von Tag zu Tag hilfloser. Selbst die Stadtverwaltung hörte auf zu funktionieren. Die Spalten der Morgenzeitungen waren voll von Nachrichten über verwegene Raubüberfälle und Morde. Den Banditen geschah absolut nichts.

Andrerseits begannen die Arbeiter einen Sicherheitsdienst zu organisieren. Bewaffnete Patrouillen durchstreiften die Stadt, die den Kampf mit dem Verbrechertum aufnahmen und Waffen beschlagnahmten, wo sie welche fanden.

Am 1. November erließ der General Polkownikow, der Petrograder Stadtkommandant, folgenden Befehl:

„Ungeachtet der für das Vaterland angebrochenen schweren Tage hören die unverantwortlichen Aufrufe zu bewaffneten Demonstrationen nicht auf, in Petrograd zu zirkulieren, und Räuberei und Anarchie nehmen täglich zu.

Dieser Zustand der Dinge desorganisiert das Leben der Bürger und hindert die Arbeit der Regierung und der Stadtverwaltung.

Im vollen Bewußtsein meiner Verantwortung und Pflicht gegenüber dem Vaterlande befehle ich:

1. Jede militärische Einheit hat, ihren besonderen Instruktionen gemäß, in ihrem Gebiet die Stadtverwaltung, die Kommissare und die Miliz kräftig zu unterstützen und die Regierungsinstitutionen zu verteidigen.

2. Zusammen mit den Bezirkskommandanten und Vertretern der Stadtmiliz sind Patrouillen zu organisieren und Maßnahmen zur Verhaftung der Verbrecher und Deserteure zu treffen.

3. Alle Personen, die in den Kasernen zu bewaffneten Demonstrationen und Metzeleien aufrufen, sind zu verhaften und an das Hauptquartier des Zweiten Stadtkommandanten auszuliefern.

4. Straßendemonstrationen, Versammlungen und Prozessionen sind nicht zugelassen.

5. Bewaffnete Demonstrationen und Pogrome sind mit allen zur Verfügung stehenden bewaffneten Kräften sofort im Keime zu ersticken.

6. Den Kommissaren ist jede erdenkliche Hilfe zum Zwecke der Verhinderung unbefugter Haussuchungen und Verhaftungen zu leisten.

7. Dem Stab des Militärbezirks ist über alle sich im Bezirk abspielenden Vorkommnisse Bericht zu erstatten.

An alle Armeekomitees und Organisationen richte ich die Aufforderung, die Kommandeure bei der Ausführung der ihnen aufgetragenen Aufgaben zu unterstützen."

Im Rat der Russischen Republik gab Kerenski die Erklärung ab, daß die Regierung die bolschewistischen Vorbereitungen mit Aufmerksamkeit verfolge, daß sie aber stark genug sei, um keinerlei Demonstrationen fürchten zu müssen.[5] Er klagte „Nowaja Rus" und „Rabotschi Put" an, die gleiche Wühlarbeit zu leisten. „Sie sind", sagte er, „nur die zwei Seiten derselben Propaganda, deren Endzweck die von den reaktionären Mächten so heiß ersehnte Konterrevolution ist. Aber", fügte er hinzu, „die Regierung ist durch die bestehende Freiheit der Presse gehindert, gegen die gedruckten Lügen ihrer Feinde vorzugehen."*

Am 2. November waren erst fünfzehn Kongreßdelegierte angekommen. Am nächsten Tage waren es hundert und am übernächsten hundertfünfundsiebzig, davon hundertdrei Bolschewiki. Vierhundert Delegierte mußten mindestens zusammenkommen, und bis zum Eröffnungstermin waren es nur noch drei Tage.

---

* Das war nicht ganz aufrichtig. Die Provisorische Regierung hatte schon vorher, im Juli, die bolschewistischen Zeitungen verboten und plante dies auch jetzt wieder. J. R.

Военно-Революцiон.
Комитет
при
ПЕТР. С. Р. и С. Д.

Комендантска отдѣлъ

16 нояб. 1917 г.

№ 955

Смольный институтъ.

Пропускъ

Дано. сие _Джону Реду_
_Кореп. а. мер. соц. прес_

срокомъ по ___1 декаб. г.

на право свободнаго входа въ Смольный Институтъ.

Комендантъ.
Ф. Дзержинскiй

Дѣлопроизводитель

Revolutionäres    Militärkomitee
beim
Petrograder Sowjet der A. u. S. D.
Büro des Kommandanten,
16. Nov. 1917
Nr. 955, Smolny-Institut.
Stempel: Exekutivkomitee der
Petrogr. Arbeiter- u. Soldaten-
deputierten. Rev. Militärkomitee.

P a s s i e r s c h e i n
Berechtigt John Reed, Korre-
spondent der amerikanischen so-
zialistischen Presse, zum freien
Eintritt in das Smolny-Institut.
Gültig bis 1. Dezember.
Der Kommandant
gez. F. Dzierzynski.

Ich habe einen großen Teil dieser Zeit im Smolny zuge-
bracht. Dort hineinzulangen war nicht mehr leicht. Die Tore
waren von doppelten Postenketten bewacht, und auch, wenn man
das Hauptportal hinter sich hatte, war man noch nicht drinnen,
sondern mußte sich einer langen Reihe schon wartender Leute
anschließen, die, nachdem sie einem peinlich genauen Verhör
über ihre Identität und ihre Geschäfte unterzogen worden
waren, immer vier auf einmal, eingelassen wurden. Ausweise
wurden ausgestellt und das Ausweissystem alle paar Stunden
geändert, um den zahllosen Spionen das Durchschlüpfen unmöglich zu machen.

90

Eines Tages kam ich gerade dazu, als Trotzki und seine Frau von einem Soldaten angehalten wurden. Trotzki suchte in allen seinen Taschen, fand aber seinen Ausweis nicht. „Macht nichts", sagte er endlich, „Sie kennen mich ja. Mein Name ist Trotzki."

„Wenn Sie keinen Ausweis haben, kommen Sie nicht hinein", versetzte hartnäckig der Soldat. „Namen bedeuten mir gar nichts."

„Aber ich bin der Vorsitzende des Petrograder Sowjets."

„Wenn Sie eine so wichtige Persönlichkeit sind, dann müssen Sie doch auch irgendein Papier bei sich haben."

Trotzki verlor die Ruhe nicht. „Lassen Sie mich den Kommandanten sehen", sagte er. Der Soldat zögerte und brummte, er könne nicht wegen jedes x-beliebigen den Kommandanten behelligen. Schließlich rief er den Wachhabenden herbei. Dem setzte Trotzki seinen Fall auseinander und wiederholte, daß er Trotzki sei.

„Trotzki?" Der Soldat kratzte sich den Kopf. „Den Namen habe ich schon mal gehört", meinte er endlich. „Ich denke, es wird seine Richtigkeit haben, Sie können hineingehen, Genosse."

Im Korridor traf ich Karachan vom bolschewistischen Zentralkomitee*, der mir erklärte, was die neue Regierung sein wird:

„Eine lockere Organisation, die in vollem Einklang mit dem Willen des Volkes handelt, wie er in den Sowjets seinen Ausdruck findet, und den lokalen Kräften volle Aktionsfreiheit läßt. Zur Zeit sind die lokalen Kräfte in der Betätigung ihres demokratischen Willens durch die Provisorische Regierung genauso behindert wie früher durch die Zarenregierung. Die Initiative der neuen Gesellschaft muß von unten kommen. Die

---

* Karachan ist nicht Mitglied des ZK gewesen. *Die Red.*

91

Form der Regierung wird dem Statut der Sozialdemokratischen Arbeiterpartei Rußlands entsprechen. Das neue Zentralexekutivkomitee der Sowjets wird das Parlament sein und den häufig zusammentretenden Gesamtrussischen Sowjetkongressen Rechenschaft abzulegen haben. An der Spitze der verschiedenen Ministerien werden nicht, wie bisher, einzelne Minister, sondern Kollegien stehen. Die Ministerien sollen den Sowjets direkt verantwortlich sein."

Am 30. Oktober hatte ich eine Unterredung mit Trotzki. Ich traf ihn in einem im Dachgeschoß des Smolny gelegenen kleinen, völlig kahlen Zimmer, in dem sich nur ein einfacher Tisch und ein paar Stühle befanden. Ich stellte einige wenige Fragen, und Trotzki sprach schnell und ununterbrochen länger als eine Stunde. Den wesentlichen Inhalt dessen, was er sagte, führe ich hier mit seinen eigenen Wörten an:

„Die Provisorische Regierung ist absolut machtlos. Es herrscht die Bourgeoisie; nur wird diese Herrschaft von einer Scheinkoalition mit den Sozialpatrioten verdeckt. Jetzt, während der Revolution, häufen sich die Aufstände der Bauern, die es müde sind, auf das ihnen versprochene Land zu warten, und auch bei den übrigen werktätigen Klassen des ganzen Landes zeigt sich die gleiche tiefe Unzufriedenheit. Die Bourgeoisie kann ihre Herrschaft nur mittels des Bürgerkrieges aufrechterhalten. Die Kornilowmethode ist die einzige, deren sie sich bedienen kann. Aber ihr geht die Kraft aus. Die Armee ist mit uns. Die Kompromißler und Pazifisten, Sozialrevolutionäre und Menschewiki, haben allen Kredit bei den Volksmassen verloren; denn der Kampf zwischen Bauern und Gutsbesitzern, Arbeitern und Kapitalisten, Soldaten und Offizieren ist heute schärfer und unversöhnlicher denn je. Nur die vereinte Aktion der Volksmassen, der Sieg der proletarischen Diktatur, kann die Revolution vollenden und das Volk retten.

Die Sowjets sind die denkbar vollkommenste Vertretung des

Volkes, vollkommen in ihrer revolutionären Erfahrung wie in ihren Ideen und Zielen. Direkt basierend auf der Armee in den Schützengräben, den Arbeitern in den Fabriken, den Bauern auf ihren Feldern, sind sie das Rückgrat der Revolution.

Das Resultat des Versuchs, eine Macht im Lande ohne die Sowjets zu schaffen, war nur die absolute Machtlosigkeit. In den Korridoren des Rates der Russischen Republik werden zur Zeit alle möglichen konterrevolutionären Pläne ausgeheckt. Der Vorkämpfer der Konterrevolution ist die Kadettenpartei, während die Sache des Volkes von den Sowjets vertreten wird. Zwischen diesen beiden Gruppen gibt es ernstzunehmende politische Gruppen nicht. Es ist der Endkampf. Die bürgerliche Konterrevolution sammelt alle ihre Kräfte und wartet auf den Moment, um gegen uns loszuschlagen. Unsere Antwort wird entscheidend sein. Wir werden das im März begonnene und während der Kornilow-Affäre fortgesetzte Werk vollenden."

Über die auswärtige Politik der neuen Regierung sagte er:

„Unsere erste Handlung wird ein Aufruf zum sofortigen Abschluß eines Waffenstillstandes an allen Fronten sein. Wir werden sofort eine Völkerkonferenz vorschlagen, deren Aufgabe es sein wird, über einen Friedensschluß auf demokratischer Grundlage zu diskutieren. Wie demokratisch dieser Friedensschluß sein wird, hängt von der Stärke des revolutionären Widerhalls in Europa ab. Die Errichtung einer Sowjetregierung hier in Rußland wird ein mächtiger Faktor für die Beschleunigung des Friedensschlusses in Europa sein; denn diese Regierung wird sich mit ihrem Waffenstillstandsvorschlag an die Völker unmittelbar und direkt, über die Köpfe ihrer Regierungen hinweg, wenden. Im Moment des Friedensschlusses wird der Druck der russischen Revolution sich gegen Annexionen und Kriegsentschädigungen, für die Selbstbestimmung der Völker und für die Errichtung einer föderativen Republik von Europa auswirken. Ich sehe Europa am Ende dieses Krieges neugeschaffen, nicht von Diplomaten, sondern vom Proletariat. Eine föderative Republik von Europa, die Vereinigten Staaten von Europa – das ist es, was werden muß. Nationale Autonomie genügt nicht mehr. Die wirtschaftliche Entwicklung erheischt die Beseitigung der nationalen Grenzen. Bleibt Europa auch weiterhin in nationale Gruppen zersplittert, dann beginnt der Imperialismus sein Werk von neuem. Nur eine föderative Republik von Europa kann der Welt den Frieden geben. Im Augenblick jedoch, ohne das aktive Eingreifen der Massen in Europa, sind diese Ziele nicht zu verwirklichen."

Während alle Welt erwartete, die Bolschewiki eines Morgens plötzlich auf der Straße erscheinen zu sehen, um jeden niederzuschießen, der einen weißen Kragen umhatte, ging der Aufstand in Wirklichkeit ganz anders, sehr natürlich und in aller Öffentlichkeit vor sich.

Die Provisorische Regierung plante die Entsendung der Petrograder Garnison an die Front.

Derselben Petrograder Garnison von zirka sechzigtausend Mann, die einen so großen Anteil an dem Siege der Revolution gehabt hatte. Die Petrograder Truppen waren es gewesen, die die Kämpfe der Märztage entschieden, die die Sowjets der Soldatendeputierten geschaffen und Kornilow von den Toren der Stadt verjagt hatten.

Jetzt waren sie zum großen Teil Bolschewiki. Als die Provisorische Regierung sich mit dem Gedanken trug, Petrograd preiszugeben, war es die Petrograder Garnison, die erklärte: „Wenn ihr unfähig seid, die Hauptstadt zu verteidigen, so schließt Frieden. Könnt ihr den Frieden nicht schließen, dann tretet zurück und macht einer Volksregierung Platz, die beides vermag."

Es lag auf der Hand, daß das Schicksal jedes Aufstandsversuchs von der Haltung der Petrograder Truppen abhing.

Der Plan der Regierung war, die bisherigen Garnisonregimenter durch ihr ergebene Truppen, Kosaken, Todesbataillone usw., zu ersetzen. Die Armeekomitees, die „gemäßigten" Sozialisten, das Zentralexekutivkomitee der Sowjets unterstützten dieses Vorhaben der Regierung. Eine ausgedehnte Agitation wurde an der Front und in Petrograd in Szene gesetzt, die vor allem mit der Behauptung arbeitete, daß die Petrograder Truppen seit nun schon acht Monaten in den Kasernen der Stadt ein gemächliches Leben führten, während ihre Kameraden in den Schützengräben starben und hungerten.

Bis zu einem gewissen Grade traf es sicher zu, daß die Garnisonregimenter nur geringe Lust verspürten, ihr verhältnismäßig angenehmes Leben gegen die Mühsalen eines Winterfeldzuges zu vertauschen. Aber es waren andere Gefühle, weshalb sie sich weigerten zu gehen. Der Petrograder Sowjet mißtraute der Regierung, und von der Front kamen Hunderte Delegierte der breiten Soldatenmassen, die erklärten: „Es ist wahr, wir brauchen Verstärkung; wichtiger aber ist uns, Petrograd und die Revolution in guten Händen zu wissen. Hütet ihr die Heimat, Genossen! Wir werden die Front halten."

Am 25. Oktober diskutierte das Exekutivkomitee des Petrograder Sowjets in geschlossener Sitzung die Errichtung eines besonderen Militärkomitees, um die ganze Frage zur Entscheidung zu bringen. Am nächsten Tag nahm die Soldatensektion des Petrograder Sowjets die Wahl dieses Komitees vor, das sofort den Boykott der Bourgeoiszeitungen aussprach und das Zentralexekutivkomitee der Sowjets aufs schärfste verurteilte, weil es sich dem Sowjetkongreß widersetzte. Am 29. schlug in öffentlicher Sitzung des Petrograder Sowjets Trotzki die formelle Anerkennung des Revolutionären Militärkomitees durch den Sowjet vor. „Wir müssen", sagte er, „unsere besondere Organisation schaffen, um weiterzukämpfen und, wenn notwendig, zu sterben." Es wurde ein Beschluß gefaßt, zwei Delegationen an die Front zu entsenden, und zwar eine vom Sowjet und eine von der Garnison, die mit den Soldatenkomitees und dem Generalstab unterhandeln sollten.

In Pskow wurde die Sowjetdelegation von dem Kommandeur der Nordfront, General Tscheremissow, empfangen, der kurz und bündig erklärte, daß er die Petrograder Garnison an die Front kommandiert und dem nichts hinzuzufügen habe. Das Garnisonkomitee durfte Petrograd nicht verlassen.

Eine Delegation der Soldatensektion des Petrograder Sowjets forderte die Zulassung eines Vertreters der Sektion in den Petrograder Bezirksstab. Das wurde abgelehnt. Das gleiche Schicksal hatte ein Antrag des Petrograder Sowjets, der verlangte, daß alle herausgehenden Befehle die Gegenzeichnung der Soldatensektion zu tragen hätten. Man erklärte den Delegierten schroff: „Für uns existiert nur das Zentralexekutivkomitee der Sowjets. Euch erkennen wir nicht an. Wir werden euch einsperren, sobald ihr euch gegen die Gesetze vergeht."

Am 30. beschloß eine Delegiertenversammlung* sämtlicher Petrograder Regimenter folgende Resolution:

„Die Petrograder Garnison erkennt die Provisorische Regierung nicht mehr an. Unsere Regierung ist der Petrograder Sowjet. Wir folgen nur den Befehlen des im Auftrage des Petrograder Sowjets handelnden Revolutionären Militärkomitees."

Den lokalen Truppeneinheiten wurde befohlen, auf Instruktionen der Soldatensektion des Petrograder Sowjets zu warten.

Am nächsten Tage berief das Zentralexekutivkomitee eine eigene Versammlung ein, die hauptsächlich von Offizieren besucht war. Ein Komitee wurde gewählt, zur Zusammenarbeit mit dem Stab, und für sämtliche Quartiere der Stadt wurden besondere Kommissare ernannt.

---

* Diese Versammlung fand am 31. (18.) Oktober statt. *Die Red.*

Ein am 3. im Smolny abgehaltenes großes Soldatenmeeting erklärte:

„Die Petrograder Garnison begrüßt die Errichtung des Revolutionären Militärkomitees und ist gewillt, dasselbe in allen seinen Aktionen rückhaltlos zu unterstützen und nichts zu unterlassen, um Front und Heimat im Interesse der Revolution aufs engste zusammenzuschließen.

Die Garnison erklärt weiter, daß sie zusammen mit dem Petrograder Proletariat die revolutionäre Ordnung in Petrograd aufrechterhalten wird. Jeder Versuch einer Provokation seitens der Kornilowleute oder der Bourgeoisie wird erbarmungslos niedergeschlagen werden."

Seiner Macht bewußt, richtete jetzt das Revolutionäre Militärkomitee an den Petrograder Stab die schroffe Aufforderung, sich seinem Befehl zu unterstellen. Sämtlichen Druckereien wurde verboten, Aufrufe und Proklamationen irgendwelcher Art zu drucken, die nicht die Autorisation des Komitees hätten. Bewaffnete Kommissare beschlagnahmten im Kronwerk-Arsenal große Mengen Waffen und Munition und hielten einen Schiffstransport von zehntausend Bajonetten an, die für Nowotscherkassk, das Hauptquartier Kaledins, bestimmt waren.

Die Regierung, ihre gefährliche Lage endlich erkennend, versprach Straflosigkeit, wenn das Komitee sich auflösen würde. Es war zu spät. Am 5. November um Mitternacht erschien Malewski, von Kerenski selbst geschickt, um dem Petrograder Sowjet eine Vertretung im Stab anzubieten. Das Revolutionäre Militärkomitee nahm an. Eine Stunde später wurde das Angebot von dem amtierenden Kriegsminister, General Manikowski, widerrufen.

Am Dienstagmorgen wurde die Stadt durch das Erscheinen eines Plakates in Aufregung versetzt, das die Unterschrift trug: „Revolutionäres Militärkomitee beim Petrograder Sowjet der Arbeiter- und Soldatendeputierten."

„An die Bevölkerung Petrograds!

Bürger!

Die Konterrevolution hat ihr verbrecherisches Haupt erhoben. Die Kornilowleute mobilisieren ihre Kräfte, um den Gesamtrussischen Sowjetkongreß zu sprengen und die Konstituierende Versammlung zum Scheitern zu bringen. Es ist nicht ausgeschlossen, daß die Pogromhelden gleichzeitig versuchen werden, in den Straßen Petrograds Wirren und ein Gemetzel hervorzurufen.

Der Petrograder Sowjet der Arbeiter- und Soldatendeputierten übernimmt den Schutz der revolutionären Ordnung gegen konterrevolutionäre Anschläge und Pogrome.

Die Garnison Petrograds wird keine Gewalttaten und Ausschreitungen dulden. Die Bevölkerung wird dazu aufgerufen, die Gewalttäter und die Agitatoren der Schwarzhunderter festzunehmen und sie den Kommissaren des Sowjets bei der nächsten Heereseinheit vorzuführen. Beim ersten Versuch dunkler Elemente, auf den Straßen Petrograds Unruhen, Plünderungen, Messerstechereien und Schießereien hervorzurufen, werden die Verbrecher vom Antlitz der Erde getilgt.

Bürger! Wir rufen euch auf, völlige Ruhe und Selbstbeherrschung zu wahren. Die Sache der Ordnung und der Revolution ist in festen Händen."

Das Plakat enthielt außerdem eine Liste der Regimenter, bei denen sich Kommissare des Revolutionären Militärkomitees befanden.

Am 3. fand, ebenfalls hinter verschlossenen Türen, eine weitere, historisch bedeutungsvolle Sitzung der bolschewistischen Führer statt. Von Salkind* in Kenntnis gesetzt, wartete ich im

---

* I. A. Salkind, ein aktiver Teilnehmer an der Oktoberrevolution, Mitglied der Petrograder Organisation der Bolschewiki. *Die Red.*

Korridor an der Tür, und als Wolodarski kam, hörte ich von ihm, was vorging.

Lenin sprach: „Der 6. November ist zu zeitig. Wir benötigen für die Erhebung eine gesamtrussische Basis, und am 6. November werden noch nicht alle Delegierten auf dem Kongreß erschienen sein. Der 8. November wäre dagegen zu spät. Bis dahin wird sich der Kongreß konstituiert haben, und für eine umfangreiche Körperschaft ist es schwer, schnell und entscheidend zu handeln. Wir müssen am 7. in Aktion treten, wenn der Kongreß zusammentritt, damit wir ihm sagen können: ,Hier ist die Macht. Was denkt ihr damit zu tun?' "

Währenddem saß in einem der oberen Zimmer ein Mensch mit langem Haar und hagerem Gesicht, ein ehemaliger Zarenoffizier und späterer Revolutionär, der lange in der Verbannung gelebt hatte: ein gewisser Owsejenko, allgemein Antonow gerufen, Mathematiker und Schachkünstler, damit beschäftigt, sorgfältig ausgearbeitete Pläne für die Einnahme der Hauptstadt zu entwerfen.

Aber auch die Regierung traf ihre Vorbereitungen. In aller Stille beorderte sie aus den allerverschiedensten Divisionen die ihr am meisten ergebenen Regimenter nach Petrograd. Der Winterpalast wurde von der Artillerie der Offiziersschüler besetzt, und in den Straßen Petrograds zeigten sich – zum ersten Male seit den Julitagen – Kosakenpatrouillen. Polkownikow erließ einen Befehl nach dem anderen, die unbarmherzigste Ahndung jeder Widersetzlichkeit androhend. Der Minister für Volksbildung Kischkin, das meistgehaßte Mitglied der Regierung, wurde zum Außerordentlichen Kommissar ernannt, um in Petrograd die Ordnung aufrechtzuerhalten; er nahm sich zwei nicht weniger unbeliebte Männer, Rutenberg und Paltschinski, zu Hilfe. Über Petrograd, Kronstadt und Finnland wurde der Belagerungszustand verhängt. Die bürgerliche Zeitung „Nowoje Wremja" (Neue Zeit) bemerkte dazu ironisch:

„Warum Belagerungszustand? Die Regierung hat aufgehört, eine Macht zu sein. Sie hat weder die moralische Autorität noch den erforderlichen Apparat, um Gewalt anzuwenden ... Im besten Fall kann sie verhandeln, wenn sich jemand findet, der mit ihr verhandeln will. Eine andere Macht hat sie nicht ..."

Am Montagmorgen – es war der 5. November – ging ich zum Marienpalast, um zu sehen, was im Rat der Russischen Republik vor sich gehe. Hitzige Debatten über Tereschtschenkos Außenpolitik. Diskussionen über die Affäre Burzew–Werchowski. Sämtliche Diplomaten waren anwesend mit Ausnahme des italienischen Gesandten, der, wie allgemein gesagt wurde, durch die Katastrophe im Karst* völlig niedergeschlagen war.

Als ich eintrat, verlas gerade der linke Sozialrevolutionär Karelin einen Leitartikel aus der Londoner „Times", in dem es hieß, daß es gegen den Bolschewismus nur ein Mittel gebe: die Kugel. Zu den Kadetten gewandt, rief er: „Genauso denken auch Sie."

„Sehr richtig, sehr richtig!" schallte es ihm von rechts entgegen.

„Ich kenne Ihre Meinung", replizierte Karelin hitzig, „nur fehlt Ihnen der Mut, es zu versuchen."

Dann sprach Skobelew, der mit seinem gepflegten Bart und dem welligen blonden Haar wie der Liebhaber in einem Bühnenstück aussah, und verteidigte den Sowjet-„Nakas" mit halbem Herzen. Ihm folgte Tereschtschenko, von der Linken mit dem heftigen Ruf: „Abdanken, abdanken!" empfangen. Er meinte, daß die Delegierten der Regierung und des Zentralexekutivkomitees der Sowjets in Paris einen gemeinsamen Standpunkt vertreten müßten – der natürlich sein eigener sein sollte. Zum Schluß einige wenige Worte über die Wiederherstellung der Disziplin in der Armee, über die Weiterführung des Krieges bis

---

* Militärische Erfolge der Deutschen und Österreicher am Isonzo. *Die Red.*

zum Siege . . . Allgemeiner Tumult . . . und dann, gegen den Widerspruch der lärmenden Linken, Übergang zur Tagesordnung.

Leer gähnten die Bänke der Bolschewiki, die mit ihrem Austritt aus dem Rat der Russischen Republik soviel Leben mit sich genommen hatten. Und während ich die Stufen des Palastes hinunterschritt, konnte ich mich trotz des mitangehörten hitzigen Streitens des Eindrucks nicht erwehren, daß keine wirkliche Stimme aus der Außenwelt diese hohen und kalten Mauern zu durchdringen vermochte, daß die Provisorische Regierung an derselben Klippe „Krieg oder Friede" zu scheitern verurteilt war, die schon dem Kabinett Miljukow den Untergang gebracht hatte. Während mir der Pförtner meinen Mantel umhing, brummte er vor sich hin: „Ich möchte wissen, was aus dem armen Rußland noch werden soll – Menschewiki, Bolschewiki, Trudowiki, Ukraine, Finnland, deutsche Imperialisten, englische Imperialisten! In meinem ganzen fünfundvierzigjährigen Leben habe ich nicht soviel Worte gehört wie hier an diesem Ort."

Im Korridor traf ich Professor Schazki, einen Menschen mit rattenähnlichem Gesicht, in elegantem Überrock, sehr einflußreich in den Beratungen der Kadettenpartei. Ich befragte ihn um seine Meinung über die vielbesprochenen Demonstrationen der Bolschewiki. Geringschätzig lächelnd zuckte er die Achseln:

„Das ist ja Rindvieh – Kanaille. Sie werden es nicht wagen, und – wenn sie es sollten, werden wir sie schnell heimschicken. Von unserem Standpunkt aus wäre dies gar nicht ungünstig; denn sie würden sich dabei zugrunde richten und in der Konstituierenden Versammlung machtlos sein.

Wenn es Sie übrigens interessiert, will ich Ihnen den Plan einer Regierungsform schildern, den wir der Konstituierenden Versammlung vorzulegen gedenken. Ich bin, wie Sie ja wissen, der Vorsitzende einer Kommission, die, in Gemeinschaft mit der Provisorischen Regierung, ein Verfassungsprojekt ausarbeiten soll. Wir werden, wie Sie in den Vereinigten Staaten, eine aus zwei Kammern bestehende gesetzgebende Versammlung haben. Die untere Kammer wird nach dem Grundsatz der Territorialvertretung zusammengesetzt sein, während sich das Oberhaus aus den Vertretern der freien Berufe, der Semstwos, der Genossenschaften und Gewerkschaften zusammensetzen wird."

Draußen war es kalt, ein feuchter Westwind wehte, und der kalte Straßenschmutz durchnäßte meine Schuhe. Langbemäntelt und steif zogen zwei Kompanien Offiziersschüler vorüber und schwenkten in die Morskaja ein, in rauhem Chor eines der alten Soldatenlieder singend, wie sie unter dem Zaren üblich waren. An der nächsten Straßenkreuzung fiel mir auf, daß die Leute der Stadtmiliz beritten waren. Um sie herum standen Gruppen von Passanten, sie stumm anstarrend. An der Ecke des Newski kaufte ich eine Flugschrift von Lenin: „Werden die Bolschewiki die Staatsmacht behaupten?" und zahlte mit einer der Briefmarken, deren man sich zu der Zeit zum Wechseln bediente. Schwerfällig krochen die gewohnten Straßenbahnwagen vorbei, brechend voll, sogar an den Außenseiten an den unmöglichsten Stellen klammerten sich Bürger und Soldaten fest. Längs des Bürgersteiges verkauften uniformierte Deserteure Zigaretten und Sonnenblumenkerne.

Auf dem Newski rauften sich die Menschen in dem trüben Zwielicht um die neuesten Zeitungen, und ganze Menschenknäuel waren bemüht, die zahllosen Aufrufe[6] und Proklamationen zu entziffern, mit denen jedes irgendwie geeignete Plätzchen beklebt war: vom Zentralexekutivkomitee der Sowjets, vom Bauernsowjet, von den „gemäßigten" sozialistischen Parteien, den Armeekomitees – alle baten, drohten und beschworen die Arbeiter und Bauern, zu Hause zu bleiben und die Regierung zu unterstützen.

Ein Panzerauto fuhr langsam auf und nieder, unaufhörlich hupend. An jeder Straßenecke, auf jedem Platz waren undurchdringliche Menschenmassen versammelt, diskutierende Soldaten und Studenten. Die Dunkelheit senkte sich mit großer Schnelligkeit herab, in weiten Zwischenräumen flammten Straßenlaternen auf, und immer noch fluteten in endlosen Wogen die Menschenmassen. So ist es immer in Petrograd, wenn etwas in der Luft liegt.

Die Stadt war in höchster nervöser Spannung. Jeder scharfe Laut ließ sie auffahren. Aber noch immer kein Zeichen von den Bolschewiki; die Soldaten blieben in ihren Kasernen, die Arbeiter in ihren Fabriken. Wir gingen in ein Kino in der Nähe der Kasaner Kathedrale, wo ein blutrünstiger italienischer Film von Leidenschaft und Intrige gezeigt wurde. In den vorderen Reihen saßen einige Soldaten und Matrosen, die in kindlicher Verwunderung auf die Leinwand starrten, unfähig, den Sinn und die Notwendigkeit von soviel Aufregung und Blutvergießen zu begreifen.

Von hier aus eilte ich zum Smolny. Im Zimmer Nr. 10 tagte in Permanenz das Revolutionäre Militärkomitee, unter dem Vorsitz eines achtzehnjährigen jungen Menschen, Lasimir mit Namen. Er drückte mir im Vorbeigehen, fast schüchtern, die Hand.

„Eben ist die Besatzung der Peter-Pauls-Festung zu uns übergegangen", erzählte er mit einem vergnügten Grinsen, „und vor kaum einer Minute erhielten wir von einem Regiment, das von der Regierung nach Petrograd beordert war, die Nachricht, daß es zu uns stehe. Die Soldaten hatten Verdacht geschöpft. Sie hielten ihren Zug in Gattschina an und sandten eine Delegation aus, um zu hören, was los sei. ‚Was habt ihr uns zu sagen‘, fragten sie, ‚wir haben soeben eine Resolution beschlossen, die sich für die Übergabe der ganzen Macht an die Sowjets erklärt. Die Antwort des Revolutionären Militärkomitees lautete: ‚Brüder! Wir grüßen euch im Namen der Revolution. Bleibt, wo ihr seid, bis ihr weitere Instruktionen erhaltet!' "

Sämtliche Telefonleitungen waren, wie er mir sagte, zerschnitten. Aber mit den Kasernen und Fabriken war vermittels Feldtelefonen eine provisorische Verbindung hergestellt worden.

Ununterbrochen kamen und gingen Kuriere und Kommissare. Vor der Tür warteten wohl ein Dutzend Freiwillige, bereit, die Anordnungen des Komitees sofort in die entferntesten Stadtviertel zu tragen. Einer von ihnen, in der Uniform eines Leutnants, sagte zu mir auf französisch: „Alles ist bereit. Ein Druck auf den Knopf, und wir marschieren."

Ich sah Podwoiski, einen mageren, bärtigen Zivilisten, den Strategen des Aufstandes, dann Antonow, unrasiert, mit schmierigem Kragen und wie betrunken von allzulangem Wachen, den untersetzten Soldaten Krylenko mit seinem stets lächelnden, breiten Gesicht, heftig gestikulierend und ununterbrochen redend, und endlich die Riesengestalt des Matrosen Dybenko, bärtig und gelassen. Das waren die Männer jener Stunden und der, die noch in der Zukunft lagen.

Unten, in dem Büro der Fabrikkomitees, unterzeichnete Seratow unermüdlich Anweisungen für das Staatsarsenal auf Lieferung von Waffen an die Arbeiter – je Fabrik hundertfünfzig Gewehre. In einer Reihe warteten etwa vierzig Delegierte, um die Anweisungen sofort in Empfang zu nehmen.

Im Saal stieß ich auf einige der unteren Führer der Bolschewiki. Einer wies auf seinen Revolver. „Das Spiel beginnt", sagte er bleichen Antlitzes, „ob wir wollen oder nicht. Die andere Seite weiß, daß sie mit uns Schluß machen muß oder selber unterzugehen hat."

Der Petrograder Sowjet tagte ununterbrochen Tag und Nacht. Als ich in den großen Saal eintrat, hörte ich noch den Schluß einer Rede Trotzkis.

„Man stellt uns die Frage", sagte er, „ob wir eine Demonstration beabsichtigen. Ich kann auf diese Frage eine klare Antwort geben. Der Petrograder Sowjet fühlt, daß die Stunde gekommen ist, wo die Macht in die Hände der Sowjets überzugehen hat. Die Übergabe der Regierungsgewalt wird der Gesamtrussische Sowjetkongreß besorgen. Ob eine bewaffnete Demonstration notwendig sein wird, hängt ... von denen ab, die sich dem Willen des Gesamtrussischen Kongresses widersetzen wollen.

Wir wissen, daß unsere den Leuten des Provisorischen Kabinetts anvertraute Regierung eine erbärmliche und hilflose Regierung ist, die es so schnell wie möglich hinwegzufegen gilt, um Platz zu machen für eine wirkliche Volksregierung. Aber wir sind bemüht – auch jetzt noch, heute noch, Gewalt zu vermeiden. Wir hoffen, daß der Gesamtrussische Sowjetkongreß die Macht und Autorität, die auf der organisierten Freiheit des Volkes beruht, in seine Hände nehmen wird. Sollte indes die Regierung die kurze Zeit – die vierundzwanzig, achtundvierzig oder zweiundsiebzig Stunden –, die sie noch zu leben hat, zu einem Angriff gegen uns verwenden, dann werden wir mit dem Gegenangriff antworten, und dann gilt für uns: Hieb für Hieb und Stahl für Eisen."

Unter lebhaftem Beifall teilte er dann mit, daß sich die linken Sozialrevolutionäre bereit erklärt hätten, eine Vertretung in das Revolutionäre Militärkomitee zu entsenden.

Als ich um drei Uhr morgens den Smolny verließ, bemerkte ich, daß das Haupttor von zwei Schnellfeuergeschützen flankiert war. Die Eingänge und die nächsten Straßenecken wurden von starken Soldatenpatrouillen bewacht. Bill Schatow* kam

---

* Bill Schatow war in der amerikanischen Arbeiterbewegung gut bekannt. J. R. (John Reed meinte Wladimir Sergejewitsch Schatow, der im Juni 1917 aus Amerika zurückgekehrt war. Er war dort einer der Organisatoren der „Industriearbeiter der Welt". 1917 Mitglied des Petrograder Revolutionären Militärkomitees und Mitglied des Präsidiums des Zentralrats der Fabrikkomitees, später Kommunist. *Die Red.*)

die Stufen heraufgestürmt: „Es geht los. Kerenski hat Offiziersschüler geschickt, um unsere Zeitungen ‚Soldat‘ und ‚Rabotschi Put‘ zu schließen. Aber unsere Truppen sind bereits
hinunter, um die Regierungssiegel abzureißen, und jetzt sind
wir dabei, Abteilungen loszuschicken, die die Büros der bürgerlichen Zeitungen besetzen sollen.“ Er klopfte mir vergnügt auf
die Schulter und rannte ins Haus.

Am 6. morgens hatte ich mit dem Zensor zu tun, der sein
Büro im Ministerium des Auswärtigen hatte. Überall, an allen
Wänden, hysterische Aufrufe an das Volk, „ruhig“ zu bleiben.
Polkownikow erließ Befehl auf Befehl:
„Ich befehle allen Einheiten und Mannschaften, bis zum Erhalt eines Befehls des Bezirksstabes in ihren Kasernen zu bleiben ... Alle Offiziere, die dem Befehl ihres Vorgesetzten zu-
widerhandeln, werden wegen bewaffneten Aufruhrs vor Gericht
gestellt. Kategorisch verbiete ich, daß die Truppen irgendwelchen ‚Befehlen‘, die von verschiedenen Organisationen ausgehen, Folge leisten ...“
Am Morgen berichteten die Blätter, daß die Regierung die
Zeitungen „Nowaja Rus“, „Shiwoje Slowo“, „Rabotschi Put“
und „Soldat“ verboten und die Verhaftung der Führer des
Petrograder Sowjets und des Revolutionären Militärkomitees
angeordnet habe.
Als ich den Schloßplatz überquerte, kamen in scharfem Trab
mehrere Batterien der Offiziersschüler durch das Rote Tor gezogen und nahmen vor dem Palast Aufstellung. Das mächtige
rote Gebäude des Generalstabs war ungewöhnlich belebt. Vor
dem Tor hielten Panzerautos, und Automobile mit Offizieren
fuhren an und ab. Der Zensor war aufgeregt wie ein kleiner
Junge in einer Zirkusvorstellung. Wie er mir sagte, war Kerenski zum Rat der Russischen Republik gegangen, um seinen
Rücktritt anzubieten. Ich stürmte nach dem Marienpalast und

kam noch gerade zurecht, um den Schluß der leidenschaftlichen und ziemlich konfusen Rede Kerenskis zu hören, mit der er seine eigene Politik zu verteidigen suchte und die heftigsten Anklagen gegen seine Gegner schleuderte:

„Ich zitiere hier die charakteristischsten Stellen aus einer ganzen Reihe von Artikeln, die im ‚Rabotschi Put‘ Uljanow-Lenin veröffentlicht hat, ein Hochverräter, der sich gegenwärtig verborgen hält und den aufzufinden wir uns bemühen ... Dieser Hochverräter hört nicht auf, das Proletariat und die Petrograder Garnison zur Wiederholung der Versuche vom 16. bis 18. Juli aufzuhetzen, und ist der hartnäckigste Befürworter eines sofortigen bewaffneten Aufstandes ... Neben ihm haben andere bolschewistische Führer in zahlreichen Versammlungen zur sofortigen bewaffneten Erhebung aufgefordert. Insbesondere ist der Tätigkeit des derzeitigen Vorsitzenden des Petrograder Sowjets, Bronstein-Trotzki, Beachtung zu schenken.

Ich muß feststellen ..., daß die Schreibweise einer ganzen Reihe von Artikeln im ‚Rabotschi Put‘ und ‚Soldat‘ sich absolut nicht unterscheidet von der der ‚Nowaja Rus‘ ... Wir haben es hier nicht mit der Bewegung einer politischen Partei zu tun, sondern mit der Ausbeutung der politischen Unwissenheit und verbrecherischen Instinkte eines Teiles der Bevölkerung, mit einer Organisation, deren Ziel es ist, in Rußland um jeden Preis Zerstörung und Plünderung zu provozieren; denn angesichts des gegebenen geistigen Zustandes der Massen wird jede Aktion in Petrograd die schrecklichsten Metzeleien auslösen, die den Namen des freien Rußlands mit ewiger Schande bedecken werden ...

... Nach dem Eingeständnis Uljanow-Lenins selbst befindet sich der extrem-linke Flügel der Sozialdemokraten in Rußland in einer sehr günstigen Lage." (Kerenski zitierte hier den folgenden Auszug aus einem Leninschen Artikel):

„ ‚Man bedenke nur: die Deutschen haben ... mit *nur einem*

Liebknecht . . . ohne Presse, ohne Versammlungsfreiheit, ohne Sowjets, trotz der ungeheuren Feindseligkeit *aller* Bevölkerungsklassen . . . einen Aufstand . . . begonnen.

Wir aber, die wir Dutzende von Zeitungen, die wir Versammlungsfreiheit haben, über die *Mehrheit* in den Sowjets verfügen, wir, die bestgestellten proletarischen Internationalisten in der ganzen Welt, wir sollen darauf verzichten, die deutschen Revolutionäre durch unseren Aufstand zu unterstützen.' "

Kerenski fuhr fort:

„Die Organisatoren des Aufstandes erkennen also ausdrücklich an, daß wir jetzt die vollkommensten Bedingungen für die Freiheit des Handelns für jede politische Partei haben, in diesem Rußland, das von einer Provisorischen Regierung regiert wird, an deren Spitze nach der Meinung dieser Partei ‚ein Usurpator steht, ein Mann, der sich an die Bourgeoisie verkauft hat‘, mit einem Wort – der Ministerpräsident Kerenski . . .

. . . Die Organisatoren des Aufstandes kommen nicht dem deutschen Proletariat zu Hilfe, sondern den deutschen herrschenden Klassen, und sie öffnen die russische Front den Eisenfäusten Wilhelms und seiner Freunde . . . Für die Provisorische Regierung ist es gleichgültig, was für Motive diese Leute leiten, ob sie bewußt handeln oder unbewußt. In vollem Bewußtsein meiner Verantwortlichkeit nenne ich dieses Vorgehen einer russischen politischen Partei den Verrat an Rußland!

Ich stelle mich entschieden auf den Rechtsstandpunkt und fordere die sofortige Einleitung einer Untersuchung und die Vornahme der notwendigen Verhaftungen." (Stürmische Unterbrechungen auf der Linken.) „Hören Sie mir zu" – rief er mit mächtiger Stimme – „in dem Moment, da bewußter oder unbewußter Verrat die Sicherheit des Staates gefährdet, sind die Mitglieder der Provisorischen Regierung – und ich mit ihnen – entschlossen, eher zu sterben, als das Leben, die Ehre und Unabhängigkeit Rußlands zu verraten."

In diesem Augenblick wurde Kerenski ein Flugblatt gereicht.*

„Soeben erhalte ich den Befehl, den sie an die Regimenter verteilen. Hören Sie den Inhalt." Er liest:

„ ‚Der Petrograder Sowjet ist bedroht. Wir befehlen die sofortige kriegsmäßige Mobilisierung der Regimenter. Sie haben sich bereit zu halten und neue Befehle abzuwarten. Jede Verzögerung oder Verweigerung dieses Befehls wird als Verrat an der russischen Revolution gewertet. Das Revolutionäre Militärkomitee. Für den Vorsitzenden, Podwoiski. Der Sekretär, Antonow.'

Das ist wahrlich ein Versuch, den Pöbel gegen die bestehende Ordnung aufzuwiegeln, die Konstituierende Versammlung zu vereiteln und den mit der eisernen Faust Wilhelms zusammengeschweißten Regimentern die russische Front zu öffnen.

Ich sage absichtlich ‚Pöbel', weil die bewußte Demokratie und ihr Zentralexekutivkomitee der Sowjets, weil alle Armeeorganisationen, alles, worauf das freie Rußland stolz ist und stolz sein darf, die Vernunft, die Ehre und das Gewissen der großen russischen Demokratie, gegen dergleichen protestieren.

Ich bin nicht hierhergekommen, um zu bitten, sondern um meiner festen Überzeugung Ausdruck zu geben, daß die unsere junge Freiheit verteidigende Provisorische Regierung – daß der neue, einer herrlichen Zukunft entgegengehende russische Staat die einmütige Unterstützung aller finden wird, mit Ausnahme höchstens jener, die nie gewagt haben, der Wahrheit ins Antlitz zu schauen ...

... Die Provisorische Regierung hat niemals die Freiheit der Staatsbürger, von ihren politischen Rechten Gebrauch zu machen, angetastet ... Jetzt aber, in dieser Stunde, erklärt die Provisorische Regierung: Jene Gruppen und Parteien, die es gewagt haben, ihre Hand gegen den freien Willen des russi-

---

* Das Flugblatt übergab Konowalow Kerenski. *Die Red.*

schen Volkes zu erheben, und die damit drohen, die Front den Deutschen zu öffnen, müssen mit Entschlossenheit liquidiert werden.

Möge Petrograds Bevölkerung wissen, daß sie eine feste Gewalt finden wird. Vielleicht werden noch in letzter Stunde Vernunft, Bewußtsein und Ehre in dem Herzen derer den Sieg davontragen, die sie noch nicht völlig verloren haben ..."

Während dieser ganzen Rede herrschte in dem Saal ein ohrenbetäubender Lärm. Nachdem der Ministerpräsident geendet und blassen Gesichts und von Schweiß durchnäßt mit seinem Offiziersgefolge den Saal verlassen hatte, traten die Redner der Linken und des Zentrums auf, einer nach dem andern heftige Angriffe gegen die vor Wut schäumende Rechte schleudernd. Sogar die Sozialrevolutionäre, durch den Mund von Goz:

„Die Politik der Bolschewiki ist gewiß demagogisch und verbrecherisch, sie beutet die Unzufriedenheit der Volksmassen aus. Aber es gibt eine ganze Reihe Forderungen der Volksmassen, die bis heute noch nicht erfüllt sind ... Die Frage des Friedens, die Landfrage und die Frage der Demokratisierung der Armee sollten in einer Weise gestellt werden, daß kein Soldat, Bauer oder Arbeiter den geringsten Zweifel hätte, daß die Regierung fest und unerschütterlich daran arbeitet, alle diese Fragen zu lösen ...

Wir und die Menschewiki denken nicht daran, eine Regierungskrise herbeizuführen, und wir sind bereit, die Provisorische Regierung mit unserer ganzen Energie zu verteidigen, bis zu unserm letzten Blutstropfen – wenn nur die Provisorische Regierung auf alle diese brennenden Fragen die klaren und präzisen Worte finden wird, die das Volk mit Ungeduld erwartet ..."

Dann Martow, empört:

„Die Worte des Ministerpräsidenten, der sich erlaubte, vom

Pöbel zu sprechen gegenüber einer Bewegung von, wenn auch irregeleiteten Teilen des Proletariats und der Armee, sind eine einzige Aufhetzung zum Bürgerkrieg."

Die Abstimmung ergab die Annahme der von der Linken vorgeschlagenen Tagesordnung. Das bedeutete praktisch ein Mißtrauensvotum.

„1. Die seit einigen Tagen vorbereitete bewaffnete Demonstration hat den Staatsstreich zum Ziel, sie droht den Bürgerkrieg zu provozieren, sie schafft Bedingungen, die Pogrome und die Konterrevolution sowie die Mobilisierung konterrevolutionärer Kräfte, wie der Schwarzhunderter, begünstigen; sie wird die Einberufung der Konstituierenden Versammlung unmöglich machen, wird eine militärische Katastrophe, den Untergang der Revolution herbeiführen, sie wird das ökonomische Leben des Landes lähmen und Rußland zugrunde richten.

2. Die Bedingungen, die diese Agitation begünstigen, wurden durch die Verzögerung dringender Maßnahmen wie durch objektive Bedingungen geschaffen, die der Krieg und die allgemeine Unordnung verursachten. Es ist daher vor allem notwendig, sofort ein Dekret zu erlassen, das das Land den bäuerlichen Bodenkomitees übergibt; in den Fragen der Außenpolitik ist ein energisches Vorgehen vonnöten, indem den Alliierten der Vorschlag gemacht wird, ihre Friedensbedingungen bekanntzugeben und Friedensverhandlungen zu beginnen.

3. Zum Kampf gegen die anarchistischen Manifestationen und Pogrome ist es unerläßlich, sofort Maßnahmen zu ergreifen, um diese Bestrebungen zu unterdrücken, und zu diesem Zwecke in Petrograd ein Komitee für die öffentliche Sicherheit zu schaffen, das aus Vertretern der Stadtverwaltung und den Organen der revolutionären Demokratie zusammengesetzt ist und im Einvernehmen mit der Provisorischen Regierung handelt . . ."

Die Menschewiki und Sozialrevolutionäre stimmten dieser Resolution zu.

Kerenski ließ Awxentjew zum Winterpalast kommen, um von ihm zu hören, wie die Abstimmung gemeint war. Für den Fall, daß es ein Mißtrauensvotum sein sollte, bat er Awxentjew, die Bildung eines neuen Kabinetts in die Hand zu nehmen. Dan, Goz und Awxentjew spielten hier ihre Kompromißlerrolle zum letzten Male. Sie erklärten Kerenski, daß die Abstimmung nicht als eine Kritik der Regierung gedacht war.

An der Ecke der Morskaja und des Newski hielten Trupps von Soldaten mit aufgepflanztem Bajonett sämtliche passierenden Privatautomobile an, setzten die Insassen auf die Straße und dirigierten die Wagen nach dem Winterpalast. Eine große Menschenmenge hatte sich angesammelt und sah dabei zu. Niemand wußte, zu wem die Soldaten gehörten, ob es Regierungstruppen waren oder Truppen des Revolutionären Militärkomitees. Die gleichen Vorgänge spielten sich vor der Kasaner Kathedrale ab. Hier wurden die Wagen den Newski hinaufdirigiert. Fünf oder sechs Matrosen kamen daher, mit Gewehren bewaffnet, übermütig lachend, und begannen eine Unterhaltung mit zwei von den Soldaten. An den Mützen hatten sie Bänder mit den Namen der beiden führenden bolschewistischen Kreuzer „Aurora" und „Sarja Swobody" (Morgenröte der Freiheit.) Ich hörte, wie einer von ihnen sagte: „Die Kronstädter kommen." Das war dasselbe, als wenn 1792 in den Straßen von Paris jemand gesagt hätte: „Die Marseiller kommen." In Kronstadt befanden sich fünfundzwanzigtausend Matrosen, alles überzeugte Bolschewiki, die den Tod nicht scheuten.

„Rabotschi i Soldat" war eben heraus, die ganze Vorderseite füllte eine Proklamation:

„S o l d a t e n !  A r b e i t e r !  B ü r g e r !

Die Volksfeinde sind in der Nacht zum Angriff übergegangen. Die zum Stab gehörenden Kornilowanhänger versuchen, aus

der Umgebung Offiziersschüler und Stoßbataillone zusammen-
zuziehen. Die Offiziersschüler von Oranienbaum und die Angehörigen des Stoßbataillons in Zarskoje Selo haben sich geweigert
auszurücken. Man plant einen verräterischen Anschlag gegen
den Petrograder Sowjet der Arbeiter- und Soldatendeputierten ... Das Vorgehen der konterrevolutionären Verschwörer
richtet sich *gegen den Gesamtrussischen Sowjetkongreß* am Vorabend seiner Eröffnung, *gegen die Konstituierende Versammlung, gegen das Volk.* Der Petrograder Sowjet der Arbeiter- und
Soldatendeputierten steht für die Revolution auf der Wacht.
Das Revolutionäre Militärkomitee leitet den Widerstand gegen
den Ansturm der Verschwörer. Die gesamte Garnison und das
gesamte Proletariat von Petrograd sind bereit, den Volksfeinden
einen vernichtenden Schlag zu versetzen.

Das Revolutionäre Militärkomitee ordnet an:

1. Alle Regiments-, Kompanie- und Mannschaftskomitees
mit den Kommissaren des Sowjets und alle revolutionären Organisationen müssen *in Permanenz tagen* und alle Nachrichten
über die Pläne und Aktionen der Verschwörer in ihren Händen
konzentrieren.

2. Kein Soldat darf ohne Genehmigung des Komitees seine
Einheit verlassen.

3. Es sind unverzüglich zwei Vertreter jeder Einheit und je
fünf Vertreter aller Bezirkssowjets in das Smolny-Institut zu
entsenden.

4. Alle Aktionen der Verschwörer sind unverzüglich dem
Smolny-Institut zu melden.

5. Alle Mitglieder des Petrograder Sowjets und alle Delegierten des Gesamtrussischen Sowjetkongresses werden aufgefordert, sofort zu einer außerordentlichen Sitzung im Smolny
zu erscheinen.

Die Konterrevolution hat ihr verbrecherisches Haupt erhoben.

Allen Errungenschaften und Hoffnungen der Soldaten, Arbeiter und Bauern droht große Gefahr. Aber die Kräfte der Revolution sind den Kräften ihrer Gegner unermeßlich überlegen.

Die Sache des Volkes ist in festen Händen. Die Verschwörer werden vernichtet.

Keine Schwankungen, keine Zweifel! Festigkeit, Standhaftigkeit, Ausdauer und Entschlossenheit sind vonnöten.

Es lebe die Revolution!

*Das Revolutionäre Militärkomitee."*

Im Smolny tagte ununterbrochen der Petrograder Sowjet. Die Delegierten waren zum Umfallen müde, sie schliefen während der Tagung ein, um sich dann plötzlich wieder aufzuraffen und erneut an der Debatte teilzunehmen. Trotzki, Kamenew, Wolodarski sprachen sechs, acht und zwölf Stunden am Tag.

In dem im ersten Stock gelegenen Zimmer Nr. 18 hielten die bolschewistischen Delegierten ihre Besprechungen. Eine rauhe Stimme – den Redner selbst konnte ich in der Menge nicht sehen – sagte: „Die Kompromißler meinen, wir seien isoliert. Laßt euch nichts einreden. Wenn es losgehen wird, werden wir sie mit uns mitreißen, und wenn sie nicht wollen, dann werden sie selber ihre Anhänger verlieren und isoliert dastehen."

Ein Blatt Papier in die Höhe haltend, rief er: „Da seht, sie kommen schon. Soeben ist ein Schreiben der Menschewiki und Sozialrevolutionäre eingelaufen, in dem diese erklären, daß sie unsere Aktion zwar verurteilen, daß sie sich aber der Sache des Proletariats nicht widersetzen wollen, falls die Regierung uns angreift." (Jubelnder Beifall.)

Als der Abend kam, füllte sich der große Saal mit Soldaten und Arbeitern. Das Zentralexekutivkomitee der Sowjets hatte sich endlich entschlossen, die Delegierten des neuen Sowjetkongresses offiziell zu empfangen, obwohl dieser Kongreß seinen Sturz und möglicherweise den Zusammenbruch der von ihm errichteten Ordnung bedeutete. Indessen hatten in dieser Versammlung nur die Mitglieder des Zentralexekutivkomitees Stimmrecht.

Es war schon nach Mitternacht, als Goz die Versammlung eröffnete und Dan unter allgemeiner Spannung und bedrohlicher Stille das Wort ergriff:

„Tragische Stunden sind es, die wir durchleben. Vor den Toren Petrograds steht der Feind, und während die demokratischen Mächte bemüht sind, die Verteidigung zu organisieren, erwarten uns blutige Kämpfe in den Straßen Petrograds selbst, droht der Hunger nicht nur unsere einheitliche Regierung, sondern die Revolution zu vernichten.

Die Massen sind krank und erschöpft. Die Revolution interessiert sie nicht. Schlagen die Bolschewiki los, so wird dies das Ende der Revolution sein ..." (Zurufe: „Das ist eine Lüge.") „Die Konterrevolution wartet nur darauf, um gleichzeitig mit den Bolschewiki den Aufruhr ins Land zu tragen und ein großes Blutbad anzurichten. Kommt es zu bewaffneten Demonstrationen, dann ade, Konstituierende Versammlung!" (Zurufe: „Lügner! Schämen Sie sich!")

„Es ist unerträglich, daß die Petrograder Garnison sich den Befehlen des Stabes nicht unterordnet ... Ihr müßt den Befehlen des Stabes und des von euch gewählten Zentralexekutivkomitees gehorchen. Alle Macht den Sowjets – das würde den Tod bedeuten! Räuber und Diebe warten nur auf den Augenblick, wo sie ungehindert plündern und mordbrennen können ... Die Parole ,Hinein in die Häuser, nehmt euch die Stiefel und Kleider der Bourgeoisie' ..." (Tumult. Rufe: „Niemals wurde eine solche Parole ausgegeben. Lüge! Lüge!") „Nun, es mag in anderer Weise beginnen, das Ende würde aber bestimmt so sein!

Das Zentralexekutivkomitee hat absolute Vollmacht, zu handeln ... Wir fürchten den Kampf nicht ... Das Zentralexekutivkomitee wird die Revolution bis zum letzten Blutstropfen verteidigen ..." (Rufe: „Es ist ja selbst schon lange tot!")

Wilder, anhaltender Tumult, den Dan, mit der Faust aufs Pult schlagend, mit aller Kraft zu überschreien versucht: „Die dazu auffordern, begehen ein Verbrechen!"

Eine Stimme: „Das Verbrechen begingt ihr, als ihr die Macht nahmt und sie an die Bourgeoisie ausliefertet!"

Goz, heftig die Präsidentenglocke schwingend: „Ruhe, oder ich lasse Sie hinaussetzen!"

Die Stimme: „Das versuchen Sie nur!" (Beifall und Zischen.)

„Nun zu unserer Politik in der Frage des Friedens." (Gelächter.) „Leider kann Rußland die Fortsetzung des Krieges nicht länger unterstützen. Der Friede wird geschlossen werden, aber nicht ein dauernder Friede – nicht ein demokratischer Friede ... Wir haben heute im Rate der Russischen Republik, um Blutvergießen zu vermeiden, eine Tagesordnung angenommen, die die Übergabe des Bodens an die Bodenkomitees und sofortige Friedensverhandlungen fordert ..." (Gelächter und Rufe: „Zu spät!")

Dann bestieg, von minutenlangem tosendem Beifallssturm begrüßt, für die Bolschewiki Trotzki die Tribüne. Mit boshafter Ironie:

„Dans Taktik zeigt in der Tat, daß die Massen – die großen, stumpfen, indifferenten Massen – mit ihm sind." (Große Heiterkeit.) Zum Präsidenten gewendet, dramatisch: „Als wir erklärten, daß das Land den Bauern gegeben werden müsse, da waren Sie dagegen. Wir sagten den Bauern: ,Wenn sie euch das Land nicht geben wollen, nehmt es euch selbst.' Die Bauern sind unserm Rat gefolgt, und jetzt wollen Sie sich einsetzen für Dinge, die wir vor sechs Monaten schon taten.

Kerenskis neuer Befehl über die Aufhebung der Todesstrafe

in der Armee ist ihm nicht von seinen eigenen Idealen diktiert worden. Es war die Petrograder Garnison, die ihn überzeugte, indem sie sich weigerte, ihm weiterhin zu gehorchen.

Heute beschuldigt man Dan, er habe im Rat der Russischen Republik eine Rede gehalten, die ihn als heimlichen Bolschewiken entlarvt... Es wird der Tag kommen, wo Dan selbst sagen wird, daß am Aufstand vom 16. bis 18. Juli die Elite der Revolution teilgenommen habe... In Dans heutiger Resolution im Rat der Russischen Republik war nicht mehr die Rede davon, daß die Disziplin in der Armee erhöht werden muß, obwohl die Propaganda seiner Partei dies mit Nachdruck fordert.

Die Geschichte der letzten sieben Monate zeigt, daß die Massen den Menschewiki nicht mehr folgen. Die Menschewiki und die Sozialrevolutionäre besiegten die Kadetten; aber als sie die Macht erobert hatten, haben sie sie an die Kadetten ausgeliefert.

Dan meint, ihr hättet kein Recht, einen Aufstand zu machen. Nun, ich sage euch: Die Revolte ist das Recht aller Revolutionäre. Wenn sich die niedergedrückten Massen erheben, so ist das ihr Recht."

Auf Trotzki folgte Liber, mit Ach-Rufen und ironischem Lachen empfangen:

„Marx und Engels haben gesagt, daß das Proletariat kein Recht habe, die Macht zu ergreifen, solange es nicht reif ist. In einer bürgerlichen Revolution, wie die jetzige eine ist, bedeutet die Machtergreifung durch das Proletariat das tragische Ende der Revolution. Trotzki muß als sozialdemokratischer Theoretiker selbst bekämpfen, was er hier verteidigt." (Rufe: „Schluß! Herunter mit ihm!")

Der nächste Redner war Martow, durch fortgesetzte Zwischenrufe unterbrochen: „Die Internationalisten sind nicht gegen die Übergabe der Macht an die Demokratie; aber sie ver-

117

werfen die Methoden der Bolschewiki. Der jetzige Moment ist für die Machtergreifung nicht geeignet."

Wieder ergriff Dan das Wort, heftig protestierend gegen das Vorgehen des Revolutionären Militärkomitees, das einen Kommissar in die Redaktion der „Iswestija" entsandt hatte, der die Zeitung zensieren sollte. Allgemeine wilde Erregung, in der Martow vergebens versuchte, sich Gehör zu verschaffen. Im ganzen Saal hatten sich die Delegierten der Armee und der Baltischen Flotte von ihren Sitzen erhoben und schrien, daß ihre Regierung der Sowjet sei.

Inmitten dieser Konfusion wurde von Erlich (Sozialrevolutionär)* eine Resolution eingebracht, die 1. die Arbeiter und Soldaten beschwor, die Ruhe zu bewahren und den Aufforderungen zu Demonstrationen keine Folge zu leisten, 2. die sofortige Bildung eines Sicherheitsausschusses für notwendig erklärte und 3. die sofortige Einbringung eines Gesetzes für die Übergabe des Landes an die Bauern und die unverzügliche Einleitung von Friedensverhandlungen verlangte.

Da aber sprang Wolodarski von seinem Platz auf und erklärte schroff, daß am Vorabend des Sowjetkongresses das Zentralexekutivkomitee nicht befugt sei, sich die Funktionen dieses Kongresses anzumaßen. Das Komitee sei in Wirklichkeit erledigt und die Resolution nur ein Trick, ihm die entglittene Macht wieder in die Hände zu spielen.

„Wir werden", sagte er, „uns an dieser Abstimmung nicht beteiligen." Die Bolschewiki verließen hierauf den Saal, und die Resolution wurde angenommen.

Gegen vier Uhr früh traf ich in der Vorhalle Sorin** mit einem Gewehr.

---

* Erlich war einer der Führer der Menschewiki. *Die Red.*
** D. F. Sorin, ein aktiver Teilnehmer der Oktoberrevolution, Bolschewik. *Die Red.*

„Wir marschieren"[7], sagte er ernst, aber augenscheinlich befriedigt. „Wir haben den Vizejustizminister und den Kulturminister festgesetzt; sie sind unten im Keller. Ein Regiment ist weg, um die Telefonzentrale zu besetzen, ein anderes ist zur Telegrafenagentur und ein drittes zur Staatsbank. Auch die Rote Garde ist unterwegs."

Als wir auf die Treppe hinaustraten, sahen wir die Rote Garde vorbeiziehen: junge Burschen in Arbeitskleidung, mit Gewehren und aufgepflanzten Bajonetten, aufgeregt miteinander sprechend.

Plötzlich, die Stille unterbrechend, ertönte westwärts fernes Gewehrfeuer. Das waren die Offiziersschüler, die die Zugbrücken der Newa zu öffnen versuchten, um den Arbeitern und Soldaten des Wiborgviertels die Vereinigung mit den Sowjetkräften im Zentrum der Stadt unmöglich zu machen. Die Kronstädter Matrosen waren jetzt dabei, sie wieder zu schließen.

Hinter uns lag der Smolny, hell erleuchtet und summend wie ein riesiger Bienenkorb.

## IV

## DER STURZ
## DER PROVISORISCHEN REGIERUNG

Mittwoch, 7. November. Ich hatte mich sehr spät erhoben. Vom Peter-Paul schlug bereits die Mittagsglocke, als ich den Newski hinunterschritt. Der Tag war kalt und ungemütlich. Vor den geschlossenen Türen der Staatsbank standen Soldaten mit aufgepflanztem Bajonett.

„Wozu gehört ihr?" fragte ich, „zur Regierung?"

„Die Regierung ist futsch. Slawa Bogu" (Gott sei Dank). Das war alles, was ich herausbekam.

Die Straßenbahnen fuhren wie gewöhnlich, nicht nur innen überfüllt, sondern auch außen behangen mit Männern, Frauen und kleinen Jungen, die sich anklammerten, wo nur ein Plätzchen sich fand. Die Läden waren geöffnet, und die Straßen schienen sogar weniger unruhig als am Abend vorher. Die Mauern der Häuser waren in der Nacht mit unzähligen gegen den Aufstand gerichteten Appellen beklebt – an die Bauern, an die Frontsoldaten, an die Petrograder Arbeiter. Einer lautete wie folgt:

„Von der Petrograder Stadtduma!

Die Stadtduma bringt den Bürgern zur Kenntnis, daß sie in einer außerordentlichen Sitzung vom 6. November ein Komitee für die öffentliche Sicherheit gebildet hat, das sich zusammensetzt aus Mitgliedern der Zentralduma und den Stadtbezirksdumas sowie aus Vertretern der folgenden revolutionären demokratischen Organisationen: Zentralexekutivkomitee der Sowjets, Gesamtrussisches Exekutivkomitee der Bauerndeputierten, die Armeeorganisationen, Zentroflot, Petrograder Sowjet der Arbeiter- und Soldatendeputierten (!), Gewerkschaftsrat u. a.

Zu erreichen sind die Mitglieder des Komitees für öffentliche Sicherheit im Haus der Stadtduma. Telefon Nr. 15–40, 223–77, 138–36.

7. November 1917."

Dies war (mir wurde das erst später klar) die Kriegserklärung der Duma an die Bolschewiki.

Ich kaufte eine Nummer des „Rabotschi Put", wie es schien die einzige Zeitung, die zu haben war, und etwas später aus zweiter Hand, von einem Soldaten, für fünfzig Kopeken ein Exemplar des „Den". Das in Großformat in der beschlagnahmten Druckerei der „Russkaja Wolja" hergestellte Blatt der Bolschewiki enthielt auf der Vorderseite in großen Lettern die Parolen: *„Alle Macht den Sowjets der Arbeiter, Soldaten und Bauern! Friede, Land, Brot!"* Der Leitartikel war von Sinowjew* gezeichnet, der sich, wie Lenin, verborgen halten mußte. Er begann:

„Jeder Soldat und jeder Arbeiter, jeder wahre Sozialist und jeder ehrliche Demokrat begreift, daß es heute nur zwei Möglichkeiten gibt.

Entweder – die Macht verbleibt in den Händen der Bourgeoisie und der Gutsbesitzer, das hieße: Unterdrückung der revolutionären Arbeiter, Soldaten und Bauern, Fortsetzung des Krieges, unvermeidlicher Hunger und Tod . . ., oder die revolutionären Arbeiter, Soldaten und Bauern übernehmen die Macht, das wäre die völlige Zerschmetterung der Gutsbesitzer-

---

* Der erwähnte Artikel vom 7. November (24. Oktober) 1917 im „Rabotschi Put" war ohne Unterschrift veröffentlicht. Sein Verfasser ist nicht festgestellt. *Die Red.*

tyrannei, die Niederlage der Kapitalisten, sofortiger Vorschlag eines gerechten Friedens. Die Bauern würden das Land erhalten, die Arbeiter die Kontrolle über die Industrie, die Hungernden Brot, der wahnsinnige Krieg ginge zu Ende!"

Der „Den" enthielt – allerdings sehr unvollständige – Nachrichten über die Ereignisse der letzten bewegten Nacht: Besetzung der Telefonzentrale, der Telegrafenagentur und des Baltischen Bahnhofs durch die Bolschewiki; die Offiziersschüler von Peterhof außerstande, nach Petrograd zu kommen; die Kosaken unentschlossen; Verhaftung einiger Minister; Erschießung Mejers, des Chefs der Stadtmiliz. Verhaftungen, Gegenverhaftungen; Handgemenge zwischen Soldaten, Offiziersschülern und Rotgardisten![1]

An der Ecke der Morskaja traf ich den Hauptmann Gomberg, Sekretär der Militärsektion der menschewistischen Sozialpatrioten. Auf meine Frage, ob der Aufstand wirklich stattgefunden habe, zuckte er müde die Achseln. „Tschort snajet." (Weiß der Teufel.) „Vielleicht gelingt es den Bolschewiki in der Tat, die Macht an sich zu reißen; aber sie werden sich keine drei Tage halten können. Es fehlen ihnen die Männer, die fähig wären, die Regierungsgeschäfte zu führen. Vielleicht ist es ganz gut, sie den Versuch machen zu lassen. Sie werden um so schneller abwirtschaften . . ."

Das Militärhotel an der Ecke des St.-Isaaks-Platzes war von bewaffneten Matrosen umstellt. In der Hotelhalle waren viele elegante junge Offiziere, aufgeregt auf und ab gehend oder miteinander flüsternd. Die Matrosen ließen niemand heraus.

Plötzlich ein Gewehrschuß, darauf das Geknatter einer ganzen Salve. Ich rannte hinaus. Am Marienpalast, dem Sitz des Rates der Russischen Republik, schien sich etwas ereignet zu haben. Quer über den weiten Platz waren in langen Reihen Soldaten mit schußbereiten Gewehren aufmarschiert und starrten zum Dach des Gebäudes empor.

122

„Provokazia! Auf uns wurde geschossen!" schrie einer, während ein anderer zur Tür lief.

An der Westecke des Palastes stand ein Panzerauto, rotbeflaggt und mit roten, noch frischen Schriftzeichen: „SRSD" (Sowjet der Arbeiter- und Soldatendeputierten). Seine Geschütze waren auf den St.-Isaaks-Platz gerichtet. Am Ausgang der Nowaja Uliza erhob sich, die Passage versperrend, eine Barrikade aus Kisten, Fässern, einer alten Matratze, einem umgestürzten Wagen. Am Ende des Moika-Ufers lag, den Zugang hindernd, ein großer Haufen geschnittenen Holzes. Auch entlang der ganzen Häuserfront waren Holzklötze, die von einem in der Nachbarschaft lagernden Stapel stammten, zu einer Brustwehr aufgeschichtet.

„Erwarten Sie denn hier Kämpfe?" fragte ich.

„Das wird bald losgehen", antwortete aufgeregt ein Soldat. „Gehen Sie weg, Genosse, sonst werden Sie zu Schaden kommen. Sie müssen von dort drüben kommen." Dabei zeigte er in Richtung der Admiralität.

„Wer muß kommen?"

„Das kann ich nicht sagen, Brüderchen", antwortete er und spuckte aus.

Vor dem Tore des Palastes eine Ansammlung von Matrosen und Soldaten, denen ein Matrose von dem Ende des Rates der Russischen Republik erzählte: „Wir gingen hinein, postierten an allen Ausgängen unsere Genossen, und dann ging ich zu dem den Vorsitz führenden Konterrevolutionär hin und sagte einfach: ‚Schluß mit dem Rat. Geht schnell nach Hause.'"

Die Umstehenden lachten. Alle möglichen Ausweispapiere schwingend, gelang es mir, bis zur Tür der Pressegalerie vorzudringen. Dort aber hielt mich ein riesiger Matrose an, der, als ich ihm meinen Ausweis zeigte, lächelnd sagte: „Lieber Genosse, wenn Sie Sankt Michael selber wären, könnten Sie doch nicht passieren." Durch die Scheiben der Tür bemerkte ich das wutverzerrte Gesicht und die gestikulierenden Arme eines dort eingeschlossenen französischen Korrespondenten . . .

Nicht weit entfernt stand, von einem Haufen Soldaten umringt, ein kleiner graubärtiger Mann in der Uniform eines Generals, mit vor Erregung hochrotem Gesicht.

„Ich bin General Alexejew", schrie er, „als Ihr vorgesetzter Offizier und Mitglied des Rates der Russischen Republik fordere ich Sie auf, mich passieren zu lassen." Der Posten kratzte sich den Kopf, im unklaren, was er machen sollte. Er rief einen sich nähernden Offizier heran, der sehr aufgeregt wurde, als er sah, wen er vor sich hatte, und stramm militärisch grüßte, noch ehe er begriff, was er tat.

„Exzellenz", stammelte er in der unter dem alten Regime üblichen Manier, „der Zutritt zum Palast ist strikt untersagt, und ich habe keine Befugnis –."

Ein Automobil kam vorüber. Ich erkannte den im Wagen sitzenden Goz, der die Situation anscheinend sehr belustigend fand und laut lachte. Dann ein zweites Auto, auf dem Vordersitz bewaffnete Soldaten, im Wageninnern verhaftete Mitglieder der Provisorischen Regierung. Plötzlich sah ich Peters, ein lettisches Mitglied des Revolutionären Militärkomitees, über den Platz gelaufen kommen.

„Ich denke, Sie hatten alle diese Herrschaften schon gestern abend festgesetzt", sagte ich, auf das Auto weisend.

„Ach", antwortete er mit einer unzufriedenen Grimasse, „diese Dummköpfe haben die meisten wieder laufen lassen, noch ehe wir uns klargeworden waren, was wir eigentlich wollten . . ."

Den Woskressenski-Prospekt hinunter waren gewaltige Scharen Matrosen aufmarschiert, dahinter, soweit das Auge reichte, Soldaten.

Wir gingen durch den Admiraltejski-Prospekt zum Winterpalast. Sämtliche Zugänge zum Schloßplatz waren von Wachen besetzt, die niemand passieren ließen, und quer über den ganzen westlichen Teil des Platzes zog sich ein Truppenkordon, von einem Haufen aufgeregter Bürger umlagert. Mit Ausnahme einiger weiter entfernter Soldaten, die aus dem Schloßhof Holz zu holen schienen, um es an der Vorderseite zu einer Art Brustwehr aufzustapeln, war alles ruhig.

Es war nicht möglich, herauszubekommen, ob die Wachen zur Regierung gehörten oder zu den Sowjets. Unsere im Smolny ausgestellten Passierscheine nützten uns indessen nichts, und so näherten wir uns der Linie von einer anderen Seite, zeigten mit wichtiger Miene unsere amerikanischen Pässe vor, erklärten, daß wir in „amtlichen Geschäften!" kämen und – schlüpften durch. An der Tür nahmen uns die gleichen alten Palastdiener in ihren mit gelben Messingknöpfen besetzten Uniformen mit rot- und goldverziertem Kragen höflich unsere Hüte und Mäntel ab, und wir gingen nach oben. In den dunklen, trüben, ihrer Wandbekleidung beraubten Korridoren lungerten einige alte Diener herum, und vor Kerenskis Tür schritt ein junger Offizier auf und nieder, seinen Schnurrbart kauend. Wir fragten, ob wir den Ministerpräsidenten sprechen könnten. Er verbeugte sich höflich und schlug die Hacken zusammen.

„Nein, ich bedauere", sagte er auf französisch. „Alexander Fjodorowitsch ist sehr beschäftigt..." Er musterte uns einen Moment und fügte hinzu: „Er ist gar nicht hier..."

„Wo ist er denn?"

„Er ist zur Front gefahren.[2] Wissen Sie, er hatte nicht einmal genügend Brennstoff für sein Auto, wir waren daher gezwungen, die Hilfe des englischen Hospitals in Anspruch zu nehmen."

„Sind die Minister hier?"

„Die tagen hier in irgendeinem Raum. Wo, weiß ich nicht."

„Was meinen Sie, werden die Bolschewiki kommen?"

„Gewiß, die kommen sicher. Ich erwarte jede Minute die telefonische Meldung, daß sie anrücken. Wir sind jedoch bereit. Wir haben die Offiziersschüler hier. In der Vorderseite des Palastes. Dort, durch diese Tür."

„Können wir dort hinein?"

„Nein. Gewiß nicht. Das ist nicht gestattet." Hastig schüttelte er uns allen die Hand und ging davon. Wir wandten uns der verbotenen Tür zu, die durch eine den Saal teilende provisorische Wand führte und von außen verschlossen war. Von der anderen Seite hörten wir Stimmen. Irgendwer lachte. Sonst Grabesstille in den weiten Räumen des alten Palastes. Ein alter Diener kam herbeigelaufen. „Aber nicht doch, Barin, da können Sie nicht hinein."

„Warum ist die Tür verschlossen?"

„Um die Soldaten festzuhalten", versetzte er, und einige Minuten später etwas von „Tee holen wollen" murmelnd, ging er nach dem hinteren Teil des Saals davon. Wir öffneten die Tür.

Unmittelbar vor uns standen ein paar Wachen, die indes nichts sagten. Am Ende des Korridors war ein großer geschmückter Raum mit vergoldeter Deckenverzierung und riesigen Kristallkronleuchtern und dahinter mehrere kleinere Zimmer mit dunkler Holztäfelung. Auf dem Parkettboden lagen zu beiden Seiten lange Reihen schmutziger Matratzen und Decken, auf denen sich faul Soldaten rekelten. Überall war ein wüstes Durcheinander von Zigarettenenden, Brotresten, Kleidungsstücken und leeren Weinflaschen. In der schier unerträglichen Atmosphäre von Tabaksqualm und ungewaschenen Menschenmassen kamen immer mehr Soldaten zum Vorschein, mit den roten Achselstücken der Offiziersschulen. Einer hatte eine Flasche weißen Burgunders, die offenbar aus den Kellereien des Palastes stammte. Sie sahen uns verwundert nach, als wir so von Raum zu Raum wanderten, bis wir zu einer Reihe mächtiger Staatssalons kamen, deren lange schmutzige Fensterreihen nach dem

Schloßplatz blickten. Die Wände bedeckten riesige Gemälde in massiven Goldrahmen, Schlachtenszenen aus der russischen Geschichte: „12. Oktober 1812" und „6. November 1812" und „16.–28. August 1813". Eines der Bilder war an der rechten oberen Ecke beschädigt.

Das Ganze war – nach dem Zustand der Wände und des Fußbodens zu urteilen – offenbar schon seit Wochen eine einzige große Kaserne. Auf den Fensterbänken sah ich schußfertige Maschinengewehre, zwischen den Lagerstätten Gewehrpyramiden.

In die Betrachtung der Bilder versunken, fühlte ich plötzlich zu meiner Linken einen intensiven Alkoholdunst. Dann eine Stimme in hartem, aber fließendem Französisch: „Ah, die Herrschaften sind Ausländer. Ihre Art, die Bilder zu bewundern, sagt mir das." Ein kleiner, gedunsener Mensch, der, als er die Mütze lüftete, einen kahlen Kopf zeigte.

„Amerikaner? Sehr erfreut. Ich bin Stabshauptmann Wladimir Arzybaschew. Ganz zu Ihren Diensten." Er schien absolut nicht verwundert, daß vier Ausländer, darunter eine Frau, die Kampfstellungen einer Armee durchwandern, die jeden Augenblick den Angriff erwartet. Er beklagte den Zustand Rußlands.

„Wenn es nur die Bolschewiki wären", sagte er. „Aber die ganze glänzende Tradition der russischen Armee ist niedergebrochen. Blicken Sie um sich. Die Leute, die Sie hier sehen, sind alles Offiziersschüler, Anwärter für die Offizierslaufbahn. Aber haben die das Aussehen von Gentlemen? Kerenski hat die Offiziersschulen allen geöffnet, auch dem einfachen Soldaten, sofern er nur ein Examen zu machen in der Lage war. Natürlich sind nun sehr, sehr viele von der Revolution angesteckt . . ."

Ohne Umstände wechselte er das Thema. „Ich möchte lieber heute als morgen Rußland verlassen. Ich habe mich entschlossen, zur amerikanischen Armee zu gehen. Wollen Sie das bitte bei Ihrem Konsul in die Wege leiten? Ich gebe Ihnen meine Adresse." Da half kein Protest; er schrieb sie auf ein Stück Papier, und gleich schien ihm leichter ums Herz zu sein. Ich habe sie heute noch: „2. Offiziersschule Oranienbaum, Alter Peterhof".

„Wir hatten heute morgen Parade", fuhr er fort, während er uns durch die Zimmer führte. „Das Frauenbataillon hat beschlossen, zur Regierung zu halten."

„Ist das Frauenbataillon im Palast?"

„Ja, in den hinteren Räumen. Dort ist es in Sicherheit, wenn es zu Kämpfen kommen sollte." Seufzend: „Die Verantwortung ist groß."

Wir standen einen Augenblick am Fenster und blickten auf den Platz vor dem Palast hinunter, wo drei Kompanien Offiziersschüler in langen Mänteln und bewaffnet aufmarschiert waren. Ein hochgewachsener, energisch blickender Offizier, in dem ich Stankewitsch, den Chef des Militärkommissariats der Provisorischen Regierung erkannte, sprach zu ihnen. Nach einigen Minuten schulterten zwei der Kompanien ihre Gewehre, stießen drei scharfe Hurras aus und marschierten über den Platz durchs Rote Tor der Stadt zu.

„Sie wollen die Telefonzentrale besetzen", sagte irgend jemand. Drei Kadetten standen neben uns, und wir kamen ins Gespräch. Sie erzählten, sie seien aus den Reihen der einfachen Soldaten in die Schule gekommen, und nannten uns ihre Namen: Robert Olew, Alexej Wassilenko und Erni Sachs, ein Este. Aber jetzt wollten sie nicht mehr Offizier werden, weil die Offiziere sehr unbeliebt seien. Sie wußten anscheinend nicht recht, was sie tun sollten. Fest stand jedenfalls, daß sie nicht sehr glücklich waren.

Bald aber fingen sie an, große Reden zu führen. „Wenn die Bolschewiki kommen, werden wir ihnen zeigen, was kämpfen

128

heißt. Die wagen es ja nicht. Das sind doch alles Feiglinge. Wenn wir aber doch überwältigt werden sollten, nun ja, dann behält jeder eine Patrone für sich selbst . . ."

Da plötzlich in nicht allzu weiter Entfernung Gewehrfeuer. Draußen auf dem Platze begannen die Leute zu rennen und warfen sich flach auf den Boden. Die an den Ecken haltenden Droschken rasten davon. Auch im Palast war allgemeine Aufregung, Soldaten liefen wild durcheinander, ihre Gewehre und Patronengürtel greifend und schreiend: „Sie kommen, sie kommen!" . . . Nach einigen Minuten war alles wieder ruhig. Die Droschken kamen zurück, und die am Boden liegenden Leute erhoben sich. Durchs Rote Tor kamen die Offiziersschüler gezogen, nicht mehr ganz im Schritt marschierend, einer von ihnen auf zwei Kameraden gestützt.

Wir verließen den Palast ziemlich spät. Am Platze waren die Wachen verschwunden. Das weite Halbrund der Regierungsgebäude lag wie ausgestorben. Wir gingen in das Hotel France, um zu essen. Wir waren noch bei der Suppe, als der Kellner mit todblassem Gesicht hereinkam und uns aufforderte, für den Rest des Essens nach dem Hauptspeisesaal im hinteren Teil des Hauses zu kommen, weil die Lichter ausgemacht werden sollten. „Es wird eine große Schießerei geben", sagte er.

Als wir wieder an der Morskaja anlangten, herrschte tiefe Dunkelheit. Nur an der Ecke des Newski flackerten ein paar Straßenlaternen. Darunter stand ein großer Panzerwagen mit laufendem Motor, der schwarze Rauchwolken ausstieß. Ein kleiner Junge war daran hochgeklettert und starrte in den Lauf eines Maschinengewehrs. Überall standen Matrosen und Soldaten, offenbar auf irgend etwas wartend. Wir gingen zum Roten Tor zurück. Auch dort war ein Haufe von Soldaten versammelt, zu den hellerleuchteten Fenstern des Winterpalastes hinaufstarrend und laut miteinander redend.

„Aber nein, Genossen!" hörte ich einen sagen. „Wir können

unmöglich schießen. Das Frauenbataillon ist drinnen. Man würde sagen, wir schössen auf russische Frauen."

Am Newski kam wieder ein Panzerauto um die Ecke gebogen, und ein Mann schrie, seinen Kopf aus dem Türmchen heraussteckend: „Los, hinüber und angegriffen!"

Der Führer eines anderen Autos kam heran und schrie, den Lärm des arbeitenden Motors übertönend: „Das Komitee sagt, wir sollen warten. Die haben da Artillerie hinter ihren Holzstapeln . . ."

Straßenbahnen fuhren hier nicht, man sah kaum einen Fußgänger, die Laternen waren gelöscht. Ein paar Straßen weiter jedoch ging das Leben seinen gewohnten Gang: überfüllte Straßenbahnen, auf und nieder wogende Menschenmassen, erleuchtete Schaufenster, die Reklamezeichen der Lichtspieltheater. Wir hatten Einlaßkarten für das Ballett des Marientheaters – alle Theater waren geöffnet –; wir fanden es jedoch draußen interessanter . . .

In der Dunkelheit bahnten wir uns mühsam unseren Weg über Haufen geschnittenen Holzes, die den Zugang zur Polizeibrücke versperrten, und sahen vor dem Stroganowpalast einige Soldaten, beschäftigt, ein Dreizollfeldgeschütz in Stellung zu bringen. Soldaten in den allerverschiedensten Uniformen liefen ziellos hin und her, unablässig redend . . .

Den Newski hinab promenierten unübersehbare Menschenmassen. Die ganze Stadt war offenbar unterwegs. An jeder Straßenecke Ansammlungen und hitzige Debatten. Wachposten standen an den Kreuzungen, jeweils ein Dutzend Soldaten mit aufgepflanztem Bajonett; rotgesichtige alte Männer in kostbaren Pelzmänteln drohten ihnen mit der Faust, elegant gekleidete Frauen kreischten Verwünschungen. Die Soldaten lächelten verlegen, gaben ausweichende Antworten . . . Panzerwagen fuhren die Straße auf und ab. Sie trugen die Namen der alten Zaren – Oleg, Rurik, Swjatoslaw – und in riesengroßen Buchstaben auf-

130

gemalt die Aufschrift „RSDRP" (Rossiskaja Sozial-Demokrati-tscheskaja Rabotschaja Partija)*. Am Michailowski erschien ein Mann, den Arm voller Zeitungen, und war sofort umringt von einer wütenden Menge, die, einen Rubel, fünf und zehn Rubel bietend, sich um die Zeitungen raufte. Es war „Rabotschi i Sol-dat", ein vierseitiges Blättchen in kleinem Format und Riesen-lettern, das den Sieg der proletarischen Revolution und die Befreiung der noch immer in den Kerkern schmachtenden Bol-schewiki ankündigte und die Truppen der Front zur Verteidi-gung der Revolution aufforderte. Im übrigen enthielt das Blatt nichts wesentlich Neues . . .

An der Ecke der Sadowaja waren über zweitausend Men-schen versammelt und starrten zum Dach eines hohen Gebäudes empor, wo ab und zu ein kleiner roter Funke aufglühte.

„Seht!" sagte ein hochgewachsener Bauer hinaufzeigend. „Ein Provokateur. Gleich wird er auf die Leute schießen . . ." An-scheinend dachte niemand daran, den Vorgang zu untersuchen.

Wir waren am Smolny, dessen massige Fassade ganz in Licht getaucht war. Aus dem Dämmer der angrenzenden Stra-ßen ergossen sich endlose Scharen dunkler Gestalten. Ein unaufhörliches An- und Abfahren von Automobilen und Mo-torrädern. Aus dem Torweg ratterte ein riesiges elefantenfar-benes Panzerauto mit zwei vom Turm flatternden roten Fahnen. Es war kalt, und die am äußeren Tor postierten Rotgar-disten hatten sich ein Feuer angezündet. Auch am Innentor war ein Feuer, bei dessen flackerndem Schein die Wachen schwer-fällig unsere Ausweise durchbuchstabierten und uns von oben bis unten musterten. Von den zu beiden Seiten des Torweges aufgestellten vier Maschinengewehren waren die Segeltuch-decken abgenommen, und von den Bodenstücken hingen die Patronengurte herab. Unter den Bäumen im Hofe stand eine

---

* Sozialdemokratische Arbeiterpartei Rußlands. J. R.

dunkle Herde Panzerautos mit ratterndem Motor. Die endlos langen, kahlen, fast dunklen Korridore hallten wider von dem dumpfen Getöse marschierender Füße, von Rufen und Schreien. Aus dem Treppenhaus wälzte sich eine dunkle Menge: Arbeiter in Blusen und runden schwarzen Pelzmützen, die meisten mit Gewehren bewaffnet; Soldaten in rauhen, erdfarbenen Mänteln und grauen, flachgedrückten Pelzmützen; dann und wann ein Führer – Lunatscharski, Kamenew – inmitten dahineilender, aufgeregt redender Gruppen, mit abgespannten besorgten Gesichtern, riesige Aktenbündel unter dem Arm. Die außerordentliche Sitzung des Petrograder Sowjets war eben vorüber. Ich hielt Kamenew* an, einen kleinen beweglichen Mann mit breitem, lebhaftem Gesicht und

---

* L. B. Kamenew (Rosenfeld) wich wiederholt vom Bolschewismus ab und brach letzten Endes mit dem Marxismus-Leninismus. In den Jahren der Stolypinschen Reaktion und des neuen Aufschwungs der Arbeiterbewegung trat er als Versöhnler gegenüber den menschewistischen Liquidatoren und Trotzkisten auf. Nach der Februarrevolution 1917 war er für die Unterstützung der Provisorischen Regierung und ihre Politik der Vaterlandsverteidigung; er trat gegen die Linie der Partei hinsichtlich des Hinüberwachsens der bürgerlich-demokratischen Revolution in die sozialistische auf. Im Oktober 1917 beging er zusammen mit Sinowjew Verrat, als er in der menschewistischen Zeitung „Nowaja Shisn" gegen den Beschluß des Zentralkomitees der Bolschewiki über den bewaffneten Aufstand auftrat und so den Plan des Aufstands an die Feinde verriet. Nach dem Sieg der Oktoberrevolution trat er für die Bildung einer Koalitionsregierung ein, der Vertreter der Menschewiki, der Sozialrevolutionäre und „Volkssozialisten" angehören sollten. 1925 war er zusammen mit Sinowjew Organisator der „Neuen Opposition", die in ein Bündnis mit Trotzki trat. 1927 wurde er wegen fortgesetzten parteifeindlichen Fraktionskampfes aus den Reihen der KPdSU (B) ausgeschlossen. Nachdem er seine Wiederaufnahme in die Partei erwirkt hatte, setzte er seine partei- und sowjetfeindliche Tätigkeit fort und wurde wieder aus der Partei ausgeschlossen. *Die Red.*

kurzem gedrungenem Hals. Ohne Umstände zu machen, las er mir in fließendem Französisch die eben angenommene Resolution vor:

„Der Petrograder Sowjet der Arbeiter- und Soldatendeputierten begrüßt die siegreiche Revolution des Proletariats und der Garnison Petrograds. Der Sowjet hebt insbesondere die Geschlossenheit, Organisiertheit und Disziplin sowie die völlige Einmütigkeit hervor, die die Massen bei diesem außergewöhnlich unblutigen und außergewöhnlich erfolgreichen Aufstand an den Tag gelegt haben.

Der Sowjet bringt seine unerschütterliche Überzeugung zum Ausdruck, daß die Arbeiter-und-Bauern-Regierung, die von der Revolution als Sowjetregierung geschaffen wird und die dem städtischen Proletariat die Unterstützung seitens der ganzen Masse der armen Bauernschaft sichert, unbeirrt zum Sozialismus schreiten wird, dem einzigen Mittel zur Rettung des Landes vor den unsagbaren Leiden und Schrecken des Krieges.

Die neue Arbeiter-und-Bauern-Regierung wird sofort allen kriegführenden Völkern einen gerechten demokratischen Frieden anbieten.

Sie wird sofort das Eigentum der Gutsbesitzer an Grund und Boden aufheben und den Boden den Bauern übergeben. Sie wird die Arbeiterkontrolle über die Produktion und Verteilung der Produkte sowie die allgemeine Kontrolle des Volkes über die Banken einführen und diese gleichzeitig in ein einziges Staatsunternehmen verwandeln.

Der Petrograder Sowjet der Arbeiter- und Soldatendeputierten fordert alle Arbeiter und die gesamte Bauernschaft auf, die Arbeiter- und Bauernrevolution mit aller Energie und Hingabe zu unterstützen. Der Sowjet bringt seine Überzeugung zum Ausdruck, daß die städtischen Arbeiter im Bunde mit der armen Bauernschaft eine unbeugsame kameradschaftliche Disziplin an den Tag legen und die straffste revolutionäre Ordnung schaffen werden, die für den Sieg des Sozialismus notwendig ist.

Der Sowjet ist überzeugt, daß das Proletariat der westeuropäischen Länder uns helfen wird, die Sache des Sozialismus zum vollen und dauernden Siege zu führen."

„Dann meinen Sie also gesiegt zu haben?"

Er zuckte die Schultern. „Vorläufig haben wir noch schrecklich viel zu tun. Wir stehen erst am Anfang."

Auf der Treppe traf ich Rjasanow, den stellvertretenden Vorsitzenden der Gewerkschaften, der finster blickend an seinem grauen Bart kaute. „Verrückt! Total verrückt!" schrie er. „Die europäischen Arbeiter denken gar nicht daran, zu marschieren. Das ganze Rußland . . ." Er hob den Arm zu einer zerstreuten Geste und rannte davon. Rjasanow und Kamenew hatten beide gegen den Aufstand gesprochen und waren von Lenin scharf zurechtgewiesen worden.

Es war eine bedeutsame Sitzung gewesen. Im Namen des Revolutionären Militärkomitees hatte Trotzki das Ende der Provisorischen Regierung verkündet.

„Die Eigentümlichkeit bürgerlicher Regierungen ist, daß sie das Volk betrügen. Wir, die Sowjets der Arbeiter-, Soldaten- und Bauerndeputierten, sind im Begriff, ein Experiment zu machen, das in der Geschichte nicht seinesgleichen hat. Wir gehen daran, eine Regierung zu bilden, die kein anderes Ziel kennen wird als das Wohlergehen der Arbeiter-, Soldaten- und Bauernmassen."

Lenin war erschienen. Von ungeheurem Beifallssturm begrüßt, sagte er die siegreiche Erhebung des Proletariats in der ganzen Welt voraus. Sinowjew: „Das russische Proletariat hat mit dem heutigen Tage seine Schuld gegenüber dem internationalen Proletariat beglichen. Wir haben einen fürchterlichen Schlag gegen den Krieg geführt, einen tödlichen Schlag gegen alle Imperialisten und gegen den Henker Wilhelm im besonderen."

Dann hatte Trotzki mitgeteilt, daß man die Front von dem Sieg der Revolution in Kenntnis gesetzt habe, daß aber bisher keine Antwort eingetroffen sei. Gegen Petrograd seien vielmehr Truppen in Anmarsch, und man müsse an diese eine Delegation entsenden, um ihnen die Wahrheit mitzuteilen.

Rufe: „Ihr greift dem Willen des Gesamtrussischen Sowjet-kongresses vor!"

Was Trotzki zu der kühlen Bemerkung veranlaßte: „Es ist der Aufstand der Petrograder Arbeiter und Soldaten, der dem Sowjetkongreß vorgegriffen hat."

Wir hatten Mühe, uns durch die lärmenden Massen hindurch-zuzwängen, die den Eingang des großen Sitzungssaales belager-ten. In qualvoller Enge saßen hier auf ihren Sitzen, auf allen Fensterbänken, auf dem Rande der Tribüne die Vertreter der Arbeiter und Soldaten ganz Rußlands. Die einen in betretenem Schweigen, die anderen wild erregt, erwarteten sie das Glocken-zeichen des Präsidenten. Der Saal war nicht geheizt, aber die ungewaschenen Menschenleiber verbreiteten eine stickige Hitze. Über der Masse hing, schwer und atembeklemmend, stinkiger Zigarettenqualm. Dann und wann stieg jemand auf die Tribüne und forderte die Versammlung auf, das Rauchen einzustellen, worauf alle – die Raucher nicht ausgenommen – in den Ruf einstimmten: „Nicht rauchen, nicht rauchen!" und unentwegt weiterqualmten. Ich fand einen Platz neben Petrowski, einem anarchistischen Delegierten aus dem Obuchow-Werk, der, un-rasiert und schmutzig, sich vor Müdigkeit kaum aufrecht halten konnte. Er hatte drei Nächte hindurch, ohne zu schlafen, im Revolutionären Militärkomitee gearbeitet.

Auf der Tribüne die Führer des alten Zentralexekutivkomi-tees – zum letztenmal saßen sie über den Sowjets, die sie vom ersten Tage an beherrscht und die sich nun gegen sie erhoben hatten. Die erste Etappe der russischen Revolution, die in ruhige Bahnen zu lenken sie sich so große Mühe gegeben hatten, war zu Ende. Ihre drei bedeutendsten Vertreter fehlten in der Versammlung. Kerenski auf der Flucht zur Front durch ein in Aufruhr geratenes Land. Der alte Adler Tschcheïdse, der sich in grimmiger Verachtung in seine georgischen Berge zurückgezogen hatte und dort an Schwindsucht darniederlag. Völlig geknickt sogar der immer optimistische Zereteli, aber doch entschlossen, zu erscheinen, um mit seiner glühenden Beredsamkeit für die verlorene Sache zu streiten. Goz war da. Neben ihm Dan, Liber, Bogdanow, Broido, Filippowski, bleich, hohläugig, schäumend vor Wut. Ihnen zu Füßen kocht und brodelt die Masse der Delegierten des Zweiten Gesamtrussischen Sowjetkongresses, über ihren Häuptern arbeitet das Revolutionäre Militärkomitee bis zur Weißglut. Hier laufen alle Fäden des Aufstandes zusammen, hier ist der starke Arm, der überall zupackt. Es war 10.40 Uhr abends.

Dan – ein magerer Mann mit sanftem Gesicht, in schlechtsitzender Uniform eines Militärarztes – gab das Glockenzeichen. Plötzlich gespannte Stille, die nur durch das Zanken und Streiten der Leute an der Tür unterbrochen wurde.

„Die Macht ist in unsern Händen", begann er, hielt einen Moment inne und fuhr mit leiser Stimme fort: „Genossen! Der Kongreß tritt unter so ungewöhnlichen Umständen und in einem so außerordentlichen Moment zusammen, daß Sie es verstehen werden, warum das Zentralexekutivkomitee es für unnötig erachtet, sich mit einer politischen Rede an Sie zu wenden. Das wird Ihnen um so klarer werden, wenn Sie daran denken, daß ich ein Mitglied des Zentralexekutivkomitees bin und daß in diesem Moment im Winterpalast unsere Parteigenossen beschossen werden, die pflichttreu nur die Aufgaben erfüllen, die das Zentralexekutivkomitee ihnen aufgetragen hat." (Bewegung.)

„Ich erkläre die erste Sitzung des Zweiten Gesamtrussischen Sowjetkongresses der Arbeiter- und Soldatendeputierten für eröffnet!"

136

Die Wahl des Präsidiums erfolgte unter allgemeiner Unruhe. Awanessow gab bekannt, daß die Bolschewiki, die linken Sozialrevolutionäre und die Menschewiki-Internationalisten sich auf eine proportionelle Besetzung des Präsidiums geeinigt hätten. Einige Menschewiki protestierten. Ein bärtiger Soldat rief ihnen zu: „Denkt daran, wie ihr mit uns Bolschewiki verfuhrt, als wir in der Minderheit waren!" Resultat: 14 Bolschewiki, 7 Sozialrevolutionäre, 3 Menschewiki und 1 Internationalist (Gorkigruppe). Gendelman erklärte für den rechten Flügel und das Zentrum der Sozialrevolutionäre, daß sie es ablehnten, in das Präsidium einzutreten; dieselbe Erklärung gab Chintschuk im Namen der Menschewiki ab; die Menschewiki-Internationalisten erklärten, daß sie bis zur Prüfung gewisser Umstände am Präsidium nicht teilnehmen könnten. Vereinzelter Beifall und Zischen. Eine Stimme: „Renegaten, und ihr nennt euch Sozialisten!" Ein Vertreter der ukrainischen Delegation verlangte einen Sitz, der ihm zugebilligt wurde. Die Männer des alten Zentralexekutivkomitees verließen die Tribüne. An ihre Stelle traten Trotzki, Kamenew, Lunatscharski, Frau Kollontai, Nogin. Im ganzen Saal stürmischer Beifall. Der Aufstieg der Bolschewiki war ungeheuer. Von der verachteten und gehetzten Sekte* noch vor kaum vier Monaten, bis zu ihrer jetzigen Stellung als Führer des großen, in vollem Aufstand begriffenen Rußlands.

Kamenew machte die Tagesordnung bekannt: 1. Übernahme der Macht, 2. Krieg und Friede, 3. Konstituierende Versammlung. Losowski erhob sich und teilte der Versammlung mit, daß sämtliche Fraktionen des Büros sich einig geworden waren, dem Kongreß vorzuschlagen, den Bericht des Petrograder Sowjets entgegenzunehmen und zu diskutieren, darauf den Mitgliedern des Zentralexekutivkomitees der Sowjets sowie den Vertretern der verschiedenen politischen Parteien das Wort zu geben und dann erst zur Tagesordnung überzugehen.

* Siehe Anmerkung der Redaktion auf S. 38. *Die Red.*

Da plötzlich ein ganz neuer Ton, tiefer als der Tumult der Menge, andauernd, beunruhigend – die scharfen Einschläge von Kanonen. Alles blickte ängstlich nach den Fenstern, fieberhaft erregt. Martow, sich zum Wort meldend, schrie heiser: „Das ist der beginnende Bürgerkrieg, Genossen! Die allererste Frage muß sein: Wie können wir diese Krise friedlich überwinden? Wir müssen sofort prinzipiell und von einem politischen Standpunkt aus die Mittel und Wege diskutieren, durch die der Bürgerkrieg vermieden werden kann. In den Straßen erschießt man unsere Brüder. In diesem Moment, da noch vor der Eröffnung des Sowjetkongresses eine der revolutionären Parteien den Versuch macht, die Frage der Macht durch eine militärische Verschwörung zu entscheiden . . ." (hier wurde seine Stimme einen Moment lang von dem rasenden Tumult übertönt). „Es ist die Pflicht aller revolutionären Parteien, sich die Tatsachen vor Augen zu führen. Die erste dem Kongreß vorliegende Frage ist die Frage der Macht, und diese Frage wird eben in den Straßen mittels der Gewalt der Waffen entschieden . . . Wir müssen eine Macht schaffen, die von der gesamten Demokratie anerkannt wird. Wenn der Kongreß die Stimme der revolutionären Demokratie sein will, so darf er nicht mit gefalteten Händen dasitzen angesichts des sich entwickelnden Bürgerkrieges, den wir mit dem gefährlichen Ausbruch der Konterrevolution bezahlen werden . . . Die Möglichkeit einer friedlichen Lösung liegt allein in der Errichtung einer gemeinsamen demokratischen Gewalt . . . Wir müssen eine Delegation wählen, um mit den andern sozialistischen Parteien und Organisationen zu verhandeln . . ."

Und währenddem unaufhörlich das taktfeste dumpfe Dröhnen der Kanonen. Die Delegierten aufeinander einschreiend . . . So, unter dem Krachen der Geschütze, in dunkler Nacht, mit Haß, Furcht und sorglosem Wagen, kam das neue Rußland zur Welt.

Martows Vorschlag fand die Zustimmung der linken Sozialrevolutionäre und der vereinigten Sozialdemokraten und wurde angenommen. Ein Soldat teilte mit, daß der Gesamtrussische Bauernsowjet es abgelehnt habe, Delegierte zum Kongreß zu entsenden; er schlug vor, ein Komitee zu ihnen zu senden, das sie formell einladen sollte. „Einige Delegierte sind hier anwesend", sagte er. „Ich stelle den Antrag, daß man ihnen Stimmrecht gibt." Das wurde angenommen.

Charrasch, in der Uniform eines Hauptmanns, ergriff hitzig das Wort: „Die politischen Heuchler, die diesen Kongreß beherrschen, erzählen uns, wir seien hier, um die Frage der Macht zu entscheiden. Dabei wird diese Frage hinter unserm Rücken, noch ehe der Kongreß seine Arbeiten begonnen hat, erledigt. Die Schläge, die in diesem Moment auf den Winterpalast niederfallen, nageln den Sarg der politischen Partei, die dieses Abenteuer gewagt hat!" (Toben.) Ihm folgte Garra*: „Während wir hier Friedensvorschläge diskutieren, schlägt man sich in den Straßen. Die Sozialrevolutionäre und Menschewiki lehnen jede Verantwortung für die jetzigen Vorgänge ab, und sie fordern alle öffentlichen Gewalten zum entschiedenen Widerstand gegen jeden auf die gewaltsame Eroberung der Macht gerichteten Versuch auf." Kutschin, Delegierter der Zwölften Armee und Vertreter der Trudowiki: „Ich bin hier nur zur Information. Ich kehre jetzt zur Front zurück, deren sämtliche Armeekomitees die Übernahme der Macht durch die Sowjets, knapp drei Wochen vor dem Zusammentritt der Konstituierenden Versammlung, als einen Dolchstoß in den Rücken der Armee und als ein Verbrechen gegen das Volk betrachten." Lärm und Rufe: „Lügner!" Als man ihn wieder hört: „Laßt uns Schluß machen mit diesem Petrograder Abenteuer! Ich fordere alle Delegierten auf, den Saal zu verlassen, um das Land

---

* Laut Bericht der „Prawda" sagte das Folgende Charrasch. *Die Red.*

und die Revolution zu retten." Ohrenbetäubender Lärm. Einige
der Delegierten dringen drohend auf den die Tribüne verlas-
senden Redner ein. Dann sprach Chintschuk*, ein Offizier mit
langem braunem Knebelbart, verbindlich und überzeugend: „Ich
rede im Namen der Delegierten von der Front. Die Armee ist
auf diesem Kongreß unvollkommen vertreten, die Armee erachtet den Sowjetkongreß in diesem Moment für überflüssig angesichts der Tatsache, daß es nur noch drei Wochen bis zur
Eröffnung der Konstituierenden Versammlung sind" – Zurufe
und Lärm, der immer heftiger anwuchs. „Die Armee bestreitet
dem Sowjetkongreß jede Autorität!" – Die Soldaten begannen
sich im ganzen Saal zu erheben.

„Für wen sprechen Sie? Wen vertreten Sie?" riefen sie.

„Das Zentralexekutivkomitee der Sowjets der Fünften Armee, das Zweite F-Regiment, das Erste N-Regiment, die Dritten
S-Schützen . . ."

„Wann sind Sie gewählt worden? Sie vertreten die Offiziere,
nicht die Soldaten! Was sagen die Soldaten darüber?" Beifall
und Toben.

„Wir Frontsoldaten lehnen jede Verantwortung ab für alles,
was geschehen ist und was noch geschieht, und wir halten es
für notwendig, alle selbstbewußten revolutionären Kräfte für
die Rettung der Revolution zu mobilisieren! Die Frontsoldaten
werden den Kongreß verlassen . . . Kämpfen muß man draußen
auf der Straße!"

Wilder Lärm. „Sie reden für den Stab – nicht für die Armee!"

„Ich fordere alle pflichtbewußten Soldaten auf, diesen Kongreß zu verlassen!"

---

* Die folgende Rede schreibt John Reed Chintschuk zu. Nach
allen Zeitungsberichten war das die Fortsetzung der Rede von
Kutschin. *Die Red.*

„Kornilowbandit! Konterrevolutionär! Provokateur!" wurde ihm zugerufen.

Für die Menschewiki erklärte Chintschuk, daß sie die einzige Möglichkeit für eine friedliche Lösung in der Einleitung von Verhandlungen mit der Provisorischen Regierung über die Bildung eines neuen Kabinetts sähen, das sich auf alle Klassen der Gesellschaft zu stützen hätte. Minutenlang war er außerstande, weiterzusprechen. Mit fast zum Schreien gesteigerter Stimme verlas er dann die menschewistische Erklärung:

„Die von den Bolschewiki mit Hilfe des Petrograder Sowjets ohne Konsultation der übrigen Fraktionen und Parteien angezettelte militärische Verschwörung macht es uns unmöglich, an dem Kongreß teilzunehmen. Wir ziehen unsere Delegationen darum zurück. Die anderen Gruppen fordern wir auf, unserem Beispiel zu folgen und in einer Besprechung zur Lage Stellung zu nehmen."

„Deserteur!" schallte es zu ihm hinauf. Wildes, fast ununterbrochenes Toben, in dem der Sozialrevolutionär Gendelman nur zeitweilig zu hören war, als er gegen die Beschießung des Winterpalastes protestierte. „Wir sind entschieden gegen diese Art Anarchie."

Er hatte kaum geendet, da schwang sich blitzenden Auges ein junger Soldat mit magerem Gesicht auf die Tribüne, mit einer Handbewegung Ruhe heischend.

„Genossen!" rief er, und der Lärm legte sich: „Ich heiße Peterson. Ich spreche für die Zweiten Lettischen Schützen. Ihr habt die Ausführungen der Vertreter der Armeekomitees gehört. Diese Ausführungen würden einen Wert haben, wenn die Männer, die sie machten, berechtigt wären, sich die *Vertreter der Armee* zu nennen." (Stürmischer Beifall.) *„Aber sie sind nicht die Vertreter der Soldaten."* Mit erhobener Faust: „Seit langem schon fordert die Zwölfte Armee die Neuwahl des Sowjets und des Armeekomitees. Aber wie euer Zentralexekutivkomitee hat auch unser Komitee es abgelehnt, die Vertreter der Massen bis Ende September zusammenzuberufen, so daß die Reaktionäre die Möglichkeit hatten, ihre eigenen falschen Delegierten zu diesem Kongreß zu entsenden. Laßt euch sagen, was die Meinung der lettischen Soldaten schon seit langem ist: Keine papiernen Resolutionen, keine Reden mehr, sondern Taten! Wir müssen die Macht in unsere Hände nehmen! Mögen die falschen Delegierten nur den Kongreß verlassen. Die Armee ist nicht mit ihnen."

Beifallssturm durchraste den Saal. In den ersten Augenblicken der Tagung, durch die sich überstürzenden Ereignisse betäubt und geängstigt durch den Kanonendonner, hatten die Delegierten geschwankt. Wohl eine Stunde lang waren Hammerschlag auf Hammerschlag von der Rednertribüne herniedergesaust, sie zwar zusammenschweißend, aber auch niederdrückend. Standen sie wirklich allein? Erhob sich Rußland gegen sie? War es wahr, daß die Armee gegen Petrograd marschierte? Dann war dieser helläugige junge Soldat gekommen und hatte gesprochen, und mit einemmal war ihnen die Wahrheit offenbar. *Das* war die Stimme der Soldaten. Die Millionen der Arbeiter und Bauern im Soldatenrock waren Männer wie sie, die fühlten und dachten wie sie.

Weitere Soldaten . . . Gshelschtschak, für die Frontdelegierten, teilte mit, daß nur eine kleine Mehrheit von ihnen den Beschluß gefaßt habe, den Kongreß zu verlassen, und daß die *bolschewistischen Mitglieder an der Abstimmung nicht einmal teilgenommen hätten.* „Hunderte von Frontdelegierten", erklärte er, „wurden ohne Teilnahme der Soldaten gewählt, weil die Armeekomitees aufgehört haben, die wirklichen Vertreter der Soldatenmassen zu sein . . ." Ein anderer, Lukjanow, rief, daß Offiziere, wie Charrasch und Chintschuk, nicht berechtigt seien, die Armee auf diesem Kongreß zu vertreten – sie vertreten allein das Oberkommando. „Die wirklichen Bewohner der

Schützengräben wünschen aufrichtig den Übergang der Macht in die Hände der Sowjets, und sie erhoffen sich davon sehr viel!" Das Blatt wendete sich.

Dann sprach Abramowitsch für den „Bund", das Organ der jüdischen Sozialdemokraten – mit funkelnden Augen hinter dicken Brillengläsern, schäumend vor Wut:*

„Was hier in Petrograd vor sich geht, ist schändlich! Die Vertreter des Bundes schließen sich der Erklärung der Menschewiki und Sozialrevolutionäre an und werden den Kongreß verlassen." Mit lauter Stimme und erhobener Faust: „Unsere Pflicht gegenüber dem russischen Proletariat gestattet uns nicht, hier zu bleiben und die Verantwortung für diese Verbrechen zu übernehmen. Da die Beschießung des Winterpalastes nicht aufhört, hat die Stadtduma zusammen mit den Menschewiki und Sozialrevolutionären und dem Exekutivkomitee des Bauernsowjets den Beschluß gefaßt, mit der Provisorischen Regierung unterzugehen, und wir werden uns jetzt zu ihnen begeben! Unbewaffnet werden wir unsere Brust den Maschinengewehren der Terroristen darbieten ... Wir fordern alle Delegierten dieses Kongresses auf ..." (der Rest ging in einem Sturm von Zurufen und Drohungen unter, die sich zu einem Höllenlärm steigerten, als fünfzig Delegierte aufstanden und den Kongreßsaal verließen ...).

Kamenew schwang die Glocke: „Sitzen bleiben! Wir fahren in unseren Geschäften fort!" Und dann Trotzki, mit blassem, hartem Gesicht, voller Verachtung, mit schneidender Stimme: „Mögen sie gehen, die Sozialkompromißler, diese Menschewiki, Sozialrevolutionäre, diese Herrschaften vom ‚Bund'. Was sind sie anderes wert, als auf den Kehrichthaufen der Geschichte gefegt zu werden!"

---

* Im folgenden Absatz hat John Reed offenbar zwei Reden vereinigt, die von Abramowitsch und Erlich. *Die Red.*

Rjasanow stellte im Namen der Bolschewiki fest, daß auf Ersuchen der Stadtduma das Revolutionäre Militärkomitee eine Delegation nach dem Winterpalast geschickt habe, um Verhandlungen anzubieten. „Wir haben alles getan, was in unseren Kräften stand, um Blutvergießen zu verhindern . . ."

Wir eilten hinweg, blieben aber doch einen Moment lang vor dem Zimmer stehen, in dem in fieberhafter Eile das Revolutionäre Militärkomitee arbeitete. Keuchend kamen und gingen Kuriere. Nach allen Richtungen der Stadt eilten Kommissare davon, ausgerüstet mit Vollmacht über Leben und Tod der Bürger. Die Tür öffnete sich. Eine Wolke verbrauchter Luft und Zigarettenqualms drang heraus. Drinnen, beim Schein einer abgeblendeten elektrischen Lampe, beugten sich aufgelöste Gesichter über eine große Karte. Genosse Josefow-Duchwinski, ein lächelnder junger Bursche mit hellblondem Haarschopf, stellte uns Passierscheine aus.

Als wir in die kalte Nacht hinaustraten, fanden wir die Frontseite des Smolny in einen riesigen Park ankommender und abfahrender Automobile verwandelt, deren Lärm von dumpfen Kanonenschüssen übertönt wurde, die in gemessenen Abständen aufeinander folgten. Vom Dröhnen seines Motors geschüttelt, stand dort ein großes Lastauto. Männer mit Gewehren verstauten mächtige Bündel, die ihnen von unten zugeworfen wurden.

„Wohin fahren Sie?" schrie ich hinauf.

„Überall hin! Durch die ganze Stadt!" antwortete frohlokkend ein kleiner Arbeiter.

Wir zeigten unsere Passierscheine. „Fahren Sie mit uns!" luden sie uns ein. „Aber es wird vielleicht geschossen werden!" Wir kletterten hinauf. Knarrend ging der Hebel herum. Der Wagen ruckte vorwärts, und wir fielen nach hinten auf die noch während des Fahrens Nachkletternden. Vorbei ging es an dem inneren, dann dem äußeren Tor des Smolny, mit den riesigen Feuern, die einen roten Schein über die Gesichter der herumstehenden bewaffneten Arbeiter gossen, in immer schnellerem Tempo den Suworowski-Prospekt entlang. Ein Genosse riß von einem der Bündel die Umhüllung ab und begann Händevoll Zeitungen aus dem Wagen hinauszuwerfen. Wir taten es ihm nach, auf diese Weise einen dicken Schweif flatternder weißer Blätter hinter uns herziehend, während wir durch die dunklen Straßen ratterten. Verspätete Passanten bückten sich nach den Blättern, um sie aufzuheben, und von den Wachtfeuern an den Straßenecken liefen die Wachen herbei, bemüht, die in der Luft herumflatternden Blätter mit ihren Bajonetten aufzufangen. Dann und wann tauchten aus dem Dunkel Bewaffnete auf, hoben das Gewehr und riefen „Stoi". Aber unser Fahrer rief ihnen etwas Unverständliches zu, und wir rasten weiter.

Bei dem Scheine der vorbeihuschenden Straßenlaternen las ich eines der Blätter:

„An die Bürger Rußlands!

Die Provisorische Regierung ist gestürzt. Die Staatsmacht ist in die Hände des Organs des Petrograder Sowjets der Arbeiter- und Soldatendeputierten, des Revolutionären Militärkomitees, übergegangen, das an der Spitze des Petrograder Proletariats und der Petrograder Garnison steht.

Die Sache, für die das Volk gekämpft hat: das sofortige Angebot eines demokratischen Friedens, die Aufhebung des Eigentums der Gutsbesitzer an Grund und Boden, die Arbeiterkontrolle über die Produktion, die Bildung einer Sowjetregierung – diese Sache ist gesichert.

Es lebe die Revolution der Arbeiter, Soldaten und Bauern!

*Das Revolutionäre Militärkomitee*
*des Petrograder Sowjets*
*der Arbeiter- und Soldatendeputierten"*

Отъ Военно - Революціоннаго Комитета при Петроградскомъ Совѣтѣ Рабочихъ и Солдатскихъ Депутатовъ.

# Къ Гражданамъ Россіи.

Временное Правительство низложено. Государственная власть перешла въ руки органа Петроградскаго Совѣта Рабочихъ и Солдатскихъ Депутатовъ Военно-Революціоннаго Комитета, стоящаго во главѣ Петроградскаго пролетаріата и гарнизона.

Дѣло, за которое боролся народъ: немедленное предложеніе демократическаго мира, отмѣна помѣщичьей собственности на землю, рабочій контроль надъ производствомъ, созданіе Совѣтскаго Правительства — это дѣло обезпечено.

ДА ЗДРАВСТВУЕТЪ РЕВОЛЮЦІЯ РАБОЧИХЪ, СОЛДАТЪ И КРЕСТЬЯНЪ!

Военно-Революціонный Комитетъ
при Петроградскомъ Совѣтѣ
Рабочихъ и Солдатскихъ Депутатовъ.

25 октября 1917 г. 10 ч. утра.

Faksimile der von dem Revolutionären Militärkomitee erlassenen Proklamation über den Sturz der Provisorischen Regierung.

Ein neben mir sitzender schlitzäugiger Mann mit einem Mongolengesicht, in einen kaukasischen Mantel aus Ziegenfell gehüllt, warnte: „Vorsicht! Hier sind die Fenster, aus denen die Provokateure geschossen haben." Wir bogen an dem dunkel und fast menschenleer daliegenden Snamenskiplatz ein, und dann ging es den breiten Newski hinunter, während drei unserer Genossen mit schußbereitem Gewehr die Fenster im Auge behielten. Hinter uns eilten Menschen, sich nach unseren Blättern bückend. Kanonendonner war nicht mehr zu hören, und je mehr wir uns dem Viertel des Winterpalastes näherten, um so stiller und menschenleerer wurden die Straßen. Die Stadtduma war hell erleuchtet. Weiter hinten sahen wir eine dunkle Volksmasse. Matrosen, die eine Kette bildeten, schrien uns ein wütendes Halt zu. Unser Motor stoppte, und wir kletterten hinunter.

Eine erstaunliche Szene bot sich uns dar. An der Ecke des Jekaterina-Kanals, unter einer Bogenlampe, zog sich ein Kordon bewaffneter Matrosen quer über den Newski und versperrte einem in Viererreihen marschierenden Zug den Weg. Es mochten drei- oder vierhundert Menschen sein, Männer in Fräcken, elegant gekleidete Frauen, Offiziere. Unter ihnen erkannten wir viele Delegierte vom Kongreß, Führer der Menschewiki und Sozialrevolutionäre: Awxentjew, der rotbärtige Vorsitzende des Bauernsowjets, Sorokin, Kerenskis Sprecher, Chintschuk, Abramowitsch. An der Spitze marschierte weißbärtig der alte Schrejder, der Bürgermeister von Petrograd, und Prokopowitsch, der Ernährungsminister in der Provisorischen Regierung, den man am Morgen verhaftet, aber wieder freigelassen hatte. Ich sah Malkin, den Berichterstatter der „Russian Daily News"*. „Wir gehen zum Winterpalast, um zu sterben", rief er, anscheinend ganz vergnügt. Der Zug

---

* „Russian Daily News", eine Zeitung, die 1917 in Petrograd in englischer Sprache erschien. *Die Red.*

stockte, aber von der Spitze kam lautes Streiten. Schrejder und Prokopowitsch redeten auf den langen Matrosen ein, der das Kommando zu haben schien.

„Wir verlangen, durchgelassen zu werden!" schrien sie. „Diese Genossen kommen aus dem Sowjetkongreß! Schaut ihre Mandate an! Wir wollen zum Winterpalast!"

Der Matrose schien im unklaren zu sein, was er tun sollte. Er kratzte sich den Kopf: „Ich habe ausdrücklich Befehl vom Komitee, niemand zum Winterpalast zu lassen", brummte er. „Ich will aber einen Kameraden schicken, damit er beim Smolny antelefoniert . . ."

„Wir bestehen darauf, durchgelassen zu werden! Wir sind ohne Waffen! Wir werden gehen, ob Sie es erlauben oder nicht!" schrie der alte Schrejder, der sehr aufgeregt war.

„Ich habe Befehl . . .", wiederholte der Matrose verdrießlich.

„Schießt auf uns, wenn ihr wollt! Wir werden trotzdem gehen! Vorwärts!" – kam es von allen Seiten. „Wir sind bereit zu sterben, wenn ihr den Mut habt, auf Russen und auf Genossen zu schießen! Wir bieten unsere Brust euren Gewehren dar!"

„Nein", sagte der Matrose mürrisch, „ich kann nicht gestatten, daß Sie weitergehen."

„Was werden Sie tun, wenn wir doch gehen? Werden Sie schießen?"

„Nein, ich schieße nicht auf Menschen, die keine Gewehre haben. Wir werden unbewaffnete Russen nicht niederschießen . . ."

„Wir gehen weiter. Wie wollen Sie uns aufhalten?"

„Wir werden Sie schon irgendwie aufhalten", antwortete der Matrose, der anscheinend nicht mehr weiter wußte. „Wir dürfen Sie nicht durchlassen. Etwas werden wir schon tun."

„Was werden Sie tun, was?"

Ein anderer Matrose kam jetzt heran, aufs höchste aufgebracht. „Wir werden euch das Fell versohlen!" schrie er grob. „Und wenn nötig, werden wir euch zusammenschießen. Jetzt marsch nach Hause und laßt uns in Frieden!"

Wütender Lärm und Schimpfen war die Antwort. Prokopowitsch war auf eine Art Kiste gestiegen, und seinen Regenschirm schwingend, hielt er eine Rede.

„Genossen und Bürger!" – sagte er. „Gegen uns wird grobe Gewalt angewandt!... Wir können unser unschuldiges Blut nicht der Gewalt dieser dummen Menschen ausliefern... Es ist unter unserer Würde, uns hier auf der Straße von Weichenstellern niederschießen zu lassen..." (Was er mit „Weichenstellern" meinte, ist mir ein Rätsel geblieben.) „Laßt uns zur Duma zurückkehren und beraten, wie man das Land und die Revolution am besten retten kann!"

Worauf der Zug in würdevollem Schweigen umschwenkte und zum Newski zurückmarschierte, immer in Viererreihen.

Wir nutzten die allgemeine Verwirrung aus, um an dem Posten vorbeizuschlüpfen und in der Richtung des Winterpalastes weiterzugehen.

Hier war alles dunkel, nichts regte sich außer den Posten der Soldaten und Rotgardisten. Der Kasaner Kathedrale gegenüber lag ein dreizölliges Feldgeschütz in der Mitte der Straße, vom Rückschlag des letzten Schusses herumgeschleudert. In jedem Torweg standen Soldaten, die sich leise unterhielten und zur Polizeibrücke hinunterlugten. Jemand sagte: „Vielleicht haben wir unrecht getan..." An den Ecken hielten Patrouillen alle Vorübergehenden an. Die Zusammensetzung dieser Patrouillen war interessant. Das Kommando über die regulären Truppen hatte immer ein Rotgardist... Das Schießen hatte aufgehört.

Gerade als wir die Morskaja erreichten, hörten wir jemand schreien: „Die Offizierschüler lassen sagen, wir möchten nur kommen und sie herausholen." Kommandorufe wurden laut, und in der Dämmerung sahen wir, wie die Masse sich vorwärts schob. Man hörte nichts als Schritte und das Klirren der Waffen. Wir schlossen uns den ersten Reihen an.

Einem schwarzen Strome gleich die ganze Breite der Straße füllend, ohne Gesang, ohne Rufen, fluteten wir durch das Rote Tor, wo mein Vordermann uns leise zurief: „Achtung, Genossen, traut ihnen nicht, sie werden sicher schießen." Im Freien begannen wir zu rennen, uns tief herunterbückend und zusammendrängend. Hinter dem Fuße der Alexandersäule stockten wir plötzlich.

„Wie viele von euch sind gefallen?" fragte ich.

„Ich weiß nicht. Vielleicht zehn . . ."

Nach einigen Minuten der Verwirrung hatten die Massen ihre Sicherheit wiedererlangt, und ohne Befehl ging es weiter. In dem Lichtschein, der aus den Fenstern des Winterpalastes fiel, konnte ich sehen, daß die ersten zwei- bis dreihundert Mann Rotgardisten waren, zwischen ihnen nur einige wenige Soldaten. Wir erkletterten die aus Brennholz errichtete Barrikade, und auf der Innenseite herunterspringend, brachen wir in Siegesjubel aus, als wir auf einen Haufen Gewehre stießen, die die Offiziersschüler im Stich gelassen hatten. Die Türen zu beiden Seiten des Hauptportals standen offen, hellen Lichtschein auf die Straße werfend. Kein Laut drang aus dem riesigen Gebäude.

Von der Masse geschoben, kamen wir zu dem rechten Eingang, der in einen großen, nackten, gewölbten Raum mündete, den Keller des Ostflügels, von dem ein Irrgarten von Korridoren und Treppen ausging. Große Kisten standen dort, auf die sich die Rotgardisten und Soldaten gierig stürzten, sie mit ihren Gewehren aufbrachen und den Inhalt: Teppiche, Vorhänge, Leinenzeug, Porzellanteller, Glassachen usw. herausrissen. Einer stolzierte mit einer Bronzeuhr auf der Schulter davon, ein anderer griff sich eine Straußenfeder und steckte sie an seinen Hut. Doch kaum hatte das Plündern begonnen, als auch schon der Ruf ertönte: „Genossen! Nichts anrühren, nichts nehmen, Eigentum des Volkes!" Und zwanzig Kehlen griffen den Ruf auf: „Halt! Alles zurücklegen, nichts nehmen, Volkseigentum!" Die Plünderer wurden gepackt, Damast und Teppiche wurden ihnen abgenommen, und zwei Männer trugen die Bronzeuhr wieder zurück. Ungestüm und hastig wurde alles wieder in die Kisten gepackt und durch freiwillige Posten bewacht. Das alles spielte sich völlig spontan ab. Durch die Korridore, die Treppen hinauf, immer leiser, tönte der Ruf: „Revolutionäre Disziplin! Eigentum des Volkes . . ."

Wir gingen zum linken Eingang im Westflügel. Auch dort war man dabei, wieder Ordnung zu schaffen. „Räumt den Palast!" schrie ein Rotgardist aus einer der inneren Türen heraus. „Kommt, Genossen, wir wollen zeigen, daß wir keine Diebe und Räuber sind. Alles verläßt den Palast außer den Kommissaren, bis wir Posten aufgestellt haben."

Zwei Rotgardisten, ein Soldat und ein Offizier, standen dort mit Revolvern in den Händen; ein anderer Soldat saß hinter ihnen am Tisch, mit Feder und Papier. Überall waren Rufe: „Alles heraus, alles heraus!" von nah und fern zu hören, und schreiend, schimpfend und sich stoßend begannen die Massen durch die Tür zu drängen. Jeder einzelne wurde, als er herauskam, festgehalten und von einem Komitee, das sich rasch gebildet hatte, peinlich genau durchsucht. Was er nicht ganz einwandfrei als sein Eigentum nachweisen konnte, wurde ihm erbarmungslos abgenommen. Der Mann am Tisch schrieb alles auf, und die Sachen wurden in einen kleinen Raum gebracht. Die wunderlichsten Dinge wurden da zusammengetragen: Bronzen, Tintenflaschen, Bettdecken mit dem kaiserlichen Monogramm, Kerzen, kleine Ölgemälde, Schreibunterlagen, Säbel mit goldenem Griff, Seife, die verschiedenartigsten Kleidungsstücke, Decken. Ein Rotgardist trug drei Gewehre, zwei davon hatte er den Offiziersschülern abgenommen; ein anderer vier mit Dokumenten vollgestopfte Aktentaschen. Die Sünder gaben entweder ihre Beute mürrisch preis, oder sie baten wie die Kinder. Die Mitglieder des Komitees, alle gleichzeitig redend, erklärten immer wieder, stehlen sei eines Vorkämpfers des Volkes unwürdig. Solche, die erwischt worden waren, blieben oft zurück und halfen, ihre Kameraden zu durchsuchen.[3]

Auch die Offiziersschüler kamen heraus, in Gruppen zu dreien und vieren. Die Komiteemitglieder packten mit einigem Übermaß an Eifer die schon sowieso verängstigten Menschen und durchsuchten sie ebenfalls, wobei sie sie mit Bemerkungen, wie: Provokateure, Kornilowleute, Konterrevolutionäre, Volksmörder usw. überschütteten, sie im übrigen aber ungeschoren ließen. Auch die Offiziersschüler hatten die Taschen mit allem möglichen unbedeutenden Plunder gefüllt. Der Schreiber nahm ein Protokoll auf, und die gefundenen Sachen wurden in dem kleinen Zimmer aufgehäuft. Die Offiziersschüler wurden entwaffnet. Man fragte sie, ob sie je wieder die Waffen gegen das Volk erheben würden. Einer nach dem anderen antwortete: „Nein." Dann ließ man sie laufen.

Wir fragten, ob wir hinein könnten. Das Komitee war sich darüber nicht klar, aber der Rotgardist erklärte entschieden, daß es verboten sei.

„Wer sind Sie überhaupt? Wie kann ich wissen, ob Sie nicht alle miteinander Kerenskileute sind?" (Wir waren fünf Personen, darunter zwei Frauen.)

„Platz, Genossen!" Ein Soldat und ein Rotgardist erschienen in der Tür, die Menge zur Seite drängend, und andere Rotgardisten folgten mit aufgepflanzten Bajonetten. Hinter ihnen kamen einer nach dem anderen ein halbes Dutzend Zivilisten – die Mitglieder der Provisorischen Regierung. Zuerst Kischkin, das Gesicht müde und blaß. Dann Rutenberg, der finster zu Boden starrte; der nächste war Tereschtschenko, der scharf um

sich blickte; er sah uns kalt an ... Sie gingen schweigend vorüber; die siegreichen Aufständischen drängten heran, um zu
sehen, man hörte jedoch nur wenige wütende Zurufe. Erst später
erfuhren wir, daß die Massen auf der Straße sie lynchen wollten; Schüsse waren abgefeuert worden – die Matrosen hatten
sie jedoch heil nach der Peter-Pauls-Festung gebracht ...

Inzwischen waren wir ungehindert in den Palast gegangen.
Dort war ein fortwährendes Kommen und Gehen, ein Bestau-
nen der neuentdeckten Zimmer in dem riesigen Gebäude, ein
Suchen nach verborgenen Offiziersschülern, die indes nicht
existierten. Wir gingen nach oben und durchwanderten Zimmer nach Zimmer. Dieser Teil des Palastes war auch von andern Abteilungen betreten worden, die von der anderen Seite
der Newa kamen. Die Gemälde, Statuen, die Wandbehänge
und Teppiche der großen Staatssäle waren unversehrt; in den
Büros aber waren Pulte und Schränke durchwühlt, die Papiere
auf dem Boden verstreut, und in den Wohnräumen die Bezüge
von den Betten gerissen; die Kleiderschränke standen weit offen. Die am meisten geschätzte Beute waren Kleider, die das
arbeitende Volk vor allem benötigte. In einem Zimmer, in dem
Möbel aufgespeichert waren, kamen wir dazu, als zwei Soldaten die kostbare spanische Lederpolsterung von den Stühlen
abschnitten. Sie erklärten uns, daß sie sich davon Stiefel machen
wollten ...

Die alten Palastdiener in ihren blauen und roten, goldgestickten Uniformen standen nervös herum, gewohnheitsmäßig immer und immer wiederholend: „Sie können da nicht hineingehen, Herr! Es ist verboten ..." Wir gelangten endlich zu dem
Saal, in dem die Minister vor kurzem noch den ganzen Tag
und die ganze Nacht getagt und die Diener sie an die Rotgardisten verraten hatten. Die lange, mit grünem Tuch überzogene
Tafel war noch so, wie sie sie verlassen hatten, als man sie verhaftete. Vor jedem jetzt leeren Sitz Feder, Tinte und Papier;

die Blätter bekritzelt mit den Anfängen von Aktionsplänen, flüchtigen Skizzen von Proklamationen und Manifesten, die meisten davon wieder ausgestrichen, nachdem ihre Zwecklosigkeit sich herausgestellt hatte, der Rest des Blattes mit verstreuten geometrischen Zeichnungen bedeckt, von den Schreibern hingemalt, während sie verzweifelt zuhörten, wie Minister nach Minister ihre zwecklosen Pläne entwickelten. Ich nahm eines dieser bekritzelten Blätter, auf dem ich die Handschrift Konowalows erkannte, das folgendermaßen begann: „Die Provisorische Regierung fordert alle Klassen auf, die Provisorische Regierung zu unterstützen . . .“

Während dieser ganzen Zeit, das darf nicht vergessen werden, war die Regierung, obgleich der Palast umzingelt war, in ständiger Verbindung mit der Front und dem übrigen Rußland. Die Bolschewiki hatten am frühen Morgen das Kriegsministerium eingenommen, aber sie wußten weder etwas von der Telegrafenstation in den Bodenräumen, noch wußten sie etwas von der geheimen Telefonverbindung, die es mit dem Winterpalast verband. In diesen Bodenräumen hatte ein junger Offizier den ganzen Tag gesessen und eine Flut von Aufrufen und Proklamationen ins Land hinausgesandt; als er hörte, daß der Palast gefallen war, hatte er einfach die Mütze aufgesetzt und war seelenruhig hinausspaziert . . .

In interessiertes Schauen versunken, hatten wir geraume Zeit nicht bemerkt, daß sich die Haltung der Soldaten und Rotgardisten um uns herum uns gegenüber verändert hatte. Als wir so von Zimmer zu Zimmer wanderten, blieb uns eine kleine Gruppe ständig auf den Fersen; als wir die große Gemäldegalerie erreichten, in der wir am Nachmittag mit den Offiziersschülern zusammengewesen waren, war diese Gruppe auf etwa hundert Mann angewachsen. Ein Riese von Soldat trat uns entgegen, mit finsterem Argwohn:

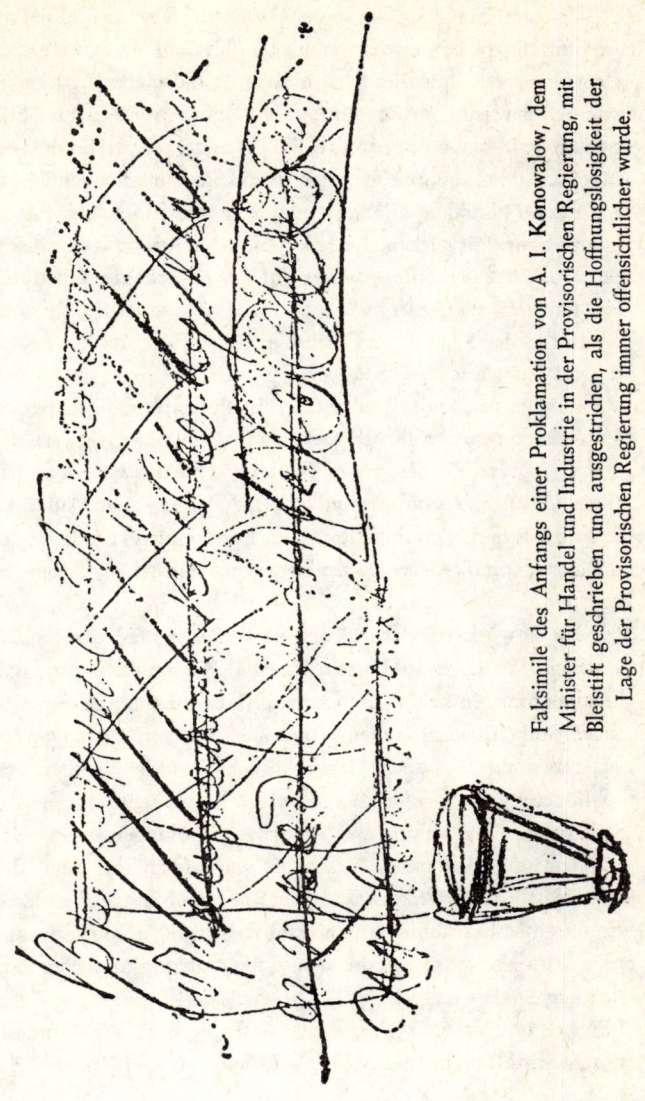

Faksimile des Anfangs einer Proklamation von A. I. Konowalow, dem Minister für Handel und Industrie in der Provisorischen Regierung, mit Bleistift geschrieben und ausgestrichen, als die Hoffnungslosigkeit der Lage der Provisorischen Regierung immer offensichtlicher wurde.

„Wer sind Sie?" brummte er. „Was tun Sie hier?" Die anderen drängten heran, starrten uns an und fingen an zu murren. „Provokateure!" hörte ich jemand sagen. „Plünderer!" Ich zeigte unsere Ausweise vom Revolutionären Militärkomitee. Der Soldat nahm sie behutsam, drehte sie hin und her, verständnislos. Augenscheinlich konnte er nicht lesen. Sie zurückgebend, spie er auf den Fußboden. „Papiere", sagte er verächtlich. Der Haufe begann näher zu rücken. Ich erkannte plötzlich einen Offizier, der hilflos dreinschaute, ich rief ihn an. Er drängte sich durch die Menge zu uns heran.

„Ich bin der Kommissar", sagte er mir. „Wer sind Sie? Was ist los?" Ich zeigte unsere Papiere.

„Sie sind Ausländer?" fragte er in fließendem Französisch. „Es ist hier sehr gefährlich . . ." Dann wandte er sich zu der Menge, unsere Papiere emporhaltend. „Genossen", rief er, „diese Leute hier sind ausländische Genossen – von Amerika. Sie sind hierhergekommen, um ihren Landsleuten von dem Mut und der revolutionären Disziplin der proletarischen Armee zu berichten!"

„Woher wissen Sie das?" erwiderte der riesenhafte Soldat. „Ich sage Ihnen, es sind Provokateure! Sie erzählen uns, daß sie hergekommen sind, um die revolutionäre Disziplin der proletarischen Armee zu sehen. Aber sie sind durch den ganzen Palast gewandert, woher wissen wir, ob sie nicht ihre Taschen voll haben?"

„Richtig!" brüllten die anderen, vorwärtsdrängend.

„Genossen! Genossen!" mahnte der Offizier, dem der Schweiß auf der Stirn stand. „Ich bin der Kommissar des Revolutionären Militärkomitees. Vertraut ihr mir? Nun gut, ich sage euch, daß diese Ausweise mit denselben Namen gezeichnet sind wie mein eigener Ausweis!"

Er führte uns durch den Palast und durch eine Tür hinaus zum Newa-Ufer. Beim Ausgang wurden uns vom Komitee die

Taschen durchsucht ... „Sie sind mit knapper Not davongekommen", sagte er, indem er sich das Gesicht abwischte.

„Was ist mit dem Frauenbataillon geschehen?" fragten wir.

„Oh – die Frauen!" er lachte. „Die hatten sich alle in einem der hinteren Räume zusammengedrängt. Wir wußten nicht, was mit ihnen anfangen. Viele hatten hysterische Anfälle, es war furchtbar. Wir haben sie schließlich zum Finnischen Bahnhof gebracht und in einen Zug nach Lewaschowo gesetzt, dort haben sie ein Lager ..."[4]

Wir kamen hinaus in die kalte Nacht voller verhaltener Erregung, in der sich schattenhaft die Truppen bewegten und Wachposten laut die Passanten anriefen. Vom gegenüberliegenden Ufer, wo sich die dunkle Masse der Peter-Pauls-Festung erhob, kam heiseres Rufen ... Zu unseren Füßen war der Bürgersteig mit herabgefallenem Stuck vom Gesims des Winterpalastes übersät. Dort waren zwei Geschosse vom Kreuzer „Aurora" eingeschlagen. Weiteren Schaden hatte das Artilleriefeuer nicht verursacht ...

Es war mittlerweile drei Uhr morgens vorbei. Auf dem Newski brannten wieder alle Straßenlaternen. Der Kanonendonner war verstummt. Nur die um die Feuer hockenden Rotgardisten und Soldaten erinnerten an den Krieg. Sonst war die Stadt ruhig, so ruhig wie vielleicht nie in ihrer ganzen Geschichte. In dieser Nacht gab es keinen einzigen Überfall oder Diebstahl.

Das Gebäude der Stadtduma war vollständig erleuchtet. Wir stiegen zu dem mit einer Galerie versehenen Alexandersaal hinauf, wo rotverhüllt die großen goldumrahmten Kaiserbilder hingen. Etwa hundert Menschen waren um die Rednertribüne versammelt. Skobelew sprach gerade. Er forderte die Erweiterung des Komitees für die öffentliche Sicherheit, die Zusammenfassung aller antibolschewistischen Elemente in einer großen Organisation, die den Namen „Komitee zur Rettung des

Vaterlandes und der Revolution" tragen sollte. Die Bildung dieses Komitees – das zu einem der gefährlichsten Gegner der Bolschewiki werden sollte und in der folgenden Woche an die Öffentlichkeit trat, zeitweise unter seinem eigenen Parteinamen, dann wieder als das absolut unparteiische Komitee für die öffentliche Sicherheit – erfolgte in unserem Beisein.

Dan, Goz, Awxentjew waren da, einige der rebellierenden Sowjetdelegierten, Mitglieder des Exekutivkomitees der Bauernsowjets, der alte Prokopowitsch und sogar Mitglieder des Rates der Russischen Republik, unter ihnen Winawer und andere Angehörige der Kadettenpartei. Liber erklärte, daß die Einberufung der Sowjets unrechtmäßig sei und daß das alte Zentralexekutivkomitee der Sowjets seine Funktion noch immer ausübe. Ein Aufruf an das Land wurde beraten.

Wir bemühten uns um eine Droschke. „Wohin?" Als der Kutscher hörte, daß wir zum Smolny wollten, schüttelte er den Kopf. „Nein", sagte er, „da ist der Teufel los!" Erst nach vielem Umhersuchen fanden wir einen Kutscher, der bereit war, uns zu fahren. Er verlangte dreißig Rubel und hielt zwei Straßen vom Smolny entfernt.

Die Fenster des Smolny waren noch erleuchtet. Autos fuhren an und ab. Um die Wachtfeuer drängten sich die Posten, jeden Ankommenden gierig nach den letzten Neuigkeiten ausfragend. In den Korridoren war ein Gewimmel eilender, hohläugiger und schmutziger Männer. In einigen Räumen lagen Menschen schlafend auf dem Fußboden, ihre Gewehre neben sich. Trotz der ausgeschiedenen Delegierten war der Sitzungssaal gedrängt voll. Als wir hereinkamen, verlas Kamenew gerade die Liste der verhafteten Minister. Als der Name Tereschtschenko genannt wurde, erfolgte donnernder Applaus, Ausrufe der Zufriedenheit, Gelächter; Rutenberg wurde weniger beachtet; und bei der Nennung Paltschinskis brach ein wilder Sturm los, wütende

Rufe . . . Es wurde mitgeteilt, daß Tschudnowski zum Kommissar des Winterpalastes ernannt worden war.

Eine dramatische Unterbrechung folgte jetzt. Ein riesenhafter Bauer, das bärtige Gesicht vor Wut verzerrt, stieg auf die Bühne und schlug mit der Faust auf den Tisch des Präsidiums:

„Wir Sozialrevolutionäre verlangen die sofortige Freilassung der im Winterpalast verhafteten sozialistischen Minister! Genossen! Wißt ihr, daß unsere vier Genossen, die ihr Leben und ihre Freiheit im Kampfe gegen die Tyrannei des Zaren aufs Spiel gesetzt haben, in die Peter-Pauls-Festung geworfen wurden, das historische Grab der Freiheit?" Seine weiteren Ausführungen gingen im Lärm unter. Ein anderer Delegierter kletterte neben ihn auf die Bühne, zum Präsidium gewendet:

„Werden die Vertreter der revolutionären Massen hier ruhig tagen, während die Ochrana der Bolschewiki ihre Führer foltert?"

Trotzki bot mit einer Geste Ruhe: „Sollen wir diese sogenannten Genossen, die wir dabei erwischt haben, als sie mit dem Abenteurer Kerenski die Vernichtung der Sowjets vorbereiteten – sollen wir sie vielleicht mit Glacéhandschuhen anfassen? Sie waren nach dem 16. und 18. Juli uns gegenüber auch nicht sehr höflich! In diesem Moment, wo die Sozialpatrioten und die Schwachherzigen uns verlassen haben, wo die ganze Aufgabe der Verteidigung und der Rettung der Revolution auf unsern Schultern ruht, heißt es vor allem: arbeiten, arbeiten arbeiten! Wir sind entschlossen, lieber zu sterben als nachzugeben."

Von Zarskoje Selo kam ein Kommissar, keuchend und kotbedeckt vom schnellen Ritt: „Die Garnison von Zarskoje Selo wacht an den Toren Petrograds, bereit, die Sowjets und das Revolutionäre Militärkomitee zu verteidigen." Wilder Jubel. „Das von der Front abgesandte Radfahrerkorps ist in Zarskoje angekommen. Die Soldaten sind mit uns. Sie erkennen die Macht der Sowjets an, die Notwendigkeit der sofortigen Übergabe des Landes an die Bauern und die Durchführung der Arbeiterkon-

trolle über die Industrie. Das in Zarskoje stationierte 5. Rad-
fahrerbataillon steht zu uns."

Danach sprach der Delegierte des 3. Radfahrerbataillons. Inmitten tobender Begeisterung erzählte er, wie vor drei Tagen
das Radfahrerkorps von der Südwestfront zur „Verteidigung
Petrograds" abkommandiert worden war. Die Soldaten ahnten
aber, was dieser Befehl bedeutete. Auf der Station Peredolsk
trafen sie mit Vertretern des in Zarskoje stationierten 5. Bataillons zusammen. Eine gemeinsame Versammlung fand statt, und
es zeigte sich, daß „unter den Radfahrern nicht einer gewillt
war, das Blut seiner Brüder zu vergießen oder eine Regierung
der Kapitalisten und Gutsbesitzer zu verteidigen"!

Im Namen der Menschewiki-Internationalisten schlug Kape-
linski die Wahl eines Komitees vor, das eine friedliche Lösung
des Bürgerkrieges finden sollte. „Es gibt keine friedliche Lösung!" schrie die Menge. „Sieg ist die einzige Lösung." Der
Vorschlag wurde mit überwältigender Mehrheit abgelehnt, und
die Menschewiki-Internationalisten verließen unter einem Hagel ironischer Zurufe den Kongreß. Die Delegierten hatten ihre
anfängliche Ängstlichkeit endgültig überwunden. Kamenew rief
von der Tribüne herab hinter ihnen her: „Die Menschewiki-
Internationalisten behaupten, für eine ‚friedliche Lösung' zu
sein, aber sie haben immer gegen die Tagesordnung und für
die Erklärung jener Gruppen gestimmt, die den Kongreß verlassen wollten. Es ist offensichtlich, daß sich all diese Renegaten
schon vorher geeinigt hatten, den Kongreß zu verlassen."

Die Versammlung beschloß, das Ausscheiden der Parteien
unbeachtet zu lassen, und wandte sich der Ausarbeitung des
Aufrufes an die Arbeiter, Soldaten und Bauern Rußlands zu.


„An die Arbeiter, Soldaten und Bauern!

Der Zweite Gesamtrussische Kongreß der Sowjets der Arbei-
ter- und Soldatendeputierten ist eröffnet. Auf diesem Kongreß

ist die gewaltige Mehrheit der Sowjets vertreten. Auf dem Kongreß ist auch eine Reihe von Delegierten der Bauernsowjets anwesend. Die Vollmachten des paktiererischen Zentralexekutivkomitees sind abgelaufen. Gestützt auf den Willen der gewaltigen Mehrheit der Arbeiter, Soldaten und Bauern, gestützt auf den in Petrograd vollzogenen siegreichen Aufstand der Arbeiter und der Garnison, nimmt der Kongreß die Macht in seine Hände.

Die Provisorische Regierung ist gestürzt. Die meisten Mitglieder der Provisorischen Regierung sind bereits verhaftet.

Die Sowjetmacht wird sofort allen Völkern einen demokratischen Frieden und den sofortigen Waffenstillstand an allen Fronten anbieten. Sie wird die entschädigungslose Übergabe der Gutsbesitzer-, Kron- und Klosterländereien in die Verfügungsgewalt der Bauernkomitees sichern, sie wird die Rechte der Soldaten schützen, indem sie die volle Demokratisierung der Armee durchführt, sie wird die Arbeiterkontrolle über die Produktion einführen und die rechtzeitige Einberufung der Konstituierenden Versammlung gewährleisten, sie wird dafür sorgen, daß die Städte mit Brot und die Dörfer mit Gegenständen des dringendsten Bedarfs beliefert werden, sie wird allen in Rußland lebenden Völkern das wirkliche Recht auf Selbstbestimmung sichern.

Der Kongreß beschließt: Die ganze Macht geht allerorts an die Sowjets der Arbeiter-, Soldaten- und Bauerndeputierten über, die eine wirkliche revolutionäre Ordnung zu gewährleisten haben.

Der Kongreß ruft die Soldaten in den Schützengräben zur Wachsamkeit und Standhaftigkeit auf. Der Sowjetkongreß ist überzeugt, daß die revolutionäre Armee es verstehen wird, die Revolution gegen jegliche Anschläge des Imperialismus zu verteidigen, bis die neue Regierung den Abschluß eines demokratischen Friedens erzielt hat, den sie unmittelbar allen Völkern anbieten wird. Die neue Regierung wird alle Maßnahmen treffen, um durch eine entschlossene Politik von Requisitionen und Besteuerungen der besitzenden Klassen die revolutionäre Armee mit allem Nötigen zu versorgen, und wird auch die Lage der Soldatenfamilien verbessern.

Die Kornilowleute – Kerenski, Kaledin u. a. – versuchen, Truppen gegen Petrograd zu führen. Einige Truppenteile, die Kerenski auf betrügerische Weise in Bewegung gesetzt hatte, sind auf die Seite des aufständischen Volkes übergegangen.

*Soldaten, setzt dem Kornilowmann Kerenski aktiven Widerstand entgegen! Seid auf der Hut!*

*Eisenbahner, haltet alle Truppentransporte an, die Kerenski gegen Petrograd schickt!*

*Soldaten, Arbeiter, Angestellte! Das Schicksal der Revolution und das Schicksal des demokratischen Friedens liegt in euren Händen!*

*Es lebe die Revolution!*

> *Der Gesamtrussische Kongreß der Sowjets der Arbeiter- und Soldatendeputierten.*
> *Die Delegierten der Bauernsowjets.\**

Es war genau 5 Uhr 17 morgens, als, vor Müdigkeit schwankend, Krylenko auf die Tribüne trat, ein Telegramm in der Hand:

„Genossen! Ein Telegramm der Nordfront. Die Zwölfte Armee entbietet dem Sowjetkongreß ihre Grüße und meldet die Bildung eines Revolutionären Militärkomitees, das das Kommando über die Nordfront übernommen hat." Stürmischer Jubel. Weinende Männer, einander umarmend. „General Tsche-

---

\* Die Unterschrift „Die Delegierten der Bauernsowjets" wurde nach der entsprechenden Erklärung der Vertreter der Bauern hinzugefügt. *Die Red.*

remissow erkennt das Komitee an. Der Kommissar der Provisorischen Regierung, Woitinski, ist zurückgetreten."

So hatten sich Lenin und die Petrograder Arbeiter für den Aufstand entschieden. Der Petrograder Sowjet hatte die Provisorische Regierung niedergezwungen und dem Sowjetkongreß den Staatsstreich aufgedrängt. Nun hieß es: Rußland gewinnen und dann – die Welt! Würde Rußland folgen und sich erheben? Und die übrige Welt, was würde sie tun? Würden die Völker dem Rufe folgen und aufstehen zu einem roten Weltsturm?

Obgleich schon sechs Uhr früh, war es noch ganz dunkel und ziemlich kalt. Nur ein schwaches, kaum merkliches Dämmern stahl sich über die stillen Straßen, ließ die Wachtfeuer matter erscheinen. Der Vorbote eines drohenden, sich grau über Rußland erhebenden Tages.

V

## IM STURMSCHRITT VORAN

Donnerstag, 8. November. Der hereinbrechende Tag fand die Stadt in wildester Aufregung und Verwirrung, die ganze Nation gepeitscht von dem sich zu immer wilderen Stößen erhebenden Sturm. Äußerlich war alles ruhig. Hunderttausende waren zeitig zu Bett gegangen, standen früh auf und gingen ihrer Arbeit nach. In Petrograd fuhren die Straßenbahnen, die Warenhäuser und Restaurants waren geöffnet, die Theater in vollem Betrieb. Sogar eine Gemäldeausstellung war angezeigt. Der Alltag – langweilig selbst in Kriegszeiten – ging seinen gewohnten Trott. Nichts ist erstaunlicher als die Lebenskraft des sozialen Organismus – wie er beharrt, sich nährend, sich kleidend, sich amüsierend, dem allerschrecklichsten Elend zum Trotz...

Die Luft schwirrte von Gerüchten über Kerenski, der, wie es hieß, die Front aufgewiegelt habe und eine große Armee gegen die Hauptstadt führe.

„Wolja Naroda" veröffentlichte einen von ihm in Pskow erlassenen Befehl:

„Die Unordnung, verursacht durch den wahnsinnigen Versuch der Bolschewiki, treibt das Land dem Abgrund entgegen. Das erheischt die Anstrengung unseres ganzen Willens, unseres ganzen Mutes und die Hingabe jedes einzelnen von uns, damit wir die schreckliche Prüfung überstehen, die das Vaterland durchmacht . . . Bis zur Bekanntgabe der Zusammensetzung der neuen Regierung – wenn eine solche gebildet sein wird – hat jeder auf seinem Posten zu bleiben und seine Pflicht dem blutenden Rußland gegenüber zu erfüllen. Niemand darf vergessen, daß der geringste Konflikt mit den bestehenden Armeeorganisationen nicht wiedergutzumachendes Unglück über das Land bringen kann, indem die Front dem Feinde geöffnet wird. Darum ist vor allem und unter jeder Bedingung dafür Sorge zu tragen, daß die Moral der Truppen erhalten bleibt durch Aufrechterhaltung völliger Ordnung und Bewahrung der Armee vor neuen Zusammenstößen sowie durch Aufrechterhaltung des absoluten Vertrauens zwischen Offizieren und Untergebenen. Ich befehle allen Chefs und Kommissaren, um der Sicherheit des Landes willen auf ihren Posten zu bleiben, so wie ich selbst den Posten des Obersten Befehlshabers behalten werde, bis die Provisorische Regierung der Republik ihren Willen zum Ausdruck gebracht hat."

All dem zu begegnen, das nachfolgende Plakat an allen Mauern:

„Vom Gesamtrussischen Sowjetkongreß.

Die Exminister Konowalow, Kischkin, Tereschtschenko, Maljantowitsch, Nikitin und andere befinden sich in der Gewalt des Revolutionären Militärkomitees. Kerenski ist geflohen. Alle Armeeorganisationen haben Anweisungen, die notwendigen Maßnahmen für die sofortige Verhaftung Kerenskis und seine Überführung nach Petrograd zu treffen.

Jede Kerenski erwiesene Unterstützung wird als ein schweres Staatsverbrechen bestraft werden."

Aller Hindernisse ledig, war das Revolutionäre Militärkomitee jetzt fieberhaft tätig, zahllose Befehle, Aufrufe und Gesetze ins Land zu schleudern.[1] Ein Befehl ordnete die Überführung Kornilows nach Petrograd an. Die von der Provisorischen Regierung eingekerkerten Bodenkomitees wurden für frei erklärt, die Todesstrafe in der Armee wurde abgeschafft. Die Beamten wurden aufgefordert, auf ihren Posten zu bleiben, und schwere Strafen waren ihnen angedroht für den Fall, daß sie sich dessen weigerten. Plünderung, Unruhen und Spekulation waren bei Todesstrafe verboten. In die verschiedenen Ministerien wurden provisorische Kommissare entsandt: Auswärtiges: Urizki und Trotzki, Inneres und Justiz: Rykow, Arbeit: Schljapnikow, Finanzen: Menshinski, Öffentliche Wohlfahrt: Frau Kollontai, Handel und Verkehr: Rjasanow, Flotte: der Matrose Korbir, Post und Telegraf: Spiro, Theater: Murawjow, Staatsdruckerei: Derbyschew, für die Stadt Petrograd: Leutnant Nesterow, für die Nordfront: Posern.*

Die Armee wurde aufgefordert, Revolutionäre Militärkomitees einzusetzen; die Eisenbahnarbeiter, die Ordnung aufrechtzuerhalten und vor allem den Lebensmitteltransport in die Städte und an die Front nicht zu hindern. Dafür waren ihnen besondere Vertreter im Verkehrsministerium zugesagt.

In einer Proklamation an die Kosaken hieß es:

„Brüder Kosaken!

Man will euch gegen Petrograd führen. Man will euch in einen Kampf mit den revolutionären Arbeitern und Soldaten der Hauptstadt zwingen. Ihr dürft unseren gemeinsamen Feinden, den Großgrundbesitzern und Kapitalisten, kein Wort glauben.

---

* Die im Buch gemachten Angaben über die Entsendung von provisorischen Kommissaren in die Ministerien sind nicht genau: in das Ministerium für Auswärtige Angelegenheiten wurde nur Urizki entsandt. Die Leitung des Flottenministeriums übernahm das als Vertreter aller Flotten auf dem Gesamtrussischen Sowjetkongreß gewählte Revolutionäre Komitee der Kriegsmarine. *Die Red.*

Auf unserem Kongreß sind alle organisierten Arbeiter, Soldaten und die bewußten Bauern Rußlands vertreten. Der Kongreß ist bereit, auch die werktätigen Kosaken in seiner Mitte willkommen zu heißen. Die Generale der Schwarzhundertschaften, die Lakaien der Großgrundbesitzer und Nikolaus' des Grausamen, sind unsere Feinde.

Sie sagen euch, daß die Sowjets das Land der Kosaken konfiszieren wollen. Das ist eine Lüge. Die Revolution will nur das Land der kosakischen Großgrundbesitzer konfiszieren, um es dem Volke zu geben.

Organisiert Sowjets der Kosakendeputierten! Schließt euch den Sowjets der Arbeiter- und Soldatendeputierten an! Zeigt den Schwarzhundertleuten, daß ihr keine Verräter am Volke seid und daß ihr nicht gewillt seid, die Verachtung des gesamten revolutionären Rußlands auf euch zu laden! . . .

Brüder Kosaken, weigert euch, die Befehle der Feinde des Volkes auszuführen. Sendet eure Delegierten nach Petrograd, damit sie die Dinge mit uns besprechen . . . Die Kosaken der Petrograder Garnison haben, zu ihrer Ehre sei es gesagt, die Hoffnungen der Volksfeinde nicht gerechtfertigt . . .

Brüder Kosaken! Der Gesamtrussische Sowjetkongreß streckt euch seine brüderliche Hand entgegen. Es lebe der Bruderbund der Kosaken mit den Soldaten, Arbeitern und Bauern des ganzen Rußlands!"*

Demgegenüber, welche Fülle angeschlagener Proklamationen, herumflatternder Handzettel, geifernder, schimpfender, dem Ganzen ein böses Ende verheißender Zeitungen! Die Schlacht der Druckerpresse tobte jetzt – alle anderen Waffen waren in den Händen der Sowjets.

---

* Den Aufruf unterzeichnete der Gesamtrussische Sowjetkongreß der Arbeiter- und Soldatendeputierten. *Die Red.*

An der Spitze der Aufruf des Komitees zur Rettung des Vaterlandes und der Revolution.

„An die Bürger der Russischen Republik!

Entgegen dem Willen der revolutionären Massen haben die Bolschewiki Petrograds am 7. November einen Teil der Provisorischen Regierung verhaftet, den Rat der Russischen Republik auseinandergejagt und eine ungesetzliche Macht proklamiert. Diese gegen die Regierung des revolutionären Rußlands im Moment der größten äußeren Gefahr begangene Vergewaltigung ist ein unbeschreibliches Verbrechen gegen das Vaterland.

Der Aufstand der Bolschewiki versetzt der Sache der nationalen Verteidigung einen tödlichen Schlag und verzögert unübersehbar den so sehnlichst herbeigewünschten Augenblick des Friedensschlusses.

Der Bürgerkrieg, von den Bolschewiki begonnen, bedroht das Land mit den Schrecken der Anarchie und Konterrevolution. Er macht die Konstituierende Versammlung unmöglich, deren Aufgabe es sein sollte, die republikanische Ordnung zu bestätigen und dem Volke auf ewige Zeiten sein Recht auf das Land zu sichern.

Das Komitee zur Rettung des Vaterlandes und der Revolution, in der Nacht des 7. November gegründet, übernimmt die Initiative zur Bildung einer neuen Provisorischen Regierung, die, sich auf die Demokratie stützend, das Land zur Konstituierenden Versammlung hinführen und es vor der Anarchie und der Konterrevolution retten wird. Das Komitee zur Rettung des Vaterlandes und der Revolution ruft euch, Bürger, auf, der Macht der Gewalt die Anerkennung zu versagen. Gehorcht ihren Anordnungen nicht.

Erhebt euch für die Verteidigung des Landes und der Revolution!

Unterstützt das Komitee zur Rettung des Vaterlandes und der Revolution!

> Gezeichnet: Rat der Russischen Republik, Petrograder Stadtduma, Zentralexekutivkomitee (I. Kongreß), Exekutivkomitee der Bauernsowjets und vom II. Sowjetkongreß die Gruppe der Frontsoldaten, die Sozialrevolutionäre, Menschewiki, Volkssozialisten, Vereinigte Sozialdemokraten und die Gruppe „Jedinstwo'."

Weitere Plakate von der sozialrevolutionären Partei, den menschewistischen Sozialpatrioten, den Bauernsowjets, dem Zentralen Armeekomitee, dem Zentroflot ...

„... Der Hunger wird Petrograd zerschmettern! Die deutschen Armeen werden unsere Freiheit niedertrampeln. Die Schwarzhunderter werden Rußland mit Pogromen überziehen, wenn nicht alle bewußten Arbeiter, Soldaten und Bürger sich vereinigen ...

Glaubt nicht den Versprechungen der Bolschewiki. Das Versprechen des sofortigen Friedens ist eine Lüge! Das Versprechen von Brot ist ein Betrug! Das Versprechen von Land ein Märchen! ..."

Immer wieder die gleiche Tonart, bei allen Plakaten.

„Genossen! Man hat euch in niederträchtiger und grausamer Weise betrogen! Die Übernahme der Macht geschah durch die Bolschewiki allein ... Sie hielten ihre Verschwörung gegenüber den anderen sozialistischen Parteien im Sowjet geheim ... Sie haben euch Land und Freiheit versprochen, aber die Konterrevolution wird die von den Bolschewiki hervorgerufene Anarchie ausnutzen, und sie wird euch um Land und Freiheit betrügen ..."

Nicht weniger wild waren die Zeitungen.

„Unsere Pflicht", erklärte „Delo Naroda", „ist es, diese Verräter an der Arbeiterklasse zu demaskieren. Unsere Pflicht ist es, alle unsere Kräfte zu mobilisieren und die Sache der Revolution zu verteidigen! . . ."

„Iswestija", zum letztenmal im Namen des alten Zentralexekutivkomitees sprechend, drohte mit furchtbarer Rache.

„Was den Sowjetkongreß anbelangt, erklären wir, daß es keinen Sowjetkongreß gegeben hat! Wir erklären, daß er nichts anderes war als eine private Konferenz der bolschewistischen Fraktion! Und in dieser Eigenschaft hat er nicht das Recht, die Machtbefugnisse des Zentralexekutivkomitees aufzuheben . . ."

„Nowaja Shisn" trat für eine neue Regierung ein, die alle sozialistischen Parteien umfassen sollte; sie kritisierte scharf die Haltung der Sozialrevolutionäre und der Menschewiki, die den Kongreß verlassen hatten, und wies darauf hin, daß die bolschewistische Erhebung eines klarmache: daß alle Illusionen über eine Koalition mit der Bourgeoisie in Zukunft sinnlos seien . . .

„Rabotschi Put", der jetzt als „Prawda" herauskam, Lenins im Juli unterdrücktes Blatt, schrieb:

„Arbeiter, Soldaten, Bauern! Im März zerschlugt ihr die Tyrannei der Adelsclique. Gestern warft ihr die Tyrannei der Bourgeoisie nieder . . .

Die erste Aufgabe ist jetzt, die Tore Petrograds zu bewachen.

Die zweite, die konterrevolutionären Elemente Petrograds endgültig zu entwaffnen.

Die dritte, die endgültige Organisierung der revolutionären Macht und die Realisierung des Volksprogramms . . ."

Die wenigen noch erscheinenden Kadettenorgane und die Bourgeoisie im allgemeinen nahmen zu den Vorgängen eine besondere, ironisierende Haltung, eine Art „ich hab's euch ja gleich gesagt" gegenüber den anderen Parteien ein. Man konnte wohl einflußreiche Angehörige der Kadettenpartei um die Stadtduma streifen sehen und in den Vorzimmern des Komitees zur Rettung des Vaterlandes antreffen. Sonst aber hielt sich die Bourgeoisie zurück, sich auf ihre Stunde vorbereitend, die unmöglich lange auf sich warten lassen konnte. Daß die Bolschewiki sich länger als drei Tage an der Macht halten sollten, hielt niemand für möglich, ausgenommen vielleicht Lenin, Trotzki, die Petrograder Arbeiter und die einfachen Soldaten.

In dem hohen amphitheatermäßig gebauten Nikolaussaal sah ich an diesem Nachmittag die in Permanenz tagende Duma, stürmisch, alle Kräfte der Opposition um sich gruppierend. Der alte, in seinem weißen Haar und Bart würdevoll dreinschauende Bürgermeister Schrejder gab eine Schilderung seines Besuches im Smolny in der vergangenen Nacht, wo er im Namen der städtischen Selbstverwaltung Protest eingelegt hatte. „Die Duma als die einzige rechtmäßig existierende Regierung in der Stadt, hervorgegangen aus gleicher, direkter und geheimer Wahl, würde die neue Gewalt nicht anerkennen", hatte er Trotzki mitgeteilt, worauf ihm Trotzki zur Antwort gegeben hatte, „daß es in diesem Falle ein konstitutionelles Mittel gebe: die Auflösung und Neuwahl der Duma". Der Bericht löste bei der Versammlung zornige Entrüstung aus.

„Wollte man eine sich auf die Bajonette stützende Regierung anerkennen", fuhr der alte Mann in seiner Rede an die Duma fort, „dann haben wir allerdings eine Regierung; aber für rechtmäßig erachte ich nur eine vom Volk, und zwar eine von seiner Mehrheit anerkannte Regierung, nicht aber eine durch die gewaltsame Besitzergreifung einer Minderheit geschaffene." Darauf wilder Beifall auf allen Bänken, die der Bolschewiki ausgenommen. Inmitten erneuten Tumultes teilte der Bürgermeister mit, daß die Bolschewiki durch die Entsendung von Kommissaren in zahlreiche Stadtbezirke mit der Vergewaltigung der städtischen Selbstverwaltung bereits begonnen hätten.

Dann schrie der bolschewistische Redner, sich mit aller Kraft

Gehör verschaffend: „Der Beschluß des Sowjetkongresses beweist, daß das ganze Rußland hinter der Aktion der Bolschewiki steht. Ihr seid nicht die wahren Vertreter des Petrograder Volkes."

Rufe: „Das ist eine Beschimpfung!" Würdevoll erinnerte der Bürgermeister daran, daß die Duma aus der denkbar freiesten Volkswahl hervorgegangen sei. „Jawohl", antwortete der Bolschewik, „aber das ist schon lange her. Genau wie beim Zentralexekutivkomitee und beim Armeekomitee."

„Es hat keinen neuen Sowjetkongreß gegeben", schrien sie auf ihn ein.

„Die bolschewistische Partei lehnt es ab, noch weiter in diesem Nest der Konterrevolution zu bleiben" (Tumult), „und wir verlangen die Neuwahl der Duma." Die Bolschewiki verließen den Saal, und „Deutsche Agenten!" und „Nieder mit den Verrätern!" schallte es ihnen nach.

Schingarjow stellte für die Kadetten den Antrag, alle städtischen Beamten, die sich dem Revolutionären Militärkomitee zur Verfügung gestellt hatten, von ihrem Posten zu entheben und unter Anklage zu stellen. Schrejder brachte eine Resolution ein des Inhalts, daß die Duma gegen die Androhung der Bolschewiki, sie aufzulösen, protestiere und daß sie als die gesetzmäßige Volksvertretung sich weigere, ihren Posten zu verlassen.

Draußen, im Alexandersaal, tagte eine überfüllte Sitzung des Komitees zur Rettung des Vaterlandes und der Revolution. Skobelew hatte wieder das Wort. „Noch niemals", sagte er, „war das Schicksal der Revolution so auf des Messers Schneide, noch niemals verursachte die Frage der Existenz des russischen Staates so viel Besorgnis, noch niemals hat die Geschichte die Frage, ob Rußland leben oder untergehen wird, so scharf und kategorisch gestellt! Die große Stunde der Rettung der Revolution ist da, und im Bewußtsein dessen blicken wir auf das enge Bündnis der Lebenskräfte der revolutionären Demokratie, deren organisierter Wille ein Zentrum für die Rettung der Revolution und des Vaterlandes bereits geschaffen hat . . ." Und noch vieles in dieser Art. „Wir werden eher sterben als unsere Stellung preisgeben!"

Unter stürmischem Beifall nahm die Versammlung von dem Beitritt des Eisenbahnerverbandes zum Komitee Kenntnis. Wenige Minuten später trafen die Post- und Telegrafenangestellten ein, dann einige Menschewiki-Internationalisten. Die Eisenbahner erklärten, daß sie die Bolschewiki nicht anerkennen würden, daß sie den ganzen Eisenbahnapparat in eigene Hände genommen hätten und es entschieden ablehnten, ihn irgendeiner usurpatorischen Gewalt anzuvertrauen. Der Delegierte der Telegrafenbeamten schilderte, wie seine Kollegen sich geweigert hatten, in Anwesenheit des bolschewistischen Kommissars ihre Apparate zu bedienen. Die Postangestellten würden von dem Smolny weder Postsachen entgegennehmen noch solche an ihn ausliefern . . . Alle Telefonapparate des Smolny seien aus dem allgemeinen Netz ausgeschaltet. Unter großer Belustigung wurde berichtet, wie Urizki ins Ministerium des Auswärtigen gekommen sei und die Geheimverträge verlangt habe und wie er von Neratow* an die frische Luft gesetzt worden sei. Sämtliche Regierungsangestellten hätten die Arbeit eingestellt.

Dies war der Krieg – ein Krieg nach vorbedachtem Plan, in russischer Manier. Die Waffen waren Streik und Sabotage. Wir hörten, wie der Vorsitzende eine Liste von Namen mit den jedem einzelnen zugewiesenen Aufgaben verlas. Der hatte eine Runde durch die Ministerien zu machen. Ein anderer sollte die Banken besuchen. Etwa zehn oder zwölf sollten in die Kasernen gehen, um die Soldaten zur Neutralität zu überreden – „Russische Soldaten, vergießt nicht das Blut eurer Brüder!" Ein

---

\* Neratow, stellvertretender Außenminister der Provisorischen Regierung, ehemaliger zaristischer Diplomat. *Die Red.*

Komitee wurde eingesetzt zu Verhandlungen mit Kerenski. Andere wurden in die Provinzstädte entsandt, damit sie dort Zweigorganisationen des Komitees zur Rettung des Vaterlandes gründeten und den Zusammenschluß der antibolschewistischen Elemente betrieben.

Die Versammlung war aufs zuversichtlichste gestimmt. „Diese Bolschewiki wollen der Intelligenz Vorschriften machen. Wir werden es ihnen zeigen!" Kein größerer Kontrast war denkbar als der zwischen dieser Versammlung und dem Kongreß der Sowjets. Dort große Massen armseligster Soldaten, schmutziger Arbeiter, Bauern – arme Menschen, gebeugt und zernarbt im brutalen Ringen um die Existenz; hier die Führer der Menschewiki und der Sozialrevolutionäre – die Awxentjew, Dan, Liber, die ehemaligen sozialistischen Minister Skobelew, Tschernow, Schulter an Schulter mit Kadetten, wie dem öligen Schazki, dem glatten Winawer, mit Journalisten, Studenten, Intellektuellen aus fast allen Lagern. Alle gut genährt, gut gekleidet; ich habe unter ihnen kaum drei Proletarier gesehen.

Nachrichten begannen einzulaufen. Kornilows getreue Tekinzy* schlugen in Bychow die Wachen nieder, und Kornilow, der dort gefangengehalten wurde, konnte entkommen. Von dem Moskauer Sowjet war ein Revolutionäres Militärkomitee eingesetzt worden, das mit dem Stadtkommandanten wegen Übergabe des Arsenals verhandelte, so daß die Möglichkeit bestand, die Arbeiter zu bewaffnen.

Mit diesen Tatsachen war ein erstaunliches Durcheinander von Gerüchten, Übertreibungen und offenbaren Lügen vermengt. So nahm uns ein sonst intelligenter Kadett, der nacheinander der Privatsekretär erst Miljukows und dann Tereschtschenkos gewesen war, beiseite, um uns die Einnahme des Winterpalastes zu schildern.

---

* Siehe „Einführende Bemerkungen und Erklärungen". J. R. (S. 27. Die Red.)

174

„Die Bolschewiki standen unter Führung deutscher und öster-
reichischer Offiziere", behauptete er allen Ernstes.

„So?" erwiderten wir höflich. „Woher wissen Sie das?"

„Einer meiner Freunde war dort und hat sie gesehen."

„Woher wußte er, daß es deutsche Offiziere waren?"

„Oh, weil sie deutsche Uniformen trugen."

Solcher ganz unsinnigen Geschichten waren Hunderte im Umlauf, und sie wurden nicht nur in der feierlichsten Aufmachung
in der antibolschewistischen Presse veröffentlicht, sondern auch
geglaubt – und von Leuten, denen man ein derartiges Maß von
Leichtgläubigkeit nie zugetraut hätte, darunter solche Menschewiki und Sozialrevolutionäre, deren nüchterne Sachlichkeit no-
torisch war.

Ernster aber war, was über die angeblichen Greueltaten und
den Terror der Bolschewiki im Umlauf war. So wurde erzählt,
und man las es auch gedruckt, daß die Rotgardisten nicht nur
den Winterpalast völlig ausgeplündert und die Offiziersschüler
nach ihrer Entwaffnung niedergemacht, sondern daß sie auch
einige der Minister kalten Blutes ermordet hätten. Was die
Frauenbataillone betraf, so waren die meisten dieser Frauen
angeblich vergewaltigt worden, während viele infolge der er-
littenen Mißhandlungen Selbstmord verübt haben sollten. Und
die Dumaleute nahmen alle diese Geschichten für bare Münze.
Was Wunder, wenn auch die Mütter und Väter der Offiziersschüler und Frauen, die die oft von namentlicher Aufführung
der angeblichen Opfer begleiteten Details lasen, ihnen Glauben
schenkten. Als die Nacht hereinbrach, war die Duma von einer
Menge wütender Bürger umlagert.

Ein typischer Fall ist der des Fürsten Tumanow, dessen Leichnam nach den Meldungen zahlreicher Zeitungen im Moika-
Kanal treibend aufgefunden worden war. Als wenige Stunden
später die Familie des Fürsten diese Nachricht dementierte und
hinzufügte, daß der Fürst gefangengehalten werde, identifizierte

die Presse den Leichnam als den des Generals Denissow. Als aber auch dieser wieder zum Leben kam, stellten wir Nachforschungen an und konnten überhaupt keine Spur von irgendeinem unter den bezeichneten Umständen aufgefundenen Leichnam entdecken.

Als wir die Duma verließen, sahen wir zwei Pfadfinder, die Handzettel[2] an die riesige Volksmenge verteilten, die sich auf dem Newski gegenüber dem Tor angesammelt hatte, fast durchweg Unternehmer, Kaufleute, Beamte und Angestellte. Auf einem der Handzettel las ich:

„Von der Stadtduma!

Angesichts der Ereignisse des heutigen Tages proklamiert die Stadtduma in ihrer Sitzung vom 26. Oktober* die Unverletzlichkeit der Privatwohnungen. Durch die Hauskomitees fordert sie die Bevölkerung der Stadt Petrograd auf, alle Versuche, in Privatwohnungen mit Gewalt einzudringen, mit Entschiedenheit zurückzuweisen und im Interesse der Selbstverteidigung der Bürger evtl. auch von der Waffe Gebrauch zu machen."

An der Ecke des Litejny-Prospekts hatten fünf oder sechs Rotgardisten und ein paar Matrosen einen Zeitungsverkäufer umringt und forderten von ihm die Aushändigung der menschewistischen „Rabotschaja Gaseta". Der Zeitungsverkäufer überhäufte sie mit wütenden Schimpfworten, die Faust erhebend, als einer der Matrosen die Zeitungen von seinem Stand riß. Eine drohende Volksmenge hatte sich angesammelt, die die Patrouille wütend beschimpfte. Ein kleiner Arbeiter gab sich Mühe, der Volksmenge und dem Zeitungsverkäufer die Notwendigkeit dieser Maßnahme immer wieder zu erklären. „Die Zeitung bringt die Proklamation Kerenskis, die behauptet, daß wir Russen ermordet hätten. Das würde zu Blutvergießen führen . . ."

---

* 8. November (neuen Stils). *Die Red.*

Im Smolny schien die Spannung größer denn je. Die gleichen im Dämmer der Korridore hin und her eilenden Männer. Trupps von Arbeitern mit Gewehren. Führer mit mächtigen Aktenbündeln, diskutierend, erklärend, Befehle erteilend, während sie mit besorgten Mienen vorübereilten, umgeben von Freunden und Mitarbeitern, Männer, buchstäblich außer sich; lebende Wunder von Schlaflosigkeit und Arbeit, unrasiert und schmutzig, mit brennenden Augen. So viel hatten sie zu tun, so unendlich viel. Die Regierung mußte übernommen, das Leben der Stadt organisiert, die Loyalität der Garnison gesichert werden. Es galt, den Kampf gegen die Duma und das Komitee zur Rettung des Vaterlandes zu führen, die Deutschen fernzuhalten, den Kampf gegen Kerenski vorzubereiten, die Provinzen zu unterrichten, eine von Archangelsk bis nach Wladiwostok reichende Propaganda zu betreiben. Und all dies angesichts der Weigerung der Regierungs- und städtischen Angestellten, sich den Anordnungen der Kommissare zu fügen, angesichts der den Dienst verweigernden Post- und Telegrafenbeamten, der allen Anforderungen von Zügen gegenüber taub bleibenden Eisenbahner. Kerenski im Anmarsch, die Garnison teilweise eine zweifelhafte Haltung einnehmend, die Kosaken auf das Signal zum Losschlagen wartend. Gegen sich nicht nur die organisierte Bourgeoisie, sondern auch alle anderen sozialistischen Parteien mit Ausnahme der linken Sozialrevolutionäre, einiger Menschewiki-Internationalisten und der Sozialdemokraten-Internationalisten. Und selbst diese unentschlossen, ob sie neutral bleiben sollten oder nicht. Mit ihnen, es ist richtig, die Arbeiter- und Soldatenmassen – die Bauern noch eine unbekannte Größe –; aber alles in allem genommen waren sie, die Bolschewiki, eine noch junge Partei, arm an erfahrenen und durchgebildeten Kräften.

Auf der Vordertreppe traf ich Rjasanow, der mir halb belustigt, halb entsetzt erklärte, daß er, der Kommissar für Handel,

177

nicht das geringste von Geschäften verstehe. In dem in der oberen Etage gelegenen Cafe saß in einer Ecke für sich ein Mann
in einem Umhang aus Ziegenfell und in Kleidern – in denen er
geschlafen hatte, hätte ich fast gesagt, aber natürlich hatte er
nicht geschlafen – und mit drei Tage alten Bartstoppeln im Gesicht. Mit eifriger Geschäftigkeit kritzelte er auf einem schmutzigen Briefumschlag, kaute hin und wieder an seinem Bleistift.
Dies war Menshinski, der Kommissar für das Finanzwesen,
dessen Qualifikation für sein Amt darin bestand, daß er einmal
Buchhalter in einer französischen Bank gewesen war ... Und
diese vier, die aus dem Büro des Revolutionären Militärkomitees
herauskamen, den Korridor fast im Laufschritt durcheilten und
noch im Laufen auf kleine Stücke Papier kritzelten, das waren
Kommissare, in alle vier Himmelsrichtungen Rußlands entsandt,
das Land zu unterrichten, die Gegner zu überzeugen oder sie
zu zwingen, mit Argumenten oder Waffen, wie sie ihnen immer
zur Hand kämen ...

Der Kongreß sollte um ein Uhr wieder zusammentreten, und
der große Saal hatte sich lange vordem gefüllt. Aber noch gegen
sieben Uhr war niemand von der Kongreßleitung zu sehen. Die
Bolschewiki und Sozialrevolutionäre tagten in ihren Fraktions-
zimmern. Den ganzen Nachmittag hatten Lenin und Trotzki
gegen die Kompromißler zu kämpfen gehabt. Ein großer Teil
der Bolschewiki war zu einer Einigung mit allen sozialistischen
Parteien auf der Grundlage der Bildung einer rein sozialistischen Regierung bereit. „Wir können es nicht schaffen; zu viele
sind gegen uns. Es fehlen uns die Männer. Wir werden isoliert
sein, und alles wird verloren sein." So Kamenew, Rjasanow und
andere.

Aber Lenin und ihm zur Seite Trotzki standen wie ein Fels.
„Die Kompromißler sollen unser Programm akzeptieren, dann
werden wir sie hereinkommen lassen. Nicht einen Zoll breit

werden wir nachgeben. Wenn unter uns Genossen sind, die nicht den Mut und den Willen haben zu wagen, was wir wagen, so mögen sie mit dem Rest der Feiglinge und Kompromißler gehen! Wir aber werden, gestützt auf die Arbeiter und Soldaten, vorwärtsgehen!"

Fünf Minuten nach sieben traf die Mitteilung der linken Sozialrevolutionäre ein, daß sie im Revolutionären Militärkomitee verbleiben werden.

„Da seht ihr, sie kommen schon", sagte Lenin.

Ein wenig später, als wir in dem großen Saal am Pressetisch saßen, machte mir ein Anarchist, Berichterstatter bürgerlicher Blätter, den Vorschlag, zu sehen, was aus dem Präsidium geworden war. Im Büro des Zentralexekutivkomitees war kein Mensch, leer war auch das Büro des Petrograder Sowjets.

Wir wanderten von Zimmer zu Zimmer, durch den ganzen Smolny. Kein Mensch schien auch nur die leiseste Idee zu haben, wo man das Präsidium des Kongresses finden könne. Im Gehen schilderte mir mein Begleiter seine frühere revolutionäre Tätigkeit, sein langes und angenehmes Exil in Frankreich ... Die Bolschewiki, so vertraute er mir an, seien gewöhnliche, rohe, unwissende Leute ohne ästhetisches Empfinden. Er war ein echter Vertreter der russischen Intelligenz ... So kamen wir schließlich nach dem Zimmer Nr. 17, dem Büro des Revolutionären Militärkomitees, und standen dort inmitten des ungestümen Kommens und Gehens. Die Tür wurde aufgerissen, und ein untersetzter Mann in einer Uniform ohne Abzeichen stürzte heraus. Er schien zu lächeln – bald sah man jedoch, daß dieses scheinbare Lächeln in Wirklichkeit das gespannte Grinsen äußerster Ermüdung war. Dieser Mann war Krylenko.

Mein Bekannter, ein flotter, zivilisiert aussehender junger Mann, stieß einen Freudenruf aus und stürzte vorwärts.

„Nikolai Wassiljewitsch!" rief er, seine Hand ausstreckend.

„Erinnern Sie sich nicht meiner, Genosse? Wir waren miteinander im Gefängnis."

Krylenko machte eine Anstrengung, dachte nach und musterte ihn. „Richtig", sagte er endlich, den anderen mit einem Ausdruck großer Freundlichkeit ansehend. „Sie sind S. . . . Guten Tag!" Sie umarmten einander. „Was tun Sie hier?"

„Oh, ich schaue nur so herum . . . Sie scheinen sehr erfolgreich zu sein."

„Ja!" erwiderte Krylenko. „Die proletarische Revolution ist ein großer Erfolg." Er lachte. „Vielleicht – vielleicht werden wir uns wieder im Gefängnis treffen!"

Als wir in den Korridor hinaustraten, fuhr mein Bekannter in seinen Erklärungen fort. „Ich bin nämlich ein Anhänger Kropotkins. In unseren Augen ist die Revolution ein großer Mißerfolg; sie hat nicht vermocht, den Patriotismus der Massen zu erwecken. Das allein beweist, daß das Volk für die Revolution nicht reif ist . . ."

Es war genau 8 Uhr 40, als ein Ausbruch jubelnder Begeisterung den Eintritt des Präsidiums, mit Lenin – dem großen Lenin – in seiner Mitte, ankündigte. Eine untersetzte Gestalt mit großem, auf stämmigem Hals sitzenden Kopf, ziemlich kahl. Kleine bewegliche Augen, großer sympathischer Mund und kräftiges Kinn; jetzt rasiert, der bekannte Bart jedoch, den er fortan wieder tragen würde, schon wieder sprossend. In abgetragenem Anzug, mit Hosen, viel zu lang für ihn. Zu unauffällig, um das Idol eines Mobs zu sein, aber doch geliebt und verehrt wie selten ein Führer in der Geschichte. Ein Volksführer eigner Art – Führer nur dank der Überlegenheit seines Intellekts; nüchtern, kompromißlos und über den Dingen stehend, ohne Effekthascherei – aber mit der Fähigkeit, tiefe Gedanken in einfachste Worte zu kleiden und konkrete Situationen zu analysieren. Sein Scharfsinn ist verbunden mit der größten Kühnheit des Denkens.

Kamenew gab den Bericht über die Aktionen des Revolutionären Militärkomitees: Abschaffung der Todesstrafe in der Armee, Wiederherstellung der Propagandafreiheit, Freilassung der wegen politischer Vergehen verhaftet gewesenen Offiziere und Soldaten, Erlaß eines Haftbefehls gegen Kerenski, Beschlagnahme der Lebensmittelvorräte in den privaten Warenhäusern ... Ungeheurer Beifall.

Noch einmal ein Vertreter vom „Bund": „Die unnachgiebige Haltung der Bolschewiki wird den Zusammenbruch der Revolution zur Folge haben. Die Delegierten des Bundes sehen sich daher gezwungen, aus dem Kongreß auszuscheiden." Zurufe aus der Versammlung: „Wir meinten, ihr seiet schon gestern gegangen. Wie oft gedenkt ihr uns noch zu verlassen?"

Darauf der Vertreter der Menschewiki-Internationalisten, von erstaunten Zurufen empfangen: „Auch ihr noch hier?" Der Redner erklärte, daß nur ein Teil der Menschewiki-Internationalisten den Kongreß verlassen habe, der Rest würde bleiben.

„Wir erachten die Übernahme der Macht durch die Sowjets für gefährlich, ja sogar für tödlich für die Revolution." (Lebhafte Zurufe.) „Aber wir bleiben im Kongreß, um hier gegen diese Übernahme zu stimmen."

Andere Redner folgten, offenbar ohne bestimmte Anweisungen, welche Stellung sie einnehmen sollten. Ein Delegierter der Kohlenbergwerke des Donezbeckens forderte von dem Kongreß Maßnahmen gegen Kaledin, der möglicherweise versuchen würde, die Hauptstadt von der Kohle- und Lebensmittelversorgung abzuschneiden. Einige von der Front angekommene Soldaten überbrachten die begeisterten Grüße ihrer Regimenter. Und nun stand Lenin vorn, die Hände fest an den Rand des Rednerpultes gekrampft, seine kleinen blinzelnden Augen über die Menge schweifen lassend, wartend, bis der minutenlange, ihm offensichtlich gleichgültige Beifallssturm sich gelegt haben würde. Als er endlich beginnen konnte, sagte er einfach: „Wir werden jetzt mit dem Aufbau der sozialistischen Ordnung beginnen." Und wieder raste wilder Begeisterungssturm durch den Saal.

„Das erste ist die Durchführung praktischer Maßregeln zur Verwirklichung des Friedens. Wir werden den Völkern aller kriegführenden Länder den Frieden auf der Grundlage der Sowjetbedingungen anbieten: Keine Annexionen, keine Kriegsentschädigungen, Selbstbestimmungsrecht der Völker. Gleichzeitig werden wir unserm Versprechen gemäß die Geheimverträge veröffentlichen und für ungültig erklären. Die Frage ‚Krieg und Frieden' ist so einfach, daß ich glaube, die beabsichtigte Formulierung eines Aufrufes an die Völker aller kriegführenden Staaten hier ohne Vorrede verlesen zu können:

‚Aufruf an die Völker und Regierungen aller kriegführenden Länder!

Die Arbeiter- und Bauernregierung, die durch die Revolution vom 6. und 7. November (24. und 25. Oktober) geschaffen wurde und sich auf die Sowjets der Arbeiter-, Soldaten- und Bauerndeputierten stützt, schlägt allen kriegführenden Völkern und ihren Regierungen vor, sofort Verhandlungen über einen gerechten demokratischen Frieden zu beginnen.

Ein gerechter oder demokratischer Friede, den die überwältigende Mehrheit der durch den Krieg erschöpften, gepeinigten und gemarterten Klassen der Arbeiter und der Werktätigen aller kriegführenden Länder ersehnt und den die russischen Arbeiter und Bauern nach dem Sturz der Zarenmonarchie auf das entschiedenste und beharrlichste forderten – ein solcher Friede ist nach der Auffassung der Regierung ein sofortiger Friede ohne Annexionen (das heißt ohne Aneignung fremder Territorien, ohne gewaltsame Angliederung fremder Völkerschaften) und ohne Kontributionen.

182

Die Regierung Rußlands schlägt allen kriegführenden Völkern vor, unverzüglich einen solchen Frieden zu schließen, wobei sie sich bereit erklärt, sofort, ohne die geringste Verzögerung, alle entscheidenden Schritte zu unternehmen – bis zur endgültigen Bestätigung aller Bedingungen eines solchen Friedens durch die bevollmächtigten Versammlungen der Volksvertreter aller Länder und aller Nationen.

Unter Annexion oder Aneignung fremder Territorien versteht die Regierung, im Einklang mit dem Rechtsbewußtsein der Demokratie im allgemeinen und der werktätigen Klassen im besonderen, jede Angliederung einer kleinen oder schwachen Völkerschaft an einen großen oder mächtigen Staat, ohne daß diese Völkerschaft ihr Einverständnis und ihren Wunsch genau, klar und freiwillig zum Ausdruck gebracht hat, unabhängig davon, wann diese gewaltsame Angliederung erfolgt ist, sowie unabhängig davon, wie entwickelt oder rückständig eine solche mit Gewalt angegliederte oder mit Gewalt innerhalb der Grenzen eines gegebenen Staates festgehaltene Nation ist, und schließlich unabhängig davon, ob diese Nation in Europa oder in fernen, überseeischen Ländern lebt.

Wenn irgendeine Nation mit Gewalt in den Grenzen eines gegebenen Staates festgehalten wird, wenn dieser Nation entgegen ihrem zum Ausdruck gebrachten Wunsche – gleichviel, ob dieser Wunsch in der Presse oder in Volksversammlungen, in Beschlüssen der Parteien oder in Empörungen und Aufständen gegen die nationale Unterdrückung geäußert wurde – das Recht vorenthalten wird, nach vollständiger Zurückziehung der Truppen der die Angliederung vornehmenden oder überhaupt der stärkeren Nation, in freier Abstimmung über die Formen ihrer staatlichen Existenz, ohne den mindesten Zwang selbst zu entscheiden, so ist eine solche Angliederung eine Annexion, das heißt eine Eroberung und Vergewaltigung.

Diesen Krieg fortzusetzen, um die Frage zu entscheiden, wie

die starken und reichen Nationen die von ihnen annektierten schwachen Völkerschaften unter sich aufteilen sollen, hält die Regierung für das größte Verbrechen an der Menschheit, und sie verkündet feierlich ihre Entschlossenheit, unverzüglich die Bedingungen eines Friedens zu unterzeichnen, der diesem Krieg unter den obengenannten, für ausnahmslos alle Völkerschaften gleich gerechten Bedingungen ein Ende macht . . .

Die Regierung schafft die Geheimdiplomatie ab, sie erklärt, daß sie ihrerseits fest entschlossen ist, alle Verhandlungen völlig offen vor dem ganzen Volke zu führen, und geht unverzüglich dazu über, alle Geheimverträge zu veröffentlichen, die von der Regierung der Gutsbesitzer und Kapitalisten in der Zeit vom Februar bis zum 7. November (25. Oktober) 1917 bestätigt oder abgeschlossen wurden. Der ganze Inhalt dieser Geheimverträge, soweit er, wie es zumeist der Fall war, den Zweck hatte, den russischen Gutsbesitzern und Kapitalisten Vorteile und Privilegien zu verschaffen, die Annexionen der Großrussen aufrechtzuerhalten oder zu erweitern, wird von der Regierung bedingungslos und sofort für ungültig erklärt.

Indem sich die Regierung an die Regierungen und Völker aller Länder mit dem Vorschlag wendet, sofort offene Verhandlungen über den Friedensschluß aufzunehmen, gibt sie ihrerseits ihrer Bereitschaft Ausdruck, diese Verhandlungen sowohl schriftlich, telegrafisch als auch durch mündliche Unterhandlungen mit Vertretern der verschiedenen Länder oder auf Konferenzen dieser Vertreter zu führen. Um solche Unterhandlungen zu erleichtern, entsendet die Regierung ihren bevollmächtigten Vertreter in die neutralen Länder.

Die Regierung schlägt allen Regierungen und Völkern aller kriegführenden Länder vor, sofort einen Waffenstillstand abzuschließen, wobei sie es ihrerseits für wünschenswert hält, daß dieser Waffenstillstand auf mindestens drei Monate abgeschlossen werde, das heißt auf eine Frist, die völlig ausreicht sowohl für den Abschluß von Friedensverhandlungen, an denen Vertreter ausnahmslos aller Völkerschaften oder Nationen teilnehmen sollen, die in den Krieg hineingezogen oder hineingezwungen wurden, als auch für die Einberufung bevollmächtigter Versammlungen der Volksvertreter aller Länder zur endgültigen Bestätigung der Friedensbedingungen.

Die Provisorische Arbeiter- und Bauernregierung Rußlands, die dieses Friedensangebot an die Regierungen und an die Völker aller kriegführenden Länder richtet, wendet sich gleichzeitig insbesondere an die klassenbewußten Arbeiter der drei fortgeschrittensten Nationen der Menschheit und der größten am gegenwärtigen Kriege beteiligten Staaten: Englands, Frankreichs und Deutschlands. Die Arbeiter dieser Länder haben der Sache des Fortschritts und des Sozialismus die größten Dienste erwiesen – in den großen Vorbildern der Chartistenbewegung in England, in der Reihe der Revolutionen von weltgeschichtlicher Bedeutung, die das französische Proletariat vollbracht hat, und schließlich im heroischen Kampf gegen das Sozialistengesetz sowie in der für die Arbeiter der ganzen Welt mustergültigen, langwierigen und beharrlichen disziplinierten Arbeit an der Schaffung von proletarischen Massenorganisationen in Deutschland. Alle diese Vorbilder proletarischen Heldentums und geschichtlicher Schöpferkraft sind für uns eine Bürgschaft, daß die Arbeiter der genannten Länder die ihnen jetzt gestellte Aufgabe der Befreiung der Menschheit von den Schrecken des Krieges und seinen Folgen begreifen werden, daß diese Arbeiter uns durch ihre allseitige, entschiedene, rückhaltlos energische Tätigkeit helfen werden, die Sache des Friedens und zugleich damit die Sache der Befreiung der werktätigen und ausgebeuteten Volksmassen von jeder Sklaverei und jeder Ausbeutung erfolgreich zu Ende zu führen.' "

Nachdem der Beifallssturm verrauscht war, fuhr Lenin fort:

„Wir schlagen dem Kongreß die Ratifikation unserer Erklärung vor. Wir wenden uns sowohl an die Regierungen als auch an die Völker der kriegführenden Staaten, weil eine nur an die Völker gerichtete Erklärung den Abschluß des Friedens hinauszuzögern geeignet sein könnte. Die im Verlauf des Waffenstillstandes ausgearbeiteten Friedensbedingungen werden durch die Konstituierende Versammlung ratifiziert werden. Mit der Festsetzung eines dreimonatigen Waffenstillstandes wünschen wir den Völkern nach dieser blutigen Menschenvernichtung eine so lange wie möglich währende Ruhepause zu geben und genügend Zeit, ihre Vertreter zu wählen. Der Friedensvorschlag wird auf den Widerstand der imperialistischen Regierungen stoßen. Wir machen uns darüber keine Illusionen; aber wir hoffen auf den baldigen Ausbruch der Revolution in allen kriegführenden Ländern. Das ist der Grund, weswegen wir uns an die Arbeiter Frankreichs, Englands und Deutschlands im besonderen wenden ...

Die Revolution vom 6. und 7. November hat die Ära der sozialistischen Revolution eröffnet ... Die Arbeiterbewegung wird, im Namen des Friedens und des Sozialismus, den Sieg davontragen und ihre Mission vollenden ...“ Damit endete er.

In seiner Art zu sprechen lag etwas Ruhiges und Machtvolles, das die Seelen der Männer aufwühlte. Man begriff, warum die Menschen felsenfest glaubten, wenn Lenin sprach.

Durch Handaufheben wurde schnell beschlossen, daß nur Vertreter der politischen Parteien zur Resolution sprechen sollten und daß die Redezeit nicht länger als fünfzehn Minuten dauern dürfe.

Als erster sprach Karelin für die linken Sozialrevolutionäre: „Unsere Partei hatte keine Gelegenheit, Abänderungen zum Text des Aufrufes vorzuschlagen; es ist ein privates Dokument der Bolschewiki. Wir werden jedoch dafür stimmen, weil wir mit dem Geist einverstanden sind . . ."

Für die Sozialdemokraten-Internationalisten sprach Kmarow, lang aufgeschossen, mit hängenden Schultern und kurzsichtig – ausersehen, die traurige Rolle des Clowns in der Opposition zu spielen. Nur eine Regierung, gebildet aus allen sozialistischen Parteien, sagte er, wäre autorisiert, eine derart wichtige Aktion zu unternehmen. Wenn eine sozialistische Koalition gebildet würde, so würde seine Partei das gesamte Programm unterstützen; wenn nicht, dann nur Teile davon. Was die Proklamation anbelange, so seien die Internationalisten mit ihren Hauptpunkten durchaus einverstanden . . .

Ein Redner folgte dem anderen, unter steigender Begeisterung; für die ukrainische Sozialdemokratie – Zustimmung; für die litauische Sozialdemokratie – Zustimmung; für die Volkssozialisten – Zustimmung; für die polnische Sozialdemokratie – Zustimmung; für die polnischen Sozialisten – Zustimmung, obwohl sie eine sozialistische Koalition vorziehen würden; für die lettische Sozialdemokratie – Zustimmung . . . Etwas war in allen diesen Männern entzündet worden. Einer sprach von der „kommenden Weltrevolution, deren Avantgarde wir sind"; ein anderer von dem „neuen Zeitalter der Brüderlichkeit, wo alle Völker eine einzige große Familie sein werden . . ."

Jemand verlangte das Wort: „Ich sehe hier einen Widerspruch. Erst sprechen Sie von einem Frieden ohne Annexionen und Kriegsentschädigungen, und dann erklären Sie sich bereit, alle Friedensbedingungen zu prüfen. Prüfen heißt annehmen . . ."

Sofort erhob sich Lenin: „Wir wünschen einen gerechten Frieden. Aber wir fürchten nicht den revolutionären Krieg. Es ist möglich, daß die imperialistischen Regierungen unsern Appell unbeantwortet lassen. Wir werden ihnen kein Ultimatum stellen, das abzulehnen ihnen leichtfallen sollte. Wenn das deutsche Proletariat hören wird, daß wir bereit sind, alle Friedensbedingungen zu prüfen, dann wird das vielleicht der letzte Tropfen sein, der den Krug zum Überlaufen bringt, und in Deutschland wird die Revolution ausbrechen.

Wir sind bereit, alle Friedensbedingungen zu prüfen. Das heißt nicht, daß wir sie unbedingt annehmen werden. Für einige unserer Bedingungen werden wir bis zu Ende kämpfen; aber für andere wird es vielleicht unmöglich sein, den Krieg fortzusetzen. Vor allem aber: Wir wünschen, den Krieg zu beenden ..."

Um zehn Uhr fünfunddreißig Minuten forderte Kamenew alle, die mit der Proklamation einverstanden waren, auf, ihre Karten in die Höhe zu heben. Ein Delegierter wagte es, dagegen zu stimmen; aber der plötzliche Ausbruch des Zornes um ihn herum ließ ihn die Hand schnell wieder herunternehmen.

Und plötzlich, einem gemeinsamen Impulse folgend, hatten wir uns erhoben und sangen die Internationale. Ein alter graubärtiger Soldat schluchzte wie ein Kind. Alexandra Kollontai unterdrückte rasch die Tränen. Mächtig brauste der Gesang durch den Saal, durch Fenster und Türen zum stillen Nachthimmel empor. „Der Krieg ist zu Ende, der Krieg ist zu Ende", jubelte leuchtenden Antlitzes ein junger Arbeiter neben mir. Der Gesang war vorüber, und wir standen da in einer Art linkischen Schweigens. Plötzlich ertönte im Hintergrunde des Saales der Ruf: „Genossen! Gedenken wir derer, die für die Freiheit gestorben sind!" Und so sangen wir den Trauermarsch, jene echt russische, schwermütige und doch so siegesgewisse Weise. Die Internationale ist schließlich trotz allem eine ausländische Melodie. Der Trauermarsch aber kam offenbar aus der Seele jener dunklen Massen, deren Vertreter hier im Saale saßen, in deren Visionen ein neues Rußland, ja vielleicht mehr als das erstand.

„Unsterbliche Opfer, ihr sanket dahin;
Wir stehen und weinen, voll Schmerz Herz und Sinn.
Ihr kämpftet und starbet für kommendes Recht;
Wir aber, wir trauern, der Zukunft Geschlecht.

Einst aber, wenn Freiheit den Menschen erstand,
Und all euer Sehnen Erfüllung fand:
Dann werden wir künden, wie ihr einst gelebt,
Zum Höchsten der Menschheit empor nur gestrebt!"

Das war es, wofür sie dort lagen, in ihrem kalten Massengrab auf dem Marsfeld, die Märtyrer der Märzrevolution. Das war es, wofür Tausende und Zehntausende in finstern Kerkern, in der Verbannung, in den sibirischen Bergwerken starben. Es ist nicht gekommen, wie sie es sich vielleicht gedacht hatten noch wie es sich die Intelligenz gewünscht haben mag. Aber es ist gekommen, rauh und mächtig, aller Formeln spottend, jede Art Empfindsamkeit mißachtend: wirklich . . .

Lenin verlas das Dekret über den Grund und Boden:

„1. Das Eigentum der Grundbesitzer an Grund und Boden wird unverzüglich ohne jede Entschädigung aufgehoben.

2. Die Güter der Gutsbesitzer sowie alle Kron-, Kloster- und Kirchenländereien mit ihrem gesamten lebenden und toten Inventar, ihren Wirtschaftsgebäuden und allem Zubehör gehen bis zur Konstituierenden Versammlung in die Verfügungsgewalt der Bezirksbodenkomitees und der Kreissowjets der Bauerndeputierten über.

3. Jegliche Beschädigung des beschlagnahmten Besitzes, der von nun an dem ganzen Volke gehört, wird als schweres Verbrechen erachtet, das vom Revolutionsgericht zu ahnden ist. Die Kreissowjets der Bauerndeputierten ergreifen alle erforderlichen Maßnahmen zur Wahrung der strengsten Ordnung bei der Beschlagnahme der Güter der Gutsbesitzer, zur Feststellung, welche Grundstücke und Grundstücke welchen Umfangs der

Beschlagnahme unterliegen, zur Aufstellung eines genauen Verzeichnisses des gesamten der Beschlagnahme unterliegenden Besitzes und zur strengsten revolutionären Bewachung der ganzen ins Eigentum des Volkes übergehenden Wirtschaft mit allen Baulichkeiten, Geräten, Vieh, Lebensmittelvorräten und so weiter.

4. Als Richtschnur für die Durchführung der großen Agrarumgestaltungen muß überall bis zur endgültigen Entscheidung dieser Frage durch die Konstituierende Versammlung der folgende bäuerliche Wählerauftrag[3] dienen, der unter Zugrundelegung von 242 Aufträgen der örtlichen bäuerlichen Wähler von der Redaktion der ‚Iswestija Wserossiskowo Sowjeta Krestjanskich Deputatow' zusammengestellt und in der Nr. 88 dieser ‚Iswestija' (Petrograd, Nr. 88 vom 1. September [19. August] 1917) veröffentlicht wurde.

5. Der Boden der einfachen Bauern und einfachen Kosaken unterliegt nicht der Beschlagnahme.'

Das ist nicht", erklärte Lenin, „das Projekt des ehemaligen Ministers Tschernow, der sich auf Reformen von oben beschränkte. Die Fragen der Aufteilung des Landes werden vielmehr von unten, an Ort und Stelle entschieden werden. Die Menge von Land, die jeder Bauer erhält, wird entsprechend den örtlichen Bedingungen verschieden sein . . .

Unter der Provisorischen Regierung weigerten sich die Großgrundbesitzer entschieden, den Anordnungen der Bodenkomitees Folge zu leisten, jener Bodenkomitees, die Lwow geplant hatte, die unter Schingarjow ins Leben getreten waren und die von Kerenski dirigiert wurden!"

Die Debatten hatten noch nicht begonnen, als sich ein Mann nach vorn drängte und auf die Bühne kletterte. Es war Pjanych, ein Mitglied des Exekutivkomitees der Bauernsowjets, und er schäumte vor Wut.

„Das Exekutivkomitee des Gesamtrussischen Sowjets der Bauerndeputierten protestiert gegen die Verhaftung unserer

Genossen, der Minister Salaskin und Maslow! Wir verlangen ihre sofortige Freilassung! Sie sind zur Zeit in der Peter-Pauls-Festung. Wir müssen eine unverzügliche Aktion unternehmen! Keine Sekunde ist zu verlieren!"

Ihm folgt ein anderer, ein Soldat mit struppigem Bart und flammenden Augen. „Ihr sitzt hier und redet von der Übergabe des Landes an die Bauern, während ihr gleichzeitig einen Akt der Tyrannei und Usurpation gegen die gewählten Vertreter der Bauern verübt!" Mit erhobener Faust: „Ich erkläre euch, wenn ihnen auch nur ein Haar gekrümmt wird, so werden wir einen Aufstand machen!"

Trotzki erhob sich. Ruhig, sarkastisch, im Bewußtsein seiner Macht, von Beifallssturm begrüßt. „Das Revolutionäre Militärkomitee hat gestern beschlossen, die sozialrevolutionären und menschewistischen Minister Maslow, Salaskin, Gwosdew und Maljantowitsch freizulassen. Daß sie noch immer in der Peter-Pauls-Festung sind, hat seinen Grund darin, daß wir zuviel zu tun haben ... Sie werden jedoch in ihren Wohnungen bleiben müssen und überwacht werden, bis die Untersuchung über ihre Teilnahme an den verräterischen Handlungen Kerenskis während der Kornilow-Affäre abgeschlossen ist!"

„Niemals", schrie Pjanych, „in keiner Revolution hat man derartiges gesehen!"

„Sie irren", antwortete Trotzki. „Wir haben solche Dinge sogar in dieser Revolution gesehen. Hunderte unserer Genossen sind in den Julitagen verhaftet worden ... Als unsere Genossin Kollontai auf Anordnung des Arztes aus dem Gefängnis entlassen wurde, stellte Awxentjew vor ihre Tür zwei ehemalige Agenten der zaristischen Geheimpolizei!" Die Bauern traten ab, von höhnischen Zurufen begleitet.

Der Vertreter der linken Sozialrevolutionäre sprach über das Landdekret. Obgleich im Prinzip einverstanden, könne seine Partei ihre Zustimmung nicht geben, ohne vorher die

Frage diskutiert zu haben. Die Bauernsowjets müßten gehört werden.

Auch die Menschewiki-Internationalisten bestanden darauf, erst eine Parteibesprechung abzuhalten.

Dann sprach der Führer der Maximalisten, des anarchistischen Flügels der Bauern: „Wir können einer politischen Partei, die ein solches Gesetz, am ersten Tag und ohne langes Schwätzen, durchführt, die Anerkennung nicht versagen!"

Ein typisch russischer Bauer war auf der Tribüne, langhaarig, mit Stiefeln, im Schaffellmantel: „Ich habe nichts gegen euch, Genossen und Bürger", sagte er. „Überall treiben sich Kadetten herum. Ihr habt unsere sozialistischen Bauern verhaftet. Warum verhaftet man sie nicht auch?"

Dies war das Signal zu einer erhitzten Debatte unter den Bauern. Es war genau wie bei den Auseinandersetzungen zwischen den Soldaten am Abend vorher. Die wirklichen Landproletarier gaben hier ihrem Fühlen Ausdruck.

„Diese Mitglieder unseres Exekutivkomitees, die Awxentjew und alle die anderen, die wir als die Beschützer der Bauern angesehen haben – was sind die anders als Kadetten! Verhaften! Verhaften!"

Ein anderer: „Was sind diese Pjanychs, diese Awxentjews? Das sind gar keine Bauern! Sie wedeln nur mit dem Schwanz!"

Die linken Sozialrevolutionäre schlugen vor, die Verhandlungen auf eine halbe Stunde zu unterbrechen. Als die Delegierten hinausströmten, erhob sich Lenin:

„Wir dürfen keine Zeit verlieren, Genossen! Nachrichten, von höchster Wichtigkeit für Rußland, müssen morgen früh noch in die Presse. Keine Verzögerung!"

Und die hitzigen Debatten übertönend, hörte man die Stimme eines Vertreters des Revolutionären Militärkomitees: „Sofort fünfzehn Agitatoren nach Zimmer 17 für die Front!"

Es dauerte fast zweieinhalb Stunden, bis die Delegierten wieder nach und nach in den Saal zurückkehrten, das Präsidium seine Plätze einnahm und die Sitzung mit der Verlesung der Telegramme fortgesetzt wurde, in denen ein Regiment nach dem anderen erklärte, zum Revolutionären Militärkomitee zu stehen.

Ein Delegierter der russischen Truppen an der mazedonischen Front schilderte in bitteren Worten die Lage der Soldaten. „Wir leiden mehr unter der Freundschaft unserer Verbündeten als durch den Feind." In Hast angekommene Vertreter der Zehnten und Zwölften Armee berichteten: „Wir stehen zu euch mit unserer ganzen Kraft." Ein Bauernsoldat protestierte gegen die Freilassung der Sozialverräter Maslow und Salaskin. Die Verhaftung des gesamten Exekutivkomitees der Bauernsowjets wurde verlangt. Das war die wirkliche Sprache der Revolution. Ein Delegierter der russischen Armee in Persien erklärte, daß er beauftragt sei, die Übernahme der ganzen Macht durch die Sowjets zu verlangen. Ein ukrainischer Offizier sprach in seiner Muttersprache: „In dieser Krise kann es keinen Nationalismus geben. Es lebe die Diktatur des Proletariats in allen Ländern." Nie wieder, davon war ich angesichts dieser machtvollen Flut himmelanstürmender und glühender Gedanken überzeugt, würde Rußland in seine alte Stummheit zurücksinken.

Kamenew teilte mit, daß die Gegner der Bolschewiki überall Unruhen zu stiften bemüht seien. Er verlas einen Appell des Kongresses an alle Sowjets Rußlands:

„Der Gesamtrussische Sowjetkongreß der Arbeiter- und Soldatendeputierten mit Einschluß einiger Bauerndeputierten richtet an die lokalen Sowjets die Aufforderung zur sofortigen Durchführung energischer Maßnahmen im Interesse der Verhinderung aller konterrevolutionären und antijüdischen Aktionen und aller Arten Pogrome. Die Ehre der Arbeiter-, Bauern-

und Soldatenrevolution erheischt, daß keinerlei Pogrome geduldet werden.

Die Petrograder Rote Garde, die revolutionäre Garnison und die Matrosen sorgen für absolute Aufrechterhaltung der Ordnung in der Hauptstadt.

Arbeiter, Soldaten und Bauern! Folgt überall dem Beispiel der Arbeiter und Soldaten Petrograds.

Genossen, Soldaten und Kosaken! Auf uns entfällt die Pflicht der Sicherung einer wirklichen revolutionären Ordnung.

Das revolutionäre Rußland und die ganze Welt blicken auf uns ..."

Punkt zwei Uhr erfolgte die Abstimmung über das Landdekret. Nur eine Stimme war dagegen ... Die Bauerndelegierten waren außer sich vor Freude. So stürmten die Bolschewiki vorwärts, unwiderstehlich, ohne Zögern, alle Opposition niederwerfend; die einzigen in Rußland, die ein klar umrissenes Aktionsprogramm besaßen, während die anderen Parteien acht Monate hindurch nur geredet hatten.

Jetzt erhob sich ein Soldat, mager, zerlumpt, leidenschaftlich gegen eine Klausel in den Instruktionen* protestierend, die die Deserteure von der Landverteilung in den Dörfern ausschloß. Anfangs versuchte man ihn niederzuschreien, aber seine einfache, zu Herzen dringende Sprache verschaffte ihm schließlich Gehör. „Gegen seinen Willen in die Metzelei der Schützengräben gezwungen", rief er, „die ihr selber in dem Friedensdekret als schrecklich bezeichnet habt, grüßte er die Revolution mit der Hoffnung auf Frieden und Freiheit. Friede? Die Kerenskiregierung zwang ihn erneut, nach Galizien zu gehen, um zu morden und gemordet zu werden; auf seine Wünsche nach Frieden hatte Tereschtschenko nur ein Lachen ... Freiheit?

---

* Gemeint sind die Instruktionen, die auf dem Kongreß gleichzeitig mit dem Dekret über den Grund und Boden angenommen wurden. *Die Red.*

Unter Kerenski wurden seine Komitees unterdrückt, seine Zeitungen verboten, die Redner seiner Partei eingekerkert... Zu Hause in seinem Dorf führten die Großgrundbesitzer den Kampf gegen seine Bodenkomitees und warfen seine Genossen ins Gefängnis. In Petrograd sabotierte die Bourgeoisie, im Bündnis mit den Deutschen, die Versorgung der Armee mit Lebensmitteln und Munition... Er hatte keine Kleider, keine Stiefel... Wer zwang ihn, zu desertieren? Die Kerenskiregierung, die ihr gestürzt habt!" Am Ende seiner Rede erntete er Beifall.

Doch ein anderer Soldat erhob sich: „Die Kerenskiregierung ist kein Schirm, hinter dem sich die Deserteure verstecken können! Die Deserteure sind Schufte, die nach Hause gelaufen sind und ihre Kameraden in den Schützengräben im Stich gelassen haben! Jeder Deserteur ist ein Verräter, der Strafe verdient..." Heftige Bewegung. Rufe: „Dowolno! Tiesche!" Kamenew schlug vor, die Beschlußfassung über die Frage der Regierung zu überlassen.[4]

Um halb drei Uhr verlas Kamenew unter gespannter Aufmerksamkeit des ganzen Kongresses das Dekret über die Konstituierung der Regierung.

„Zur Verwaltung des Landes wird bis zur Einberufung der Konstituierenden Versammlung eine provisorische Arbeiter-und-Bauern-Regierung gebildet, die den Namen Rat der Volkskommissare führt.[5] Die Leitung der einzelnen Zweige des staatlichen Lebens wird Kommissionen übertragen, deren Zusammensetzung die Durchführung des vom Kongreß verkündeten Programms ermöglichen muß, in engster Zusammenarbeit mit den Massenorganisationen der Arbeiter, Arbeiterinnen, Matrosen, Soldaten, Bauern und Angestellten. Die Regierungsgewalt wird von dem Kollegium der Vorsitzenden dieser Kommissionen ausgeübt, das heißt von dem Rat der Volkskommissare.

Die Kontrolle über die Tätigkeit der Volkskommissare sowie das Recht der Absetzung der Volkskommissare steht dem Gesamtrussischen Kongreß der Sowjets der Arbeiter-, Bauern- und Soldatendeputierten und seinem Zentralexekutivkomitee zu."

Noch immer tiefe Stille. Und dann, als Kamenew die Liste der Kommissare verlas, stürmischer Jubel nach jedem Namen, vor allem nach Lenins und Trotzkis.

Vorsitzender des Rates der Volkskommissare: *Wladimir Uljanow (Lenin)*

Volkskommissar für Innere Angelegenheiten: *Rykow*

Landwirtschaft: *Miljutin*

Arbeit: *Schljapnikow*

Heeres- und Marinewesen: Ein Komitee, zusammengesetzt aus *Owsejenko (Antonow)*, *Krylenko* und *Dybenko*

Handel und Industrie: *Nogin*

Bildungswesen: *Lunatscharski*

Finanzen: *Skworzow (Stepanow)*

für Auswärtige Angelegenheiten: *Bronstein (Trotzki)*

Justiz: *Oppokow (Lomow)*

Ernährung: *Teodorowitsch*

Post und Telegraf: *Awilow (Glebow)*

für die Angelegenheiten der Nationalitäten: *Dshugaschwili (Stalin)*

Eisenbahnen: Besetzung wird auf später verschoben.

Überall Bajonette, an den Eingängen des Saales und zwischen den Delegierten. Das Revolutionäre Militärkomitee gab jedem eine Waffe, der sie zu tragen vermochte. Die Bolschewiki rüsteten zur Entscheidungsschlacht gegen Kerenski, dessen Trompetensignale der Südwestwind herübertrug. Niemand dachte daran, nach Hause zu gehen. Im Gegenteil; Hunderte Neuankommende fluteten herein, den riesigen Saal bis zum letzten Platz füllend, entschlossen blickende Arbeiter und Soldaten, die ausharrten, stundenlang, unermüdlich und eifrig. Die

Luft war dick von Zigarettenqualm und menschlichen Aus-
dünstungen.

Awilow, von der Redaktion der „Nowaja Shisn", sprach im
Namen der Sozialdemokraten-Internationalisten und der im
Kongreß verbliebenen Menschewiki-Internationalisten. Mit seinem jungen Intellektuellengesicht und dem eleganten Gehrock
paßte er nicht zu seiner Umgebung.

„Wir müssen uns unbedingt darüber klarwerden, wohin die
Reise geht. Die Leichtigkeit, mit der die Koalitionsregierung gestürzt wurde, erklärt sich nicht aus der Kraft der linken Demokratie, sondern aus der bewiesenen Unfähigkeit jener Regierung, dem Volke Brot und Frieden zu geben. Auch der linke
Flügel wird sich nicht an der Macht halten können, wenn er
diese Fragen nicht zu lösen vermag.

Werdet ihr dem Volk Brot geben können? Getreide ist knapp.
Die Mehrheit der Bauern wird nicht mit euch sein; denn ihr
könnt ihnen nicht die Maschinen geben, die sie brauchen. Brennmaterial und sonstige Rohstoffe herbeizuschaffen ist nahezu
unmöglich.

Was den Frieden anbetrifft, so ist die Lösung dieser Frage
sogar noch schwieriger als die der anderen. Die Alliierten haben
es abgelehnt, mit Skobelew auch nur ein Wort zu reden. Sie
werden niemals eine von euch vorgeschlagene Friedenskonferenz
akzeptieren. Man wird euch weder in Paris und London noch in
Berlin anerkennen.

Ihr könnt auch nicht auf die wirksame Unterstützung des
Proletariats der alliierten Länder rechnen, denn in den meisten
dieser Länder sind die Arbeiter weit entfernt von jeder Art
revolutionärem Kampf. Denkt doch nur daran, daß die Demokratie der alliierten Länder nicht einmal imstande war, den Zusammentritt der Stockholmer Konferenz zu ermöglichen. Und
die Deutschen? Ich habe soeben mit dem Genossen Goldenberg
gesprochen, einem unserer Delegierten auf der Stockholmer

197

Konferenz. Dem ist von Vertretern der äußersten Linken der deutschen sozialdemokratischen Bewegung gesagt worden, daß, solange der Krieg währe, in Deutschland eine Revolution unmöglich sei."

Ein wahrer Hagel von Zwischenrufen setzte hier ein, aber Awilow redete unbeirrt weiter.

„Das unabwendbare Resultat der Isolierung Rußlands wird sein: entweder der Zusammenbruch der russischen Armee unter den Schlägen der Deutschen und das Zustandekommen eines Friedens zwischen der österreichisch-deutschen und der französisch-britischen Koalition auf Kosten Rußlands oder ein Sonderfrieden mit Deutschland.

Wie ich eben höre, bereiten die diplomatischen Vertreter der Alliierten ihre Abreise vor und in allen Städten Rußlands ist die Bildung von Komitees zur Rettung des Vaterlandes im Gange.

Es gibt keine Partei, die allein dieser enormen Schwierigkeiten Herr werden könnte. Die Revolution kann nur von einer sozialistischen Koalitionsregierung zu Ende geführt werden."

Er verlas die Resolution der zwei Parteien:

„In der Erwägung, daß zur Sicherung der Errungenschaften der Revolution sofort eine Regierung gebildet werden muß, die auf der in den Sowjets der Arbeiter-, Soldaten- und Bauerndeputierten organisierten revolutionären Demokratie basiert; in der weiteren Erwägung, daß die Aufgabe dieser Regierung die schnellstmögliche Verwirklichung des Friedens ist, die Übergabe des Landes an die Agrarkomitees, die Organisierung der Kontrolle über die industrielle Produktion sowie die Einberufung der Konstituierenden Versammlung an dem festgesetzten Datum – ernennt der Kongreß ein Exekutivkomitee, dessen Aufgabe es ist, eine solche Regierung nach Verständigung mit den Gruppen der Demokratie zu bilden, die an dem Kongreß teilnehmen."

Awilows kühle und konziliante Art zu argumentieren hatte

die Versammlung trotz des Überschwanges ihrer revolutionären Begeisterung nicht unberührt gelassen. Gegen den Schluß seiner Rede waren die Zwischenrufe allmählich verstummt, und als er schloß, hatte er sogar einigen Beifall.

Nach ihm sprach Karelin, gleichfalls jung, furchtlos, von unzweifelhafter Aufrichtigkeit, im Namen der linken Sozialrevolutionäre, der Partei Maria Spiridonowas, die fast als einzige Partei den Bolschewiki gefolgt war und die revolutionären Bauern repräsentierte.[*]

„Unsere Partei hat den Eintritt in den Rat der Volkskommissare abgelehnt, weil wir nicht wünschen, uns von dem Teil der revolutionären Armee zu trennen, der den Kongreß verlassen hat. Es wäre uns sonst unmöglich, unsere Vermittlertätigkeit zwischen den Bolschewiki und den andern demokratischen Parteien auszuüben, die uns im gegenwärtigen Moment unsere wichtigste Aufgabe zu sein scheint. Wir können keine Regierung unterstützen, die nicht eine Regierung der sozialistischen Koalition ist.

Weiter protestieren wir gegen die von den Bolschewiki geübte Despotie. Man hat unsere Kommissare von ihren Posten verjagt, und gestern ist unser einziges Organ, ‚Snamja Truda‘ (Das Banner der Arbeit), verboten worden.

Die Stadtduma ist im Begriff, ein machtvolles Komitee zur Rettung des Vaterlandes zu bilden, dessen Aufgabe der Kampf gegen euch sein wird. Schon jetzt seid ihr isoliert, und nicht eine der andern Parteien wird euch zu Hilfe kommen."

Und dann stand Trotzki auf der Tribüne, selbstsicher, faszinierend, das ihm eigene sarkastische Lächeln um den Mund. Er sprach mit weithin schallender Stimme, die Masse zu sich emporreißend:

---

[*] Den linken Sozialrevolutionären folgte nur ein Teil der revolutionären Bauern. *Die Red.*

„Die Hinweise auf die Gefahren der Isolierung unserer Partei sind nicht neu. Schon am Vorabend des Aufstandes hat man die unvermeidbare Niederlage unserer Partei vorausgesagt. Alle waren sie gegen uns. Im Revolutionären Militärkomitee stand nur ein kleiner Teil der linken Sozialrevolutionäre zu uns. Wie konnten wir es da fertigbringen, die Regierung fast ohne Blutvergießen zu stürzen? Die Tatsache unseres Sieges ist der sicherste Beweis dafür, daß wir nicht isoliert waren. Isoliert war vielmehr die Provisorische Regierung, waren die demokratischen Parteien, die gegen uns marschierten. Und die sind es noch und werden für immer losgelöst sein vom Proletariat!

Sie reden von der Notwendigkeit einer Koalition. Die einzig mögliche Koalition, das ist die Koalition der Arbeiter, Soldaten und armen Bauern. Und die Ehre unserer Partei ist, diese Koalition verwirklicht zu haben. Was für eine Koalition aber meinte Awilow? Eine Koalition mit jenen, die die Regierung des Volksverrates unterstützen? Nicht immer ist die Koalition gleichbedeutend mit Kräftesteigerung. Hätten wir vielleicht den Aufstand organisieren können mit Dan und Awxentjew in unsern Reihen?" Lachende Zustimmung.

„Awxentjew gab euch wenig Brot. Wird eine Koalition mit den Sozialpatrioten mehr liefern? Zwischen den Bauern und Awxentjew, der die Verhaftung der Bodenkomitees anordnete, haben wir die Bauern gewählt! Unsere Revolution wird die klassische Revolution der Geschichte bleiben . . .

Sie erheben gegen uns den Vorwurf, die Verständigung mit den anderen demokratischen Parteien zurückgewiesen zu haben. Aber liegt die Schuld wirklich bei uns oder müssen wir, wie Karelin es tat, alles auf ein Mißverständnis zurückführen? Ach nein, Genossen! Wenn eine Partei, noch im schwersten revolutionären Kampfe, geblendet vom Pulverdampf, daherkommt und erklärt: ,Da ist die politische Macht, nehmt sie', und die, denen sie angeboten wird, gehen zum Feinde über, so ist das kein Mißverständnis mehr, sondern es ist die offene brutale Kriegserklärung. Nicht wir waren es, die den Krieg erklärt haben.

Awilow glaubt uns schrecken zu können, wenn er das Scheitern unserer Friedensbemühungen voraussagt für den Fall, daß wir weiter isoliert bleiben. Ich muß hier wiederholen, daß ich nicht einzusehen vermag, inwieweit eine Koalition mit Skobelew oder selbst mit Tereschtschenko uns irgendwie dem Frieden näherbringen könnte. Awilow droht uns mit einem Frieden auf Rußlands Kosten. Darauf habe ich zu antworten, daß wir wohl wissen, daß, wenn auch weiterhin in Europa die imperialistische Bourgeoisie herrschen wird, das revolutionäre Rußland sich allein nicht zu halten vermag.

Es gibt nur die Alternative: Entweder die russische Revolution wird eine revolutionäre Bewegung in Europa auslösen, oder die reaktionären Mächte Europas werden das revolutionäre Rußland zerstören!"

Und die Massen jubelten ihm zu, zu kühnem Wagen entflammt bei dem Gedanken, daß sie berufen sein sollten, die Vorkämpfer der Menschheit zu sein. Und von dem Augenblick an lebte in den aufständischen Massen, in all ihren Aktionen, etwas Bewußtes und Entschlossenes, was sie nie wieder verließ.

Andererseits begann aber auch der Kampf bestimmte Formen anzunehmen. Kamenew gab einem Delegierten vom Eisenbahnerverband das Wort, einem stämmigen Menschen mit dem Ausdruck unversöhnlicher Feindschaft in seinen grobknochigen Zügen. Was er sagte, wirkte wie eine Bombe:

„Ich spreche hier im Namen der stärksten Organisation Rußlands und habe den Auftrag, euch die Beschlüsse des Wikshel* zur Frage der Konstituierung der Macht bekanntzugeben. Wir

---

\* Wikshel = Gesamtrussisches Exekutivkomitee des Eisenbahnerverbandes. *Die Red.*

lehnen es ab, die Bolschewiki zu unterstützen, solange sie fort-
fahren, sich von der gesamten Demokratie Rußlands zu isolieren!" Ungeheurer Tumult im ganzen Saal.

„1905 und in den Kornilowtagen waren die Eisenbahner die
energischsten Verteidiger der Revolution. Aber ihr habt uns zu
eurem Kongreß nicht eingeladen." Zurufe: „Das alte Zentralexekutivkomitee war es, das euch nicht eingeladen hat." Der
Redner schenkte den Zurufen keine Beachtung. „Wir erkennen
die Rechtmäßigkeit dieses Kongresses nicht an. Seit dem Ausscheiden der Menschewiki und der Sozialrevolutionäre bestehen
die Voraussetzungen für die Legalität der hier gefaßten Beschlüsse nicht mehr. Der Verband unterstützt das alte Zentralexekutivkomitee und erklärt, daß der Kongreß kein Recht hat,
ein neues Komitee zu wählen.

Die Staatsmacht muß eine sozialistische und revolutionäre
Macht sein, verantwortlich den autorisierten Organen der gesamten revolutionären Demokratie. Bis zur Bildung einer solchen Macht verbietet der Verband der Eisenbahner, der den
Transport konterrevolutionärer Truppen nach Petrograd verweigert, gleichzeitig die Ausführung jeglicher Befehle, die, von
wem auch immer, ohne Zustimmung des Wikshel erlassen
werden.

Der Wikshel nimmt die Verwaltung der gesamten Eisenbahnen Rußlands in eigene Hände."

Ein wilder Entrüstungssturm setzte ein, in dem die Schluß-
bemerkungen des Redners fast gänzlich untergingen. Aber die
Rede war ein schwerer Schlag. Das zeigten die besorgten Mienen im Präsidium. Kamenew antwortete kurz, daß die Rechtmäßigkeit des Kongresses nicht bezweifelt werden könne, da
sogar nach dem Ausscheiden der Menschewiki und Sozialrevolutionäre die Zahl der anwesenden Delegierten die von dem
alten Zentralexekutivkomitee vorgesehene Mindestzahl über-
schreite.

Darauf erfolgte die Abstimmung über die Konstituierung der Regierung, die mit ungeheurer Mehrheit den Rat der Volkskommissare bestätigte.

Die Wahl des neuen Zentralexekutivkomitees, des neuen russischen Parlaments, nahm kaum fünfzehn Minuten in Anspruch. Trotzki teilte seine Zusammensetzung mit: Hundert Mitglieder, davon siebzig Bolschewiki. Die Sitze der Bauern und der ausgeschiedenen Parteien sollten diesen reserviert bleiben. „Der Regierung sind alle Parteien und Gruppen angenehm, die bereit sind, unser Programm zu akzeptieren." Mit diesen Worten schloß Trotzki.

Der Zweite Gesamtrussische Sowjetkongreß wurde geschlossen. Die Delegierten eilten nach Hause, in alle Windrichtungen Rußlands, um zu berichten, was sich Gewaltiges abgespielt hatte.

Es war fast sieben Uhr, als wir die Schaffner und Wagenführer vom Verbande der Straßenbahner weckten, von denen während der ganzen Dauer des Kongresses immer einige mit ihrem Wagen am Smolny warteten, um die Delegierten in ihre Wohnungen zu bringen. Die Stimmung in dem überfüllten Wagen schien mir etwas weniger sorglos heiter als am Abend vorher. Viele sahen besorgt aus, als sagten sie sich: „Nun sind wir die Herren. Wie können wir durchführen, was wir uns vorgenommen haben?"

Vor unserem Hause wurden wir in der Dunkelheit von einer Patrouille bewaffneter Bürger angehalten und sorgfältig durchsucht. Es war die Proklamation der Duma, die zu wirken begann.

Unsere Wirtin hörte uns kommen und stolperte heraus, in einen rosaseidenen Schal gehüllt.

„Das Hauskomitee ist noch einmal hier gewesen und läßt

Ihnen sagen, daß auch Sie Ihrer Wachpflicht nachkommen müssen, wie die übrigen Männer im Hause."

„Warum wachen?"

„Um das Haus und die Frauen und Kinder zu schützen."

„Gegen wen?"

„Gegen Räuber und Mörder."

„Wenn nun aber ein Kommissar vom Revolutionären Militärkomitee kommt, um nach Waffen zu suchen?"

„Oh, alle werden behaupten, daß sie vom Revolutionären Militärkomitee kommen. Und dann, was ist eigentlich der Unterschied?"

Ich versicherte feierlich, daß der Konsul allen amerikanischen Bürgern das Waffentragen verboten habe, im besonderen in der Nachbarschaft der russischen Intelligenz.

# VI
## DAS KOMITEE
## ZUR RETTUNG DES VATERLANDES
## UND DER REVOLUTION

**Freitag, 9. November.**

„Nowotscherkassk, 8. November.
Der Aufstand der Bolschewiki und ihr Versuch, die Provisorische Regierung zu stürzen und in Petrograd die Macht an sich zu reißen, veranlaßt die Kosakenregierung zu der Erklärung, daß sie diese Handlungen für verbrecherisch und absolut unzulässig erachtet. Die Kosaken werden darum die Provisorische Regierung, die eine Koalitionsregierung ist, mit ihrer ganzen Macht unterstützen. Unter diesen Umständen werde ich selbst mit dem Beginn des 7. November im Dongebiet die gesamte Macht übernehmen bis zur Rückkehr der Provisorischen Regierung und der Wiederherstellung der Ordnung in Rußland.

Gezeichnet: Ataman *Kaledin,*
Präsident der Regierung der Kosakentruppen."

**Befehl des Ministerpräsidenten Kerenski, datiert in Gatschina:**

„Ich, der Ministerpräsident der Provisorischen Regierung und Oberste Befehlshaber aller bewaffneten Kräfte der Russischen Republik, erkläre, daß ich persönlich die Führung der Frontregimenter übernommen habe, die dem Vaterlande treu geblieben sind.

Ich befehle allen Truppen des Petrograder Militärbezirks, die durch Mißverständnis oder aus Torheit dem Ruf der Verräter am Vaterland und an der Revolution gefolgt sind, die unverzügliche Rückkehr zu ihrer Pflicht.

Dieser Befehl ist allen Regimentern, Bataillonen und Kompanien vorzulesen.

Gezeichnet: *A. F. Kerenski,*
Ministerpräsident der Provisorischen Regierung
und Oberster Befehlshaber."

Telegramm Kerenskis an den Kommandierenden General der Nordfront:

„Die Stadt Gattschina wurde von regierungstreuen Truppen genommen und ohne Blutvergießen besetzt. Kompanien von Kronstädter Matrosen und Soldaten des Semjonowski- und des Ismailowski-Regiments haben bedingungslos die Waffen gestreckt und sich den Regierungstruppen angeschlossen.

Ich befehle allen für den Vormarsch bestimmten Transporten, schnell vorzurücken. Vom Revolutionären Militärkomitee haben die Truppen den Befehl erhalten, zurückzugehen."

Das etwa dreißig Kilometer südwestlich gelegene Gattschina war im Verlaufe der Nacht gefallen. In der Umgebung führerlos umherirrende Abteilungen der beiden in dem Telegramm Kerenskis genannten Regimenter waren in der Tat von Kosaken umzingelt und entwaffnet worden. Es traf aber nicht zu, daß sie sich den Regierungstruppen angeschlossen hatten. Gerade jetzt befanden sich Trupps von ihnen verwirrt und beschämt im Smolny, bemüht zu erklären, wie sich die Sache abgespielt hatte. Sie hätten die Kosaken nicht so nahe vermutet und dann versucht, sie zu überreden.

An der revolutionären Front herrschte offensichtlich die größte Verwirrung. Die Garnisonen der südlich gelegenen kleinen Städte hatten sich in zwei, manchmal in drei einander bekämpfende Parteien gespalten. Die Offiziere hielten in Ermangelung einer stärkeren Autorität zu Kerenski, die Mehrheit der Soldaten zu den Sowjets. Der Rest schwankte unschlüssig hin und her.

Schnell entschlossen betraute das Revolutionäre Militärkomitee mit der Verteidigung Petrograds einen ehrgeizigen ehemaligen Hauptmann der regulären Armee namens Murawjow\*, der während des Sommers die Todesbataillone organisiert und sich der Regierung gegenüber einmal geäußert hatte, daß sie zu sanft mit den Bolschewiki verfahre. Diese müßten vom Erdboden vertilgt werden. Ein Mann von ausgesprochen militärischem Denken und vielleicht aufrichtiger Bewunderung für Macht und Kühnheit.

Als ich am Morgen mein Haus verließ, waren neben meiner Tür zwei neue Befehle des Revolutionären Militärkomitees angeschlagen, in denen angeordnet wurde, daß die Läden und Magazine wie gewöhnlich offenzuhalten und alle leerstehenden Räume und Wohnungen zur Verfügung des Komitees zu halten seien.

Seit sechsunddreißig Stunden waren nun die Bolschewiki von dem übrigen Rußland abgeschnitten. Die Eisenbahner und die Telegrafenarbeiter weigerten sich, ihre Anordnungen weiterzugeben, und die Postbeamten, ihre Post zu befördern. Nur die Regierungsstation für drahtlose Telegrafie in Zarskoje Selo schleuderte halbstündlich Bulletins und Manifeste in alle Himmelsrichtungen, und mit den Kommissaren der Stadtduma zugleich fuhren auf schnellen Zügen die Kommissare des Smolny durch das ganze Land. Hoch in der Luft zogen zwei Flugzeuge mit Propagandamaterial beladen der Front zu.

Aber die Ausbreitung des Aufstandes ging mit märchenhafter Schnelligkeit vor sich. In Helsingfors erklärte sich der Sowjet

---

\* Murawjow war Oberstleutnant. *Die Red.*

für die Revolution. In Kiew hatten sich die Bolschewiki des Arsenals und der Telegrafenstation bemächtigt und wurden nur von den Delegierten des Kosakenkongresses vertrieben, die dort zusammengekommen waren. In Kasan hatte das Revolutionäre Militärkomitee den lokalen Garnisonstab und den Kommissar der Provisorischen Regierung verhaftet. Aus dem fernen Krasnojarsk in Sibirien kamen Nachrichten, daß die Sowjets die Kontrolle der städtischen Einrichtungen in die Hände genommen hätten. In Moskau, wo sich die Situation infolge eines umfangreichen Streiks der Lederarbeiter und der Androhung einer allgemeinen Aussperrung durch die Unternehmer besonders zugespitzt hatte, beschlossen die Sowjets mit überwältigender Mehrheit die Unterstützung der Petrograder Bolschewiki. Ein Revolutionäres Militärkomitee war bereits gebildet worden und in Funktion.

Die Entwicklung war überall die gleiche. Die große Mehrheit der gemeinen Soldaten und die Industriearbeiter unterstützten die Sowjets, während die Offiziere, die Offiziersschüler und die Mittelklasse im allgemeinen, ebenso wie die bürgerlichen Kadetten und die „gemäßigten" Sozialisten, sich auf die Seite der Regierung stellten. In allen diesen Städten bildeten sich Komitees zur Rettung des Vaterlandes, die sich für den Bürgerkrieg rüsteten.

Das große Rußland befand sich in einem Zustande der Auflösung. Schon 1905 begann dieser Prozeß. Die Märzrevolution hatte ihn nur beschleunigt, und alle Anstrengungen der in dieser Revolution zur Macht gelangten Kompromißler hatten nichts als eine vorläufige Konservierung des innerlich hohlen alten Regimes gezeitigt. All dies hatte sich nun unter dem Ansturm der Bolschewiki in einer einzigen Nacht in ein Nichts aufgelöst, so wie man eine Rauchwolke auseinanderbläst. Das alte Rußland war nicht mehr. Die alte Gesellschaft schmolz in der Gluthitze der Revolution, und aus dem brodelnden Flammenmeer stiegen der Klassenkampf, gewaltig und mitleidslos, und die noch zerbrechliche, langsam erkaltende Kruste einer neuen Welt.

In Petrograd streikten sechzehn Ministerien unter der Führung des Ministeriums für Arbeit und des Ministeriums für Ernährung – die beiden einzigen, die von der sozialistischen* Regierung im August gebildet worden waren.

Wenn jemals Männer alleingestanden haben, so war es die „Handvoll Bolschewiki" an jenem trüben, kalten Morgen in den von allen Seiten wild über sie hinbrausenden Stürmen.[1] Mit dem Rücken gegen die Wand kämpfte das Revolutionäre Militärkomitee um sein Leben. „De l'audace, encore de l'audace, et toujours de l'audace!"** . . . Um fünf Uhr morgens besetzten die Rotgardisten die Räume der Stadtdruckerei, beschlagnahmten Tausende von Exemplaren des Protestaufrufes der Duma und verboten das offizielle städtische Organ. Alle bürgerlichen Zeitungen waren verboten, sogar „Golos Soldata", das Organ des alten Zentralexekutivkomitees – das indessen unter einem andern Namen, „Soldatski Golos", in einer Auflage von hunderttausend Exemplaren herauskam:

„Die Männer, die in der Nacht ihren verräterischen Streich begannen, die die Zeitungen verbieten, werden das Land nicht lange in Unwissenheit halten können. Das Land wird die Wahrheit erfahren! Es wird euch, ihr Herren Bolschewiki, durchschauen! Wir werden sehen! . . ."

Als wir kurz nach zwölf Uhr den Newski hinunterkamen, hatte sich vor dem Dumagebäude eine die ganze Straße füllende

---

* Der Menschewiki und Sozialrevolutionäre. *Die Red.*
** „Kühnheit, Kühnheit und abermals Kühnheit." Der berühmte Ausspruch Dantons in seiner Rede am 2. September 1792 in der Gesetzgebenden Versammlung Frankreichs über die militärische Gefahr und die Verteidigung der Revolution vor der Invasion der konterrevolutionären Koalition Preußens und Österreichs. *Die Red.*

209

Menschenmenge angesammelt. Hin und wieder sah man Rotgardisten und Matrosen mit aufgepflanzten Bajonetten, jeder umringt von zirka hundert Männern und Frauen – Büroangestellten, Studenten, Ladeninhabern –, mit erhobenen Fäusten, Beschimpfungen und Drohungen über sie ausschüttend.

Auf den Stufen Pfadfinder und Offiziere, die Nummern des „Soldatski Golos" verteilten. Ein Arbeiter mit einer roten Armbinde und einem Revolver in der Hand stand, zitternd vor Wut und Nervosität, inmitten einer feindlichen Menge am Fuße der Treppe und verlangte die Herausgabe der Zeitungen . . .

Nie in der Geschichte hat sich ähnliches zugetragen. Auf der einen Seite eine Handvoll Arbeiter und gewöhnliche Soldaten im Besitz der Waffen, die siegreiche Revolution repräsentierend – und dabei in vollster Armseligkeit; auf der anderen Seite ein wütender Haufe von Leuten, wie sie um die Mittagszeit die Bürgersteige der Fünften Avenue zu bevölkern pflegen, spöttelnd, schimpfend, schreiend: „Verräter, Provokateure!"

Die Tore wurden von Studenten und Offizieren bewacht, die weiße Armbinden mit der Aufschrift: „Miliz des Komitees für die öffentliche Sicherheit" trugen, und ein halbes Dutzend Pfadfinder kamen und gingen. Oben helle Aufregung. Hauptmann Gomberg kam die Treppe herunter. „Sie wollen die Duma auflösen", sagte er. „Der bolschewistische Kommissar ist gerade beim Bürgermeister." Als wir nach oben kamen, stürzte Rjasanow aus dem Zimmer heraus. Er war gekommen, um von der Duma die Anerkennung des Rates der Volkskommissare zu fordern, und der Bürgermeister hatte ihm eine glatte Absage gegeben.

In den Büros fand ich eine große, schwatzende Menge, hin- und hereilend, schreiend, gestikulierend – Beamte, Intellektuelle, Journalisten, ausländische Korrespondenten, französische und englische Offiziere . . . Der Stadtbaumeister wies triumphierend auf sie. „Die Gesandtschaften erkennen als einzige Macht nur die Duma an", erklärte er. „Für diese bolschewistischen Mörder und Räuber ist es nur noch eine Frage von Stunden. Das ganze Rußland schart sich um uns."

Im Alexandersaal eine riesige Versammlung des Komitees zur Rettung des Vaterlandes und der Revolution. Filippowski hatte den Vorsitz, und Skobelew berichtete unter ungeheurem Beifall über neue Beitritte zum Komitee: Exekutivkomitee der Bauernsowjets, altes Zentralexekutivkomitee, Zentrales Armeekomitee, Zentroflot, Menschewiki-Internationalisten, Sozialrevolutionäre und Frontgruppendelegierte zum Kongreß der Sowjets, Zentralkomitees der Menschewiki, der Sozialrevolutionäre, der Volkssozialisten, die Gruppe „Jedinstwo", Bauernverband, Genossenschaften, Semstwos, Stadtverwaltungen, Post- und Telegrafenverbände, der Wikshel, Rat der Russischen Republik, Verband der Verbände*, Kaufmanns- und Fabrikantenvereinigung . . .

„. . . Die Macht der Sowjets ist nicht eine demokratische Macht, sondern eine Diktatur – und nicht eine Diktatur des Proletariats, sondern *gegen* das Proletariat. Alle jene, die wissen, was revolutionäre Begeisterung ist, müssen sich für die Verteidigung der Revolution verbünden . . .

Die Aufgabe des Tages ist nicht nur, unverantwortliche Demagogen unschädlich zu machen, sondern den Kampf gegen die Konterrevolution aufzunehmen . . . Wenn die Gerüchte wahr sind, daß gewisse Generale in den Provinzen aus den Geschehnissen Vorteil ziehen wollen, um gegen Petrograd zu marschieren, so ist das nur ein weiterer Beweis, daß wir die solide Basis einer demokratischen Organisation schaffen müssen. Andernfalls werden aus den Schwierigkeiten, die wir mit den Linken haben, Schwierigkeiten mit den Rechten erwachsen.

---

* Siehe „Einführende Bemerkungen und Erklärungen". J. R. (S. 26. *Die Red.*)

Die Garnison von Petrograd kann nicht gleichgültig bleiben, wenn Bürger, die den ‚Golos Soldata' kaufen, und Zeitungsjungen, die die ‚Rabotschaja Gaseta' verkaufen, in den Straßen verhaftet werden.

Die Stunde der Resolutionen ist vorüber ... Laßt jene, die den Glauben an die Revolution verloren haben, sich zurückziehen ... Um eine vereinigte Macht aufzurichten, müssen wir von neuem das Prestige der Revolution herstellen ...

Laßt uns schwören, daß wir entweder die Revolution retten oder untergehen werden!"

Der ganze Saal erhob sich, Beifall klatschend, mit blitzenden Augen. Aber nicht ein einziger Proletarier war zu sehen ...

Dann Weinstein:

„Wir müssen ruhig bleiben und nicht eher zur Aktion schreiten, bevor die öffentliche Meinung sich fest um das Komitee zur Rettung des Vaterlandes und der Revolution geschart hat – erst dann können wir von der Verteidigung zum Angriff übergehen!"

Der Vertreter des Wikshel teilte mit, daß seine Organisation die Initiative zur Bildung der neuen Regierung übernommen habe und daß seine Delegierten im Augenblick die Frage mit dem Smolny diskutierten ... Eine heiße Debatte entbrannte: Sollte man die Bolschewiki in die neue Regierung aufnehmen? Martow plädierte für ihre Zulassung. „Sie sind schließlich", sagte er, „eine bedeutende politische Partei." Die Meinungen darüber gingen auseinander. Die rechten Menschewiki und die Sozialrevolutionäre wie auch die Volkssozialisten, die Genossenschaften und die bürgerlichen Elemente waren entschieden dagegen ...

„Sie haben Rußland verraten", erklärte ein Redner. „Sie haben den Bürgerkrieg begonnen und die Front den Deutschen geöffnet. Die Bolschewiki müssen erbarmungslos zusammengehauen werden ..."

Skobelew war für den Ausschluß sowohl der Bolschewiki wie der Kadetten.

Wir begannen eine Unterhaltung mit einem jungen Sozialrevolutionär, der seinerzeit zusammen mit den Bolschewiki die Demokratische Konferenz verlassen hatte, als Zereteli und die „Kompromißler" der Demokratie Rußlands die Koalitionsregierung aufgezwungen hatten.

„Sie hier?" fragte ich ihn.

Seine Augen schossen Blitze. „Ja!" schrie er. „Ich verließ den Kongreß zusammen mit meiner Partei Mittwoch nacht. Ich habe nicht mein Leben zwanzig Jahre und mehr aufs Spiel gesetzt, um mich jetzt der Tyrannei des unwissenden Pöbels zu unterwerfen. Ihre Methoden sind unerträglich. Aber sie haben nicht mit den Bauern gerechnet ... Wenn die Bauern in Aktion treten werden, dann dürften sie in Minuten erledigt sein."

„Aber die Bauern – werden sie handeln? Befriedigt das Landdekret nicht die Bauern? Was wünschen diese mehr?"

„Ah, das Landdekret!" sagte er wütend. „Wissen Sie, was das Landdekret ist? Es ist unser Dekret – es ist das sozialrevolutionäre Programm, vollkommen! Meine Partei hat diese Politik formuliert, auf Grund der sorgfältigsten Prüfung der Wünsche der Bauern selbst. Es ist ein Diebstahl ..."

„Aber wenn es Ihre eigene Politik ist, warum sind Sie dagegen? Wenn sie den Wünschen der Bauern entspricht, warum sollen diese dagegen sein?"

„Sie verstehen nicht! Sehen Sie nicht, daß die Bauern sofort begreifen werden, daß das Ganze ein Betrug ist – daß diese Usurpatoren das Programm der Sozialrevolutionäre gestohlen haben?"

Ich fragte, ob es wahr sei, daß Kaledin gegen Norden marschiere.

Er nickte und rieb sich die Hände, voll bitterer Befriedigung. „Ja. Sie sehen jetzt, was diese Bolschewiki angerichtet haben.

Sie haben die Konterrevolution gegen uns in Bewegung gebracht. Die Revolution ist verloren. Die Revolution ist verloren."

„Aber werden Sie die Revolution nicht verteidigen?"

„Natürlich werden wir sie verteidigen, bis zu unserem letzten Blutstropfen. Jedoch werden wir unter keinen Umständen mit den Bolschewiki zusammengehen . . ."

„Aber wenn Kaledin nach Petrograd kommt und die Bolschewiki die Stadt verteidigen. Werden Sie sich ihnen nicht anschließen?"

„Natürlich nicht. Wir werden die Stadt auch verteidigen, aber wir werden die Bolschewiki nicht unterstützen. Kaledin ist der Feind der Revolution, aber auch die Bolschewiki sind Feinde der Revolution."

„Wen ziehen Sie vor: Kaledin oder die Bolschewiki?"

„Darum handelt es sich jetzt nicht", sagte er ungeduldig. „Ich sage Ihnen, die Revolution ist verloren. Und es sind die Bolschewiki, die schuld daran sind. Doch was sollen wir von solchen Dingen reden? Kerenski kommt . . . Übermorgen werden wir zur Offensive übergehen . . . Schon hat der Smolny Delegierte gesandt, die uns auffordern, an einer neuen Regierungsbildung teilzunehmen. Wir haben sie jetzt – sie sind absolut ohnmächtig . . ., wir werden mit ihnen nicht zusammenarbeiten . . ."

Draußen fiel ein Schuß. Wir liefen zu den Fenstern. Ein Rotgardist, durch die Sticheleien der Menge zur Verzweiflung gebracht, hatte einen Schuß abgegeben und ein junges Mädchen am Arm verwundet. Wir konnten sehen, wie sie in einen Wagen gehoben wurde, umringt von einer erregten Menge, deren Stimmen bis zu uns empordrangen. Im nächsten Augenblick erschien ein Panzerwagen an der Ecke des Michailowski, dessen Maschinengewehre hin- und herfuhren. Die Menge begann sofort zu laufen, wie das in Petrograd üblich ist, sie warf sich auf den Boden nieder, versteckte sich in den Straßenrinnen und hinter den Telefonmasten. Der Panzerwagen hielt vor der Treppe der Duma, und ein Mann steckte seinen Kopf aus dem Turm heraus, die Herausgabe des „Soldatski Golos" verlangend. Die Pfadfinder liefen ins Gebäude. Einen Augenblick lang fuhr der Panzerwagen unentschieden hin und her und verschwand dann den Newski hinauf, während einige hundert Männer und Frauen sich wieder erhoben und ihre Kleider abzustauben begannen . . .

Im Innern des Gebäudes hin- und herrennende Menschen, den Arm voller Exemplare des „Soldatski Golos", nach einem Platz suchend, um sie zu verstecken . . .

Ein Journalist kam in das Zimmer gelaufen, er schwenkte ein Blatt Papier.

„Hier ist eine Proklamation von Krasnow!" schrie er. Er war sofort umringt. „Drucken lassen, schnell drucken lassen, und dann in die Kasernen damit!"

„Auf Befehl des Obersten Befehlshabers bin ich zum Befehlshaber der um Petrograd konzentrierten Truppen ernannt.

Bürger, Soldaten, tapfere Kosaken des Don, des Kuban, des Transbaikal, des Amur, des Jenissej, ihr alle, die ihr euerm Eid treu geblieben seid, die ihr geschworen habt, euern Kosakeneid treu zu halten – ich rufe euch auf, Petrograd zu retten vor der Anarchie, vor dem Hunger, vor der Tyrannei, Rußland zu erretten vor der unerträglichen Schande, die eine Handvoll mit dem Golde Wilhelms gekaufter, unwissender Männer über Rußland zu bringen versuchen.

Die Provisorische Regierung, der ihr in den großen Märztagen Treue geschworen habt, ist nicht gestürzt, sie wurde nur mit Gewalt aus dem Gebäude getrieben, in dem sie ihre Sitzungen abhielt. Die Regierung jedoch, mit Hilfe der Fronttruppen, die treu ihre Pflicht erfüllen, mit Hilfe des Kosakenrates, der unter seinem Kommando alle Kosaken vereinigt, im Bewußtsein ihrer Stärke und in völliger Übereinstimmung mit dem Willen des russischen Volkes, hat geschworen, dem Lande zu dienen, ihren Vorfahren in den stürmischen Zeiten von 1612 gleich, da die Kosaken des Don das von den Schweden, den Polen und den Litauern bedrohte Moskau befreiten. [Eure Regierung besteht noch immer . . .*]

Die aktive Armee blickt auf diese Verbrecher mit Empörung und Verachtung. Ihre Akte der Zerstörungen und der Plünderungen, ihre Verbrechen, ihre deutsche Manier, mit der sie auf das — niedergeworfene, aber noch nicht besiegte — Rußland schauen, hat sie dem ganzen Volke entfremdet.

Bürger, Soldaten, tapfere Kosaken der Petrograder Garnison! Schickt mir eure Delegierten, damit ich weiß, wer Verräter an seinem Lande ist und wer nicht, damit unnützes Blutvergießen vermieden wird."

Fast im selben Moment hieß es, daß Rotgardisten im Begriff seien, das Gebäude zu umzingeln. Ein Offizier trat herein, mit einer roten Armbinde, und verlangte den Bürgermeister. Wenige Minuten später ging er, und der alte Schrejder kam aus seinem Büro, abwechselnd rot und blaß im Gesicht.

„Eine außerordentliche Sitzung der Duma!" schrie er. „Sofort!" In dem großen Saal wurden die Geschäfte unterbrochen. „Alle Mitglieder der Duma zu einer außerordentlichen Sitzung!"

„Was ist los?"

„Ich weiß nicht — man will uns verhaften — man will die Duma auflösen — man verhaftet Mitglieder vor dem Tor —" so liefen die Gerüchte.

Im Nikolaisaal war kaum Platz zum Stehen. Der Bürgermeister gab bekannt, daß an allen Eingängen Truppen stationiert seien, die niemand herein und heraus ließen, und daß ein

---

* Die Worte in eckigen Klammern sind aus den Zeitungen nicht belegt. *Die Red.*

Kommissar gedroht habe, die Stadtduma aufzulösen und ihre Mitglieder zu verhaften. Eine Flut leidenschaftlicher Reden von Mitgliedern und sogar von den Galerien war die Antwort. Die frei gewählte Stadtverwaltung könne von *keiner* Macht aufgelöst werden; die Person des Bürgermeisters und aller anderen Mitglieder sei unverletzlich; die Tyrannen, die Provokateure, die deutschen Agenten könnten niemals anerkannt werden; was die Drohung mit der Auflösung anbelange, so sollten sie nur versuchen – „nur über unsere Leichname werden sie in diesen Saal eindringen, wir werden, den römischen Senatoren der Antike gleich, mit Würde das Kommen der Barbaren erwarten . . ."

Entschließung, die Dumas und Semstwos von ganz Rußland telegrafisch zu benachrichtigen. Entschließung, daß es für den Bürgermeister oder den Präsidenten der Duma unmöglich sei, in irgendwelche Beziehungen zu den Vertretern des Revolutionären Militärkomitees oder zu dem sogenannten Rat der Volkskommissare zu treten. Resolution, einen neuen Appell an die Bevölkerung Petrograds zu richten, sich für die Verteidigung ihrer erwählten Stadtregierung zu erheben. Resolution, in permanenter Tagung zusammenzubleiben . . .

Inzwischen kam ein Mitglied mit der Nachricht, daß er mit dem Smolny telefoniert und daß das Revolutionäre Militärkomitee ihm erklärt habe, daß keinerlei Befehle gegeben worden seien, die Duma zu umzingeln, und daß die Truppen zurückgezogen würden.

Als wir die Treppen herunterkamen, stürmte, in höchster Aufregung, Rjasanow durch das Haupttor.

„Werden Sie die Duma auflösen?" fragte ich.

„Mein Gott, nein!" antwortete er. „Es ist alles ein Irrtum. Ich habe dem Bürgermeister heute morgen mitgeteilt, daß wir die Duma in Ruhe lassen würden . . ."

Aus dem Newski, in der sinkenden Dämmerung, kam eine lange doppelte Reihe Radfahrer mit Gewehren über ihren Schultern. Sie hielten. Die Menge drängte auf sie ein, sie mit Fragen überhäufend.

„Wer seid ihr? Woher kommt ihr?" fragte ein ältlicher dicker Mann mit einer Zigarre im Munde.

„Zwölfte Armee, von der Front. Wir kommen, um die Sowjets gegen die verdammten Bourgeois zu verteidigen."

Wütende Schreie. „Ah! Bolschewistische Gendarmen! Bolschewistische Kosaken!"

Ein kleiner Offizier in einem Ledermantel kam die Stufen heruntergeeilt. „Die Garnison schwankt!" rief er mir zu. „Das ist der Anfang vom Ende der Bolschewiki. Wollen Sie sehen, wie die Zeiten sich ändern? Kommen Sie mit!" Und fast laufend, eilte er den Michailowski hinauf. Wir hinter ihm her.

„Welches Regiment ist es?"

„Die Bronewiki." Und in der Tat war hier die Lage ernst. Die Bronewiki waren die Panzerwagentruppen, gewissermaßen der Schlüssel der ganzen Situation. Wer die Bronewiki hatte, der hatte die Stadt. „Die Kommissare des Komitees zur Rettung des Vaterlandes und die Vertreter der Duma haben zu ihnen gesprochen. Jetzt haben sie eine Versammlung, wo sie entscheiden werden."

„Was entscheiden? Auf wessen Seite sie kämpfen sollen?"

„O nein. So darf man ihnen nicht kommen. Sie werden niemals gegen die Bolschewiki kämpfen, sondern höchstens beschließen, neutral zu bleiben – dann aber werden die Offiziersschüler und Kosaken . . ."

Das Tor der großen Michailowski-Reitschule gähnte schwarz. Zwei Posten versuchten uns anzuhalten. Aber wir huschten vorüber, ohne auf ihre wütenden Zurufe zu achten. Im Innern eine einzige, mattbrennende Bogenlampe, hoch unter dem Dach der mächtigen Halle, deren luftige Pfeiler und Fensterbögen in der Dämmerung fast verschwanden. An den Seiten die dunklen Silhouetten riesiger Panzerwagen. Einer stand in der Mitte der Halle, direkt unter der Lampe, und um ihn herum waren an die zweitausend wettergebräunte Soldaten versammelt, fast verschwindend in der riesenhaften Ausdehnung des Gebäudes. Ein Dutzend Leute, Offiziere und der Vorsitzende des Soldatenkomitees, waren auf dem Dach des Wagens postiert, und vom Turm aus sprach ein Soldat. Dies war Chanshonow, der schon den im vergangenen Sommer abgehaltenen Gesamtrussischen Kongreß der Panzereinheiten geleitet hatte. Ein geschmeidiger hübscher Mensch in einem Lederrock mit Offiziersachselstücken, der mit lebhafter Beredsamkeit für die Neutralität der Truppen eintrat.

„Es ist entsetzlich, zu denken, daß Russen einander morden sollen. Es darf keinen Bürgerkrieg geben zwischen Soldaten, die Schulter an Schulter den Zaren und den äußeren Feind in Schlachten bezwungen haben, die noch lange in der Geschichte fortleben werden. Was kümmert uns Soldaten das Gezänk der politischen Parteien? Es fällt mir nicht ein, zu behaupten, daß die Provisorische Regierung eine demokratische Regierung war. Wir wollen keine Koalition mit der Bourgeoisie! Aber was wir haben müssen, ist eine Regierung der vereinten Demokratie, sonst ist Rußland verloren. Bekommen wir eine solche Regierung, dann ist der Bürgerkrieg unnötig und der Brudermord bleibt uns erspart."

Das klang einleuchtend, und der weite Raum hallte vom Beifall wider.

Ein Soldat kletterte hinauf, blaß und übermüdet. „Genossen! Ich komme von der rumänischen Front, und ich sage euch, daß wir Frieden haben müssen, sofortigen Frieden. Wer immer uns den Frieden geben kann, seien es nun die Bolschewiki oder diese neue Regierung, dem werden wir folgen. Friede. Friede! Wir an der Front können nicht mehr kämpfen, weder gegen die Deutschen noch gegen die Russen", und damit schloß er. Aus der wogenden Masse stieg ein Durcheinander streitender Stimmen, das sich zu zornigen Rufen steigerte, als der nächste Redner, ein Menschewik, sie zu überzeugen suchte, daß der Krieg weitergeführt werden müsse bis zum Siege der Alliierten.

„Du sprichst wie Kerenski!" rief eine rauhe Stimme dem Redner zu.

Ein Dumadelegierter plädierte für Neutralität. Sie hörten ihm zu, aber voller Mißtrauen, fühlten, daß er nicht zu ihnen gehörte. Niemals wieder sah ich Männer so ängstlich bemüht, zu begreifen und richtig zu entscheiden, unbeweglich, in fast bedrohlicher Spannung auf die Redner starrend, die Augenbrauen zusammengezogen in der Anspannung des Nachdenkens, die Stirnen schweißbedeckt; Riesen an Gestalt, mit den klaren, unschuldigen Augen von Kindern und den Gesichtern von Helden.

Jetzt sprach ein Bolschewik, einer von ihren eigenen Leuten, heftig, haßerfüllt. Sie hörten ihm nicht mit mehr Sympathie zu als den anderen. Seine Art entsprach nicht ihrer Stimmung. Aber er riß sie einen Moment lang aus dem Trott alltäglichen kleinlichen Denkens empor zum Bewußtsein ihrer Verantwortung gegenüber dem Schicksal Rußlands, des Sozialismus, der Welt, der Revolution.

Redner folgte auf Redner, unter gespanntem, nur dann und wann von Beifalls- oder Zornesrufen unterbrochenem Schweigen abwechselnd für und gegen die Neutralität sprechend. Chanshonow redete noch einmal, hinreißend, sympathisch. Aber war er nicht ein Offizier, wieviel er immer vom Frieden sprach? Dann ein Arbeiter aus dem Stadtteil Wassili-Ostrow. Ihn empfingen sie mit den Worten: „Nun, Arbeiter, wirst du uns den Frieden bringen?" Ganz in unserer Nähe hatten einige Leute, in der Mehrzahl waren es Offiziere, eine Art Claque gebildet, die systematisch für die Verteidiger der Neutralität Stimmung machte. „Chanshonow, Chanshonow!" riefen sie fortgesetzt und zischten und pfiffen, wenn ein Bolschewik zu sprechen versuchte.

Plötzlich begannen auf dem Dach des Wagens die Komitee-mitglieder und die Offiziere, die sich offenbar über irgend etwas uneinig geworden waren, aufgeregt und heftig gestikulierend aufeinander einzureden. Die Versammlung wurde aufmerksam und verlangte zu wissen, um was es sich handle. Ein Soldat, von einem Offizier zurückgehalten, riß sich los und hob seine Hand empor:

„Genossen", schrie er, „der Genosse Krylenko ist hier und wünscht zu uns zu sprechen." Ein Sturm wilden Beifalls brach los, dann Pfeifen und Rufe: „Prossim! Prossim! – Doloi!" (Hinauf, hinauf! Nieder mit ihm!) Währenddessen kletterte, von hilfsbereiten Händen gezogen und geschoben, der Volkskommissar für das Heer an der Seite des Wagens empor. Sich aufrichtend, stand er einen Moment, ging dann nach vorn, die Hände auf die Hüften gestützt, und blickte lächelnd um sich, eine kleine Gestalt, kurzbeinig, ohne Kopfbedeckung und ohne Rangabzeichen auf der Uniform.

Die Claque in meiner Nähe hörte nicht auf zu schreien: „Chanshonow, Chanshonow! Wir wollen Chanshonow hören! Hinunter mit ihm! Schluß, Schluß! Nieder mit dem Verräter!" Die Aufregung begann allgemein zu werden. Da plötzlich eine Bewegung gleich einer auf uns niederrollenden Lawine: riesenhafte, zornigblickende Gestalten bahnten sich einen Weg durch das Gedränge.

„Wer stört hier unsere Versammlung? Woher das Pfeifen?" Die Claque verstummte, drückte sich schleunigst und unterließ jede weitere Störung.

„Genossen Soldaten!" begann Krylenko mit vor Müdigkeit heiserer Stimme. „Ich kann leider nur sehr schlecht zu euch sprechen, denn ich habe seit vier Tagen nicht mehr geschlafen.

Ich brauche euch nicht erst zu sagen, daß ich ein Soldat bin wie ihr und daß ich den Frieden wünsche. Was ich aber hier sagen muß, ist, daß die bolschewistische Partei, die mit eurer

Hilfe und mit Hilfe vieler anderer braver Genossen in der siegreichen Arbeiter- und Soldatenrevolution die Macht der blutdürstigen Bourgeoisie stürzte, das von ihr gegebene Versprechen, ein Friedensangebot an alle kriegführenden Völker zu richten, bereits, und zwar am heutigen Tag, eingelöst hat." (Stürmischer Beifall.)

„Man fordert euch hier zur Neutralität auf, während die Offiziersschüler und die Todesbataillone, die niemals neutral sind, uns in den Straßen niederschießen und Kerenski oder irgendeinen andern von dieser Bande nach Petrograd zurückbringen wollen. Vom Don aus marschiert Kaledin; Kerenski kommt von der Front, und Kornilow hetzt die Tekinzy auf und will sein Augustabenteuer wiederholen. Die Menschewiki und Sozialrevolutionäre, die euch hier so ängstlich beschwören, doch um alles in der Welt den Bürgerkrieg zu verhindern, haben sie sich anders an der Macht halten können als vermittels des Bürgerkrieges, der seit dem letzten Juli nicht aufgehört hat zu wüten und in dem sie immer – genau wie heute – auf der Seite der Bourgeoisie zu finden waren?

Wie kann ich euch überzeugen, wenn ihr euch bereits festgelegt habt? Die Frage ist ganz klar. Auf der einen Seite die Kerenski, Kaledin, Kornilow, die Menschewiki, die Sozialrevolutionäre, die Kadetten, die Duma und die Offiziere. Sie sagen euch natürlich, daß sie das Beste wollen. Auf der anderen Seite stehen die Arbeiter, die Soldaten und Matrosen, die armen Bauern. Die Regierung ist in euren Händen. Ihr seid die Herren. Ganz Rußland gehört euch. Wollt ihr es wieder zurückgeben?"

Nur mit der größten Willensanstrengung hielt er sich, während er redete, aufrecht; aber die ihn beseelende tiefe und ehrliche Begeisterung begann allmählich trotz seiner Ermüdung ihre Wirkung auf die Versammlung auszuüben. Als er geendet hatte, wäre er fast gefallen. Hundert Hände streckten sich ihm entgegen, ihm beim Herabsteigen behilflich zu sein.

Chanshonow versuchte erneut zu sprechen. Aber „abstimmen, abstimmen!" schallte es ihm entgegen. Er gab schließlich nach und verlas die Resolution, die besagte, daß die Panzereinheit ihren Vertreter aus dem Revolutionären Militärkomitee zurückziehen und in dem gegenwärtigen Bürgerkrieg neutral bleiben würde. Wer für die Resolution war, sollte nach rechts, wer dagegen war, nach links treten. Es gab einen Moment des Schwankens. Dann aber begann die Menge in immer schnellerem Tempo, einer über den andern stolpernd, nach links zu fluten. Nicht weit von uns entfernt fanden sich gegen fünfzig Mann zusammen, die für die Resolution gestimmt hatten; das war alles. Während noch die Halle von dem Siegesjubel der anderen widertönte, verließ das Häuflein eiligst das Gebäude – und einige von ihnen auch für immer die Revolution.

Derselbe Kampf spielte sich in allen Kasernen der Stadt ab, in allen Bezirken, an der ganzen Front, in ganz Rußland. Solcher Krylenkos gab es viele; nie zum Schlafen kommend, von Ort zu Ort eilend, die Regimenter überwachend, überredend, drohend, beschwörend. Dasselbe in sämtlichen Ortsorganisationen jeder einzelnen Gewerkschaft, in den Fabriken, in den Dörfern, auf den Kriegsschiffen der weitverstreuten russischen Flotte. In dem weiten Land Hunderttausende russischer Männer, Arbeiter, Bauern, Soldaten, Matrosen, um die Redner geschart, mit ungeheurem Willensaufwand zu begreifen, zu wählen bemüht, angespannt nachdenkend – und zu guter Letzt so einmütig entscheidend. So war die russische Revolution . . .

Der neue Rat der Volkskommissare im Smolny war mittlerweile nicht müßig gewesen. Das erste Dekret war bereits im Druck und wurde in Tausenden von Exemplaren noch in derselben Nacht in den Straßen der Stadt verbreitet und in mächtigen Ballen mit den süd- und ostwärts fahrenden Zügen ins Land befördert:

„Im Namen der von dem Gesamtrussischen Sowjetkongreß
der Arbeiter- und Soldatendeputierten unter Mitwirkung von
Bauerndeputierten gewählten Regierung der Republik ordnet
der Rat der Volkskommissare an:

1. Die Wahlen zur Konstituierenden Versammlung werden
auf den 12. November angesetzt.

2. Alle Wahlkommissionen, die Organe der lokalen Selbstverwaltung, die Sowjets der Arbeiter- und Soldatendeputierten
und die Soldatenorganisationen an der Front werden aufgefordert, die Durchführung freier und ordnungsmäßiger Wahlen an
dem festgesetzten Datum sicherzustellen.

Im Namen der Regierung der Russischen Republik

Der Vorsitzende des Rates der Volkskommissare,
*Wladimir Uljanow-Lenin.*"

Die im Stadthaus tagende Duma war in voller Aufregung.
Als wir ankamen, hatte gerade ein Mitglied des Rates der Russischen Republik das Wort. Der Rat, erklärte er, betrachte sich
keineswegs als aufgelöst, er sei nur außerstande, seine Arbeiten
fortzusetzen, solange er nicht einen neuen Sitzungsraum zur
Verfügung habe. In der Zwischenzeit habe das Ältestenkolle-
gium des Rates beschlossen, in corpore dem Komitee zur Rettung des Vaterlandes beizutreten. Dies war die letzte Lebens-
äußerung des Rates der Russischen Republik.

Dann kam das gewohnte Nacheinander von Delegierten aus
den Ministerien, dem Wikshel, dem Verband der Post- und
Telegrafenbeamten, die zum hundertsten Male ihren festen
Willen bekundeten, unter keinen Umständen für die bolschewistischen Usurpatoren zu arbeiten. Ein Offiziersschüler, der
mit im Winterpalast gewesen war, schilderte in stark aufgetragenen Farben seine und seiner Kameraden angebliche Helden-
taten und das schmähliche Verhalten der Rotgardisten. Alles
wurde kritiklos geglaubt. Irgend jemand las laut einen Bericht

aus der sozialrevolutionären Zeitung „Narod" vor, der den im Winterpalast angerichteten Schaden auf fünfhundert Millionen Rubel veranschlagte und die angeblichen Plünderungen und Zerstörungen in allen Einzelheiten beschrieb.

Von Zeit zu Zeit kamen Kuriere mit neuen Telefonmeldungen: Die vier sozialistischen Minister seien aus dem Gefängnis entlassen worden. Krylenko sei in die Peter-Pauls-Festung gegangen, um an den Admiral Werderewski die Aufforderung zu richten, das noch unbesetzte Marineministerium zu übernehmen. Der alte Seemann habe akzeptiert. Kerenski habe von Gatschina aus den Vormarsch angetreten. Die bolschewistischen Garnisonen zögen sich vor ihm zurück. Im Smolny hätten sie ein neues Dekret herausgegeben, bestimmt, die Vollmachten der Stadtduma hinsichtlich der Lebensmittelversorgung zu umgrenzen.

Diese letzte „Unverschämtheit" hatte einen Wutausbruch zur Folge. Lenin, der Usurpator und Tyrann, dessen Kommissare sich der städtischen Garagen und Vorratshäuser bemächtigt hatten, sich in die Tätigkeit der Ernährungsämter einmischten, dieser Lenin maße sich an, die Grenzen der Macht der freien, unabhängigen, autonomen Stadtverwaltung bestimmen zu wollen. Ein Mitglied schlug zornentbrannt vor, der Stadt die Lebensmittelzufuhr zu sperren, wenn die Bolschewiki es wagen sollten, sich in die Geschäfte der Ernährungsämter einzumischen ... Ein anderer, Vertreter des Ernährungsamtes, schilderte die Situation als sehr ernst und forderte Maßnahmen zur beschleunigten Heranführung der Lebensmittelzüge.

Dedonenko teilte begeistert mit, daß die Garnison schwanke. Das Semjonowski-Regiment habe schon den Beschluß gefaßt, sich den Befehlen der sozialrevolutionären Partei zu unterstellen; die Besatzungen der Torpedoboote auf der Newa seien unschlüssig. Es wurden sofort sieben Mitglieder bestimmt, die die Propaganda fortsetzen sollten ...

Dann betrat der alte Bürgermeister die Tribüne: „Genossen und Bürger! Ich erfahre soeben, daß das Leben der Gefangenen in der Peter-Pauls-Festung in Gefahr ist. Vierzehn Offiziersschüler von der Pawlowsker Schule sind von den bolschewistischen Wächtern geprügelt und gemartert worden. Einer hat den Verstand verloren. Jetzt drohen sie, die Minister zu lynchen!" Ein Sturm der Entrüstung und des Schreckens brach los, der sich nur noch steigerte, als eine in Grau gekleidete, untersetzte kleine Frau das Wort verlangte. Dies war Wera Sluzkaja, eine alte Revolutionärin und ein bolschewistisches Mitglied der Duma.

„Das ist eine Lüge und Provokation", erklärte sie, ungeachtet der gegen sie geschleuderten Schmähungen. „Die Arbeiter-und-Bauern-Regierung, die die Todesstrafe abgeschafft hat, kann solche Handlungen gar nicht dulden. Wir verlangen die unverzügliche Vornahme einer Untersuchung, und wenn an solchen Erzählungen auch nur ein Körnchen Wahrheit sein sollte, wird die Regierung nicht verfehlen, sofort die energischsten Maßnahmen zu treffen."

Es wurde eine Kommission aus Mitgliedern aller Parteien ernannt und, zusammen mit dem Bürgermeister, in die Peter-Pauls-Festung entsandt, um Erkundigungen einzuziehen. Als wir ihnen folgten, war die Duma dabei, eine weitere Kommission zu wählen, die mit Kerenski konferieren und auf ihn einwirken sollte, damit er Blutvergießen möglichst vermeide, wenn er in die Hauptstadt einzöge.

Es war Mitternacht, als wir die Wachen am Festungstor passierten und in dem schwachen Schimmer vereinzelter elektrischer Lampen dahinschritten, an der Kirche, wo die Zarengräber liegen, und dem schlanken goldenen Turm mit seinem Glockenspiel vorbei, das noch Monate nach der Märzrevolution nicht aufgehört hatte, jeden Mittag das „Gott erhalte den

Zaren"* zu spielen. Der Platz lag wie ausgestorben; die meisten Fenster blickten dunkel auf uns herab. Gelegentlich stießen wir auf Gestalten, die in der Dunkelheit ungeschickt dahinstolperten und unsere Fragen gewöhnlich mit „Ja ne snaju" (Ich weiß nicht) beantworteten.

Zu unserer Linken ragte drohend die dunkle Silhouette der Trubezkoi-Bastion empor, wo in den Tagen des Zaren so viele Märtyrer lebendig begraben wurden und ihren Verstand und ihr Leben verloren, wo die Provisorische Regierung dann die Minister des Zaren gefangenhielt und wo nun die neue Regierung die Minister der Provisorischen Regierung eingekerkert hatte.

Ein freundlicher Matrose führte uns in ein kleines Haus, zum Büro des Kommandanten. Dort saßen in überheiztem, von Tabaksrauch erfülltem Raum, um einen lustig dampfenden Samowar, ein halbes Dutzend Rotgardisten, Matrosen und Soldaten. Sie begrüßten uns mit großer Herzlichkeit und boten uns Tee an. Der Kommandant sei nicht da. Er begleite eine Kommission von „Sabotashniki" (Saboteuren) aus der Stadtduma, die sich nicht ausreden lassen wollten, daß hier alle gefangenen Offiziersschüler gemordet würden. Die revolutionären Soldaten fanden dies zu drollig. In einer Ecke des Zimmers saß ein kahlköpfiger, aufgeregter kleiner Herr in Gehrock und kostbarem Pelzmantel, der an seinem Schnurrbart kaute und wie eine gefangene Ratte um sich blickte. Er war eben verhaftet worden. Irgend jemand meinte nachlässig, daß er ein Minister oder dergleichen sei. Obwohl keinerlei Feindseligkeiten ausgesetzt, war das Männchen augenscheinlich furchtbar ängstlich.

Ich ging zu ihm hinüber und sprach ihn auf Französisch an. „Graf Tolstoi", antwortete er, sich steif verbeugend. „Ich verstehe nicht, warum man mich verhaftet hat. Ich kam über die Troizki-Brücke, um nach Hause zu gehen, als zwei dieser – die-

---

* Das Glockenspiel der Peter-Pauls-Kathedrale war „Ehre sei Gott . . ." Die Red.

ser Personen – mich anhielten. Ich war Kommissar der Provisorischen Regierung beim Generalstab, aber in keiner Weise Mitglied der Regierung . . ."

„Laßt ihn gehen", meinte ein Matrose. „Er ist ungefähr-
lich . . ."

„Nein", antwortete der Soldat, der den Gefangenen gebracht
hatte. „Wir müssen den Kommandanten fragen."

„Oh, der Kommandant!" sagte der Matrose. „Wozu habt
ihr eigentlich eine Revolution gemacht? Um nach wie vor den
Befehlen von Offizieren zu gehorchen?"

Ein Fähnrich des Pawlowski-Regiments erzählte, wie der Aufstand begonnen hatte. „Das Regiment hatte in der Nacht zum
Sechsten Wachtdienst beim Generalstab. Einige meiner Kameraden und ich standen Wache; Iwan Pawlowitsch und ein anderer – ich weiß im Moment seinen Namen nicht – saßen hinter
den Fenstervorhängen in dem Zimmer, wo der Stab eine Sitzung
abhielt, und sie hörten allerlei. Unter anderem auch Befehle an
die Offiziersschüler von Gattschina, in der Nacht nach Petrograd zu kommen, und einen Befehl für die Kosaken, sich für
den anderen Morgen marschfertig zu halten . . . Die wichtigsten
Stellen der Stadt sollten vor Tagesgrauen besetzt, dann die
Brücken geöffnet werden. Als sie jedoch davon zu sprechen begannen, daß der Smolny umzingelt werden sollte, hielt Iwan
Pawlowitsch es nicht länger aus. Es war in diesem Moment gerade ein großes Kommen und Gehen; so schlüpfte er hinaus und
kam zur Wachtstube herunter, der andere Genosse blieb oben,
um aufzuschnappen, was er konnte.

Ich dachte mir schon, daß irgend etwas im Gange war. Automobile voller Offiziere kamen an, sämtliche Minister waren
anwesend. Iwan Pawlowitsch teilte mir mit, was er gehört hatte.
Es war halbdrei Uhr morgens. Der Schriftführer des Regimentskomitees war da, und wir machten ihm Mitteilung und fragten,
was wir tun sollten.

‚Alles verhaften, was kommt und was geht!‘ sagte er. Das machten wir. Im Verlauf einer Stunde hatten wir einige Offiziere und ein paar Minister, die wir direkt nach dem Smolny bringen ließen. Das Revolutionäre Militärkomitee war jedoch nicht bereit; sie wußten nicht, was mit ihnen anfangen; und bald kam der Befehl, alle laufen zu lassen und niemand mehr zu verhaften. Wir stürmten natürlich gleich nach dem Smolny und haben etwa eine Stunde lang geredet, bis sie endlich kapierten, daß Krieg war. Es war genau fünf Uhr, als wir zum Stab zurückkamen, die meisten waren mittlerweile weg. Wir faßten aber doch einige, und die ganze Garnison war in Bewegung . . ."

Ein Rotgardist von Wassili-Ostrow beschrieb in allen Einzelheiten, was sich in seinem Bezirk an dem großen Tag des Aufstandes abgespielt hatte. „Wir hatten nicht ein Maschinengewehr dort", sagte er lachend, „und der Smolny konnte uns keine geben. Genosse Salkind, ein Mitglied des Zentralbüros der Bezirksduma, erinnerte sich plötzlich, daß in dem Sitzungssaal der Bezirksduma ein Maschinengewehr lagerte, das von den Deutschen erobert worden war. Er und ich und dann noch ein anderer Genosse gingen hin, um es zu holen. Die Menschewiki und Sozialrevolutionäre hatten gerade eine Sitzung. Wir machten die Tür auf und gingen einfach hinein. Zwölf oder fünfzehn Personen saßen um einen Tisch herum, gegen uns drei. Als sie uns sahen, hörten sie auf zu sprechen und starrten uns an. Wir gingen, ohne uns umzusehen, durch das Zimmer, nahmen das Maschinengewehr auseinander, Genosse Salkind packte den einen Teil, ich den anderen; wir nahmen sie auf unsere Schulter und zogen ab – nicht einer sagte ein Wort!"

„Wissen Sie eigentlich, wie wir den Winterpalast nahmen?" fragte ein dritter, ein Matrose. „So um elf Uhr herum hatten wir heraus, daß an der Seite zur Newa keine Offiziersschüler mehr waren. Wir brachen die Tore ein und schlichen, teils einzeln, teils in Gruppen, die verschiedenen Treppen hinauf. Oben angekommen, wurden wir von den Offiziersschülern festgehalten, und sie nahmen uns unsere Gewehre ab. Von unseren Genossen aber kamen immer mehr, und schließlich hatten wir die Mehrheit. Jetzt drehten wir den Spieß um und nahmen den Offiziersschülern die Gewehre weg ..."

In diesem Moment trat der Kommandant herein, ein fröhlich dreinschauender junger Unteroffizier, seinen Arm in einer Binde und tiefe Ränder von Schlaflosigkeit unter den Augen. Sein erster Blick fiel auf den Gefangenen, der ihn sofort mit Erklärungen bestürmte.

„Ach, ich weiß", unterbrach der andere. „Sie gehörten mit zu dem Komitee, das am Mittwoch nachmittag die Kapitulation des Stabes verweigerte. Wir haben indes kein Interesse an Ihnen, Bürger. Entschuldigung –." Er öffnete die Tür und gab dem Grafen Tolstoi mit einer Handbewegung zu verstehen, daß er gehen könne. Verschiedene andere, besonders die Rotgardisten, wollten protestieren, und der Matrose bemerkte triumphierend: „Da habt ihr's! Sagte ich's nicht?"

Zwei Soldaten verlangten jetzt den Kommandanten zu sprechen. Sie waren ein von der Festungsgarnison gewähltes Protestkomitee. Die Soldaten beklagten sich darüber, daß die Gefangenen genauso verpflegt würden wie die Wachen, wo doch die vorhandenen Lebensmittel nicht einmal ausreichten, die Mannschaften satt zu machen. „Warum sollen wir die Konterrevolutionäre so gut behandeln?"

„Wir sind Revolutionäre, Genossen, und keine Banditen", antwortete ihnen der Kommandant. Er wandte sich zu uns. Wir sprachen mit ihm über die Gerüchte, denen zufolge die Offiziersschüler gemartert würden und das Leben der Minister bedroht sei. „Könnten wir die Gefangenen wohl sehen, um in der Lage zu sein, diesen Erzählungen entgegenzutreten?"

„Nein!" versetzte der junge Soldat. „Ich will die Gefangenen nicht noch einmal stören. Ich habe sie eben erst wecken müssen – sie glaubten, wir kämen, sie umzubringen. Die meisten Offiziersschüler haben wir schon freigelassen, der Rest wird morgen gehen."

„Dürfen wir mit der Dumakommission sprechen?" Der Kommandant, der sich ein Glas Tee einschenkte, nickte.

„Sie sind noch draußen im Saal."

So war es in der Tat. Die Kommissionsmitglieder standen draußen vor der Tür, im schwachen Licht einer Öllampe um den Bürgermeister geschart, aufgeregt miteinander redend.

„Herr Bürgermeister", begann ich, „wir sind amerikanische Korrespondenten. Wollen Sie uns bitte offiziell das Resultat Ihrer Nachforschungen mitteilen?"

Darauf der Bürgermeister:

„Die Berichte entsprachen nicht der Wahrheit. Von den Zwischenfällen abgesehen, die sich abspielten, als die Minister hier eingeliefert wurden, hat man sie durchaus rücksichtsvoll behandelt. Den Offiziersschülern ist kein Leid geschehen."

Den Newski hinauf marschierte in tiefem Schweigen eine endlose Kolonne Soldaten – Kerenski entgegen... In den Nebenstraßen sausten unbeleuchtete Automobile hin und her, und verstohlenes emsiges Treiben herrschte in der Fontanka Nr. 6, dem Hauptquartier des Bauernsowjets, in einigen Wohnungen eines hohen Gebäudes am Newski und in der Ingenieurschule. Die Duma war hell erleuchtet...

Im Revolutionären Militärkomitee wetterleuchtete es wie vor einem drohenden Gewitter.

## VII
## DIE REVOLUTIONÄRE FRONT

Sonnabend, 10. November.

„ B ü r g e r !

Das Revolutionäre Militärkomitee erklärt, keinerlei Störung der revolutionären Ordnung dulden zu wollen.

Diebstähle, Räubereien, Überfälle, Pogromversuche werden streng bestraft werden.

Das Komitee wird, dem Beispiel der Pariser Kommune folgend, alle Plünderer und Aufrührer erbarmungslos ausmerzen . . .“

Die Stadt lag ruhig. Nicht ein Überfall oder Diebstahl, nicht einmal das Streiten Betrunkener. Nachts gingen bewaffnete Patrouillen durch die stillen Straßen, und an den Ecken hockten um kleine Feuer Soldaten und Rotgardisten, lachend und singend. Tagsüber drängten sich auf den Bürgersteigen riesige Menschenmassen, den endlosen heißen Debatten zwischen Studenten und Soldaten, Geschäftsleuten und Arbeitern lauschend.

Bürger hielten einander auf den Straßen an.

„Werden die Kosaken kommen?“

„Nein . . .“

„Was gibt's Neues?“

„Ich weiß gar nichts. Wo ist Kerenski?“

„Man sagt, nur noch acht Werst von Petrograd entfernt . . .
Ist es wahr, daß die Bolschewiki auf das Kriegsschiff ‚Aurora'
geflohen sind?"

„Ich habe so etwas gehört . . ."

Schreiend nur die Mauern der Häuser und die wenigen erscheinenden Zeitungen: Ankündigungen, Aufrufe, Gesetze . . .

Ein riesengroßes Plakat verkündete das hysterische Manifest
des Exekutivkomitees der Bauersowjets:

„. . . Sie (die Bolschewiki) haben die Kühnheit zu behaupten,
daß die Sowjets der Bauerndeputierten sie unterstützen und
daß sie im Namen der Sowjets der Bauerndeputierten sprechen . . .

Das gesamte werktätige Rußland soll es wissen, daß dies
*eine Lüge ist und daß alle werktätigen Bauern*, vertreten *im
Exekutivkomitee des Gesamtrussischen Sowjets der Bauerndeputierten*, jede Teilnahme der organisierten Bauernschaft an dieser
verbrecherischen Vergewaltigung des Willens aller Werktätigen
mit Entrüstung von sich weisen . . ."

Ein Aufruf von der Soldatensektion der Sozialrevolutionäre:

„. . . Das wahnsinnige Unternehmen der Bolschewiki steht
vor dem Zusammenbruch, die Garnison ist gespalten . . . Die
Ministerien stehen im Streik, das Brot wird immer knapper.
Alle Parteien, mit Ausnahme einer Handvoll Maximalisten,
haben den Kongreß verlassen. Die Partei der Bolschewiki ist
isoliert . . .

Wir fordern alle vernünftigen Elemente auf, sich um das
Komitee zur Rettung des Vaterlandes und der Revolution zu
scharen und sich bereitzuhalten, auf den ersten Ruf des Zentralkomitees zu marschieren . . ."

Ein Handzettel des Rates der Russischen Republik:

„Der Rat der Russischen Republik hat sich, der Gewalt der
Bajonette weichend, gezwungen gesehen, vorübergehend seine
Sitzungen zu unterbrechen.

Die Usurpatoren, mit den Worten ‚Freiheit und Sozialismus‘ auf den Lippen, haben eine Gewaltherrschaft aufgerichtet. Sie haben die Mitglieder der Provisorischen Regierung verhaftet, die Zeitungen verboten und die Druckereien mit Beschlag belegt ... Diese Machthaber müssen als Feinde des Volkes und der Revolution betrachtet werden; es ist notwendig, den Kampf gegen sie aufzunehmen und sie niederzuwerfen ...

Der Rat der Russischen Republik fordert alle Bürger der Russischen Republik auf, sich bis zur Wiederaufnahme seiner Tätigkeit um die lokalen Komitees zur Rettung des Vaterlandes und der Revolution zu scharen, die den Sturz der Bolschewiki und die Errichtung einer Regierung organisieren, fähig, dem Lande die Konstituierende Versammlung zu bringen."

„Delo Naroda" schrieb:

„... Eine Revolution ist die Erhebung des gesamten Volkes ... Was aber haben wir hier? Eine bloße Handvoll armseliger, von Lenin und Trotzki betrogener Narren ... Ihre Dekrete und Aufrufe werden nur das Museum für geschichtliche Kuriositäten füllen ..."

„Narodnoje Slowo" endlich, das Blatt der Volkssozialisten:

„Arbeiter-und-Bauern-Regierung? – Eine Phantasie! Niemand, weder in Rußland noch in den Ländern unserer Verbündeten, ja nicht einmal in den feindlichen Ländern, wird diese ‚Regierung‘ anerkennen ..."

Die bürgerliche Presse war vorübergehend verschwunden.

Die „Prawda" enthielt einen Bericht von der ersten Sitzung des neuen Zentralexekutivkomitees, des jetzigen Parlaments der Russischen Sowjetrepublik. Miljutin, der Volkskommissar für die Landwirtschaft, hatte mitgeteilt, daß das Exekutivkomitee der Bauernsowjets zum 13. Dezember einen Gesamtrussischen Bauernkongreß einberufen habe.

„Wir können jedoch nicht warten", sagte er, „wir brauchen den Rückhalt der Bauern. Ich schlage vor, daß *wir* den Bauernkongreß unverzüglich einberufen ..." Die linken Sozialrevolutionäre gaben ihre Zustimmung. Man entwarf in Hast einen Aufruf an die Bauern Rußlands und wählte ein Fünferkomitee zur Durchführung des Projektes.

Die Fragen detaillierter Pläne für die Verteilung des Landes und die Industriekontrolle durch die Arbeiter wurden vertagt, bis Fachleute, die diese Fragen bearbeiteten, ihre Berichte gegeben haben würden.

Drei Dekrete[1] wurden verlesen und angenommen: 1. Lenins allgemeine Pressebestimmungen, die das Verbot aller zum Widerstand und Ungehorsam gegen die neue Regierung und zu verbrecherischen Handlungen auffordernden oder mit Vorbedacht falsche Nachrichten verbreitenden Zeitungen anordneten; 2. das Gesetz über die Stundung der Hausmieten und 3. das Gesetz über die Errichtung einer Arbeitermiliz. Außerdem Befehle, deren einer der Stadtduma Vollmacht erteilte, leere Wohnungen und Häuser zu beschlagnahmen, während der andere die Entladung von Güterwagen auf den Endbahnhöfen regelte, um die Verteilung der Lebensmittelvorräte zu beschleunigen und das dringend benötigte rollende Material frei zu machen ...

Zwei Stunden später sandte das Exekutivkomitee der Bauernsowjets das folgende Telegramm durch ganz Rußland:

„Das von den Bolschewiki ins Leben gerufene sogenannte Organisationsbüro für den Nationalkongreß der Bauern richtet an alle Bauern die Einladung zur Entsendung von Delegierten für einen Kongreß nach Petrograd ...

Das Exekutivkomitee der Sowjets der Bauerndeputierten erklärt, nach wie vor der Meinung zu sein, daß es gefährlich wäre, jetzt die Kräfte vom Lande fortzunehmen, die dort für die Vorbereitung der Wahlen zur Konstituierenden Versammlung notwendig sind, der einzigen Rettung für die arbeitende Klasse und für das Land. Wir wiederholen, daß der Bauernkongreß am 13. Dezember stattfindet."

Ich fand die Duma in heller Aufregung. Kommen und Gehen von Offizieren, der Bürgermeister konferierte mit den Führern des Komitees zur Rettung des Vaterlandes. Ein Rat kam hereingelaufen mit einem Exemplar von Kerenskis Proklamation, die zu Hunderten von einem in geringer Höhe den Newski entlangfliegenden Flugzeug abgeworfen wurde und allen fürchterliche Rache androhte, die sich nicht unterwerfen wollten. Sämtliche Soldaten waren aufgefordert, ihre Waffen niederzulegen und sich sofort auf dem Marsfeld zu versammeln.

Der Ministerpräsident habe Zarskoje Selo genommen, wurde uns mitgeteilt, und befinde sich bereits in der Umgebung Petrograds, nur etwa neun Kilometer entfernt. Morgen – in einigen Stunden – würde er in die Stadt einmarschieren. Die in Fühlung mit seinen Kosaken gekommenen Sowjettruppen gingen, so hieß es, zur Provisorischen Regierung über. Tschernow sei bestrebt, die neutralen Truppen zu organisieren, um den Bürgerkrieg zu verhindern.

In der Stadt seien die Garnisonregimenter im Begriff, sich von den Bolschewiki abzuwenden. Der Smolny sei bereits geräumt, . . . der ganze Regierungsapparat ins Stocken geraten. Die Angestellten der Staatsbanken weigerten sich, unter den bolschewistischen Kommissaren zu arbeiten und ihnen Gelder auszuzahlen. Alle Privatbanken seien geschlossen, die Ministerien im Streik. Eine Dumakommission sei unterwegs, um bei Geschäftsleuten für einen Fonds[2] zur Auszahlung der Gehälter an die Streikenden zu sammeln . . .

Trotzki sei in das Ministerium des Auswärtigen gekommen und habe von den Angestellten die Übersetzung des Friedensdekrets in fremde Sprachen verlangt. Sechshundert Beamte hätten ihm ihren Rücktritt ins Gesicht geschleudert . . . Schljapnikow, der Volkskommissar für Arbeit, habe alle Angestellten seines Ministeriums aufgefordert, innerhalb vierundzwanzig

Stunden auf ihre Plätze zurückzukehren, ihnen gedroht, daß sie sonst ihre Stellungen und Pensionsrechte verlieren würden. Nur die Pförtner seien der Aufforderung nachgekommen ... Einige Abteilungen des Ernährungsamtes hätten ihre Arbeit eingestellt, weil sie nicht gewillt waren, sich der Kontrolle der Bolschewiki zu unterstellen ... Trotz weitestgehender Versprechungen auf hohe Löhne und bessere Arbeitsbedingungen hätten die Beamten der Telefonzentrale sich geweigert, das Sowjetbüro in das Telefonnetz einzuschalten ...

Von der Partei der Sozialrevolutionäre war der Ausschluß aller Mitglieder beschlossen worden, die den Sowjetkongreß nicht verlassen und sich am Aufstand beteiligt hatten ...

Nachrichten aus den Provinzen zufolge hatte Mogiljow sich gegen die Bolschewiki erklärt. In Kiew waren angeblich die Sowjets von den Kosaken überwunden und alle aufständischen Führer verhaftet worden. Der Sowjet und die dreißigtausend Mann starke Garnison von Luga hätten ihre Treue gegenüber der Provisorischen Regierung bestätigt und einen Appell an ganz Rußland gerichtet, sich um sie zu scharen. Kaledin habe alle Sowjets und Verbände im Donezbecken zersprengt, und seine Streitkräfte marschierten nordwärts ...

Ein Vertreter der Eisenbahner erzählte: „Gestern haben wir ein Telegramm durch ganz Rußland geschickt, in dem wir die sofortige Einstellung der Streitigkeiten zwischen den politischen Parteien verlangen und die Bildung einer sozialistischen Koalitionsregierung fordern; andernfalls würden wir morgen nacht den Streik proklamieren ... Am Morgen wird eine Sitzung sämtlicher Parteien stattfinden, um zu dieser Frage Stellung zu nehmen. Die Bolschewiki scheinen die Verständigung dringend zu wünschen ..."

„Wenn ihre Herrlichkeit noch so lange dauern wird", lachte der Stadtbaumeister, ein dicker, rothaariger Mensch.

Als wir zum Smolny kamen – der nicht geräumt war, sondern

geschäftiger denn je, mit Scharen ankommender und gehender Arbeiter, mit Soldaten und doppelten Wachen überall –, trafen wir die Berichterstatter der bürgerlichen und der „gemäßigten" sozialistischen Zeitungen.

„Hinausgeworfen haben sie uns", schrie einer von der „Wolja Naroda". „Bontsch-Brujewitsch kam in das Pressebüro und hieß uns gehen! Spione wären wir!" Alle redeten durcheinander: „Schmach, Schande, Pressefreiheit!"

In der Vorhalle standen große Tische mit Ballen von Aufrufen, Proklamationen, Befehlen des Revolutionären Militärkomitees. Arbeiter und Soldaten schwankten vorüber, die die Ballen in wartende Automobile trugen.

Einer der Aufrufe begann:

### „An den Pranger!

In diesem tragischen Moment, den die russischen Massen durchleben, haben die Menschewiki und ihr Anhang und die rechten Sozialrevolutionäre die Arbeiterklasse verraten. Sie haben sich auf die Seite der Kerenski, der Kornilow und Sawinkow geschlagen . . .

Sie drucken die Befehle des Verräters Kerenski und helfen in der Stadt eine Panik erzeugen, indem sie die lächerlichsten Gerüchte von sagenhaften Siegen dieses Verräters verbreiten . . .

Bürger!

Schenkt diesen falschen Gerüchten keinen Glauben! Keine Macht vermag die Revolution des Volkes zu unterdrücken . . . Kerenski und seine Anhänger wird bald die wohlverdiente Strafe treffen . . .

Wir stellen sie an den Pranger. Wir geben sie der Verachtung aller Arbeiter, Soldaten und Bauern preis, die sie wieder in die alten Ketten zu schlagen versuchen. Niemals wieder werden sie den Haß und die Verachtung des Volkes von sich ab-

waschen können. Schmach und Verdammung über diese Volks-
verräter!"

Das Revolutionäre Militärkomitee hatte ein größeres Quartier bezogen, im obersten Stockwerk, Zimmer 17. Am Eingang
standen Rotgardisten. Im Innern drängten sich in dem schmalen
Raum vor der Barriere gutgekleidete Leute, die sich Mühe
gaben, ihren kochenden Zorn unter einem äußerlich respekt-
vollen Benehmen zu verbergen. Es waren Bourgeois, die Er-
laubnisscheine für ihre Automobile oder Passierscheine für das
Verlassen der Stadt zu haben wünschten, unter ihnen viele
Ausländer ... Den Dienst versahen Bill Schatow und Peters.
Sie unterbrachen ihre Tätigkeit, um uns die letzten Nachrichten
vorzulesen:

„Das 179. Reserveregiment verspricht einmütige Unterstützung. Fünftausend Transportarbeiter aus den Putilow-Werften
grüßen die neue Regierung. Zentralkomitee der Gewerkschaften – begeisterte Unterstützung. Die Garnison und das Geschwader in Reval wählen Revolutionäre Militärkomitees zur
Mithilfe und entsenden Truppen. Pskow und Minsk unter der
Herrschaft Revolutionärer Militärkomitees. Grüße der Sowjets
von Zarizyn, Rostow am Don, Pjatigorsk, Sewastopol ... Die
Finnische Division, die neuen Komitees der Fünften und Zwölften Armee gelobten Treue ...

Die Nachrichten aus Moskau sind unbestimmt: Die strate-
gisch wichtigen Punkte der Stadt befinden sich in Händen der
Truppen des Revolutionären Militärkomitees. Zwei Kompanien
der Besatzung des Kreml sind zu den Sowjets übergegangen.
Das Arsenal ist im Besitz des Obersten Rjabzew und seiner
Offiziersschüler. Das Revolutionäre Militärkomitee, das Waffen für die Arbeiter angefordert hatte, wurde von Rjabzew bis
heute morgen hingehalten und ihm dann plötzlich ein Ultimatum übermittelt, das die Kapitulation der Sowjettruppen und

die Auflösung des Komitees verlangte. Die Kämpfe haben begonnen . . .

In Petrograd unterstellte sich der Stab den Kommissaren des Smolny sofort. Der sich weigernde Zentroflot wurde von Dybenko und einer Kompanie Kronstädter Matrosen gestürmt und ein neuer Zentroflot eingesetzt, der sich auf die Baltische und Schwarzmeerflotte stützt . . ."

Hinter der scheinbaren Zuversicht verbarg sich jedoch ein dumpfes Gefühl der Unruhe. Kerenskis Kosaken näherten sich schnell. Sie verfügten über Artillerie. Skrypnik, der Sekretär der Fabrikkomitees, sagte mir mit nervös gespanntem und gelbem Gesicht, daß ein ganzes Korps im Anmarsch sei. „Aber lebend werden sie uns nicht kriegen", fügte er wild hinzu. Petrowski lachte müde: „Möglich, daß wir uns morgen zum Schlafen — für immer legen werden." Losowski, mit seinem mageren, rotbärtigen Gesicht, sagte: „Was haben wir für Aussichten? Wir stehen allein. Ein unorganisierter Haufe gegen geschulte Soldaten."

Im Süden und Südwesten waren die Sowjets vor Kerenski geflohen. Die Garnisonen von Gattschina, Pawlowsk, Zarskoje Selo hatten sich gespalten. Ein Teil hatte beschlossen, neutral zu bleiben, der Rest, ohne Offiziere, flutete in wildester Unordnung in die Hauptstadt.

In den Sälen wurden Bulletins angeschlagen:

„Aus Krasnoje Selo, 10. November, 6 Uhr morgens

Mitteilung an alle Stabschefs,
Oberbefehlshaber, Befehlshaber
und an Alle, Alle, Alle!

Der Exminister Kerenski hat ein verlogenes Telegramm an Alle losgelassen, in dem er glauben machen will, daß die Truppen des revolutionären Petrograds freiwillig ihre Waffen abgeben und sich den Armeen der einstigen Regierung, der Regierung des Verrats, angeschlossen und daß die Soldaten vom Revolutionären Militärkomitee den Befehl zum Rückzug erhalten hätten. Die Truppen eines freien Volkes ziehen sich weder zurück, noch ergeben sie sich.

Unsere Truppen haben Gattschina verlassen, um Blutvergießen mit den irregeführten Kosaken zu vermeiden und um eine bessere Stellung zu beziehen, die zur Zeit so stark ist, daß, selbst wenn es Kerenski und seiner Clique gelingen sollte, ihre Kräfte zu verzehnfachen, keinerlei Anlaß zur Unruhe gegeben wäre. Der Geist unserer Truppen ist ausgezeichnet.

In Petrograd ist alles ruhig.

Der Chef der Verteidigung Petrograds und des Petrograder Bezirks, Oberstleutnant *Murawjow.*"

Wir waren im Begriff zu gehen, als, völlig erschöpft, Antonow ins Zimmer trat, ein Schriftstück in der Hand.

„Zur Versendung!" sagte er.

„An alle Bezirkssowjets der Arbeiterdeputierten und Fabrikkomitees!

### Befehl

Die kornilowistischen Kerenskibanden bedrohen die Hauptstadt. Alle notwendigen Befehle sind gegeben, um den konterrevolutionären Anschlag gegen das Volk und seine Errungenschaften erbarmungslos niederzuschlagen.

Die Armee und die Rote Garde der Revolution benötigen die unverzügliche Hilfe der Arbeiter.

Wir befehlen den Bezirkssowjets und Fabrikkomitees:

1. Die Freistellung der größtmöglichen Zahl von Arbeitern für das Ausheben von Schützengräben, für die Errichtung von Barrikaden und Verstärkung der Drahtverhaue.

2. Wo deswegen die Fabriken geschlossen werden müssen, hat es unverzüglich zu geschehen.

3. Alle Vorräte an gewöhnlichem Draht und an Stacheldraht sind zur Verfügung zu stellen, ebenso alle Werkzeuge für das Ausheben von Schützengräben und die Errichtung von Barrikaden.

4. Alle brauchbaren Waffen sind mitzunehmen.

5. Strengste Disziplin ist unerläßlich. Jeder einzelne muß bereit sein, die Revolutionsarmee mit allen Mitteln zu unterstützen.

Der Vorsitzende des Petrograder Sowjets der Arbeiter- und Soldatendeputierten, Volkskommissar *Leo Trotzki.*

Der Vorsitzende des Revolutionären Militärkomitees, Oberbefehlshaber *Podwoiski.*"

Als wir in den trüben, dunklen Tag hinaustraten, gellten von allen Seiten des grauen Horizontes heiser und unheilverkündend die Fabriksirenen. Zu Zehntausenden strömten die Arbeiter, Männer und Frauen, heraus. Zu Zehntausenden spien die summenden Elendsviertel ihre dunklen und armseligen Massen auf die Straße. Das Rote Petrograd war in Gefahr! „Die Kosaken!" Nach Süden und Südwesten strömten sie durch die armseligen Straßen, dem Moskowskitor zu: Männer, Frauen und Kinder mit Gewehren, Picken, Spaten, Drahtrollen, Patronengürtel über ihrer Arbeitskleidung. Ein machtvollerer, spontanerer Aufmarsch einer ganzen Stadt war nie gesehen worden! Einem gewaltigen Strome gleich, rollten sie vorwärts, ganze Kompanien von Soldaten mit sich reißend, Maschinengewehre, Lastautos, Wagen – das revolutionäre Proletariat, bereit, mit seiner Brust die Hauptstadt der Arbeiter-und-Bauern-Republik zu verteidigen.

Vor dem Smolny hielt ein Automobil. Ein schmächtiger Mensch, mit dicken Brillengläsern, vor Müdigkeit nur mit Anstrengung sprechend, stand gegen den Kotflügel des Autos gelehnt, die Hände in den Taschen seines schäbigen Mantels vergraben. Ein großer bärtiger Matrose, mit den klaren Augen der Jugend, strich ruhelos umher, zerstreut mit einem enormen Revolver spielend, den er nie aus der Hand ließ. Dies waren Antonow und Dybenko.

Einige Soldaten waren bemüht, zwei Militärfahrräder an dem Laufbrett festzubinden. Der Chauffeur protestierte heftig; die Emaille würde zerkratzt werden, sagte er. Er war zwar ein Bolschewik, und das Automobil war von einem Bourgeois beschlagnahmt worden, und die Fahrräder waren für den Kurierdienst bestimmt. Doch der Berufsstolz des Chauffeurs empörte sich . . . So wurden die Fahrräder zurückgelassen . . .

Die Volkskommissare für Heeres- und Marinewesen hatten eine Inspektionsreise an die revolutionäre Front vor. Würden sie uns mitnehmen? Unmöglich! Das Automobil hatte nur fünf Plätze: für die beiden Kommissare, für zwei Ordonnanzen und den Wagenführer. Trotzdem kletterte ein russischer Bekannter von mir, den ich kurz Trusischka nennen will, mit größter Seelenruhe in den Wagen, setzte sich und war durch nichts zu bewegen, seinen Platz wieder zu räumen.

Ich habe keinen Grund, die Wahrheit der mir von Trusischka gegebenen Schilderung der Reise in Zweifel zu ziehen. Als sie den Suworowski-Prospekt hinunterfuhren, fiel es jemand ein, daß sie nicht ohne Lebensmittel fahren könnten. Sie würden vielleicht drei oder vier Tage unterwegs sein, in einer nicht gar zu reichen Gegend. Sie hielten. Geld? – Der Kommissar für das Heer durchsuchte seine Taschen. Er besaß nicht eine Kopeke. Der Kommissar für die Flotte war völlig abgebrannt, dem Wagenführer ging es nicht besser. Trusischka mußte die Lebensmittel kaufen.

Als sie in den Newski einbogen, hatten sie eine Panne.

„Was tun?" meinte Antonow.

„Ein neues Auto requirieren", versetzte Dybenko, auf seinen Revolver weisend. Und Antonow, der in der Mitte der Straße stand, hielt ein ankommendes Auto an, das von einem Soldaten gelenkt wurde.

„Ich muß dieses Auto haben", sagte er.

„Das werden Sie nicht bekommen", erwiderte der Soldat.

„Wissen Sie, wer ich bin?"

Antonow wies ihm ein Papier, aus dem hervorging, daß er der Oberbefehlshaber sämtlicher Armeen der russischen Republik war und jedermann sich ohne Widerrede seinen Anforderungen fügen müßte.

„Mir egal, und wenn Sie der Teufel selber wären. Der Wagen gehört dem 1. Maschinengewehr-Regiment. Wir brauchen ihn zum Munitionstransport. Sie können ihn nicht haben."

Die Schwierigkeit wurde durch das Auftauchen einer alten Autodroschke behoben, die die italienische Flagge trug. (In unruhigen Zeiten wurden die Privatautos, um sie vor der Beschlagnahme zu schützen, auf den Namen der ausländischen Konsulate eingeschrieben.) Aus dem Innern des Wagens wurde ein fetter Bourgeois in einem kostbaren Pelzmantel auf die Straße gesetzt, und das Oberkommando fuhr weiter.

In Narwskaja Sastawa, zirka zehn Kilometer von Petrograd entfernt, verlangte Antonow den Kommandeur der Rotgardisten zu sprechen. Er wurde an die Stadtgrenze geführt, wo einige hundert Arbeiter Schützengräben ausgehoben hatten und die Kosaken erwarteten.

„Na, wie geht's hier?" fragte Antonow.

„Alles in Ordnung, Genosse!" antwortete der Kommandeur. „Der Geist der Truppen ist gut. Nur eins, wir haben keine Munition."

„Im Smolny haben wir genug davon", erwiderte Antonow. „Ich werde Ihnen eine Anweisung geben." Er suchte in seinen Taschen. „Kann mir jemand ein Stück Papier geben?"

Dybenko hatte nichts, ebensowenig die Kuriere. Trusischka mußte sein Notizbuch hergeben.

„Teufel, ich habe keinen Bleistift. Wer hat einen Bleistift?" schrie Antonow.

Kaum nötig zu sagen, daß der einzige Bleistift in der Runde sich im Besitze Trusischkas befand.

Wir gingen zum Zarskoje-Selo-Bahnhof. Als wir den Newski passierten, sahen wir Rotgardisten die Straße hinaufmarschieren, alle bewaffnet, einige mit Seitengewehren, andere ohne. Die frühe Dämmerung des Winterabends sank herab. Mit stolz erhobenen Köpfen stampften die Rotgardisten durch den Schneeschlamm der Straßen, in unregelmäßigen Viererreihen, ohne Musik, ohne Trommeln. Über ihnen flatterte eine rote Fahne, auf der in plumpen goldenen Lettern zu lesen war: „Friede! Land!" Sie waren sehr jung; aber der Ausdruck auf ihren Gesichtern war der Ausdruck von Männern, die wußten, daß sie zum Sterben gingen. Halb erschreckt, halb verächtlich, mit haßerfülltem Schweigen begaffte sie die Menge, als sie vorüberzogen.

Auf dem Bahnhof wußte niemand genau, wo sich Kerenski befand oder wo die Front lag. Die Züge gingen nicht weiter als bis Zarskoje.

Unser Wagen war voller heimkehrender Provinzler, mit Bündeln und Abendzeitungen beladen. Die ganze Unterhaltung drehte sich um den bolschewistischen Aufstand. Hiervon abgesehen hätte jedoch kein Mensch vermuten können, daß der Bürgerkrieg Rußland in zwei mächtige Lager zu teilen im Begriffe war und daß unser Zug dem unmittelbaren Kampfgebiet zueilte. Durch die Fenster sahen wir in der schnell sinkenden Dämmerung Soldatenmassen auf dem schmutzigen Weg der Stadt zuwandern, debattierend und heftig mit ihren Armen gestikulierend. Ein Güterzug voller Soldaten, von riesigen Feuern erleuchtet, hielt auf einem Nebengleis. Das war alles. Hinten am flachen Horizont verblaßten die Lichter der Stadt. Ein Straßenbahnwagen kroch in weiter Ferne eine langgestreckte Vorortstraße entlang . . .

Der Bahnhof in Zarskoje Selo lag ruhig. Hier und da trafen wir Trupps von Soldaten, die sich in leisem Ton unterhielten und unruhig die leeren Bahngleise in der Richtung nach Gattschina hinunterblickten. Ich fragte einige, auf wessen Seite sie wären. „Nun, wir wissen noch nicht genau, was wir tun sollen. Sicher ist Kerenski ein Provokateur; aber wir halten es nicht für richtig, wenn Russen einander totschießen."

Im Büro der Bahnhofskommandantur war ein großer, jovialer, bärtiger Soldat mit der roten Armbinde eines Regimentskomitees. Unsere Papiere vom Smolny verschafften uns sofort Respekt. Er war ganz für die Sowjets, war jedoch verwirrt.

„Die Rotgardisten waren vor zwei Stunden hier, sie sind aber wieder abgezogen. Heute früh kam ein Kommissar. Als die Kosaken ankamen, ist er aber wieder weg nach Petrograd."

„Also sind hier die Kosaken?"

Er nickte betrübt. „Es hat eine Schlacht gegeben. Die Kosaken waren schon in aller Frühe da. Sie haben zwei- bis dreihundert unserer Leute gefangengenommen und etwa fünfundzwanzig getötet."

„Wo sind die Kosaken jetzt?"

„Ich weiß nicht genau, wo sie sind. Nach dorthin ab . . ." Er zeigte mit einer unbestimmten Handbewegung nach Westen.

Im Bahnhofsrestaurant aßen wir zu Mittag – ein hervorragendes Essen, besser und billiger, als es in Petrograd zu haben war. In unserer Nähe saß ein französischer Offizier, der eben erst zu Fuß von Gattschina gekommen war. Dort sei alles ruhig, sagte er. Kerenski sei im Besitz der Stadt. „Ach, diese Russen", fuhr er fort, „ein originelles Volk sind sie! Was ist das für ein Bürgerkrieg! Alles mögliche, nur kein Kampf!"

246

Wir machten einen Abstecher in die Stadt. Am Stationseingang standen zwei Soldaten mit Gewehren und aufgepflanzten Bajonetten, umringt von zirka hundert hitzig auf sie einredenden Geschäftsleuten, Regierungsbeamten und Studenten. Die Soldaten waren unzugänglich und in ihren Gefühlen verletzt wie zu Unrecht gescholtene Kinder.

Ein großer junger Mann mit anmaßenden Manieren, in der Uniform eines Studenten, führte das Wort.

„Ihr werdet doch wohl begreifen, daß ihr euch zu Werkzeugen von Mördern und Verrätern macht, wenn ihr die Waffen gegen eure Brüder erhebt", sagte er in unverschämtem Ton.

„Ach, Bruder", antwortete der Soldat ernsthaft, „du verstehst nicht. Es gibt zwei Klassen. Kannst du das nicht sehen? Das Proletariat und die Bourgeoisie. Wir . . ."

„Oh, ich kenne dieses dumme Gerede", unterbrach ihn der Student grob. „Ihr dummen Bauern hört ein paar Schlagworte brüllen. Was sie bedeuten, versteht ihr nicht. Ihr plappert sie nach, als wäret ihr Papageien." Die Menge lachte. „Ich bin selbst Marxist! Und ich sage euch, wofür ihr kämpft, das ist gar kein Sozialismus. Das ist ganz einfach Anarchie, die nur den Deutschen nützt."

„O ja, ich verstehe", entgegnete der Soldat, vor Verlegenheit schwitzend. „Du bist ein gebildeter Mann. Das ist leicht zu sehen, und ich bin nur ein einfacher Mensch; aber mir scheint doch . . ."

„Du scheinst zu glauben, Lenin ist ein aufrichtiger Freund des Proletariats", unterbrach ihn der andere verächtlich.

„Jawohl, das glaube ich", erwiderte geduldig der Soldat.

„Nun gut, mein Freund, weißt du dann auch, daß Lenin in einem geschlossenen Zuge durch Deutschland gefahren ist und daß er von den Deutschen Geld genommen hat?"

„Davon weiß ich nichts", antwortete der Soldat. „Aber mir scheint, daß er gerade das sagt, was ich und meinesgleichen hören wollen. Es gibt zwei Klassen, die Bourgeoisie und das Proletariat."

„Du bist ein Narr, mein Freund. Ich habe zwei Jahre lang in der Schlüsselburg gesessen, als du noch Revolutionäre niederschossest und ‚Gott erhalte den Zaren' sangest. Mein Name ist Wassili Georgijewitsch Panin. Hast du nie etwas von mir gehört?"

„Nein, bedaure", entgegnete der Soldat bescheiden. „Aber ich bin auch kein gebildeter Mann und du vielleicht ein großer Held."

„Das bin ich", versetzte der Student mit Überzeugung. „Und ich bin ein Gegner der Bolschewiki, die unser Rußland und die Revolution zugrunde richten. Wie erklärst du dir das?"

Der Soldat kratzte sich den Kopf. „Das kann ich mir nicht erklären. Mir erscheint die Sache ganz einfach; aber ich bin ja kein gebildeter Mann. Es gibt nur zwei Klassen, die Bourgeoisie und das Proletariat . . ."

„Da kommst du schon wieder mit deinen dummen Phrasen", schrie der Student.

„Nur zwei Klassen", fuhr der Soldat hartnäckig fort, „und wer nicht auf der einen Seite ist, der ist auf der anderen."

Wir wanderten weiter, die nur von wenigen Laternen beleuchtete, fast menschenleere Straße hinauf. Eine beängstigende Stille hing über dem Ort, der eine Art politischen Niemandslands zu sein schien. Nur die Barbierläden waren hell erleuchtet und überfüllt, und an den Eingängen der öffentlichen Badehäuser drängten sich die Menschen; es war Sonnabendabend, wo jeder Russe gewohnt ist, ein Bad zu nehmen und sich schön zu machen. Ich habe nicht den geringsten Zweifel, daß Sowjetsoldaten und Kosaken in trautem Durcheinander an diesen Plätzen versammelt waren.

Je näher wir dem kaiserlichen Park kamen, um so menschenleerer waren die Straßen. Ein erschreckter Pope wies uns den

Weg zum Hauptquartier der Sowjets und eilte davon. Es war in der Parkseite eines der großfürstlichen Paläste untergebracht. Die Fenster waren finster, der Eingang verschlossen. Ein herumlungernder Soldat, die Hände tief in den Hosentaschen vergraben, musterte uns mit finsterem Mißtrauen. „Der Sowjet ist seit zwei Tagen weg", sagte er. „Wohin?" Er zuckte die Schultern. „Weiß nicht."

Etwas weiter befand sich ein großes hellerleuchtetes Gebäude. Von innen hörten wir den Lärm von Hammerschlägen.

Während wir noch zögerten, kamen ein Soldat und ein Matrose Arm in Arm die Straße herunter. Ich zeigte ihnen meinen Ausweis vom Smolny. „Sind Sie auf seiten der Sowjets", fragte ich. Sie antworteten nicht, sondern sahen einander ängstlich an.

„Was machen die da drinnen?" fragte der Matrose, auf das Gebäude zeigend.

„Ich weiß nicht."

Furchtsam streckte der Soldat die Hand aus und öffnete die Eingangstür. Ein großer, mit Immergrün geschmückter Saal, in Reihen aufgestellte Stühle, man war dabei, eine Bühne zu bauen.

Eine untersetzte Frau, einen Hammer in ihrer Hand, zwischen den Zähnen Nägel, kam heraus. „Was wünschen Sie?" fragte sie.

„Ist hier heute abend Vorstellung?" fragte der Matrose nervös.

„Sonntagabend wird eine Privatvorstellung sein", antwortete sie. „Gehen Sie weiter."

Es gelang uns nicht, den Soldaten und den Matrosen in eine Unterhaltung zu ziehen. Sie schienen ängstlich und unglücklich und verschwanden in der Dunkelheit.

Wir schlenderten den kaiserlichen Palästen zu, am Rande der weit und dunkel daliegenden Gärten entlang, mit ihren undeutlichen, phantastischen Pavillons, zierlichen Brücken und sanft plätschernden Springbrunnen.

An einem Platz, wo ein lächerlich aussehender eiserner Schwan aus einer künstlichen Grotte unablässig Wasser spie, hatten wir plötzlich das Gefühl, beobachtet zu werden, und aufblickend, trafen wir auf die mißtrauischen Blicke von einem halben Dutzend riesiger, bewaffneter Soldaten, die uns von einer mit Gras bewachsenen Terrasse herab anstarrten. Ich kletterte zu ihnen hinauf. „Wer sind Sie?" fragte ich.

„Die Wache", antwortete einer. Sie machten alle einen niedergedrückten Eindruck, unzweifelhaft infolge der wochenlangen Tag und Nacht während Diskussionen und Debatten.

„Zu wem gehören Sie, zu den Kerenskitruppen oder zu den Sowjets?"

Sie schwiegen einen Moment, dann sahen sie einander an. „Wir sind neutral", sagte einer.

Wir durchschritten das Tor des riesenhaften Katherinapalastes und fragten im Innern des Palastes nach dem Stab. Ein Posten sagte uns, daß der Kommandant drinnen wäre.

In einem eleganten, weiß gehaltenen Raum georgischen Stils, den ein Ofen in zwei ungleich große Hälften teilte, standen in besorgtem Gespräch mehrere Offiziere. Sie waren blaß und aufgeregt und hatten augenscheinlich nicht geschlafen. Einem ältlichen Mann mit weißem Bart und ordengeschmückter Uniform, der uns als Oberst bezeichnet wurde, zeigten wir unsere bolschewistischen Ausweise.

Er schien überrascht. „Wie haben Sie es nur fertiggebracht, hierherzukommen, ohne getötet zu werden?" fragte er höflich. „Es ist gerade jetzt sehr gefährlich in den Straßen. In Zarskoje Selo gehen die Wogen der politischen Leidenschaft hoch. Heute morgen hatten wir eine Schlacht, die wahrscheinlich morgen früh ihre Fortsetzung finden wird. Gegen acht Uhr erwarten wir den Einmarsch Kerenskis."

„Wo sind die Kosaken?"

250

„Etwa anderthalb Meilen entfernt. In jener Richtung." Er wies hinaus.

„Werden Sie die Stadt gegen sie verteidigen?"

„Gott bewahre." Er lächelte. „Wir halten die Stadt für Kerenski." Uns schlug das Herz. Aus unseren Papieren war ersichtlich, daß wir Revolutionäre waren. Der Oberst räusperte sich: „Mit diesen Ausweisen, die Sie haben, dürfte es für Sie gefährlich werden, wenn man Sie erwischt. Wenn Sie die Kämpfe sehen wollen, will ich Ihnen gern eine Anweisung für eine Wohnung im Offiziershotel geben. Sie können dann hier gegen sieben Uhr vorsprechen und von mir neue Ausweise erhalten."

„Dann sind Sie also für Kerenski?" fragten wir.

„Nun – nicht gerade *für* Kerenski." Er hielt etwas zurück. „Sie müssen wissen, die meisten Soldaten in der Garnison sind Bolschewiki. Heute, nach der Schlacht, sind sie alle in der Richtung nach Petrograd davongezogen und haben die Artillerie mit sich genommen. Man kann ruhig sagen, daß von den Soldaten nicht einer für Kerenski ist. Unter ihnen aber sind welche, die überhaupt keine Lust zu kämpfen haben. Die Offiziere sind in ihrer Mehrheit zu Kerenski übergegangen oder sind einfach davongezogen. Wir befinden uns in einer äußerst schwierigen Lage, wie Sie sehen."

Wir glaubten nicht, daß es zu Kämpfen kommen würde. Der Oberst stellte uns höflich seinen Burschen zur Verfügung, der uns zum Bahnhof begleitete. Er stammte aus dem Süden, aus Bessarabien, von französischen Einwanderern. „Ach", sagte er, „die Gefahren und Strapazen wollte ich gern ertragen; aber ich bin nun schon drei Jahre von meiner Mutter weg."

Wir fuhren in der Dunkelheit nach Petrograd zurück. Vom Zugfenster aus sah ich flüchtig im Feuerschein gestikulierende Soldaten. An den Wegkreuzungen hielten Panzerautos; die Fahrer steckten die Köpfe aus den Türmen und schrien aufeinander ein.

251

Die ganze Nacht hindurch wanderten über die öden Flächen führerlose Haufen von Soldaten und Rotgardisten, lärmend und verwirrt. Die Kommissare des Revolutionären Militärkomitees eilten von Gruppe zu Gruppe, fieberhaft tätig, um so etwas wie Organisation in die Verteidigung zu bringen.

Wir fanden Petrograd voll nervöser Spannung; den Newski wogten erregte Menschenmassen auf und nieder. Vom Warschauer Bahnhof her waren ferne Kanonenschüsse zu hören. In den Offiziersschulen herrschte fieberhafte Tätigkeit. Von Kaserne zu Kaserne eilten Mitglieder der Duma, bemüht, die Soldaten zu gewinnen, und schreckliche Geschichten von angeblichen Greueltaten der Bolschewiki kolportierend: Niedermetzelung der Offiziersschüler im Winterpalast, Vergewaltigung der Frauen und Mädchen aus den Frauenbataillonen, die Erschießung eines Mädchens vor der Duma, die Ermordung des Großfürsten Tumanow... Im Alexandersaal der Duma hielt das Komitee zur Rettung des Vaterlandes und der Revolution eine außerordentliche Sitzung ab; Kommissare kamen und gingen... Die aus dem Smolny herausgeworfenen Journalisten waren in Hochstimmung. Sie schenkten unserem Bericht über die Lage in Zarskoje Selo keinen Glauben. Es war doch stadtbekannt, daß Zarskoje sich in den Händen Kerenskis befand und daß die Kosaken schon in Pulkowo waren. Man war eben dabei, ein Komitee zu wählen, das Kerenski am Morgen am Bahnhof empfangen sollte.

Einer vertraute mir unter dem Siegel strengster Verschwiegenheit an, daß der Beginn der Konterrevolution auf Mitternacht angesetzt sei.

Er zeigte mir zwei Aufrufe, der eine, mit den Unterschriften von Goz und Polkownikow, an die Offiziersschüler, an die Krankenurlauber in den Hospitälern und an die St. Georgsritter, sich marschfertig zu halten und auf die Befehle des

Komitees zur Rettung des Vaterlandes zu warten; der andere, von dem Komitee zur Rettung des Vaterlandes selbst, lautete:

„An die Bevölkerung Petrograds!

Genossen, Arbeiter, Soldaten und Bürger des revolutionären Petrograds!

Während die Bolschewiki den Frieden an der Front fordern, provozieren sie den Bürgerkrieg im Hinterland.

Hört nicht auf ihre provokatorischen Aufrufe!

Hebt keine Schützengräben aus!

Nieder mit den verräterischen Barrikaden!

Legt eure Waffen nieder!

Soldaten, kehrt in eure Kasernen zurück!

Der Krieg in Petrograd – ist der Tod der Revolution!

Im Namen von Freiheit, Land und Frieden, schließt euch zusammen um das Komitee zur Rettung des Vaterlandes und der Revolution!"

Als wir die Duma verließen, kam eine Kompanie Rotgardisten die dunkle, menschenleere Straße herunter, finster, zum äußersten entschlossen, ein Dutzend Gefangene mit sich führend: Mitglieder der lokalen Organisation des Kosakenrats, auf frischer Tat erwischt, als sie sich in ihrem Hauptquartier für die Konterrevolution vorbereiteten.

Ein Soldat, von einem kleinen Jungen begleitet, der einen Eimer Leim trug, klebte große, auffällige Bekanntmachungen an.

„Für die Stadt Petrograd und ihre Vororte wird hiermit der Belagerungszustand verhängt. Alle Zusammenrottungen und Versammlungen in den Straßen, wie überhaupt unter freiem Himmel, sind bis auf weiteres verboten.

Der Vorsitzende des Revolutionären Militärkomitees
*N. Podwoiski.*"

Als wir heimgingen, war die Luft von Lärm erfüllt: Autohupen, Schreien, entferntes Schießen.

In der Telefonzentrale war in aller Frühe bei den auf ihre Ablösung wartenden Wachmannschaften eine Kompanie Offiziersschüler erschienen, die als Soldaten des Semjonowski-Regiments verkleidet waren. Sie kannten die bolschewistische Parole und übernahmen die Zentrale, ohne Verdacht zu erregen. Einige Minuten später erschien Antonow, der eine Inspektionsrunde machte. Er wurde festgenommen und in einen kleinen Raum gesperrt. Als die wirkliche Ablösung kam, empfing sie eine Gewehrsalve, und einige Soldaten wurden getötet.

Die Konterrevolution begann ...

# VIII

## DIE KONTERREVOLUTION

Am anderen Tag, Sonntag, dem 11. November, zog Kerenski[1], auf einem Schimmel reitend und unter Glockengeläute, mit seinen Kosaken in Zarskoje Selo ein. Von den Hügeln außerhalb der Stadt konnte man die goldenen Türme und bunten Kuppeln sehen, das in der spätherbstlich trüben Fläche sich endlos dehnende graue Häusermeer der Hauptstadt und darüber hinaus den stahlfarbenen Golf von Finnland.

Er war ohne Kämpfe eingezogen. Jetzt aber beging er eine große Torheit. Er ließ um sieben Uhr das 2. Zarskoselski-Schützenregiment auffordern, die Waffen niederzulegen. Die Soldaten erklärten, daß sie neutral bleiben wollten, daß sie ihre Waffen aber nicht aus der Hand geben würden. Kerenski gab ihnen zehn Minuten Zeit, nach deren Ablauf sie sich seinem Befehl unterworfen haben sollten. Das erzürnte die Soldaten. Acht Monate hindurch hatten sie sich mittels ihrer Komitees selbst regiert, und dies schmeckte gar zu sehr nach dem alten Regime. Wenige Minuten später eröffnete Kosakenartillerie das Feuer auf die Kasernen und tötete acht Mann. Von diesem Moment an gab es in Zarskoje Selo keinen neutralen Soldaten mehr.

Petrograd erwachte unter Gewehrfeuer und dem dumpfen Geräusch marschierender Soldaten. Unter grauem Himmel fegte ein eisiger Wind, der Vorbote baldigen Schnees. Bei

Tagesanbruch hatten starke Abteilungen der Offiziersschüler das Militärhotel und die Telegrafenagentur genommen, und die Gebäude mußten unter schweren Opfern zurückerobert werden. Die Telefonzentrale war von Matrosen belagert, die hinter Barrikaden aus Fässern, Kisten und Eisenblechen in der Mitte der Morskaja lagen oder an der Ecke der Gorochowaja und dem St.-Isaaks-Platz Schutz suchten und wild schossen, sobald sich in dem Gebäude das geringste bewegte. Automobile, die Rote-Kreuz-Flagge tragend, fuhren heraus und hinein. Die Matrosen ließen sie passieren.

Albert Rhys Williams* war in der Telefonzentrale gewesen und hatte diese in einem Roten-Kreuz-Auto, das scheinbar voller Verwundeter war, verlassen. Wie er berichtete, fuhr das Auto eine Weile in der Stadt herum und dann auf Umwegen nach der Michailowski-Offiziersschule, dem Hauptquartier der Konterrevolution. Dort war im Hofe ein französischer Offizier, der das Kommando zu haben schien. Auf diese Weise wurden Munition und Lebensmittel in die Telefonzentrale geschmuggelt, und auch sonst besorgten eine ganze Menge solcher angeblichen Sanitätswagen in Wirklichkeit den Kurierdienst und Munitionstransport für die Offiziersschüler.

Zu ihrer Verfügung hatten diese fünf oder sechs Panzerwagen, die von der aufgelösten englischen Panzerwagendivision stammten. Louise Bryant** sah am St.-Isaaks-Platz einen dieser Panzerwagen aus der Admiralität herauskommen und seinen Weg nach der Telefonzentrale nehmen. Als plötzlich direkt an der Ecke der Gogolja der Panzerwagen eine Panne hatte, begannen

---

* Albert Rhys Williams, der Freund John Reeds, ein bekannter amerikanischer fortschrittlicher Politiker und Publizist, Autor mehrerer Bücher über den Kampf der Werktätigen der Sowjetunion für den Sozialismus. *Die Red.*
** Louise Bryant (1890–1936), amerikanische Schriftstellerin, die Frau und Kampfgefährtin John Reeds. *Die Red.*

einige hinter einem Haufen Holz verschanzte Matrosen den Wagen zu beschießen. Das in dem Turm des Ungeheuers plazierte Maschinengewehr schwenkte herum, und ein Hagel von Geschossen fuhr unterschiedslos in die Holzhaufen und in die sich drängenden Menschenmassen. In dem Torweg, in dem Miß Bryant stand, waren sieben Menschen erschossen worden, darunter zwei kleine Jungen. Dann sprangen plötzlich die Matrosen auf und stürmten trotz des Feuerregens nach vorn, den Wagen umringend und mit wildem Gebrüll ihre Bajonette immer und immer wieder in die Ausgucklöcher bohrend. Der Fahrer tat, als wäre er verwundet, und die Matrosen ließen ihn frei – doch gleich darauf sahen sie ihn in die Duma laufen, wo er zum Dank für ihren Großmut die Schauergeschichten über die bolschewistischen Greuel um eine weitere vermehren half. Unter den Toten war ein englischer Offizer . . .

Später berichteten die Zeitungen von einem französischen Offizier, der in einem Panzerwagen der Offiziersschüler gefangengenommen und in die Peter-Pauls-Festung gebracht worden war. Die französische Gesandtschaft dementierte dies zwar sofort; aber einer der Stadträte bestätigte mir die Richtigkeit der Zeitungsmeldung und fügte hinzu, daß er selber die Freilassung des Offiziers aus dem Gefängnis bewirkt habe.

Wie immer die offizielle Haltung der Gesandtschaften der alliierten Mächte gewesen sein mag, fest steht, daß französische und englische Offiziere in diesen Tagen eine außerordentliche Aktivität entfaltet und sogar an den Exekutivsitzungen des Komitees zur Rettung des Vaterlands teilgenommen haben.

Den ganzen Tag über hörten in allen Stadtvierteln die Scharmützel zwischen Offiziersschülern und Rotgardisten nicht auf, fanden Kämpfe zwischen den Panzerwagen der beiden Parteien statt. Gewehrsalven, vereinzeltes Schießen und schrilles Maschinengewehrgeknatter waren fern und nah zu hören. Die eisernen Jalousien der Geschäftshäuser waren heruntergelassen; aber die Geschäfte nahmen ihren gewohnten Gang, und selbst die Lichtspieltheater, außen in völliger Finsternis liegend, hatten Hochbetrieb. Die Straßenbahnen liefen, das Telefon funktionierte. Wenn man bei der Zentrale anrief, konnte man am Hörer deutliches Schießen vernehmen. Der Smolny war ausgeschaltet; aber die Duma und das Komitee zur Rettung des Vaterlandes waren in ständiger Verbindung mit allen Offiziersschulen und mit Kerenski in Zarskoje Selo.

Um sieben Uhr morgens kam eine Patrouille Soldaten, Matrosen und Rotgardisten in die Wladimirski-Offiziersschule. Sie gaben den Offiziersschülern zwanzig Minuten Zeit, die Waffen niederzulegen. Das Ultimatum wurde zurückgewiesen. Eine Stunde später versuchten die Eingeschlossenen abzumarschieren, aber heftiges Gewehrfeuer von der Ecke der Grebezkaja und dem Bolschoi-Prospekt jagte sie wieder zurück. Sowjettruppen umstellten das Gebäude und begannen es zu beschießen. Zwei Panzerautos fuhren hin und her, das Haus mit einem Hagel von Maschinengewehrkugeln überschüttend. Die Offiziersschüler telefonierten um Hilfe. Die Kosaken wagten nicht zu kommen, da ihre Kasernen von großen Matrosenabteilungen umstellt waren, die über zwei Geschütze verfügten. Die Pawlowski-Schule war gleichfalls umzingelt, und die Mehrzahl der Michailowski-Offiziersschüler kämpfte in den Straßen.

Um halb zwölf kamen drei Feldgeschütze an. Eine weitere Aufforderung an die Offiziersschüler, sich zu ergeben, wurde mit der Erschießung von zwei unter dem Schutze einer Parlamentärflagge gekommenen Sowjetdelegierten beantwortet. Daraufhin begann ein regelrechtes Bombardement. Mächtige Löcher wurden in die Mauern der Schule gerissen. Die Offiziersschüler wehrten sich verzweifelt, Tod und Verderben in die Reihen der immer wieder vorstürmenden Rotgardisten jagend.

Kerenski telefonierte von Zarskoje, daß man sich auf keinerlei Verhandlungen mit dem Revolutionären Militärkomitee einlassen sollte.

Rasend vor Zorn über die abgeschlagenen Angriffe und den Anblick ihrer sich häufenden Toten begannen die Sowjettruppen das Gebäude mit einem geradezu höllischen Wirbel von Stahl und Flammen zu überschütten. Ihre eigenen Offiziere vermochten dem furchtbaren Bombardement keinen Einhalt zu gebieten. Ein Kommissar vom Smolny, namens Kirillow, machte den Versuch, das Feuer zum Stoppen zu bringen. Er wäre fast gelyncht worden. Das Blut der Rotgardisten war zum Kochen gekommen.

Um halb drei hißten die Offiziersschüler die weiße Flagge. Sie waren bereit zu kapitulieren, wenn ihnen ihr Leben garantiert würde. Das wurde ihnen versprochen. Im Handumdrehen waren Tausende von Rotgardisten und Soldaten durch die Fenster, Türen und Granatlöcher geklettert, und noch ehe es verhindert werden konnte, hatten sie fünf Offiziersschüler gepackt und niedergeschlagen. Der Rest, zirka zweihundert, wurde in kleinen Gruppen möglichst unauffällig in die Peter-Pauls-Festung eskortiert. Trotzdem wurde einer der Trupps unterwegs von der Menge gestellt und acht weitere Offiziersschüler getötet. Von den Soldaten und Rotgardisten waren über hundert gefallen.

Zwei Stunden später erhielt die Duma die telefonische Mitteilung, daß die Sieger gegen die Ingenieurschule marschierten. Ein Dutzend Mitglieder gingen sofort, um unter ihnen die letzte Proklamation des Komitees zur Rettung des Vaterlandes und der Revolution zu verteilen. Verschiedene kamen nicht zurück ... Alle anderen Schulen ergaben sich ohne Widerstand, und die Offiziersschüler wurden, ohne daß ihnen ein Leid geschah, nach der Peter-Pauls-Festung und nach Kronstadt gebracht ...

Die Telefonzentrale hielt sich bis zum Nachmittag, als ein bolschewistisches Panzerauto erschien und die Matrosen den Platz stürmten. Die zu Tode erschrockenen Telefonistinnen eilten schreiend hin und her. Die Offiziersschüler rissen sämtliche Abzeichen von ihren Uniformen, und einer war bereit, Williams zu geben, was er fordern würde, wenn er ihm nur seinen Mantel leihen wollte. „Sie werden uns töten, sie werden uns töten", schrien sie; viele von ihnen hatten im Winterpalast das Versprechen gegeben, nie mehr die Waffen gegen das Volk zu erheben. Williams wollte vermitteln, wenn Antonow freigelassen würde. Das geschah dann sofort. Antonow und Williams sprachen darauf zu den siegreichen Matrosen, die infolge ihrer zahlreichen Todesopfer äußerst erregt waren. Sie erreichten, daß die Offiziersschüler ein weiteres Mal davonkamen, bis auf ein paar, die in ihrem Schrecken über die Dächer zu entkommen versucht oder sich in den Bodenkammern versteckt hatten und dort entdeckt und auf die Straße geschleudert wurden.

Die ermüdeten, blut- und staubbedeckten siegreichen Matrosen und Arbeiter drangen in den Schaltraum ein, wohin viele der hübschen jungen Mädchen, die vor Angst und Schrecken kaum auf ihren Füßen zu stehen vermochten, sich geflüchtet hatten. Nicht einer wurde ein Leid zugefügt. Angsterfüllt drängten sie sich in den Ecken zusammen; als sie jedoch merkten, daß ihnen nichts geschah, ließen sie ihrem Haß freien Lauf. „Puh, dieses dreckige dumme Volk, diese Narren!" Die Matrosen und Rotgardisten waren in Verlegenheit. „Bestien, Schweine!" kreischten die Mädchen, während sie entrüstet nach ihren Mänteln und Hüten griffen. Wie romantisch hatten sie es gefunden, ihren schneidigen, jungen Rittern, den vornehmen Offiziersschülern, die für ihren geliebten Zaren kämpften, die Patronen zuzureichen oder ihnen die Wunden zu verbinden. Aber diese hier waren doch nur gewöhnliche Arbeiter und Bauern, niederes Volk!

Der kleine Wischnjak, Kommissar des Revolutionären Militärkomitees, versuchte die Mädchen zum Bleiben zu bewegen. Er war äußerst höflich. „Ihre Arbeitsbedingungen sind doch so schlecht", sagte er. „Die Telefonämter standen bisher unter der Leitung der Stadtduma. Sie verdienen pro Monat sechzig Rubel und müssen zehn und mehr Stunden dafür arbeiten. Das wird von jetzt ab anders werden. Die Regierung beabsichtigt, den Telefonbetrieb der Kontrolle des Post- und Telegrafenministeriums zu unterstellen. Man wird Ihre Gehälter sofort auf hundertfünfzig Rubel erhöhen und Ihre Arbeitszeit verkürzen. Als Angehörige der arbeitenden Klasse sollten Sie darüber froh sein."

„Was, Angehörige der arbeitenden Klasse? Will der Mensch damit sagen, daß es etwas Gemeinsames zwischen uns und diesen – diesen Tieren gebe? Bleiben? – Nein, und wenn Sie uns tausend Rubel böten!" Und hochmütig verließen die Mädchen das Gebäude.

Die Monteure und Arbeiter der Zentrale blieben. Aber die Schaltapparatur mußte unbedingt bedient werden. Die Aufrechterhaltung des Telefonbetriebs war unerläßlich. Nur ein halbes Dutzend erfahrene Telefonistinnen hatte sich zur Verfügung gestellt. Man rief nach Freiwilligen. Zirka hundert Matrosen, Soldaten und Arbeiter kamen. Die sechs Mädchen rannten hin und her, unterrichtend, helfend, scheltend. Und allmählich begannen, wenn auch mit Ach und Krach, die Drähte zu summen. Vor allem galt es, den Smolny mit den Kasernen und den Fabriken zu verbinden. Dann mußten die Duma und die Offiziersschulen ausgeschaltet werden. Am späten Nachmittag wußte es die ganze Stadt, und Hunderte von Bourgeois kreischten zornentbrannt: „Narren, Teufel! Wie lange soll das noch so gehen? Wartet nur, bis die Kosaken kommen!"

Die Dämmerung begann zu sinken. Durch den menschenleeren Newski fegte ein eisiger Wind. Vor der Kasaner Kathedrale war eine Menschenansammlung. Die gewohnten endlosen Debatten. Ein paar Arbeiter, einige Soldaten, Krämer, Büroangestellte und dergleichen.

„Aber Lenin wird es niemals schaffen, die Deutschen zum Frieden zu bewegen", rief einer.

Darauf entgegnete ein junger Soldat mit Heftigkeit: „Wer hat aber daran schuld? Nur euer Kerenski, der verfluchte Bourgeois! Zum Teufel mit Kerenski! Wir wollen ihn nicht! Wir wollen Lenin . . ."

Vor der Duma war ein Offizier mit einer weißen Armbinde laut fluchend damit beschäftigt, Plakate von der Mauer zu reißen. Auf einem dieser Plakate war zu lesen:

### „An die Bevölkerung Petrograds!

In dieser ernsten Stunde, wo die Stadtduma die Pflicht hätte, alles zu tun, um die Bevölkerung zu beruhigen, die Lieferung von Brot und anderen notwendigen Gegenständen sicherzustellen, haben die rechten Sozialrevolutionäre und die Kadetten in pflichtvergessener Weise die Duma in ein Nest der Konterrevolution verwandelt, indem sie den Versuch machten, einen Teil der Bevölkerung gegen den anderen aufzuhetzen, um auf diese Weise den Sieg der Kornilow-Kerenski zu ermöglichen. Anstatt ihre Pflicht zu tun, haben die rechten Sozialrevolutionäre und die Kadetten aus der Duma eine Arena politischer Angriffe gegen die Sowjets der Arbeiter-, Soldaten- und Bauerndeputierten, gegen die revolutionäre Regierung des Friedens, des Brotes und der Freiheit gemacht.

Bürger Petrograds! Wir, die von euch gewählten bolschewistischen Stadträte, sagen euch, daß die rechten Sozialrevolutionäre und Kadetten einen konterrevolutionären Vorstoß unternommen haben und in pflichtvergessener Weise die Bevölkerung dem Hunger und dem Bürgerkrieg entgegenführen. Wir, die Vertreter von 183 000 Wählern, erachten es als unsere Pflicht, die Aufmerksamkeit unserer Wähler auf die Vorgänge in der Duma zu lenken, und wir erklären, daß wir jede Verantwortung für die schrecklichen, aber unvermeidlichen Konsequenzen ablehnen . . ."

In der Ferne fielen noch immer gelegentliche Schüsse. Sonst lag die Stadt ruhig, kalt, wie erschöpft von den furchtbaren Krämpfen, die sie geschüttelt hatten.

Im Nikolaisaal ging die Sitzung der Duma zu Ende. Selbst hier war man ein wenig betäubt. Einer nach dem anderen berichteten die Kommissare: Einnahme der Telefonzentrale, Straßenkämpfe, Eroberung der Wladimirski-Schule. „Die Duma", erklärte Trupp, „unterstützt die Demokratie in ihrem Kampfe gegen jedes versuchte Willkürregiment. Wie immer der Kampf ausgehen mag, die Duma wird stets gegen Lynchjustiz und Folter sein."

Der Kadett Konowski, ein großer alter Mann mit grausamem Gesicht: „Wenn die Truppen der rechtmäßigen Regierung nach Petrograd kommen, werden sie diese Aufrührer niederschießen. Das ist keine Lynchjustiz." Protestrufe im ganzen Saal, selbst aus den Reihen seiner eigenen Partei.

Zweifel und Niedergeschlagenheit herrschten hier. Die Konterrevolution war im Erliegen. Im Zentralkomitee der sozialrevolutionären Partei hatte der linke Flügel die Oberhand; Awxentjew war zurückgetreten. Ein Kurier berichtete, daß das Begrüßungskomitee, das man zum Empfang Kerenskis nach dem Bahnhof geschickt hatte, verhaftet worden sei. In den Straßen hörte man, aus dem Süden oder Südwesten kommend, den dumpfen Donner einer entfernten Kanonade. Kerenski kam noch immer nicht . . .

Nur drei Zeitungen waren erschienen – „Prawda", „Delo Naroda" und „Nowaja Shisn". Alle beschäftigten sich sehr eingehend mit der neuen „Koalitionsregierung". Das sozialrevolutionäre Blatt forderte eine Regierung ohne Kadetten und ohne Bolschewiki. Gorki war voller Hoffnungen; der Smolny habe Zugeständnisse gemacht. Die Umrisse einer rein sozialistischen Regierung seien im Begriff sich herauszubilden – aus allen Parteien zusammengesetzt, mit Ausnahme der Bourgeoisie. Die „Prawda" spottete:

„Wir lachen über diese Koalition mit politischen Parteien, deren prominenteste Mitglieder aus kleinen Journalisten mit zweifelhaftem Ruf bestehen. Unsere ‚Koalition', das ist die Koalition des Proletariats und der revolutionären Armee mit den armen Bauern ..."

An den Mauern die großsprecherische Ankündigung des Wikshel, der mit einem Streik drohte, wenn nicht beide Seiten sich zu Zugeständnissen bereit fänden:

„Die Sieger in diesen Kämpfen, die Retter des Landes werden weder die Bolschewiki sein noch das Komitee zur Rettung des Vaterlandes und der Revolution, noch die Truppen Kerenskis – sondern wir, der Verband der Eisenbahner ..."

Rotgardisten könnten unmöglich mit so komplizierten Aufgaben fertig werden, wie der Betrieb der Eisenbahn es ist. Was die Provisorische Regierung anbelangt, so hat sie sich unfähig gezeigt, die Macht festzuhalten ...

„Wir lehnen es ab, unsere Dienste irgendeiner Partei zu leihen, die nicht eine auf dem Vertrauen der gesamten Demokratie basierte Regierung ist ..."

Im Smolny fand ich aufs höchste gesteigerte Aktivität, die aller Ermüdung zu spotten schien.

In der Gewerkschaftszentrale stellte mich Losowski einem Delegierten der Eisenbahner von der Nikolai-Bahn vor, der erzählte, daß die Eisenbahner riesige Versammlungen abhielten und das Vorgehen ihrer Führer verurteilten.

„Alle Macht den Sowjets", rief er, auf den Tisch schlagend.

„Die Oboronzy* im Zentralkomitee spielen das Spiel Kornilows. Sie haben versucht, eine Abordnung zum Stawka** zu schicken; aber wir haben sie in Minsk festgenommen. Unsere Ortsgruppe hat die Einberufung einer Gesamtrussischen Konferenz verlangt, und sie lehnen die Einberufung ab."

Es war dieselbe Lage wie in den Sowjets und in den Armeekomitees. Eine nach der anderen spalteten sich die demokratischen Organisationen Rußlands und begannen ihre Stellungnahme zu ändern. Die Genossenschaften wurden von inneren Kämpfen zerrissen. In den Sitzungen der Bauernexekutive gab es stürmische Auseinandersetzungen. Sogar die Kosaken waren nicht mehr einig.

Im oberen Stock arbeitete mit Volldampf unermüdlich das Revolutionäre Militärkomitee. Ich sah die Männer frisch und kräftig sich Tag und Nacht in dieses schreckliche Getriebe stürzen und wankend und vor Müdigkeit blind, heiser und schmutzig wieder herauskommen, um auf den Boden hinzusinken und zu schlafen.

Das Komitee zur Rettung des Vaterlandes und der Revolution war als außerhalb der Gesetze stehend erklärt worden. Allenthalben riesige Haufen neuer Proklamationen.[2]

„. . . Die Verschwörer, die weder von der Garnison noch von der arbeitenden Klasse unterstützt werden, rechneten vor allem auf ihren Überraschungsangriff. Ihr Plan wurde rechtzeitig durch den Fähnrich Blagonrawow und dank der revolutionären Wachsamkeit eines Rotgardisten, dessen Namen öffentlich bekanntgemacht werden wird, entdeckt. Das Zentrum des Komplotts war das sogenannte Komitee zur Rettung des Vaterlandes und der Revolution. Der Anführer war Polkownikow, die Befehle waren von Goz unterzeichnet, dem ehemaligen Mitglied

---

* Vaterlandsverteidiger. *Die Red.*
** Generalstabs-Hauptquartier des Feldheeres. *Die Red.*

der Provisorischen Regierung, der auf sein Ehrenwort hin freigelassen worden war . . .

Indem es diese Tatsachen der Aufmerksamkeit der Petrograder Bevölkerung unterbreitet, ordnet das Revolutionäre
Militärkomitee die Verhaftung aller an der Verschwörung
Beteiligten an. Sie werden vor das Revolutionstribunal gestellt
werden."

Aus Moskau kam die Meldung, daß Kosaken und Offiziersschüler den Kreml umzingelt und die Sowjettruppen zur Kapitulation aufgefordert hatten. Diese waren darauf eingegangen.
Aber als sie den Kreml verließen, wurden sie überfallen und
niedergeknallt. Unbedeutende Kräfte der Bolschewiki, die die
Telefon- und Telegrafenzentrale besetzt gehalten hatten, waren
von Offiziersschülern wieder vertrieben worden. Die Offiziersschüler hielten das Stadtinnere besetzt. Rundherum begannen
aber die Sowjettruppen aufzumarschieren, und die Straßenkämpfe dehnten sich über die ganze Stadt aus. Auf der Seite
der Sowjets standen zehntausend Garnisonsoldaten und einige
wenige Rotgardisten, auf der Seite der Regierung sechstausend
Offiziersschüler, zweitausendfünfhundert Kosaken und zweitausend Weißgardisten.

Der Petrograder Sowjet war versammelt, und eine Tür weiter das neue Zentralexekutivkomitee, die Dekrete und Verordnungen[3] besprechend, die in unaufhörlichem Strom von dem
oben tagenden Rat der Volkskommissare einliefen: Über die Ra-
tifizierung und Veröffentlichung von Gesetzen, über die Durchführung des Achtstundentages, über die Grundlagen des Volks-
bildungssystems, wie sie von Lunatscharski vorgeschlagen wurden, usw. usw. Nur einige hundert Menschen nahmen an beiden
Versammlungen teil, die meisten bewaffnet. Der Smolny war
fast menschenleer, mit Ausnahme der Wachen, die damit beschäftigt waren, an den Saalfenstern Maschinengewehre aufzu-
stellen, die die Flanken des Gebäudes beherrschten.

266

Im Zentralexekutivkomitee sprach ein Delegierter des Wik-shel:

„Wir fahren die Truppen keiner Partei . . . Wir haben ein Komitee zu Kerenski geschickt, um ihm zu sagen, daß, falls er den Marsch auf Petrograd fortsetzt, wir seine Verbindungs-linien unterbrechen werden . . ."

Er wiederholte die gewohnte Forderung nach einer Konferenz aller sozialistischen Parteien zur Bildung einer neuen Regierung.

Kamenew antwortete vorsichtig. Die Bolschewiki würden an einer solchen Konferenz gern teilnehmen. Der Schwerpunkt liege indessen nicht in der Zusammensetzung einer solchen Re-gierung, sondern darin, ob sie das Programm des Sowjetkon-gresses akzeptieren würde . . . Das Zentralexekutivkomitee hatte über die von den linken Sozialrevolutionären und den Sozial-demokraten abgegebene Erklärung beraten und den Vorschlag einer proportionellen Vertretung in der Konferenz, selbst mit Einschluß von Delegierten der Armeekomitees und der Bauern-sowjets, angenommen.

Im großen Saal berichtete Trotzki über die Ereignisse des Tages:

„Wir haben den Wladimirski-Offiziersschülern die Möglich-keit gegeben, zu kapitulieren. Wir waren gewillt, Blutvergießen zu vermeiden. Da nun jetzt aber doch Blut geflossen ist, bleibt nur ein Weg: erbarmungsloser Kampf. Es wäre kindisch, zu glauben, daß der Sieg auf andere Weise zu erreichen ist. Es geht jetzt um die Entscheidung. Jeder hat jetzt das Revolutionäre Militärkomitee zu unterstützen. Alle Vorräte an Stacheldraht, Benzin und Waffen sind uns zu melden. Wir haben die Macht erobert. Jetzt müssen wir sie halten!"

Der Menschewik Joffe machte den Versuch, die Erklärung seiner Partei zu verlesen; aber Trotzki lehnte ab, eine Prinzi-piendebatte zuzulassen.

„Wir haben unsere Debatten jetzt auf die Straßen verlegt",

rief er. „Wir alle, und ich im besonderen, übernehmen die Verantwortung für alles, was jetzt geschieht."

Soldaten von der Front und von Gatschina sprachen. Einer vom Todesbataillon, der 481. Artilleriebrigade: „Wenn die Soldaten in den Schützengräben dies hören, werden sie rufen: ‚Das ist unsere Regierung!'" Ein Offiziersschüler aus Peterhof erzählte, daß er und zwei andere sich geweigert hätten, gegen die Sowjets zu marschieren. Als seine Kameraden von der Verteidigung des Winterpalastes zurückgekehrt seien, hätten sie ihn, ihren Kommissar, aufgefordert, nach dem Smolny zu gehen und ihre Dienste der wirklichen Revolution anzubieten.

Dann noch einmal Trotzki, feurig, unermüdlich, Befehle gebend, Fragen beantwortend.

„Die Kleinbürger würden, um die Arbeiter, Soldaten und Bauern niederzuzwingen, sich mit dem Teufel selber verbinden", sagte er. Während der letzten beiden Tage waren zahlreiche Fälle von Trunkenheit beobachtet worden. „Nicht trinken, Genossen! Niemand sei nach acht Uhr abends auf der Straße, wenn er es nicht muß, um seiner Wachpflicht nachzukommen. Überall, wo Alkohol vermutet wird, müssen Nachforschungen angestellt und der Alkohol vernichtet werden.[4] Gegen die Verkäufer ist rücksichtslos vorzugehen!"

Vom Revolutionären Militärkomitee wurde die Delegation der Wiborger Sektion gerufen, dann die Mitglieder aus den Putilow-Werken. Sie eilten hinaus.

„Für jeden ermordeten Revolutionär", erklärte Trotzki, „werden wir fünf Konterrevolutionäre niederschießen."

Wir fuhren in die Stadt zurück. In die hellerleuchtete Duma strömte eine unübersehbare Menschenmenge. Im unteren Saal Weinen und Schluchzen; eine sich drängende Menge vor einem schwarzen Brett, wo eine Liste der in den Kampftagen gefallenen oder als gefallen gemeldeten Offiziersschüler angeschlagen war – in Wirklichkeit waren die meisten heil und gesund zurückgekehrt ... Oben im Alexandersaal tagte das Komitee zur Rettung des Vaterlandes und der Revolution. Offiziere mit goldenen und roten Achselstücken fielen auf, die bekannten Gesichter menschewistischer und sozialrevolutionärer Intellektueller, die kalten Augen und großspurige Pracht von Bankiers und Diplomaten, von Beamten des alten Regimes, und elegant gekleidete Frauen.

Die Mädchen aus der Telefonzentrale berichteten. Ein Mädchen nach dem anderen stieg auf die Tribüne – armselige und doch ach so gern die große Dame spielende kleine Mädchen, mit schmalen Gesichtern und abgetretenen Schuhen. Ein Mädchen nach dem anderen, geschmeichelt vom Beifall all dieser „feinen" Leute aus Petrograd, der Offiziere, der Kapitalisten, der großen politischen Namen – ein Mädchen nach dem anderen erzählte, was sie Furchtbares unter der Gewalt des Proletariats erlitten habe, und bekundete ihre unwandelbare Treue für alles, was seit je bestand und mächtig war.

Im Nikolaisaal tagte wieder die Duma. Der Bürgermeister erzählte hoffnungsvoll, daß die Petrograder Regimenter sich ihrer Handlungen zu schämen begönnen; die Propaganda mache Fortschritte ... Emissäre kamen und gingen. Sie berichteten Schauergeschichten über die Schandtaten der Bolschewiki, inständigst bittend, doch die Offiziersschüler zu retten ...

„Die Bolschewiki", meinte Trupp, „können nur moralisch überwunden werden, nicht durch die Gewalt der Bajonette."

An der Front war die Situation nicht gerade glänzend. Der Feind hatte mit Geschützen armierte Panzerzüge herangebracht. Die Sowjetkräfte, meist Rotgardisten, waren ohne Offiziere und einheitlichen Plan. Nur fünftausend Mann reguläre Truppen hatten sich ihnen angeschlossen. Der Rest der Garnison war teils beschäftigt, den Aufstand der Offiziersschüler niederzuschlagen, teils unschlüssig, wie er sich verhalten sollte.

Um zehn Uhr abends sprach Lenin zu einer Delegiertenversammlung der Stadtregimenter, und diese entschieden sich mit überwältigender Mehrheit für den Kampf. Ein Komitee aus fünf Soldaten wurde gewählt, das als Generalstab fungieren sollte, und in der ersten Morgenstunde verließen die Regimenter in voller Kampfbereitschaft ihre Kasernen. Ich sah sie auf meinem Nachhauseweg durch die stillen Straßen der eroberten Stadt marschieren, in dem Gleichschritt langgedienter Soldaten, die Gewehre tadellos ausgerichtet.

Zur selben Zeit fand im Zentralbüro des Wikshel in der Sadowaja die Konferenz aller sozialistischen Parteien statt, in der die Frage der Bildung einer neuen Regierung erörtert wurde. Abramowitsch, für das Zentrum der Menschewiki sprechend, erklärte, daß es weder Sieger noch Besiegte geben sollte und das Geschehene vergessen werden müßte. Die linkssozialistischen Parteien stimmten dem zu. Im Namen der rechten Menschewiki schlug Dan den Bolschewiki folgende Waffenstillstandsbedingungen vor: Die Rotgardisten müßten entwaffnet, die Petrograder Garnison der Oberhoheit der Duma unterstellt werden; Kerenskis Truppen sollten keinen Schuß tun und keine Verhaftungen vornehmen. Ein Ministerium aus allen sozialistischen Parteien, unter Ausschluß der Bolschewiki, solle gebildet werden. Für den Smolny gaben Rjasanow und Kamenew die Erklärung ab, daß ein Koalitionsministerium aus allen sozialistischen Parteien annehmbar wäre. Den Vorschlag Dans jedoch lehnten sie ab. Die Sozialrevolutionäre waren geteilt. Das Exekutivkomitee der Bauernsowjets und die Volkssozialisten lehnten die Zulassung der Bolschewiki glatt ab. Nach heftigen Kämpfen wurde eine Kommission gewählt, die einen brauchbaren Arbeitsplan ausarbeiten sollte. Die ganze Nacht hindurch stritt man sich in dieser Kommission, ebenso den ganzen nächsten Tag und dann noch einmal die Nacht hindurch. Schon einmal, am 9. November, war unter Führung von Martow und Gorki ein ähnlicher Versuch der Verständigung gemacht

270

worden; aber angesichts des Vormarsches Kerenskis und der zunehmenden Aktivität des Komitees zur Rettung des Vaterlandes hatten sich die rechten Menschewiki, die Sozialrevolutionäre und die Volkssozialisten plötzlich zurückgezogen. Jetzt hatte die Niederschlagung des Aufstandes der Offiziersschüler ihnen Respekt eingeflößt.

Montag, der 12., war ein Tag des Zweifelns. Die Augen ganz Rußlands waren auf die graue Ebene jenseits der Tore Petrograds gerichtet, wo alle verfügbaren Kräfte der alten Ordnung gegen die noch unorganisierte Macht der neuen, noch unbekannten, aufmarschiert waren. In Moskau war ein Waffenstillstand abgeschlossen worden. Beide Parteien verhandelten in Erwartung des Ausgangs der Kämpfe in der Hauptstadt. Währenddem eilten auf schnellen Zügen die Delegierten vom Sowjetkongreß durch ganz Rußland, bis weit nach Asien hinein, um zu Hause zu berichten, was unerhört Großes geschehen war. Und in mächtigen Wellen drangen die Nachrichten von dem geschehenen Wunder durch das weite Land. In den gespannt aufhorchenden Städten und den entlegensten Dörfern begann es zu kochen und zu brodeln – Sowjets und Revolutionäre Militärkomitees gegen Dumas, Semstwos und Regierungskommissare; Rotgardisten gegen Weißgardisten; Straßenkampf und leidenschaftliche Reden. Entscheidend für alles war der Ausgang des Ringens in Petrograd.

Der Smolny war nahezu leer, die Duma voller Menschen und lärmend. Der alte Bürgermeister erhob in seiner gewohnten, würdevollen Weise Protest gegen den Aufruf der bolschewistischen Stadträte.

„Die Duma", sagte er, „ist kein Zentrum der Konterrevolution. Die Duma nimmt an den gegenwärtigen Kämpfen zwischen den Parteien keinen Anteil. Doch in einer Zeit, wo es im Lande keine legale Macht gibt, ist der einzige Mittelpunkt der Ordnung die städtische Selbstverwaltung. Die friedliche Bevölkerung erkennt diese Tatsache an; die fremden Gesandtschaften erkennen nur solche Dokumente an, die von dem Bürgermeister der Stadt gegengezeichnet sind. Das Denken des Europäers erkennt eine andere Lage nicht an, da die städtische Selbstverwaltung das einzige Organ ist, das die Interessen der Bürger schützen kann. Die Stadt ist gezwungen, allen Organisationen Unterkunft zu gewähren, die sie darum angehen, und deshalb kann die Duma die Verteilung irgendwelcher Zeitungen innerhalb des Dumagebäudes nicht verbieten. Unser Arbeitsgebiet wächst ständig, und wir brauchen volle Freiheit des Handelns, unsere Rechte müssen von beiden Parteien respektiert werden . . .

Wir sind vollkommen neutral. Als die Telefonzentrale von den Offiziersschülern besetzt war, ordnete der Oberst Polkownikow die Ausschaltung des Smolny aus dem Telefonnetz an, ich habe jedoch protestiert, und die Telefonverbindung blieb bestehen . . ."

Von den bolschewistischen Bänken kam ironisches Lachen; von den Bänken der Rechten Verwünschungen.

„Und jetzt", fuhr Schrejder fort, „bezeichnen sie uns als Konterrevolutionäre und verdächtigen uns bei der Bevölkerung. Sie berauben uns unserer Transportmittel, indem sie unsere letzten Kraftwagen wegnehmen. Es wird nicht unser Fehler sein, wenn der Hunger in die Stadt einzieht. Proteste haben keinen Zweck . . ."

Kobosew, ein Bolschewik, stellte in Zweifel, ob die städtischen Kraftwagen vom Revolutionären Militärkomitee beschlagnahmt worden seien. Wenn ja, dürfte das von irgendwelchen nicht autorisierten Personen angeordnet worden sein.

„Der Bürgermeister", fuhr er fort, „erzählt uns, daß wir aus der Duma keine politische Versammlung machen sollen. Dabei macht hier jeder einzelne Menschewik und Sozialrevolutionär nichts anderes als Parteipropaganda, und am Eingang verteilen sie ihre illegalen Zeitungen, ,Iskra' (Der Funke), ,Soldatski Golos' und ,Rabotschaja Gaseta', die zum Aufstand aufrufen. Was würden sie sagen, würden wir Bolschewiki auch anfangen, hier unsere Zeitungen zu verteilen. Wir haben die städtische Selbstverwaltung nicht angegriffen, und wir werden das nicht tun. Sie haben einen Aufruf an die Bevölkerung erlassen, und wir haben ein Recht, das gleiche zu tun . . ."

Ihm folgte der Kadett Schingarjow, der erklärte, daß es keine gemeinsame Sprache geben könne mit Leuten, die vor den Staatsanwalt gebracht zu werden verdienen und die sich des Verbrechens des Hochverrats schuldig gemacht haben . . . Er forderte von neuem den Ausschluß aller Bolschewiki aus der Duma. Dies wurde indessen abgelehnt, da persönliche Anklagen gegen die Mitglieder, die in der städtischen Verwaltung sehr tätig waren, nicht vorgebracht werden konnten.

Zwei Menschewiki-Internationalisten erklärten, daß der Aufruf der bolschewistischen Stadträte die direkte Aufhetzung zum Blutvergießen sei. „Alle, die gegen die Bolschewiki sind, sind natürlich Konterrevolutionäre", sagte Pinkewitsch, „ich weiß dann nur nicht, wo der Unterschied zwischen Revolution und Anarchie liegen soll . . . Die Bolschewiki stützen sich auf die Leidenschaften der zügellosen Massen; wir haben für uns nur die moralische Kraft. Wir werden gegen die Metzeleien und Gewalttaten beider Seiten protestieren, unsere Aufgabe ist es, einen friedlichen Ausweg zu finden."

„Die Plakate unter dem Titel ,An den Pranger', die das Volk auffordern, die Menschewiki und Sozialrevolutionäre zu vernichten", sagte Nasarjew, „sind ein Verbrechen, das ihr Bolschewiki nicht von euch abwaschen könnt. Die Schrecken des gestrigen Tages sind nur das Vorspiel für die Dinge, die ihr mit einer solchen Proklamation vorbereitet . . . Ich war immer bestrebt, euch mit den anderen Parteien auszusöhnen, heute aber fühle ich für euch nur noch Verachtung!"

Die bolschewistischen Stadträte sprangen auf, sich gegen die heiseren, haßerfüllten Zurufe und drohend erhobenen Fäuste zornig zur Wehr setzend . . .

Außerhalb des Saales lief ich dem Stadtbaumeister in die Arme, dem Menschewisten Gomberg und drei oder vier Berichterstattern. Alle waren sie voller Hoffnung.

„Schauen Sie!" sagten sie. „Die Feiglinge fürchten uns. Sie wagen es nicht, die Duma zu verhaften! Ihr Revolutionäres Militärkomitee wagt es nicht, einen Kommissar hierher zu schikken. An der Ecke der Sadowaja habe ich heute gesehen, wie ein Rotgardist einen jungen Zeitungsverkäufer hindern wollte, den ‚Soldatski Golos' zu verkaufen. Der Junge lachte ihn einfach aus, und eine Volksmenge wollte den Banditen lynchen. Das Ganze kann nur noch wenige Stunden dauern. Selbst wenn Kerenski nicht käme, hätten sie nicht die Leute, um eine Regierung zu bilden. Was für ein Blödsinn! Ich habe gehört, daß sie im Smolny sich eben selber herumzanken!"

Kurze Zeit darauf nahm mich einer meiner sozialrevolutionären Freunde beiseite. „Ich weiß, wo sich das Komitee zur Rettung des Vaterlandes verborgen hält", sagte er. „Wünschen Sie hinzugehen, um mit ihnen zu sprechen?"

Es dämmerte schon. Die Stadt hatte ihr normales Aussehen wiedergewonnen – die Jalousien waren hochgezogen, die Lichter brannten, und in den Straßen wogten leidenschaftlich debattierende Menschenmassen langsam auf und nieder.

Er führte mich zum Newski Nr. 86, durch eine Passage in einen von hohen Wohngebäuden umgebenen Hof. Vor der Wohnung Nr. 229 klopfte er nach einem verabredeten System an die Tür. Wir hörten schlürfende Schritte, das Zuschlagen einer inneren Tür. Dann wurde die Tür, vor der wir standen, einen Spalt breit geöffnet, und das Gesicht einer Frau erschien. Es war eine mild blickende Dame mittleren Alters. „Kirill", rief sie, „es ist alles in Ordnung!" Im Speiseraum, wo auf dem Tisch ein dampfender Samowar und Teller mit Brot und Fisch standen, kam hinter einem Fenstervorhang ein Mann in einer Uniform hervor, und ein anderer, wie ein Arbeiter gekleidet, kam aus einem Schrank heraus. Sie waren froh, mit einem amerikanischen Berichterstatter sprechen zu können. Beide erzählten mir, daß die Bolschewiki sie erschießen würden, wenn sie sie erwischten. Ihre Namen wollten sie nicht nennen. Aber beide waren sie Sozialrevolutionäre.

„Warum drucken Ihre Zeitungen eigentlich diese schrecklichen Lügen?" fragte ich.

Ohne sich beleidigt zu fühlen, antwortete der Offizier: „Gewiß, ich weiß; aber was können wir tun?" Er hob die Schultern. „Sie werden begreifen, daß wir doch eine gewisse Stimmung im Volke erzeugen müssen."

Der andere unterbrach ihn. „Das mit den Bolschewiki ist doch nur ein Abenteuer. Sie haben keine Intellektuellen. Die Ministerien werden nicht arbeiten. Rußland ist nicht eine einzelne Stadt, sondern ein ausgedehntes Reich. Wir wissen, daß ihre Herrlichkeit nur ein paar Tage dauern kann, und haben beschlossen, uns auf die Seite ihres stärksten Gegners zu stellen – Kerenskis – und bei der Wiederherstellung der Ordnung behilflich zu sein."

„Das ist alles sehr gut", sagte ich, „aber warum verbinden Sie sich mit den Kadetten?"

Der Pseudoarbeiter lächelte. „Um die Wahrheit zu sagen, die Massen folgen zur Zeit den Bolschewiki. Wir können nicht eine Handvoll Soldaten auf die Beine bringen. Wir haben auch keine brauchbaren Waffen. Bis zu einem gewissen Grade haben die Bolschewiki recht. Es gibt gegenwärtig in Rußland in der Tat nur zwei Parteien von nennenswerter Macht, die Bolschewiki und die Reaktionäre, die sich hinter den Rockschößen der Kadetten verbergen. Die Kadetten bilden sich ein, uns ausnützen zu können. In Wirklichkeit werden sie von uns ausgenützt.

Wenn wir die Bolschewiki zerschmettert haben, werden wir uns gegen die Kadetten wenden."

„Denken Sie die Bolschewiki in die neue Regierung aufzunehmen?"

Er kratzte sich den Kopf. „Das ist ein Problem", gab er zu. „Läßt man sie nicht hinein, dann werden sie natürlich keine Ruhe geben. Zum mindesten haben sie Aussicht, in der Konstituante – wenn wir eine bekommen sollten – das Zünglein an der Waage zu bilden."

„Und dann", meinte der Offizier, „entsteht damit die Frage der Zulassung der Kadetten in die neue Regierung, und aus denselben Gründen. Wie Sie wissen, sind die Kadetten nicht aufrichtig für die Konstituierende Versammlung – nicht, wenn man die Bolschewiki jetzt vernichten kann." Er schüttelte den Kopf. „Die Politik ist für uns Russen keine leichte Sache. Ihr Amerikaner seid geborene Politiker; ihr habt darin eine lange Tradition. Unsere Erfahrungen auf diesem Gebiet sind kaum ein Jahr alt!"

„Was halten Sie von Kerenski?" fragte ich.

„Kerenski, das ist der Hauptschuldige an den Sünden der Provisorischen Regierung", antwortete der andere. „Kerenski selber hat uns die Koalition mit der Bourgeoisie aufgezwungen. Sein Rücktritt, mit dem er gedroht hat, hätte eine neue Regierungskrise bedeutet, knapp sechs Wochen vor der Konstituierenden Versammlung, und das wollten wir verhindern."

„Aber lief es denn nicht sowieso darauf hinaus?"

„Allerdings, aber wie konnten wir das wissen! Die Kerenski und Awxentjew haben uns betrogen. Goz ist ein wenig radikaler. Ich bin für Tschernow, der ein wirklicher Revolutionär ist . . . Lenin hat uns erst heute wissen lassen, daß er sich dem Eintritt Tschernows in die Regierung nicht widersetzen würde.

Auch wir wollten die Kerenskiregierung loswerden, wir hielten es aber für besser, bis zur Konstituierenden Versammlung zu warten ... Anfangs war ich für die Bolschewiki, doch das Zentralkomitee meiner Partei hat sich einstimmig gegen sie ausgesprochen – was blieb mir da zu tun? Ich mußte mich der Parteidisziplin fügen ...

In einer Woche wird die bolschewistische Regierung zusammenbrechen; wenn die Sozialrevolutionäre einfach beiseite stehen und warten könnten, so würde die Regierung ihnen zufallen. Aber wenn wir eine einzige Woche warten, wird das Land so desorganisiert sein, daß das den Sieg der deutschen Imperialisten bedeuten wird. Das ließ uns den Aufstand beginnen, obwohl nur zwei Regimenter der Soldaten uns ihre Unterstützung zugesagt hatten – und die wandten sich noch gegen uns ... So blieben uns nur die Offiziersschüler ..."

„Wie ist's mit den Kosaken?"

Der Offizier seufzte. „Die haben sich nicht gerührt. Zuerst hatten sie erklärt, daß sie marschieren würden, wenn die Infanterie sie unterstützte. Außerdem sagten sie, daß sie ihre Leute bei Kerenski hätten und ihren Teil auf sich nähmen ... Schließlich meinten sie, daß die Kosaken seit jeher in dem Rufe ständen, der Erbfeind der Demokratie zu sein ... Und zu guter Letzt: ,Die Bolschewiki haben versprochen, uns unser Land zu lassen. Für uns besteht also keine Gefahr. Wir bleiben neutral.'"

Während dieser ganzen Unterhaltung kamen und gingen fortgesetzt Leute, in der Mehrzahl Offiziere, die aber keine Achselstücke trugen. Wir sahen sie in dem Vorraum und hörten ihr unterdrücktes temperamentvolles Sprechen. Von Zeit zu Zeit öffnete sich eine in einen Baderaum führende Tür, und wir erhaschten durch die etwas zurückgezogenen Portieren den flüchtigen Anblick eines kräftig gebauten Offiziers in der Uniform eines Obersten, der, auf der Toilette sitzend, mit einem Schreibblock auf den Knien, eifrig schrieb. Ich erkannte den Obersten Polkownikow, den ehemaligen Kommandanten von

Petrograd, für dessen Verhaftung das Revolutionäre Militärkomitee ein Vermögen gegeben hätte.

„Unser Programm?" sagte der Pseudoarbeiter. „Da ist es:
Übergabe des Landes an die Bodenkomitees, uneingeschränkte
Beteiligung der Arbeiter an der Industriekontrolle, ein energisches Friedensprogramm, aber kein der Welt gestelltes Ultimatum in der Art des bolschewistischen Manifests. Die Bolschewiki können ihre den Massen gegebenen Versprechen nicht
halten, nicht einmal im Lande selbst. Wir werden es ihnen
nicht gestatten. Sie stahlen uns unser Landprogramm, um sich
die Hilfe der Bauern zu sichern. Das ist unanständig. Wenn sie
wenigstens bis zur Konstituierenden Versammlung gewartet
hätten . . ."

„Es handelt sich nicht nur um die Konstituierende Versammlung", fiel der Offizier ein. „Wenn die Bolschewiki hier einen
sozialistischen Staat errichten wollen, dann können wir mit
ihnen unter keinen Umständen zusammenarbeiten. Kerenski
hat einen großen Fehler begangen, als er im Rat der Russischen
Republik seinen gegen die Bolschewiki erlassenen Haftbefehl
bekanntgab und diesen so die Möglichkeit gab, ihren Gegenzug
zu tun."

„Aber was haben Sie jetzt vor?" fragte ich.

Die beiden Männer sahen einander an. „In ein paar Tagen
werden Sie sehen. Sollten wir genügend Truppen auf unserer
Seite haben, dann denken wir natürlich an kein Kompromiß
mit den Bolschewiki. Wenn nicht, werden wir vielleicht dazu
gezwungen sein."

Wieder draußen auf dem Newski, bestiegen wir die Stra-
ßenbahn, das heißt, wir mußten auf dem Trittbrett stehen. Der
Wagen war völlig überfüllt. Die Plattform senkte sich tief herunter und schleifte fast am Boden entlang. Die Fahrt bis zum
Smolny dünkte uns endlos.

Meschkowski, ein liebenswürdiger, schmächtiger, kleiner

Mensch, kam mit besorgtem Gesicht die Halle entlang. Wir hörten von ihm, daß die Streiks in den Ministerien ihre Wirkung zu tun begannen. Der Rat der Volkskommissare hatte zwar die Veröffentlichung der Geheimverträge beschlossen, aber Neratow, der damit beauftragte Beamte, war verschwunden und hatte die Dokumente mit sich genommen. Sie befanden sich jetzt wahrscheinlich in der britischen Gesandtschaft.

Schlimmer als alles das war indessen der Streik in den Banken. „Ohne Geld", erklärte Menshinski, „sind wir hilflos. Die Gehälter der Eisenbahner, der Post- und Telegrafenangestellten müssen gezahlt werden; aber die Banken sind geschlossen, und auch die Staatsbank, gewissermaßen der Schlüssel der ganzen Situation, hat ihren Betrieb eingestellt. Sämtliche Bankangestellten Rußlands haben sich verleiten lassen, die Arbeit niederzulegen.

Lenin hat jedoch befohlen, die Tresore der Staatsbank mit Dynamit aufzusprengen, und eben jetzt ist ein Dekret heraus, das die Wiedereröffnung der Privatbanken anordnet. Andernfalls würden sie mit Gewalt geöffnet werden."

Im Petrograder Sowjet herrschte entschlossener Siegeswille, drängten sich bewaffnete Männer. Trotzki berichtete:

„Die Kosaken beginnen sich von Krasnoje Selo zurückzuziehen." (Jubelnder Beifall.) „Die Kämpfe fangen jedoch erst an. In Pulkowo sind schwere Kämpfe im Gange. Alle verfügbaren Kräfte müssen sofort dorthin.

Die Nachrichten aus Moskau sind nicht erfreulich. Der Kreml ist in der Hand der Offiziersschüler. Die Arbeiter haben nur wenig Waffen. Entscheidend wird aber auch dort sein, was hier in Petrograd geschieht.

An der Front finden unsere Friedens- und Landdekrete begeisterte Aufnahme. Kerenski überschwemmt die Schützengräben mit Schauergeschichten über das in Blut und Flammen

untergehende Petrograd, über unzählige, von den Bolschewiki
gemordete Frauen und Kinder; aber kein Mensch glaubt sie.

Die Kreuzer ‚Oleg', ‚Aurora' und ‚Respublika' ankern in der
Newa. Ihre Geschütze beherrschen die Zugänge zur Stadt."

„Warum sind Sie nicht bei den Rotgardisten?" ruft eine
rauhe Stimme.

„Ich bin eben im Begriff zu gehen", antwortete Trotzki und
verließ die Tribüne. Das Gesicht noch blasser als gewöhnlich,
schritt er, von besorgten Freunden umringt, den Seitengang
des Saals hinunter und sprang in das bereits wartende Automobil.

Kamenew sprach jetzt, einen Bericht von dem Verlauf der
Verständigungskonferenz gebend. Die von den Menschewiki
vorgeschlagenen Waffenstillstandsbedingungen seien, sagte er,
mit Verachtung verworfen worden. Sogar die Zweigvereine
des Eisenbahnerverbandes hätten sich dagegen erklärt.

„Ausgerechnet in dem Moment, da wir die Macht erobert
haben und uns anschicken, ganz Rußland mit eisernem Besen
auszukehren, glauben sie folgende drei Kleinigkeiten von uns
fordern zu können: 1. sollen wir die Macht wieder aus der
Hand geben, 2. die Soldaten veranlassen, den Krieg fortzusetzen, und 3. die Bauern ihre Landforderungen vergessen
machen."

Lenin nahm kurz das Wort, um auf die Anklagen der Sozialrevolutionäre zu antworten.

„Sie werfen uns vor, ihr Landdekret gestohlen zu haben.
Wenn das der Fall ist, ziehen wir vor ihnen den Hut. Es ist
für uns gerade gut genug."

So ging die Versammlung noch lange weiter. Ein Führer
nach dem anderen stand auf, um zu erklären, zu argumentieren, zu ermahnen; Soldaten und Arbeiter, ihrem Denken und
Fühlen Ausdruck gebend ... Die Teilnehmerschaft in ständiger
Bewegung, wechselnd, sich unablässig erneuernd. Von Zeit zu

Zeit wurde nach den Mitgliedern der einen oder anderen Truppe gerufen, die zur Front gehen sollten; andere, Abgelöste, Verwundete oder vom Smolny Waffen und Ausrüstungsgegenstände Holende, kamen herein . . .

Als wir gegen drei Uhr morgens den Saal verließen, kam uns mit freudestrahlendem Gesicht Golzman vom Revolutionären Militärkomitee entgegengelaufen.

„Alles steht glänzend!" schrie er, meine Hand packend. „Hier ein Telegramm von der Front. Kerenski ist erledigt. Da, schauen Sie."

Er hielt uns ein Blatt Papier unter die Nase, flüchtig mit Bleistift bekritzelt. Als er sah, daß wir es nicht zu entziffern vermochten, las er uns den Inhalt laut deklamierend vor:

„Pulkowo, Stab, 2.10 Uhr morgens.

Die Nacht vom 30. zum 31. Oktober wird in der Geschichte fortleben. Kerenskis Versuch, konterrevolutionäre Truppen gegen die Hauptstadt der Revolution zu führen, ist endgültig gescheitert. Kerenski ist auf dem Rückzug. Wir marschieren vorwärts. Die Soldaten, Matrosen und Arbeiter Petrograds haben gezeigt, daß sie fähig und entschlossen sind, dem Willen und der Autorität der Demokratie mit der Waffe in der Hand Geltung zu verschaffen. Die Bourgeoisie hat versucht, die revolutionäre Armee zu isolieren. Kerenski wollte sie mit der Gewalt der Kosaken zerbrechen. Beide Pläne sind elend gescheitert.

Die große Idee der Herrschaft der Arbeiter-und-Bauern-Demokratie hat die Armee zusammengeschweißt und ihren Willen gestählt. Das ganze Land wird von heute an wissen, daß die Macht der Sowjets keine Eintagserscheinung ist, sondern eine unbezwingbare Tatsache.

Die Niederlage Kerenskis ist die Niederlage der Großgrundbesitzer, der Bourgeoisie und der Kornilowleute im allgemeinen.

Die Niederlage Kerenskis sichert dem Volk das Recht auf ein friedliches, freies Leben, auf Land, Brot und auf die Regierung. Die Pulkowoer Truppenabteilung hat mit ihrem kühnen Vorstoß die Sache der Arbeiter-und-Bauern-Revolution gestärkt. Die Vergangenheit kehrt nicht wieder. Noch wird es Kämpfe, Hindernisse, Opfer geben. Doch der Weg ist klar und der Sieg ist sicher.

Das revolutionäre Rußland und die Sowjetmacht blicken voller Stolz auf ihre vom Obersten Walden geführte Pulkowoer Abteilung. Ewiges Angedenken den Gefallenen! Ruhm und Ehre den Kriegern der Revolution, den Soldaten und den Offizieren, die dem Volk die Treue hielten!

Es lebe das revolutionäre sozialistische Rußland!

Im Namen des Rates der Volkskommissare:
*L. Trotzki.*"

Auf unserm Nachhauseweg den Snamenskiplatz überquerend, sahen wir auf dem Nikolaibahnhof eine aufgeregte Menschenansammlung. Es waren einige tausend in Waffen starrende Matrosen.

Zu ihnen redete von der Bahnhofstreppe aus ein Mitglied des Wikshel:

„Genossen! Wir können euch nicht nach Moskau fahren. Wir sind neutral. Wir fahren weder die Truppen der einen noch die der anderen Seite. Wir können euch nicht nach Moskau mitnehmen, wo schon jetzt ein schrecklicher Bürgerkrieg wütet."

Die Matrosen schrien wild auf den Redner ein und begannen vorwärtszudrängen. Plötzlich wurde eine andere Tür aufgerissen, und zwei oder drei Bremser und Heizer standen dort.

„Hier herein, Genossen!" riefen sie. „Wir bringen euch nach Moskau – oder Wladiwostok, wohin ihr wollt. Es lebe die Revolution!"

282

# IX
## S I E G

„Befehl Nr. 1

### An die Soldaten der Pulkowoer Truppenabteilung!

13. November 1917, 9.38 Uhr morgens.

Nach schwerem Kampf hat die Pulkowoer Truppenabteilung einen vollen Sieg über die konterrevolutionären Streitkräfte errungen; diese haben sich aus ihren Stellungen in Unordnung zurückgezogen, um unter dem Schutze von Zarskoje Selo nach Pawlowsk und Gatschina zurückzugehen.

Unsere Vorposten haben die nordöstliche Grenze von Zarskoje Selo und den Alexandrowskaja-Bahnhof besetzt. Die Truppenabteilung von Kolpino kämpfte links, die Abteilung von Krasnoje Selo rechts von uns. Die Abteilung von Pulkowo hat Befehl, Zarskoje Selo zu besetzen und seine Zugänge, im besonderen auf der Gatschinaer Seite, zu befestigen.

Sie soll bis nach Pawlowsk vorstoßen und den Ort einnehmen, seine Südseite befestigen und die Eisenbahn bis Dno in ihre Hände bringen.

Alle Maßnahmen sind zu treffen, um die eroberten Stellungen zu befestigen – Aushebung von Schützengräben und Durchführung anderer Befestigungsarbeiten.

Die engste Fühlung mit den Truppenabteilungen von Kolpino und Krasnoje Selo sowie mit dem Petrograder Stab ist
aufrechtzuerhalten.

Der Oberbefehlshaber
**aller gegen die konterrevolutionären Kerenskitruppen**
**kämpfenden Streitkräfte,**
Oberstleutnant *Murawjow.*"

Dienstag morgen. Aber wie war das möglich? Noch vor
zwei Tagen war die Umgebung Petrograds voll von führerlos
umherirrenden Truppen, ohne Lebensmittel, ohne Artillerie,
ohne Plan. Welche geheimnisvolle Macht hat die desorgani-
sierte und undisziplinierte Masse von Rotgardisten und Soldaten ohne Offiziere in eine Armee zu verwandeln vermocht,
die, den Anordnungen ihrer selbstgewählten Führer folgend,
sich als fähig erwiesen hat, den wütenden Ansturm von Kanonen und Kosakenkavallerie nicht nur auszuhalten, sondern siegreich abzuschlagen?[1]

Die Geschichte lehrt, daß revolutionäre Völker seit je der
militärischen Routine zu trotzen wußten. Die in Lumpen ge-
hüllten Armeen der Französischen Revolution sind noch nicht
vergessen – nicht Valmy und die Linien von Weißenburg. Gegen die Sowjetkräfte standen Offiziersschüler, Kosaken, die
Landeigentümer, der Adel, die Schwarzhunderter. Das hieß:
Rückkehr des Zaren, Ochrana und sibirische Ketten, die ungeheure und schreckliche Bedrohung durch die Deutschen. Der
Sieg, das war das Ende aller Bedrückung, der Beginn eines
neuen, glücklichen Zeitalters!

Als Sonntagnacht die Kommissare des Revolutionären Militärkomitees verzweifelt aus dem Felde zurückkehrten, wählte
die Petrograder Garnison ihren Stab: ein Fünferkomitee, drei
Soldaten und zwei Offiziere, sämtlich zuverlässige Revolutionäre. Das Oberkommando erhielt der Expatriot Murawjow –

ein fähiger Offizier, der aber nicht aus den Augen gelassen werden durfte.* In Kolpino, Obuchowo, Pulkowo und Krasnoje Selo wurden provisorische Truppenkörper gebildet, die die in der Umgebung umherirrenden Haufen – ein Durcheinander von Soldaten, Matrosen und Rotgardisten, Splitter von Infanterie-, Kavallerie- und Artillerieregimentern und einige wenige Panzerwagen – an sich zogen und die zu stattlicher Größe anwuchsen.

Als es tagte, machten sich die Vorposten von Kerenskis Kosaken bemerkbar. Vereinzeltes Gewehrfeuer, Aufforderungen, die Waffen zu strecken. Dann erhob sich über die öde Fläche das Tosen der Schlacht, verdrängte die Stille des kalten Morgens und dröhnte in den Ohren der noch verstreuten Soldaten, die wartend um ihre Feuer lagerten. So fing es an. Sie eilten, am Kampfe teilzunehmen, und die die Chausseen sich entlangwälzenden Arbeiterkolonnen beschleunigten ihren Schritt. Und so sammelten sich ganz automatisch an allen Angriffspunkten in ihrer Kampfbegeisterung kaum zu haltende Menschenmassen, von den Kommissaren empfangen und den strategischen Notwendigkeiten entsprechend auf die Stellungen verteilt oder mit Armierungsarbeiten beauftragt. Sie wußten: Das hier war ihre Schlacht, hier kämpften sie für ihre eigene Welt, die Offiziere hatten sie sich selbst gewählt, und damit war aus dem zusammenhanglosen Hin und Her der unzähligen Einzelwillen ein einziger Wille geworden.

Von allen, die Augenzeugen der Kämpfe gewesen sind, habe ich dasselbe gehört: wie die Matrosen schossen, bis ihnen die Patronen ausgingen, und dann vorwärtsstürmten; wie die un-

---

* Murawjow hatte keine feste politische Überzeugung. Vor seinem Übergang auf die Seite der Sowjets war Murawjow Anhänger der Losung „Krieg bis zum siegreichen Ende". Während des Kornilowputsches lief er zu den linken Sozialrevolutionären über. In der Folge verriet Murawjow die Sowjetmacht. *Die Red.*

ausgebildeten Arbeiter die wütenden Angriffe der Kosaken zurückschlugen, sie von ihren Pferden reißend; wie in der Dunkelheit unübersehbare Volksmassen sich um die Schlacht sammelten und dann, einer Sturmflut gleich, plötzlich über den Feind herbrausten. Schon vor Montagmitternacht war der Widerstand der Kosaken gebrochen. Sie flohen, ihre Artillerie zurücklassend, und die Armee des Proletariats stieß in breiter Front vorwärts und rollte nach Zarskoje hinein, noch ehe der Feind Zeit hatte, die große Regierungsfunkstation zu zerstören, von der aus nun die Kommissare des Smolny der Welt den Sieg des Proletariats verkündeten.

„An alle Sowjets der Arbeiter- und Soldatendeputierten

In blutigen Kämpfen sind am 12. November in der Nähe von Zarskoje Selo die konterrevolutionären Truppen Kerenskis und Kornilows von der revolutionären Armee geschlagen worden. Im Namen der revolutionären Regierung befehle ich allen Regimentern die Aufnahme der Offensive gegen den Feind der revolutionären Demokratie, die Durchführung umfassender Maßnahmen zur Verhaftung Kerenskis und die entschiedene Ablehnung aller Abenteuer, die die Eroberungen der Revolution und den Sieg des Proletariats gefährden könnten. Es lebe die Revolutionäre Armee!

*Murawjow.“*

Nachrichten aus den Provinzen . . .

In Sewastopol hat der lokale Sowjet die Macht übernommen. Eine große Versammlung von Matrosen der im Hafen liegenden Kriegsschiffe hat die Offiziere gezwungen, sich der Revolution anzuschließen. In Nishni-Nowgorod ist die Macht in die Hände der Sowjets übergegangen. Aus Kasan liegen Berichte über Straßenkämpfe vor: Offiziersschüler und eine Brigade Artillerie gegen die bolschewistische Garnison.

In Moskau sind erneut heftige Kämpfe ausgebrochen. Die Offiziersschüler und Weißgardisten halten das Stadtzentrum und den Kreml besetzt, von allen Seiten hart bedrängt durch die Truppen des Revolutionären Militärkomitees. Die Sowjetartillerie ist am Skobelewplatz aufgefahren, die Stadtduma, die Präfektur und das Hotel Metropol bombardierend. Das Pflaster der Twerskaja und Nikitskaja ist aufgerissen worden und zum Bau von Schützengräben und Barrikaden verwendet. Die großen Bank- und Handelsviertel durchfegt ein Hagel von Maschinengewehrfeuer. Es gibt weder Licht noch Telefon. Die Bourgeoisbevölkerung haust in den Kellern! Das letzte Bulletin besagte, daß das Revolutionäre Militärkomitee von dem Komitee für die öffentliche Sicherheit* die sofortige Übergabe gefordert hat und im Falle der Weigerung mit der Bombardierung des Kreml droht.

„Was, den Kreml bombardieren?" kreischten die guten Durchschnittsbürger. „Das wagen sie nicht!"

Überall flammte der Bürgerkrieg. Von Wologda bis Tschita im fernen Sibirien, von Pskow bis Sewastopol am Schwarzen Meer – in den Städten, in den kleinsten Dörfern. Tausende von Fabriken, Bauerngemeinden, Regimenter, Armeen, Schiffe auf hoher See entsandten ihre Grüße nach Petrograd, grüßten die Regierung des Volkes.

Die Kosakenregierung in Nowotscherkassk telegrafierte an die Kerenskiregierung: *„Die Regierung der Kosakentruppen richtet an die Provisorische Regierung und an die Mitglieder des Rates der Russischen Republik die Einladung, wenn irgend möglich, nach Nowotscherkassk zu kommen, um dort mit ihr zusammen den Kampf gegen die Bolschewiki zu organisieren ..."*

---

* Das Komitee für die öffentliche Sicherheit war in den Oktobertagen 1917 das Hauptzentrum der Konterrevolution in Moskau. *Die Red.*

In Finnland spitzten sich die Dinge gleichfalls zu. Der Sowjet in Helsingfors und der Zentrobalt (das Zentralkomitee der Baltischen Flotte) proklamierten zusammen den Belagerungszustand und erklärten, daß alle Versuche einer Intervention gegen die Bolschewiki und jede bewaffnete Auflehnung gegen ihre Befehle erbarmungslos unterdrückt werden würden. Zur selben Zeit proklamierte der finnische Eisenbahnerverband einen Generalstreik, um die Durchführung der Gesetze zu erzwingen, die der von Kerenski aufgelöste sozialistische Landtag im Juni 1917 beschlossen hatte ...

Am Morgen in aller Frühe ging ich nach dem Smolny. Ich schlenderte den am äußeren Tor beginnenden langen holzgepflasterten Fußweg hinab und sah die ersten schüchternen Schneeflocken aus dem von keinem Hauch bewegten grauen Himmel herniederflattern. „Schnee!" rief der am Tor wachestehende Soldat vergnügt. „Das ist gesund!" Im Innern schienen mir die endlosen dunklen Gänge und die kahlen Zimmer im ersten Moment völlig verödet. Nicht eine Menschenseele war zu sehen. Bald aber traf ein tiefer, unruhiger Laut mein Ohr, und näher zusehend, bemerkte ich längs der Wand am Boden hingestreckt schlafende Männer. Arbeiter und Soldaten, rauhe, schmutzige Gestalten, noch über und über kotbeschmiert und bespritzt, allein oder in Haufen, als wären sie tot. Einige waren verwundet und notdürftig mit blutdurchtränkten Lappen verbunden. Überall lagen Gewehre und Patronengürtel ... Die siegreiche proletarische Armee!

In der oberen Etage, am Büfett, lagen sie so dicht, daß man kaum treten konnte. Die Luft war entsetzlich. Durch die beschlagenen Fenster strömte fahles Licht. Auf dem Büfett standen ein übel zugerichteter Samowar und zahlreiche Gläser mit Teeresten. Daneben lag ein Exemplar des letzten Bulletins des Revolutionären Militärkomitees, auf dessen Rückseite eine ungelenke Hand etwas geschrieben hatte. Eine Gedenkschrift irgendeines Soldaten für seine gefallenen Kameraden, verfaßt unmittelbar, bevor er auf den Boden zum Schlafen niedersank. Die Schriftzüge waren verwischt, als wären Tränen daraufgefallen . . .

> „Alexej Winogradow
> D. Moskwin
> S. Stolbikow
> A. Woskressenski
> D. Leonski
> D. Preobrashenski
> W. Laidanski
> M. Bertschikow

Eingezogen zur Armee am 15. November 1916. Von ihnen am Leben nur noch drei:

> Michail Bertschikow
> Alexej Woskressenski
> Dmitri Leonski

> Schlaft nun, ihr kühnen Adler,
> ihr Kämpfer voll Heldentum.
> Ihr habt euch, Brüder, erworben,
> Frieden und ewigen Ruhm."

Das Revolutionäre Militärkomitee allein arbeitete noch, es durfte nicht schlafen. Der aus dem inneren Zimmer kommende Skrypnik erzählte, daß Goz verhaftet worden sei, aber ebenso wie Awxentjew entschieden bestreite, die Proklamation des Komitees zur Rettung des Vaterlandes und der Revolution unterzeichnet zu haben; das Komitee zur Rettung des Vaterlandes und der Revolution selbst habe den Aufruf an die Garnison abgelehnt. Unter den Regimentern der Stadt, berichtete Skrypnik, herrschte noch immer Unentschlossenheit; das Wolynski-Regiment habe sich geweigert, gegen Kerenski zu marschieren.

Eine Anzahl Abteilungen „neutraler" Truppen, mit Tschernow an ihrer Spitze, seien in Gatschina bemüht, Kerenski von dem Angriff auf Petrograd abzuhalten.

Skrypnik lachte. „Heute kann es keinen ‚Neutralen‘ mehr geben", sagte er. „Wir haben gesiegt! Mehr als sechzig Delegierte sind von der Front angekommen, mit Zusicherungen der Hilfe von sämtlichen Armeen, ausgenommen die Truppen von der rumänischen Front, von denen wir bisher keine Nachricht haben. Die Armeekomitees haben alle Nachrichten aus Petrograd aufgehalten, wir haben jedoch jetzt einen regelmäßigen Verbindungsdienst eingerichtet . . ."

Unten im vorderen Saal kam gerade Kamenew herein, todmüde von der nächtlichen Konferenz für die Bildung einer neuen Regierung, aber froh. „Die Sozialrevolutionäre sind schon geneigt, uns in die neue Regierung hereinzunehmen", erzählte er. „Die Rechten schrecken die Revolutionstribunale, sie verlangen, daß wir dieselben auflösen sollen, bevor man weitergehe . . . Wir haben den Vorschlag des Wikshel, eine einheitliche sozialistische Regierung zu bilden, angenommen, und sie arbeiten jetzt in dieser Richtung. Sie sehen, das alles ist das Ergebnis unseres Sieges. Wären wir unterlegen, so würden sie um keinen Preis etwas von uns wissen wollen; jetzt sind alle in irgendeiner Hinsicht für die Verständigung mit den Sowjets . . . Was wir brauchen, ist ein wirklich entscheidender Sieg. Kerenski möchte einen Waffenstillstand, er wird sich ergeben müssen . . ."[2]

So war die Stimmung der bolschewistischen Führer.* Einem ausländischen Journalisten, der Trotzki fragte, was er der Welt mitzuteilen habe, erwiderte Trotzki: „Die einzig mög-

---

* Am 11. November (29. Oktober) wurde vom Wikshel (Gesamtrussisches Exekutivkomitee des Eisenbahnerverbandes), das nach der Oktoberrevolution eines der Zentren der sowjetfeindlichen

liche Feststellung ist in diesem Moment die, die wir durch den Mund unserer Geschütze machen!"

Die Siegerstimmung war jedoch nicht ohne eine Unterströmung ernsthafter Besorgnis, verursacht durch die Frage der Finanzen. Anstatt die Banken den Befehlen des Revolutionären Militärkomitees gemäß zu öffnen, hatte der Verband der Bankangestellten eine Versammlung abgehalten und den Streik proklamiert. Der Smolny hatte von der Staatsbank die Auszahlung von fünfunddreißig Millionen Rubel gefordert, der Kassierer hatte rundweg abgelehnt und zahlte Geld nur an die Vertreter der Provisorischen Regierung aus. Die Staatsbank war eine gefährliche politische Waffe in den Händen der Reaktionäre; als zum Beispiel der Wikshel Geld verlangte, um den Angestellten der Staatsbahnen die Gehälter auszuzahlen, wurde ihm bedeutet, daß er sich an den Smolny wenden solle . . .

---

Tätigkeit war, eine Resolution angenommen, die die Bildung einer Regierung aus allen „sozialistischen" Parteien forderte. Die Verhandlungen mit dem Wikshel sollten nach der Auffassung Lenins und des Zentralkomitees als „diplomatische Maskierung der militärischen Handlungen" dienen. Aber entgegen der Linie Lenins und des Zentralkomitees erklärten sich Kamenew und Sokolnikow, die an diesen Verhandlungen teilnahmen, mit der Forderung des Wikshel einverstanden, nämlich daß neben den Bolschewiki auch die konterrevolutionären Parteien der Menschewiki und Sozialrevolutionäre der Regierung angehören sollten.

Am 15. (2.) November nahm das Zentralkomitee auf Vorschlag Lenins eine Resolution an, in der ein Abkommen mit diesen konterrevolutionären Parteien abgelehnt wird. In der Resolution wurde hervorgehoben, daß man, „ohne Verrat an der Losung der Sowjetmacht zu üben, auf eine rein bolschewistische Regierung nicht verzichten kann", nachdem der Gesamtrussische Sowjetkongreß dieser Regierung die Macht übertragen hat. Die von Kamenew angeführte Äußerung brachte also nicht die Meinung der Bolschewiki zum Ausdruck, sondern einer kleinen opportunistischen Gruppe innerhalb des Zentralkomitees, die die sozialistische Revolution in Rußland für unmöglich hielt. *Die Red.*

Ich war in der Staatsbank, um den neuen Kommissar zu sehen, einen rothaarigen ukrainischen Bolschewik, Petrowitsch mit Namen. Er gab sich die größte Mühe, Ordnung in das Chaos zu bringen, das die streikenden Beamten hinterlassen hatten. In sämtlichen Büros des riesigen Gebäudes saßen Freiwillige, Arbeiter, Soldaten und Matrosen, schwitzend, die Zunge vorstreckend vor Anstrengung, bemüht, sich in den großen Hauptbüchern zurechtzufinden . . .

Das Dumagebäude war überfüllt. Es gab noch vereinzelte Ausfälle gegen die neue Regierung, aber sie waren selten. Das Zentrale Bodenkomitee hatte einen Aufruf an die Bauern gerichtet mit der Aufforderung, das von dem Sowjetkongreß beschlossene Landdekret nicht anzuerkennen, weil es Verwirrung und Bürgerkrieg zur Folge haben würde. Der Bürgermeister Schrejder prophezeite, daß infolge des bolschewistischen Aufruhrs die Wahlen zur Konstituierenden Versammlung auf unabsehbare Zeit vertagt werden müßten.

Zwei Fragen waren es, die hier alle Köpfe beherrschten, erschreckt durch die Wildheit des Bürgerkrieges: 1. Einhalt dem Blutvergießen[3], 2. Bildung einer neuen Regierung. Von der „Vernichtung der Bolschewiki" war überhaupt nicht mehr die Rede und sehr wenig von ihrem Ausschluß bei der Bildung der Regierung, abgesehen von den Volkssozialisten und den Bauernsowjets. Sogar das Zentrale Armeekomitee beim Stab, der erbittertste Gegner des Smolny, telefonierte aus Mogiljow:

„Falls für die Bildung einer neuen Regierung eine Verständigung mit den Bolschewiki notwendig, sind wir einverstanden, sie als Minderheit in die Regierung aufzunehmen."

Die „Prawda" druckte, mit einem ironischen Hinweis auf Kerenskis „Menschlichkeit", dessen Telegramm an das Komitee zur Rettung des Vaterlandes und der Revolution ab:

„In Übereinstimmung mit den Vorschlägen des Komitees zur Rettung des Vaterlandes und der Revolution und aller um dasselbe gruppierten demokratischen Organisationen habe ich die militärischen Aktionen gegen die Rebellen eingestellt. Ein Delegierter des Komitees wurde abgeschickt, damit er Verhandlungen eröffnet. Trefft alle Maßnahmen, um zweckloses Blutvergießen zu vermeiden."

Der Wikshel schickte ein Telegramm durch ganz Rußland:
„Die Konferenz des Verbandes der Eisenbahner, an der von beiden gegnerischen Parteien Vertreter teilnehmen, die die Notwendigkeit einer Verständigung einsehen, protestiert energisch gegen die Anwendung des politischen Terrors im Bürgerkrieg, im besonderen zwischen verschiedenen Parteien der revolutionären Demokratie, und sie erklärt, daß der politische Terror, gleichgültig in welcher Form, im Widerspruch steht zu dem Gedanken der Verhandlungen über die Bildung einer neuen Regierung . . ."

Von der Konferenz wurden Delegierte an die Front nach Gattschina geschickt. In der Konferenz selbst schien die endgültige Regelung aller Dinge sicher. Es war beschlossen worden, einen Provisorischen Rat der Volksbeauftragten zu wählen, der sich aus etwa vierhundert Mitgliedern zusammensetzen sollte, von denen fünfundsiebzig auf den Smolny, fünfundsiebzig auf das alte Zentralexekutivkomitee und der Rest auf die Stadtdumas, die Gewerkschaften, die Bodenkomitees und politischen Parteien entfallen sollten. Tschernow war als der neue Ministerpräsident genannt. Lenin und Trotzki sollten, so gingen die Gerüchte, ausgeschlossen sein . . .

Gegen Mittag war ich wieder am Smolny. Ich sprach den Führer eines Sanitätsautos, der zur revolutionären Front fuhr. Ober er mich mitnehmen könnte? Selbstverständlich! Er war ein Freiwilliger, ein Student, und während wir in schnellem Tempo die Straße entlangrollten, schrie er mir von Zeit zu Zeit in scheußlichem Deutsch etwas über die Schulter zu: „Also gut!

Wir nach die Kasernen zu essen gehen!" Ich begriff schließlich, daß in einigen Kasernen Frühstück ausgegeben wurde.

In der Kirotschnaja bogen wir in einen von Militärgebäuden umgebenen riesigen Hof. Über eine dunkle Treppe gelangte man in einen niedrigen, von einem einzigen Fenster erleuchteten Raum. Dort saßen an einem langen Holztisch gegen zwanzig Soldaten, die unter lautem Schwatzen und vielem Gelächter mit hölzernen Löffeln aus einem großen zinnenen Waschtrog Schtschi (Kohlsuppe) aßen.

„Wir grüßen das Bataillonskomitee des 6. Reserve-Pionierbataillons!" rief mein Begleiter und stellte mich als einen amerikanischen Sozialisten vor. Alle erhoben sich, mir die Hand zu drücken, und einer umarmte und küßte mich herzlich. Man besorgte mir einen Holzlöffel, und ich nahm am Tische Platz. Bald kam ein neuer Kessel mit Kascha, ein riesiger Laib Schwarzbrot und natürlich der unvermeidliche Tee. Ich wurde mit Fragen über Amerika bestürmt: Ob es wahr sei, daß in diesem freien Lande Leute ihre Stimmen für *Geld* verkauften? Wenn das so sei, wie setzten die Menschen dann ihre eigenen Wünsche durch? Was ist das mit dem „Tammany"*? Traf es zu, daß in dem freien Amerika eine Handvoll Leute eine ganze Stadt beherrschen und zu ihrem Vorteil ausbeuten konnte? Warum das Volk dies dulde? In Rußland wäre derartiges nicht einmal unter dem Zaren möglich gewesen. Bestechung hat es hier wohl immer gegeben; aber eine ganze Stadt zu kaufen – und das in einem freien Lande! Ob denn die Menschen gar kein revolutionäres Fühlen hätten? Ich gab mir Mühe, ihnen klarzumachen, daß man bei uns

---

* „Tammany" oder „Tammany Hall" ist der Sitz der Führung der Demokratischen Partei in New York und wurde zum Synonym aller möglichen Mißbräuche und kriminellen Verbrechen, da damals zahlreiche Fälle aufgedeckt wurden, wo Führer der Demokraten in New York an Verbrechen beteiligt waren. *Die Red.*

im Lande bemüht sei, diese Dinge auf legalem Wege zu ändern.

„Natürlich", nickte ein junger Unteroffizier, der Baklanow gerufen wurde und französisch sprach. „Aber Sie haben bei sich doch eine hochentwickelte Kapitalistenklasse. Sind da nicht auch die Parlamente und die Gerichte in der Hand der Kapitalisten? Wie kann das Volk hoffen, auch nur das Geringste auf legalem Wege ändern zu können? Ich will mich gern überzeugen lassen, denn ich kenne ja Ihr Land nicht; bis jetzt aber ist mir dies alles unverständlich."

Als ich ihnen sagte, daß ich nach Zarskoje Selo wollte, erklärte Baklanow plötzlich, daß er mitgehen würde. „Ich auch, ich auch", schallte es in der ganzen Runde, und alle beschlossen, sofort nach Zarskoje zu gehen.

Indem klopfte es, und in der sich öffnenden Tür wurde die Gestalt des Obersten sichtbar. Niemand erhob sich, aber alle grüßten freundlich. „Ist es erlaubt, einzutreten?" – „Prossim! Prossim!" (Bitte! Bitte!) antworteten die Soldaten herzlich. Er trat ein, eine hochgewachsene, vornehme Erscheinung in einem goldbetreßten Ziegenfellmantel. „Wenn ich nicht irre, sprachen Sie eben davon, nach Zarskoje zu gehen, Genossen", sagte er. „Dürfte ich mich Ihnen wohl anschließen?"

Baklanow überlegte. „Ich glaube nicht, daß es hier heute etwas zu tun geben wird", antwortete er. „Gewiß, Genosse, Sie sind willkommen." Der Oberst dankte und nahm Platz, sich ein Glas Tee eingießend.

Mit leiser Stimme, um den Oberst nicht zu verletzen, erklärte mir Baklanow:

„Ich bin der Vorsitzende des Komitees. Die Führung des Bataillons liegt vollständig in unseren Händen. Bei militärischen Aktionen hat der Oberst das Kommando in unserm Auftrag, und dann ist seinen Befehlen nachzukommen; aber er ist uns verantwortlich. In der Kaserne darf er ohne unsere Erlaubnis nichts unternehmen. Man könnte ihn unsern Exekutivoffizier nennen."

Wir erhielten Waffen: Revolver und Gewehre – „es könnte sein, daß wir einige Kosaken treffen, und da ist es immerhin besser" –, und dann kletterten wir alle in das Sanitätsauto, nahmen drei mächtige Bündel Zeitungen für die Front mit und ratterten den Litejny- und den Sagorodny-Prospekt hinunter. Neben mir saß ein Jüngling mit den Achselstücken eines Leutnants, der sämtliche europäische Sprachen mit gleicher Fertigkeit zu sprechen schien. Er war Mitglied des Bataillonskomitees.

„Ich bin kein Bolschewik", versicherte er mir mit Nachdruck. „Ich stamme aus einer sehr alten adligen Familie. Meiner politischen Überzeugung nach könnte man mich zu den Kadetten rechnen..."

„Aber wieso –?" begann ich verblüfft.

„Ich gehöre allerdings dem Komitee an. Ich mache aus meiner politischen Überzeugung kein Hehl, aber die anderen machen sich nichts daraus, weil sie wissen, daß ich mich dem Willen der Mehrheit füge... Ich habe es jedoch abgelehnt, an dem gegenwärtigen Bürgerkrieg irgendwie aktiv teilzunehmen, ich mag gegen meine russischen Brüder nicht kämpfen..."

„Provokateur! Kornilowmann!" riefen ihm die anderen mit lustigem Spott zu, ihm auf die Schulter klopfend.

Durch die steinernen Bögen des Moskauer Tores mit seinen goldenen Schriftzeichen, gewichtigen kaiserlichen Adlern und den Namen aller früheren Zaren ging es in flotter Fahrt die weite, schnurgerade, im ersten Schneefall grau daliegende Hauptchaussee entlang. Sie war voller Rotgardisten, die zu Fuß der Front zustolperten, schreiend und singend. Andere kamen von dort, blaß und kotbespritzt. Die meisten von ihnen schienen noch Knaben zu sein. Frauen mit Spaten, einige mit Gewehren und Patronengürteln, andere das Rote-Kreuz-Abzeichen am Arm – die gebeugten, von Arbeitsqual zermürbten Frauen aus den Proletarierviertreln! Hin und wieder im Gleichschritt marschierende Soldatentrupps, die mit gutmütigem Spott den Rotgardisten Platz machten. Grimmig dreinschauende Matrosen und dazwischen Kinder mit großen Bündeln, die ihren Vätern und Müttern das Essen zur Front brachten. All diese kamen und gingen und stampften durch den Schneematsch, der das Kopfsteinpflaster der Straße zentimeterhoch bedeckte. Wir passierten Geschütze, die mit ihren Munitionskarren südwärts polterten, Lastwagen voller Bewaffneter, Krankenautos mit Verwundeten, die aus der Richtung des Schlachtfeldes kamen, und einmal einen langsam und knarrend dahinziehenden Bauernwagen, in dem ein bleicher Knabe lag, der einen Bauchschuß erhalten hatte und ununterbrochen schrie. Rechts und links in den Feldern arbeitende Frauen und alte Männer, die Schützengräben aushoben und Drahtverhaue errichteten.

Hinter uns, gegen Norden, zerstoben die Wolken. Fahl drang die Sonne durch, und jenseits des flachen und sumpfigen Geländes erglänzte Petrograd. Rechts weiße, vergoldete und buntfarbene Kuppeln und Türme, links hochragende, teilweise schwarzen Rauch ausstoßende Schornsteine und darüber hinaus, am fernen Horizont, Finnland. Zu beiden Seiten unseres Weges waren Kirchen und Klöster. Dann und wann sahen wir einen Mönch, der in tiefem Schweigen der proletarischen Armee nachschaute.

In Pulkowo teilte sich der Weg, und wir hielten dort inmitten einer riesigen Menschenmenge, die aus drei Richtungen immer neuen Zuzug erhielt; Freunde sahen sich wieder, aufgeregt, einander beglückwünschend und Einzelheiten aus der Schlacht erzählend. Eine Reihe Häuser an den Querstraßen trugen arge Spuren der Schießerei, und der Erdboden war in weitem Umkreis zertrampelt. Ein wilder Kampf hatte hier gewütet . . . In der Nähe irrten reiterlose Kosakenpferde hungrig umher, denn das Gras der Ebene war seit langem verdorrt. Rechts vor uns versuchte ein Rotgardist eines dieser Pferde zu reiten, wurde aber, zum großen Vergnügen der zuschauenden Menge, immer wieder abgeworfen.

Der linke Weg, die Rückzugsstraße der fliehenden Kosakenreste, führte auf einen kleinen Hügel zu einem Dörfchen, von dem aus man einen herrlichen Ausblick auf die ungeheure Ebene hatte, die grau, einer unbewegten Wasserfläche gleich, dalag. Weit hinten links sah man den kleinen Hügel von Krasnoje Selo, das Paradefeld des Sommerlagers der kaiserlichen Garde. In der Mitte unterbrachen die flache Eintönigkeit einige ummauerte Klöster, vereinzelte Fabriken und eine Anzahl großer Gebäude inmitten ungepflegter Gärten – Asyle und Waisenhäuser . . .

„Hier", sagte plötzlich der Fahrer, als wir einen kahlen Hügel passierten, „hier war es, wo Wera Sluzkaja der Tod ereilte. – Ja, das bolschewistische Dumamitglied. Heute in aller Frühe ist es geschehen. Sie war in einem Automobil, mit Salkind und einem anderen Mann. Es war Waffenruhe, und sie wollten zu den Schützengräben der Front. Sie plauderten und lachten, als plötzlich von dem Panzerzuge aus, in dem sich Kerenski selber befand, das Automobil bemerkt und eine Granate abgefeuert wurde. Die Granate traf Wera Sluzkaja und tötete sie . . ."

So kamen wir nach Zarskoje, das von den Helden der proletarischen Armee wimmelte, die stolz ihre Siegesfreude zur Schau trugen. Im Palast, den inzwischen der Sowjet bezogen hatte, herrschte geschäftiges Treiben. Rotgardisten und Matrosen bevölkerten die Höfe, Wachen standen an den Toren, und ein Strom von Kurieren und Kommissaren drängte hinein und heraus. Im Sowjetsaal war ein Samowar aufgestellt, und fünfzig oder noch mehr Arbeiter, Soldaten, Matrosen und Offiziere standen dort, Tee trinkend und laut miteinander redend. In einer Ecke versuchten zwei Arbeiter, mit ungelenken Händen einen Vervielfältigungsapparat in Betrieb zu setzen. Am Tisch in der Mitte des Saales beugte sich der hochaufgeschossene Dybenko über eine Karte, mit roten und blauen Stiften die Stellungen der Truppen einzeichnend. In seiner freien Hand hielt er, wie gewöhnlich, einen riesigen Revolver. Gleich darauf setzte er sich an eine Schreibmaschine und begann, mit einem Finger zu tippen. Alle Augenblicke hielt er inne, um in verliebter Weise mit seinem Revolver zu spielen.

An der Wand stand ein Diwan, auf dem ein junger Arbeiter lag. Über ihn beugten sich zwei Rotgardisten, sonst schien niemand auf ihn zu achten. Er hatte einen Brustschuß, und aus der Wunde brach mit jedem Herzschlag ein Strom frischen Blutes hervor. Seine Augen waren geschlossen, sein junges, bärtiges Gesicht war grünlich-weiß. Noch atmete er, kaum merklich und langsam, dabei ununterbrochen flüsternd: „Mir budet! Mir budet!“ (Der Friede kommt! Der Friede kommt!)

Dybenko blickte auf, als wir hereintraten. „Ah“, sagte er zu Baklanow. „Genosse, würden Sie bitte zum Kommandanten gehen und dessen Posten übernehmen? Warten Sie, ich werde Ihnen ein Beglaubigungsschreiben mitgeben.“ Er ging an die Schreibmaschine und tippte mühselig, Buchstabe für Buchstabe.

Der neugebackene Kommandant von Zarskoje Selo und ich gingen zum Jekaterinapalast, Baklanow sehr aufgeregt und wichtig. In dem mir schon bekannten vornehmen weißen Saal stöberten einige Rotgardisten neugierig herum, in der Nähe des Fensters sah ich meinen alten Bekannten, den Oberst, der nervös seinen Schnurrbart kaute. Er begrüßte mich wie einen verschollenen Bruder. An einem Tisch, in der Nähe der Tür, saß der Franzose aus Bessarabien. Die Bolschewiki hatten ihm befohlen, zu bleiben und seine Arbeit fortzusetzen.

„Was sollte ich tun?“ flüsterte er. „Leute wie ich können in einem solchen Krieg weder auf der einen noch auf der anderen Seite kämpfen, wenn wir auch instinktiv die Diktatur des Pöbels verabscheuen . . . Wenn ich nur nicht so fern von meiner Mutter wäre, die in Bessarabien geblieben ist!"

Baklanow übernahm von dem Kommandanten formell das Büro. „Hier sind die Schlüssel zum Pult", sagte der Oberst nervös.

Ein Rotgardist unterbrach ihn. „Wo ist das Geld?" fragte er rauh. Der Oberst schien überrascht. „Geld? Geld? Ach, Sie meinen die Kasse. Hier ist sie. Genau so, wie ich sie vorfand, als ich sie vor drei Tagen übernahm. – Schlüssel?" Der Oberst zuckte die Schultern. „Ich habe keine Schlüssel."

Der Rotgardist lachte spöttisch. „Sehr bequem", sagte er.

„Wir wollen die Kasse aufmachen", schlug Baklanow vor. „Bring eine Axt! Hier ist ein amerikanischer Genosse. Laß ihn die Kasse aufschlagen, und er soll dann niederschreiben, was er vorfand."

Ich schlug zu. Die Kasse war leer. „Verhaften", tobte der Rotgardist. „Er ist ein Kerenskimann. Er hat das Geld gestohlen und es Kerenski gegeben."

Baklanow wehrte ab. „Ach nein", sagte er. „Er ist unschuldig. Es waren die Kornilowleute, die vor ihm da waren."

„Teufel!" schrie der Rotgardist. „Er ist ein Kerenskimann, sage ich euch. Wenn du ihn nicht verhaften willst, werden wir es tun. Wir werden ihn nach Petrograd mitnehmen und in die Peter-Pauls-Festung stecken, wo er hingehört!" Die anderen Rotgardisten brüllten Beifall. Ein kläglicher Blick des Obersten traf uns, als er abgeführt wurde . . .

Unten stand vor dem Sowjetpalast ein Lastauto, im Begriff, zur Front abzufahren. Ein halbes Dutzend Rotgardisten, einige Matrosen und ein oder zwei Soldaten, unter dem Kommando eines hochgewachsenen Arbeiters, kletterten hinauf und riefen mir zu, mit ihnen zu fahren. Rotgardisten, schwerbepackt, mit einer Last kleiner, gerippter eiserner Handgranaten, schwankten heran und warfen die Handgranaten in das Auto. Die Granaten waren mit Grubit gefüllt, das, wie sie mir sagten, eine zehnmal größere Explosivkraft hat und fünfmal empfindlicher ist als Dynamit. Ein dreizölliges Geschütz wurde geladen und mittels Drähten und Seilen hinten am Auto befestigt.

Wir fuhren los, in schnellstem Tempo natürlich. Der schwere Wagen schaukelte hin und her. Das Geschütz hinter uns tanzte abwechselnd auf dem einen und dem anderen Rad. Die Grubitgranaten rollten von rechts nach links und von vorn nach hinten, über unsere Füße und sprangen krachend an den Wänden des Wagens empor.

Der lange Rotgardist, der sich Wladimir Nikolajewitsch nannte, bestürmte mich mit Fragen über Amerika. „Warum ist Amerika in den Krieg eingetreten? Sind die amerikanischen Arbeiter bereit, die Kapitalisten zu stürzen? Wie ist gegenwärtig die Situation in der Angelegenheit Mooney*? Wird Berkman** nach San Franzisko ausgeliefert werden?" und viele andere noch, die zu beantworten nicht leicht war. Um den Lärm des Autos zu übertönen, mußten wir laut schreien, während wir uns aneinander festhielten und mit den hin- und herrollenden Granaten um die Wette tanzten.

---

* Tom Mooney, ein aktiver Funktionär der Arbeiterbewegung in den USA, von Beruf Gießer, wurde auf Grund der provokatorischen Anklage, er habe während der Parade in San Franzisko am 22. Juli 1916 eine Bombe geworfen, zum Tode verurteilt. Unter dem Druck des Protestes und der gewaltigen Empörung der Werktätigen war Präsident Wilson gezwungen, sich einzuschalten. Die Todesstrafe wurde in lebenslängliche Gefängnishaft umgewandelt. Obgleich seine Unschuld bewiesen war, saß Tom Mooney über zwanzig Jahre im Gefängnis und wurde erst unter der Präsidentschaft Roosevelts freigelassen. *Die Red.*
** Alexander Berkman hatte zur Kriegsdienstverweigerung aufgerufen und war zu zwei Jahren Gefängnis verurteilt worden. *Die Red.*

Von Zeit zu Zeit versuchte eine Patrouille uns anzuhalten. Soldaten stellten sich uns in den Weg, mit erhobenem Gewehr und schreiend: „Stoi! Stoi!" (Halt! Halt!)

Wir ließen sie schreien. „Der Teufel soll euch holen!" schimpften die Rotgardisten. „Wir halten nicht für all und jeden! Wir sind Rotgardisten!" Und weiter donnerten wir, während mir Wladimir Nikolajewitsch, mit seiner ganzen Lungenkraft schreiend, seine Ansichten über die Internationalisierung des Panamakanals und ähnliche Dinge entwickelte.

Nach zirka acht Kilometer Fahrt sahen wir einen uns entgegenkommenden Trupp Matrosen und fuhren langsamer.

„Wo ist die Front, Brüder?"

Der an der Spitze marschierende Matrose blieb stehen und kratzte sich den Kopf. „Heute morgen", sagte er, „war sie etwa einen halben Kilometer weiter die Straße hinunter. Aber jetzt ist das verfluchte Ding sonstwo. Wir sind marschiert und marschiert und können die Front nicht finden."

Sie kletterten zu uns in den Wagen, und wir setzten unseren Weg fort. Etwa einen Kilometer weiter spitzte Wladimir Nikolajewitsch das Ohr und rief dem Chauffeur zu, zu halten.

„Es wird geschossen!" sagte er. „Hört ihr?" Einen Moment Totenstille, und dann etwas weiter nach vorn und linker Hand von uns in schneller Folge drei Schüsse. Der Weg war hier von dichtem Gehölz eingefaßt. Aufgeregt fuhren wir langsam weiter, nur im Flüsterton sprechend, bis unser Auto in der Nähe der Stelle anlangte, von wo das Schießen gekommen war. Herunterspringend, verteilten wir uns, die Gewehre schußbereit, und drangen in das Gehölz ein. Inzwischen banden zwei Genossen die Kanone los und brachten sie, so gut es ging, in unsere Richtung in Stellung.

Im Walde war Totenstille. Die Bäume waren kahl, und ihre Stämme erglänzten fahl im Widerschein der untergehenden

Herbstsonne. Nichts regte sich, nur der gefrorene Boden knirschte unter unseren Füßen. War es ein Hinterhalt?

Unruhig gingen wir weiter, bis der Wald sich lichtete, und blieben stehen. Vor uns auf der Lichtung saßen drei Soldaten um ein Feuer, in voller Sorglosigkeit.

Wladimir Nikolajewitsch ging auf sie zu. „Guten Tag, Genossen!" grüßte er. Die Kanone hinter ihm, die zwanzig Gewehre und der Lastwagen voller Grubitgranaten – all das schien an einem Haar zu hängen. Die Soldaten sprangen auf.

„Was bedeutete das Schießen hier eben?"

Einer der Soldaten antwortete, wieder beruhigt: „Nichts weiter wir haben nur eben ein paar Kaninchen geschossen . . ."

Wir ratterten weiter, nach Romanowo zu. An der ersten Wegkreuzung stellten sich uns zwei Soldaten mit erhobenen Gewehren entgegen. Wir fuhren langsamer und hielten.

„Eure Ausweise, Genossen!"

Die Rotgardisten erhoben ein wildes Geschrei. „Wir sind Rotgardisten. Wir brauchen keine Ausweise . . . Weiter! Laßt sie schreien!"

Einer der Matrosen widersprach jedoch. „Das ist nicht richtig, Genossen. Wir müssen revolutionäre Disziplin halten. Stellt euch vor, Konterrevolutionäre kämen hier in einem Auto dahergefahren und erklärten einfach, sie brauchten keine Ausweise. – Die Genossen kennen euch doch nicht."

Eine Debatte entspann sich, und einer nach dem anderen traten die Matrosen und Soldaten der Auffassung des Matrosen bei, der zuerst gesprochen hatte. Zu guter Letzt holten auch die Rotgardisten ihre schmuddligen „Bumagi" (Papiere) hervor. Alle waren sie von gleichem Aussehen, bis auf meinen, den ich vom revolutionären Stab im Smolny hatte. Die Posten erklärten mir, daß ich mit ihnen gehen müsse. Die Rotgardisten widersprachen lebhaft, aber der schon erwähnte Matrose nahm noch einmal das Wort: „Ich weiß, daß dieser Genosse gut und zuverlässig ist", sagte er, „aber die Befehle des Komitees müssen unbedingt respektiert werden. Das eben ist revolutionäre Disziplin!"

Um den Streit zu beenden, kletterte ich schließlich von dem Wagen hinunter. Er fuhr weiter, und die Genossen winkten mir zu, bis ich sie nicht mehr sehen konnte. Die Soldaten berieten eine Weile miteinander und führten mich dann zu einer Mauer, an die sie mich stellten – und plötzlich begriff ich: Sie wollen mich erschießen!

In allen drei Richtungen war kein Mensch zu sehen. Nur ein dünner Rauchfaden, der von dem Schornstein eines alleinstehenden Holzhauses aufstieg, zeugte von Lebewesen. Es mochte ein halber Kilometer bis dahin sein, den Weg hinunter. Die beiden Soldaten gingen ein Stück in den Weg hinein. Ich lief verzweifelt hinter ihnen her.

„Aber Genossen! Seht doch! Hier ist der Stempel des Revolutionären Militärkomitees!"

Sie starrten dumm auf meinen Ausweis und blickten dann einander an.

„Er ist nicht wie die anderen, Bruder", sagte der eine eigensinnig. „Wir können nicht lesen."

Ich nahm ihn beim Arm. „Kommt", sagte ich. „Laßt uns dort nach dem Hause gehen. Da ist sicher jemand, der lesen kann." Sie zögerten. „Nein", sagte der eine. Der andere musterte mich. „Warum nicht? Es ist immerhin eine große Sünde, einen unschuldigen Menschen zu töten."

Wir gingen nach dem Hause und klopften an die Tür. Eine kleine untersetzte Frau öffnete und schreckte entsetzt zurück, stammelnd: „Ich kann Ihnen gar nichts sagen." Einer meiner Wächter hielt ihr meinen Ausweis unter die Nase. Sie kreischte. „Sie sollen nur lesen, Genossin." Zögernd nahm sie das Papier und las dann laut und fließend:

„Der Inhaber dieses Ausweises, John Reed, ist ein Internationalist und Vertreter der amerikanischen Sozialdemokratie."

Nachdem wir wieder draußen waren, hielten die Soldaten eine neue Beratung ab. „Wir müssen Sie zum Regimentskomitee bringen", erklärten sie mir. Wir stampften in der schnell sinkenden Dämmerung den schmutzigen Weg entlang. Verschiedene Male begegneten uns Soldatentrupps, die stehenblieben und mich drohend umringten, meinen Ausweis von Hand zu Hand reichend und heftig streitend, ob ich erschossen werden müsse oder nicht.

Es war schon finster, als wir die Kaserne des 2. Zarskoselski-Schützenregiments erreichten, niedrige, langgestreckte Gebäude, die eng aneinandergedrängt längs der Hauptstraße standen. Am Eingang wieder Soldaten, in nachlässiger Haltung, die meine Wächter mit Fragen bestürmten. „Ein Spion? Ein Provokateur?" Wir stiegen eine Wendeltreppe hinauf und kamen an einen großen kahlen Raum, mit einem riesigen Ofen in der Mitte und Reihen von Lagerstätten am Boden, wo gegen tausend Soldaten Karten spielten, sangen, plauderten oder schliefen. Im Dache war ein mächtiges Loch, das von einer kerenskischen Granate herrührte.

Ich blieb am Eingang stehen. Durch die Gruppen lief ein plötzliches Schweigen. Alles wandte sich nach uns um und starrte mich an. Dann begannen die Soldaten auf uns einzudringen, langsam erst, dann immer schneller, schreiend, mit haßerfüllten Gesichtern. „Halt, halt, Genossen!" schrie einer meiner Wärter. „Das Komitee! Das Komitee!" Die Menge stand, mich umringend, murrend. Ein hagerer junger Mensch, mit einer roten Armbinde, drängte sich vor.

„Wer ist das?" fragte er rauh. Die Wächter erstatteten ihm Bericht. „Geben Sie mir den Ausweis!" Er las ihn aufmerksam, mich mit durchdringendem Blick musternd. Dann flog ein

Lächeln über sein Gesicht, und er gab mir meinen Ausweis zurück. „Genossen! Dies ist ein amerikanischer Genosse!" Und zu mir gewendet: „Ich bin der Vorsitzende des Komitees. Ich heiße Sie in unserem Regiment willkomen." Bei den Soldaten erst ein erstauntes Gemurmel, das rasch zu herzlichen Begrüßungen anwuchs. Alle drängten vorwärts, mir die Hand zu drücken.

„Sie haben sicher noch nicht gegessen? Wir sind hier schon fertig. Aber Sie können in den Offiziersklub gehen. Da sind auch Leute, die Ihre Sprache sprechen."

Er führte mich über den Hof zum Eingang eines anderen Gebäudes. Ein vornehm auftretender junger Mensch, den Achselstücken nach ein Leutnant, ging gerade nach oben. Der Vorsitzende stellte mich vor, und sich mit einem Händedruck verabschiedend, ging er wieder zurück.

„Stepan Georgijewitsch Morowski, zu Ihren Diensten", sagte der Leutnant in tadellosem Französisch. Von der reich geschmückten Vorhalle führte eine von funkelnden Kronleuchtern erleuchtete Treppe nach oben. In der zweiten Etage Billard- und Kartensäle, eine Bibliothek.

Wir betraten den Speisesaal, wo an einem in der Mitte stehenden Tisch gegen zwanzig Offiziere saßen, in Galauniform, mit gold- und silberknaufigen Degen und mit den Bändern und Kreuzen ihrer kaiserlichen Orden geschmückt. Alle erhoben sich höflich, als ich eintrat, und mir wurde ein Platz neben dem Obersten offeriert. Gewandte Burschen servierten das Essen. Die Atmosphäre unterschied sich in nichts von der eines beliebigen europäischen Offizierskasinos. Wo war hier die Revolution?

„Sie sind keine Bolschewiki?" fragte ich Morowski.

Ein Lächeln lief durch die Runde; aber ich sah auch einen oder zwei einen flüchtigen Blick auf die Ordonnanzen werfen.

„Nein", erwiderte mein Freund. „Im Regiment ist nur ein bolschewistischer Offizier, und der ist heute abend in Petrograd. Der Oberst ist Menschewik, der Hauptmann Cherlow gehört der Kadettenpartei an, und ich selber gehöre zu den rechten Sozialrevolutionären. Die Offiziere der Armee sind wohl meist keine Bolschewiki; aber sie sind überzeugte Demokraten, und sie halten es für ihre Pflicht, den Soldatenmassen zu folgen."

Nach dem Essen wurde eine Karte hereingebracht, die der Oberst auf dem Tisch ausbreitete. Alles drängte sich heran, um zu sehen.

„Hier", sagte der Oberst, auf eine Bleistiftlinie weisend, „befanden sich unsere Stellungen heute morgen. Wladimir Kirillowitsch, wo ist jetzt Ihre Kompanie?"

Hauptmann Cherlow zeigte: „Wir haben laut Befehl die Stellungen längs dieses Weges bezogen. Karsawin hat mich um fünf Uhr abgelöst."

In diesem Augenblick wurde die Tür geöffnet, und der Vorsitzende des Regimentskomitees und ein anderer Soldat traten ein. Sie gesellten sich zu der Gruppe hinter dem Obersten und betrachteten die Karte.

„Gut!" sagte der Oberst. „Die Kosaken haben sich in unserem Abschnitt um zehn Kilometer zurückgezogen. Ein weiteres Vorrücken scheint mir in diesem Moment nicht nötig. Meine Herren, halten Sie heute nacht die gegenwärtige Linie und befestigen Sie die Stellung mittels . . ."

„Wenn ich bitten darf", unterbrach hier der Vorsitzende des Regimentskomitees. „Die Befehle lauten: ‚Im schnellstmöglichen Tempo vorrücken, die Kosaken morgen in aller Frühe nördlich von Gatschina angreifen, sie vernichtend schlagen.' Bitte, treffen Sie die entsprechenden Maßregeln."

Ein kurzes Schweigen folgte. Der Oberst wandte sich von neuem der Karte zu. „Sehr gut", sagte er in verändertem Tonfall. „Stepan Georgijewitsch, wollen Sie bitte . . ." Und rasch einige blaue Linien zeichnend, gab er seine Befehle, während ein

Unteroffizier stenografierte. Der Unteroffizier ging dann hinaus, um zehn Minuten später eine maschinenschriftliche Ausfertigung des Befehls nebst einer Kopie hereinzubringen. Der Vorsitzende des Komitees studierte die Karte anhand der Kopie des Befehls.

„In Ordnung", sagte er, sich erhebend. Er faltete die Kopie zusammen und steckte sie in die Tasche. Dann unterzeichnete er den Befehl, holte aus seiner Tasche einen Stempel, drückte ihn neben die Unterschrift und überreichte den Befehl dem Obersten.

Hier fühlte ich wieder die Revolution.

Mit dem Auto des Regimentsstabes kehrte ich nach Zarskoje in den Sowjetpalast zurück. Immer noch strömten Arbeiter, Soldaten und Matrosen hinein und heraus, immer noch das Gewimmel von Lastautos, Panzerwagen, eine Kanone vor der Tür und der frohe Lärm des ungewohnten Sieges. Ein halbes Dutzend Rotgardisten drängte sich durch die Menge, in ihrer Mitte ein Priester. Das sei Vater Iwan, sagten sie, der die Kosaken bei ihrem Einmarsch in die Stadt gesegnet habe. Später hörte ich, daß man ihn erschossen hat.[4] Eben kam Dybenko heraus, nach allen Seiten rasch Befehle erteilend. In der Hand hielt er seinen großen Revolver. Ein Automobil stand da, mit ratterndem Motor. Dybenko schwang sich auf den hinteren Sitz, ohne Begleitung, und sauste davon – nach Gatschina, um Kerenski einen Schlag zu versetzen.

Gegen abend hatte er die Stadtgrenze erreicht und ging zu Fuß weiter. Was er mit den Kosaken besprochen hat, weiß niemand. Tatsache aber ist, daß der General Krasnow mit seinem Stabe und einigen tausend Kosaken die Waffen streckte und Kerenski den Rat gab, dasselbe zu tun.[5]

Hier die Aussage des Generals Krasnow am Morgen des 14. November in bezug auf Kerenski:

„Gatschina, 14. November 1917.

Heute morgen gegen 3 Uhr wurde ich zum Obersten Befehlshaber (Kerenski) beordert. Er war äußerst aufgeregt und nervös.

‚General‘, sagte er mir, ‚Sie haben mich verraten. Ihre Kosaken erklären kategorisch, daß sie mich verhaften und an die Matrosen ausliefern wollen.‘

‚Jawohl‘, antwortete ich, ‚davon ist tatsächlich die Rede, und mir ist auch bekannt, daß Sie nirgendwo Freunde haben.‘

‚Aber die Offiziere sagen dasselbe.‘

‚Stimmt, gerade die Offiziere sind mit Ihnen besonders unzufrieden.‘

‚Was soll ich tun? Mich erschießen?‘

‚Wenn Sie ein Ehrenmann sind, so werden Sie unverzüglich mit einer weißen Fahne nach Petrograd zum Revolutionären Militärkomitee gehen und als Chef der Provisorischen Regierung in Verhandlungen eintreten.‘

‚Gut, ich werde das tun, General.‘

‚Ich werde Ihnen eine Schutzwache mitgeben und einen Matrosen bitten, Sie zu begleiten.‘

‚Nein, nein, nur keinen Matrosen. Es heißt, daß Dybenko hier sein soll. Ist das wahr?‘

‚Dybenko? Ich weiß nicht, wer das ist‘

‚Mein Feind.‘

‚Da kann man nichts tun. Wenn man einen hohen Einsatz wagt, muß man alle Möglichkeiten nützen.‘

‚Jawohl. Ich werde heute nacht gehen!‘

‚Heute nacht? Das würde als Flucht gedeutet werden. Gehen Sie in aller Ruhe und ganz öffentlich, so daß jeder sehen kann, daß Sie nicht davonlaufen.‘

‚Sie haben recht. Aber Sie müssen mir eine Begleitung geben, auf die ich mich verlassen kann.‘

‚Gut.‘

Ich ging hinaus und rief den Kosaken Russakow vom 10. Don-Regiment. Ich gab ihm Befehl, zehn Kosaken auszusuchen, die den Obersten Befehlshaber begleiten sollten. Eine halbe Stunde später berichteten die Kosaken, Kerenski sei nicht in seinem Quartier, er sei davongelaufen.

Ich alarmierte sofort alles und befahl, nach ihm zu suchen, in der Annahme, daß er Gatschina noch nicht verlassen haben könnte, er wurde jedoch nicht gefunden . . .“

So war Kerenski also geflohen, allein, als Matrose verkleidet; er verlor auf diese Weise das letzte bißchen Popularität, das ihm unter den russischen Massen geblieben war . . .

Zurück nach Petrograd fuhr ich in einem Lastauto, das voller Rotgardisten war. Der Fahrer, ein Arbeiter, hatte mir einen Platz neben sich eingeräumt. Wir hatten kein Leuchtöl, und so fuhr unser Wagen unbeleuchtet. Auf der Chaussee drängten sich die Soldaten der proletarischen Armee, heimwärts marschierende, und herausströmende frische Reserven. Riesige Lastautos, Artilleriekolonnen, Wagen tauchten aus der Nacht auf, gleichfalls ohne Licht. Wir ratterten ungestüm los, mit plötzlichem Ruck bald nach rechts, bald nach links ausweichend, um Zusammenstöße zu vermeiden, unter den wilden Verwünschungen der Fußgänger.

Am Horizont schimmerten die Lichter der Hauptstadt, als wäre die weite, kahle Ebene mit Juwelen übersät.

Der alte Arbeiter am Steuer hielt das Lenkrad nur noch mit einer Hand, während er mit der anderen voll überschwenglicher Freude auf die in der Ferne leuchtende Hauptstadt wies.

„Mein!“ rief er mit glänzenden Augen. „Ganz gehört es jetzt mir! Mein Petrograd!“

# X

## MOSKAU

Das Revolutionäre Militärkomitee verfolgte mit grimmiger Entschlossenheit seinen Sieg:

„14. November.

An alle Armeekomitees, an alle Korps-, Divisions-und Regimentskomitees, an alle Sowjets der Arbeiter-, Soldaten- und Bauerndeputierten, an Alle, Alle, Alle!

Gemäß dem Abkommen zwischen den Kosaken, Offiziersschülern, Soldaten, Matrosen und Arbeitern ist beschlossen worden, Alexander Fjodorowitsch Kerenski vor ein Volkstribunal zu stellen. Wir fordern, daß Kerenski verhaftet und ihm, im Namen der nachgenannten Organisationen, befohlen wird, unverzüglich nach Petrograd zu kommen und sich dem Tribunal zu stellen.

Gezeichnet: Die Kosaken der 1. Ussuri-Kavalleriedivision. Das Komitee der Offiziersschüler der Petrograder Freischützen-Abteilung. Der Delegierte der Fünften Armee.

Volkskommissar *Dybenko.*"

Das Komitee zur Rettung des Vaterlandes und der Revolution, die Duma, das Zentralkomitee der Sozialrevolutionären

Partei (die Kerenski stolz als ihr Mitglied zählte) protestierten leidenschaftlich und erklärten, daß nur die Konstituierende Versammlung ihn zur Verantwortung ziehen könne.

Am 16. November abends sah ich zweitausend Rotgardisten den Sagorodny-Prospekt hinuntermarschieren, an ihrer Spitze eine Militärkapelle, die die Marseillaise spielte, mit blutroten Fahnen, die heimkehrenden Brüder zu begrüßen, die siegreich das Rote Petrograd verteidigt hatten. Männer und Frauen, ihre Gewehre geschultert, in der kalten Dämmerung durch die schlecht beleuchteten, schlüpfrigen Straßen stampfend, an schweigenden Haufen von Bourgeois vorbei, die sie verächtlich, aber furchterfüllt vorüberziehen sahen.

Alle waren gegen sie – Geschäftsleute, Spekulanten, Kapitalisten, Gutsbesitzer, Offiziere, Politiker, Lehrer, Studenten, Angehörige freier Berufe, Handwerker, Krämer, Beamte, Büroangestellte. Die anderen sozialistischen Parteien begegneten den Bolschewiki mit unversöhnlichem Haß. Auf ihrer Seite waren nur die Massen der Arbeiter, die Matrosen, alle nichtdemoralisierten Soldaten, die landlosen Bauern und einige – sehr wenige – Intellektuelle.

Die Kunde von Kerenskis Niederlage kam wie ein Echo von den entferntesten Ecken des weiten Rußlands, wo ausgedehnte Straßenkämpfe wie eine Welle losbrachen, als ungeheures Brausen des proletarischen Sieges zurück. In Kasan, Saratow, Nowgorod und Winniza waren die Straßen mit Blut bedeckt; in Moskau hatten die Bolschewiki ihre Geschütze gegen die letzte Festung der Bourgeoisie – den Kreml – gerichtet.

„Sie bombardieren den Kreml!" – Mit abergläubischem Entsetzen rief man es einander in den Straßen von Petrograd zu. Reisende aus dem „weißen und schimmernden Moskau" berichteten Fürchterliches: Tausende ermordet, die Twerskaja und der Kusnezki-Most in Flammen, die Basilius-Kathedrale ein rauchender Trümmerhaufen, die Uspenski-Kathedrale im Zusammenbrechen, das Spasski-Tor des Kreml vor dem Einsturz, die Duma niedergebrannt.[1]

Nichts, was die Bolschewiki bisher getan, war dieser furchtbaren Lästerung im Herzen des heiligen Rußlands selbst vergleichbar. Die Ohren der Gläubigen hörten förmlich das Krachen der Granaten, wie sie einschlugen in das Antlitz der Heiligen Orthodoxen Kirche und das Allerheiligste der russischen Nation zu Staub zermalmten.

Am 15. November brach in der Sitzung des Rates der Volkskommissare Lunatscharski, der Kommissar für Volksbildung, in Tränen aus und eilte aus dem Saal, schreiend: „Das halte ich nicht aus! Ich kann diese entsetzliche Vernichtung von soviel Schönheit und Tradition nicht ertragen!"

Am Nachmittag brachten die Zeitungen sein Rücktrittsschreiben:

„Von Augenzeugen habe ich soeben gehört, was sich in Moskau abspielt.

Die Basilius-Kathedrale, die Uspenski-Kathedrale werden bombardiert. Der Kreml, in dem zur Zeit die wichtigsten Kunstschätze Petrograds und Moskaus aufbewahrt werden, steht unter Artilleriefeuer. Die Opfer zählen nach Tausenden.

Der fürchterliche Kampf hat dort den Gipfel bestialischer Wildheit erreicht.

Was bleibt da noch? Kann es noch schlimmer kommen?

Ich kann das nicht aushalten. Das Maß ist voll. Ich bin nicht in der Lage, diesen Schrecken aufzuhalten. Unter dem Druck dieser Gedanken, die mich zum Wahnsinn treiben, kann ich nicht arbeiten!

Ich scheide darum aus dem Rat der Volkskommissare aus.

Ich bin mir über die Tragweite dieses Entschlusses vollkommen klar. Aber ich kann es nicht mehr ertragen . . ."[2]

Am selben Tage streckten die Weißgardisten und Offiziersschüler im Kreml die Waffen, und ihnen wurde freier Abzug gewährt.

Hier der Friedensvertrag:

„1. Das Komitee für die öffentliche Sicherheit hört auf zu bestehen.

2. Die Weiße Garde gibt die Waffen ab und wird aufgelöst. Die Offiziere behalten die ihrem Rang zustehenden Waffen. Die Offiziersschüler behalten nur die für ihre Ausbildung notwendigen Waffen. Alle übrigen Waffen der Offiziersschüler werden abgeliefert. Das Revolutionäre Militärkomitee garantiert allen persönliche Freiheit und Unverletzlichkeit.

3. Zur Entscheidung der Frage, wie die Entwaffnung, von der in Punkt 2 die Rede ist, durchgeführt werden soll, wird eine Kommission gebildet aus Vertretern des Revolutionären Militärkomitees, des Offizierskorps und der Organisationen, die an der Vermittlung teilgenommen haben.

4. Mit dem Augenblick der Unterzeichnung des Friedensabkommens geben beide Seiten unverzüglich den Befehl, jedes Schießen und alle Kampfhandlungen einzustellen, und ergreifen entschiedene Maßnahmen, um diesen Befehl an Ort und Stelle unbedingt zur Durchführung zu bringen.

5. Nach Unterzeichnung des Abkommens werden alle Gefangenen beider Seiten unverzüglich in Freiheit gesetzt."

Seit zwei Tagen waren nun die Bolschewiki Herren der Stadt. Die geängstigten Bürger kamen aus ihren Kellern herausgekrochen, um ihre Toten zu suchen. Aus den Straßen verschwanden die Barrikaden. Trotzdem nahmen die Schauermeldungen über die in Moskau angerichteten Zerstörungen nicht ab, sondern zu. Wir beschlossen daher, nach Moskau zu fahren, um selbst zu sehen, was sich dort abgespielt hatte.

Petrograd hat, wenn auch seit zwei Jahrhunderten der Sitz der Regierung, noch immer etwas Gekünsteltes und Fremdes an sich. Moskau aber ist das wahre Rußland, das Rußland, wie es war und wie es sein wird; in Moskau würden wir erfahren, wie das russische Volk in Wahrheit zur Revolution steht. Das Leben war dort immer intensiver.

Im Verlaufe der letzten Woche hatte das Petrograder Revolutionäre Militärkomitee mit Hilfe der Massen der Eisenbahner die Kontrolle der Nikolaibahn übernommen und warf jetzt Zug um Zug mit Matrosen und Rotgardisten nach dem Südwesten. Wir hatten vom Smolny ausgestellte Passierscheine, ohne die niemand die Hauptstadt verlassen durfte. Der Zug war noch nicht ganz eingelaufen, als auch schon ein großer Haufe zerlumpter Soldaten, alle mit riesigen Lebensmittelpaketen beladen, die Türen stürmte, die Fenster zerschlug, in alle Abteile eindrang, die Trittbretter besetzte und sogar auf die Dächer kletterte. Wir waren unser drei, denen es gelang, sich in ein Abteil zu zwängen; aber mindestens zwanzig Soldaten waren sofort hinter uns. Plätze waren nur für vier Personen da. Wir versuchten die Soldaten zu überzeugen, schimpften, und der Schaffner gab uns recht. Wir wurden aber nur ausgelacht. Was kümmerte sie das Bequemlichkeitsbedürfnis einer Handvoll „Burshui" (Bourgeois)! Jetzt zeigten wir unsere Passierscheine vom Smolny, und sofort änderten die Soldaten ihre Haltung.

„Genossen", schrie einer, „das sind amerikanische Genossen! Sie sind dreißigtausend Werst weit hierhergekommen, um unsere Revolution zu sehen. Da ist es natürlich, daß sie müde sind."

Unter höflichen und freundlichen Entschuldigungen ließen uns die Soldaten allein. Einige Augenblicke später hörten wir sie ein Abteil aufbrechen, das von zwei dicken, gut gekleideten Russen mit Beschlag belegt war, die den Schaffner bestochen und die Abteiltür abgeschlossen hatten.

Gegen sieben Uhr abends fuhr unser Zug endlich aus der

Station hinaus, nur von einer winzigen, holzgefeuerten Loko-
motive gezogen, langsam, unter vielem Halten vorwärtskrie-
chend. Die Soldaten auf dem Dache sangen weinerliche Bauern-
weisen, den Takt dazu mit ihren Absätzen stampfend. Im
Korridor des Zuges, in dem ein fürchterliches Gedränge
herrschte, so daß man keinen Schritt zu tun vermochte, tobten
die ganze Nacht hindurch wütende politische Debatten. Hin und
wieder kam ein Schaffner, um – der Gewohnheit getreu – die
Fahrkarten zu kontrollieren. Außer den unsrigen fand er nicht
viele, und nach einer halben Stunde fruchtlosen Streitens hob
er verzweifelt die Arme und verschwand. Die Luft war zum
Ersticken, voller Tabaksqualm und entsetzlichem Gestank. Ohne
die zerbrochenen Fensterscheiben hätten wir die Nacht kaum
überstehen können.

Als wir am nächsten Morgen, reichlich spät, erwachten, hatten wir, aus den Fenstern blickend, die Überraschung einer völlig verschneiten Welt. Es war bitter kalt. Gegen Mittag brachte
uns eine Bauersfrau einen großen Korb Brotschnitten und eine
mächtige Kanne lauwarmen Kaffee-Ersatzes. Von da an bis zum
Abend war nichts als der überfüllte Zug, rüttelnd, anhaltend,
manchmal eine Station, wo die ausgehungerten Soldaten über
das spärlich versorgte Büfett herfielen und es im Handumdrehen
leerfegten.

Auf einer dieser Stationen stieß ich auf Nogin und Rykow,
die ausgeschiedenen Kommissare, die nach Moskau zurückkehrten, um ihre Klagen bei ihrem eigenen Sowjet vorzubringen*;
etwas weiter traf ich Bucharin, einen kleinen rotbärtigen Mann,
mit den Augen eines Fanatikers – „linker als Lenin", hieß es
von ihm . . .

Dann ertönte die Bahnhofsglocke, und wir stürzten uns wieder
auf unseren Zug, zwängten uns durch den überfüllten und

---

* Siehe Kapitel XI. J. R.

lauten Gang ... Gutmütige Menschen, die alle Unbequemlich-
keiten geduldig und voller Humor ertrugen und dabei endlos
über alles debattierten, von der Lage in Petrograd bis zur britischen Gewerkschaftsbewegung, oder laut auf die wenigen mit-
reisenden „Burshui" einredeten. Bevor wir in Moskau ankamen,
hatte fast jeder Waggon einen Ausschuß für die Beschaffung
und Verteilung von Nahrungsmitteln gebildet, und diese Aus-
schüsse spalteten sich in politische Parteien, die sich endlos über
prinzipielle Fragen stritten.

In Moskau fanden wir den Bahnhof verödet. Wir gingen zu
dem Büro des Kommissars, um die Karten für unsere Rückfahrt
in Ordnung bringen zu lassen, und trafen einen mürrisch blik-
kenden jungen Menschen, der die Achselstücke eines Leutnants
trug. Als wir ihm unsere Passierscheine vom Smolny zeigten,
wurde er wütend und erklärte schimpfend, daß er kein Bolschewik sei, sondern das Komitee für die öffentliche Sicherheit repräsentiere. Es war charakteristisch – in der allgemeinen Aufregung des Kampfes um den Besitz der Stadt hatten die Sieger
den Hauptbahnhof völlig vergessen.

Keine Droschke in Sicht. Ein paar Häuserblocks weiter weckten wir jedoch einen grotesk vermummten Kutscher, der auf
dem Bock seines kleinen Schlittens eingeschlafen war. Wieviel
die Fahrt bis zum Stadtzentrum kostet?

Er kratzte sich den Kopf. „Die Herren werden in keinem
Hotel Unterkommen finden", sagte er. „Ich will Sie jedoch für
hundert Rubel fahren ..." Vor der Revolution kostete dieselbe
Fahrt zwei Rubel! Wir protestierten. Er zuckte die Schultern.
„Es gehört Mut dazu, nachts einen Schlitten zu fahren", fuhr er
fort. Es gelang uns, ihn bis auf fünfzig herunterzudrücken ...
Während wir im schnellen Tempo die stillen, im Schnee leuchtenden Straßen entlangfuhren, schilderte er uns seine Abenteuer
während des sechstägigen Kampfes.

„Ich fahre nichtsahnend meines Wegs oder warte an der

Straßenecke auf einen Fahrgast, plötzlich paff! – eine Granate
hier, paff! – eine Granate dort, ratt, ratt, ratt – ein Maschinengewehr . . . Ich los, im Galopp. Überall um mich herum wird
wie verrückt geschossen. Ich erreiche eine hübsche ruhige Straße,
halte da, verschnaufe mich ein bißchen, mit einemmal, paff! –
eine neue Granate . . . Verteufelt!"

Die schneebedeckten Straßen im Zentrum der Stadt lagen
ruhig. Nur ein paar Bogenlampen brannten, und auf den Bürgersteigen eilten schnellen Schrittes vereinzelte Fußgänger vorüber.
Von der Ebene her blies ein eisiger Wind, der durch Mark und
Bein schnitt. Im ersten Hotel betraten wir ein von zwei Kerzen
kümmerlich erleuchtetes Büro.

„Jawohl, wir haben einige sehr komfortable Zimmer, nur
sind alle Fenster herausgeschossen. Falls ein bißchen frische Luft
die Herren nicht geniert . . ."

Auf der Twerskaja waren alle Schaufenster zerschlagen,
allenthalben in der Straße Granatlöcher und aufgewühlte
Pflastersteine. Ein Hotel nach dem anderen, alles überfüllt oder
die Eigentümer noch immer so erschreckt, daß sie nichts anderes
zu sagen vermochten, als „nein nein, wir haben keinen Platz!
Wir haben keinen Platz!" In den Hauptstraßen, wo die großen
Banken und Geschäftshäuser lagen, hatte die Artillerie der
Bolschewiki gründliche Arbeit geleistet. Ein Sowjetfunktionär
erzählte mir: „Wenn wir nicht genau wußten, wo die Offiziersschüler und Weißgardisten waren, bombardierten wir eben die
Geldschränke."

Im großen Hotel „National" nahm man uns dann endlich
auf. Wir waren Ausländer, und das Revolutionäre Militärkomitee hatte versprochen, die Wohnsitze der Ausländer zu
schützen. Der Hoteldirektor führte uns umher und zeigte uns
eine Anzahl durch Schrapnellschüsse zertrümmerte Fensterscheiben im Dachgeschoß. „Diese Bestien!" sagte er, die Fäuste
ballend. „Aber nur Geduld! Ihre Zeit wird kommen! In einigen

Tagen wird ihre lächerliche Regierung stürzen, und dann werden wir's ihnen zeigen!"

Wir aßen in einem vegetarischen Restaurant, mit dem verlockenden Namen „Ich esse Niemand" und einem auffallend großen Bild Tolstois an der Wand. Dann eilten wir hinaus, die Stadt zu sehen.[3]

Der Hauptsitz des Moskauer Sowjets befand sich in dem früheren Palast des Generalgouverneurs, einem imposanten weißen Bau, dessen Front nach dem Skobelewplatz zu liegt. Vor dem Eingang standen Rotgardisten Wache. In der oberen Etage des weiten, regelmäßigen Treppenhauses, dessen Wände mit der Ankündigung von Komiteesitzungen und den Aufrufen der politischen Parteien bedeckt waren, passierten wir mehrere vornehme Empfangssäle mit zahllosen, jetzt rot verhängten Bildern in vergoldeten Rahmen und gelangten in den prächtigen Staatssalon mit seinen herrlichen Kristallkronleuchtern und goldstrotzender Stuckverzierung. Gedämpftes Sprechen und das surrende Gebrumm einiger zwanzig Nähmaschinen füllte den Saal. Riesige Ballen roter und schwarzer Stoffe lagen entrollt und schlängelten sich über den Parkettboden und die Tische, an denen ein halbes Hundert Frauen saßen, die Fahnen und Banner für das Begräbnis der Revolutionsopfer zuschnitten und nähten. Die Züge der Frauen waren herb und trugen die Spuren der Kämpfe ihres Proletarierdaseins. Sie arbeiteten mit Feuereifer, mit vom Weinen geröteten Augen. Die Verluste der Roten Armee waren schwer gewesen.

An einem Pult in einer Ecke sahen wir Rogow, einen intelligenten bärtigen Mann mit einer Brille, in der schwarzen Bluse eines Arbeiters. Er lud uns ein, bei der am nächsten Morgen stattfindenden Trauerdemonstration mit dem Zentralexekutivkomitee zu marschieren.

„Den Sozialrevolutionären und Menschewiki etwas beizubringen ist unmöglich! Die können das Kompromisseln nun einmal nicht lassen! Stellen Sie sich vor, sie haben uns ein gemeinsames Leichenbegängnis mit den Offiziersschülern vorgeschlagen!"

Durch den Saal kam ein Mann in einem zerlumpten Soldatenmantel, eine Soldatenmütze auf dem Kopf, dessen Gesicht mir vertraut schien. Ich erkannte Melnitschanski, den ich in Bayonne, New Jersey, während des großen Standard-Oil-Streiks als Uhrmacher Georg Melcher kennengelernt hatte. Jetzt war er, wie er mir erzählte, Sekretär des Moskauer Metallarbeiterverbandes und seit den Kämpfen Kommissar des Revolutionären Militärkomitees.

„Da, schauen Sie mich an", sagte er, auf seine abgerissene Kleidung weisend. „Ich war mit den Jungen im Kreml, als die Offiziersschüler zum erstenmal gekommen sind. Sie haben mich in den Keller geworfen, mir Mantel, Geld und Uhr, ja sogar den Ring vom Finger gestohlen! In solchen Lumpen muß ich jetzt herumlaufen!"

Von ihm erfuhr ich eine Fülle von Einzelheiten über die blutige Sechstageschlacht, die Moskau in zwei sich wutentbrannt gegenüberstehende Lager gespalten hatte. Anders als in Petrograd, hatte hier die Stadtduma das Oberkommando über die Offiziersschüler und Weißgardisten übernommen. Die Aktionen des Komitees für die öffentliche Sicherheit und die der Truppen unterstanden der Leitung des Bürgermeisters Rudnew und des Dumapräsidenten Minor. Der Stadtkommandant Rjabzew, ein mehr demokratisch gesinnter Mann, hatte anfangs gezögert, sich dem Revolutionären Militärkomitee zu widersetzen, sich dann aber dem Zwange der Duma gefügt. Die Besetzung des Kreml war auf Anraten des Bürgermeisters geschehen. „Sie werden es nie wagen, euch dort zu beschießen", hatte er gesagt.

Ein Garnisonregiment, durch lange Inaktivität völlig demoralisiert, war von beiden Seiten um Hilfe angegangen worden.

Die Soldaten des Regiments hielten eine Versammlung ab, um zu beraten, wie sie sich verhalten sollten. Sie beschlossen, daß das Regiment neutral bleiben und seiner gegenwärtigen Beschäftigung nachgehen sollte – dem Handel mit Feuersteinen und Sonnenblumenkernen!

„Das schlimmste aber war", sagte Melnitschanski, „daß wir unsere Kräfte organisieren mußten, während wir kämpften. Die andere Seite wußte genau, was sie wollte. Aber hier hatten die Soldaten ihre Sowjets, und die Arbeiter hatten die ihren. Man stritt fürchterlich darum, wer das Oberkommando haben sollte. Manche Regimenter debattierten tagelang, bevor sie zu einem Beschluß kamen, und als uns die Offiziere plötzlich verließen, hatten wir keinen Stab, der die Kämpfe leitete."

Er schilderte mir lebendige kleine Episoden: An einem kalten, grauen Tage hatte er an einer Ecke der Nikitskaja gestanden, über die ein Hagel von Maschinengewehrfeuer ging. Eine Gruppe kleiner Jungen war dort versammelt – Straßenbuben, die sonst Zeitungen verkauften. Kreischend, aufgeregt, als ob es sich um ein neues Spiel handelte, warteten sie ab, bis das Schießen etwas nachließ, und rannten dann über die Straße ... Viele kamen dabei um, aber die übrigen rannten weiter hin und her, lachend, sich gegenseitig herausfordernd.

Spät am Abend ging ich zur Dworjanskoje Sobranije, dem Adelsklub, wo eine Versammlung der Moskauer Bolschewiki stattfinden sollte, um zu hören, was die aus dem Rate der Volkskommissare ausgetretenen Bolschewiki Nogin, Rykow und einige andere zu ihrer Rechtfertigung vorzubringen hätten.

Die Versammlung fand im Theatersaal statt, wo unter dem alten Regime vor einem auserlesenen Publikum von Offizieren und elegant gekleideten Damen die neuesten französischen Komödien gespielt zu werden pflegten.

Beim Beginn der Versammlung überwogen die im Zentrum

der Stadt wohnenden Intellektuellen. Nogin sprach, und die Mehrzahl der Anwesenden stimmte ihm zu. Spät erst kamen die Arbeiter. Ihre Wohnungen lagen weit draußen an der Peripherie der Stadt, und die Straßenbahnen fuhren nicht. Aber gegen Mitternacht begannen sie in Trupps zu zehn oder zwanzig Mann in den Saal zu strömen – große, derbe Gestalten, die Kleider noch schmutzig vom Kot der Schützengräben, wo sie sich eine Woche lang wie die Teufel geschlagen und ihre Kameraden rechts und links neben sich hatten fallen sehen.

Die formelle Eröffnung der Versammlung war kaum erfolgt, als Nogin auch schon mit einem Hagel spöttischer und zorniger Zurufe überschüttet wurde. Vergebens versuchte er zu reden und Erklärungen abzugeben. Sie wollten ihn nicht hören. Er war aus dem Rate der Volkskommissare ausgetreten, er hatte seinen Posten mitten im Schlachtgetümmel verlassen! Was die bürgerliche Presse anbelange, die gebe es in Moskau überhaupt nicht mehr; sogar die Stadtduma sei aufgelöst worden.[4] Bucharin sprach, wild, mit unerbittlicher Logik, jedes Wort ein Hammerschlag. Ihm lauschten sie mit leuchtenden Augen. Mit großer Mehrheit wurde eine Resolution angenommen, die das Vorgehen des Rates der Volkskommissare guthieß. So sprach Moskau.

Spät in der Nacht gingen wir durch die leeren Straßen und das Iberische Tor nach dem großen Roten Platz vor dem Kreml. Durch die Dunkelheit schimmerten verschwommen die phantastischen Formen der Basilius-Kathedrale mit ihren leuchtenden Kuppeln und Türmen. Von Beschädigungen keine Spur. Längs der einen Seite des Platzes erhoben sich die dunklen Mauern des Kreml, darauf flackernd der Widerschein unsichtbarer Feuer. Von jenseits des mächtigen Platzes drangen Stimmen zu uns, vermischt mit dem Geräusch arbeitender Picken und Schaufeln. Wir gingen hinüber.

Am Fuße der Mauer türmten sich Berge von Erde und

Steinen. Wir kletterten hinauf und blickten in zwei mächtige Gruben, zehn bis fünfzehn Fuß tief und etwa vierzig Meter lang, wo gegen hundert Arbeiter und Soldaten bei dem Scheine mächtiger Feuer schaufelten.

Ein junger Student sprach uns deutsch an: „Das Grab für unsere toten Brüder!" erklärte er. „Morgen werden wir hier fünfhundert Proletarier betten, die für die Revolution gestorben sind."

Er half uns die Grube hinunter. Eilig flogen die Picken und Schaufeln, und die Berge Erde wuchsen höher und höher. Nicht einer der arbeitenden Männer sprach ein Wort. Über ihnen war der sternenübersäte Himmel, und die alte Mauer des Zarenkreml ragte gewaltig auf.

„Hier an diesem heiligen Ort", sagte der Student, „dem heiligsten in ganz Rußland, werden wir unser Liebstes zur ewigen Ruhe betten. Hier, wo sich die Gräber der Zaren befinden, sollen unsere gefallenen Brüder schlafen." Er war in den Kämpfen verwundet worden und trug den Arm in der Schlinge. Er blickte auf sie herunter. „Ihr Ausländer seht auf uns Russen herab, weil wir diese mittelalterliche Monarchie so lange geduldet haben; aber wir Russen wußten, daß der Zar nicht der einzige Tyrann in der Welt war. Der Kapitalismus ist schlimmer, und er herrscht in der ganzen Welt. Die Taktik der russischen Revolutionäre, das ist das richtige."

Als wir gingen, begannen die Arbeiter in den Gruben, erschöpft und trotz der Kälte schweißtriefend, schwerfällig herauszuklettern. Über den Platz kamen eilig neue Trupps. Die Männer sprangen in die Gruben hinein, packten die Picken und Schaufeln und arbeiteten in tiefem Schweigen.

So lösten die ganze Nacht hindurch die Proletarier einander ab, in rastloser Eile schaufelnd, und als über dem schneebedeckten weiten Platz das kalte Licht des Morgens dämmerte, war das Massengrab fertig.

Die Sonne war noch nicht aufgegangen, als wir schon wieder auf den Beinen waren und durch die dunklen Straßen nach dem Skobelewplatz eilten. Wir sahen in der ganzen großen Stadt nicht einen Menschen; in der Luft aber war ein kaum merkliches aufgeregtes Summen, wie von heranbrausendem Sturm. Aus dem faden Dämmerlicht tauchte eine kleine Gruppe von Männern und Frauen mit goldbeschriebenen roten Bannern auf – das Zentralexekutivkomitee des Moskauer Sowjets. Es wurde allmählich heller. Das Summen in der Luft wurde lauter und tiefer und wuchs an zu einem unaufhörlichen wuchtigen Baß. Die Stadt begann zu erwachen. Wir marschierten die Twerskaja entlang, die wehenden Banner über uns. Die kleinen Straßenkapellen längs des Weges waren verschlossen und finster. Verschlossen und finster war auch die Kapelle der Iberischen Jungfrau, die jeder neue Zar zu besuchen pflegte, bevor er zum Kreml ging, um sich dort selbst die Krone aufs Haupt zu setzen, und die sonst Tag und Nacht offen stand, wimmelnd von Gläubigen und strahlend im Glanze der von den Frommen gestifteten Kerzen, dem Gold und Silber, den Juwelen der Heiligenbilder. Zum ersten Male, seitdem Napoleon in Moskau gewesen, waren, so hieß es, die Kerzen ausgegangen.

Die Heilige Orthodoxe Kirche hatte ihre Gunst Moskau entzogen, dem „Neste verruchten Otterngezüchts", das den Kreml zu bombardieren den verwegenen Mut gehabt hatte. Schwarz und schweigend lagen die Kirchen. Die Priester waren verschwunden. Keine Popen waren da, um bei dem roten Leichenbegängnis den Gottesdienst zu halten. Niemand hatte die Toten eingesegnet. Keine Gebete sollten über den Gräbern der „Gotteslästerer" gesprochen werden! Tichon, der Metropolit von Moskau, bereitete die Exkommunikation der Sowjets vor.

Auch die Läden waren geschlossen, und die besitzenden Klassen blieben zu Hause; aber aus einem anderen Grunde:

Das Volk war heute auf der Straße, und sie zogen es vor, dem furchterweckenden Getöse seines Aufmarsches fernzubleiben.

Schon zog ein unabsehbarer Menschenstrom durch das Iberische Tor. Tausende standen auf dem Roten Platz. An der Iberischen Kapelle, wo sonst niemand vorbeiging, ohne sich zu bekreuzigen, strömten die Massen heute achtlos vorüber.

Mit Mühe bahnten wir uns einen Weg durch die sich an der Kremlmauer stauenden Massen und erkletterten einen Erdhügel. Dort standen schon mehrere Männer, unter ihnen Muralow, der zum Moskauer Stadtkommandanten gewählte Soldat, ein einfach ausschauender bärtiger Mensch mit sanftem Gesicht.

Aus allen Straßen wälzten sich jetzt die Massen heran, zu Tausenden und aber Tausenden den mächtigen Platz füllend, in der überwiegenden Mehrzahl Proletarier. Eine Militärkapelle marschierte auf, spielte die Internationale, und plötzlich stieg, sich schnell über den Platz verbreitend, gemessener und feierlicher Gesang empor. Von der Kremlmauer herab hingen gigantische Banner mit goldenen und weißen Inschriften: „Den Märtyrern der Avantgarde der sozialistischen Weltrevolution" und „Es lebe der Bruderbund der Arbeiter der ganzen Welt".

Ein eisiger Wind fegte über den Platz, zerrte an den Bannern. Jetzt kamen aus den entfernteren Stadtvierteln die Arbeiter der verschiedenen Fabriken mit ihren Toten. Wir sahen sie durch das Tor marschieren, mit ihren leuchtenden Bannern und den dunkleren blutfarbenen Särgen. Diese waren aus ungehobeltem Holz roh zusammengeschlagene und rot übertünchte Kästen, hoch auf den Schultern rauher Gestalten getragen, denen unaufhaltsam die Tränen über die Wangen rannen. Frauen folgten, herzzerbrechend schluchzend und jammernd oder mit versteinerten totenblassen Gesichtern. Einige der Särge waren offen, und die Deckel wurden hinterhergetragen. Andere waren mit gold- oder silberdurchwirktem Tuch bedeckt oder trugen eine auf den Deckel genagelte Soldatenmütze. Dazu unzählige aus häßlichen künstlichen Blumen gefertigte Kränze.

Langsam bewegte sich die Prozession auf uns zu, durch eine unregelmäßige schmale Gasse, die sich öffnete und wieder schloß. Jetzt kam durch das Tor ein endloser Zug von roten Bannern in allen Schattierungen mit silbernen und goldenen Inschriften und herabhängendem schwarzem Flor, dazwischen einige anarchistische Fahnen, schwarz, mit weißen Inschriften. Das Orchester spielte den revolutionären Trauermarsch, und wieder erhob sich, hinreißend und feierlich, mit unterdrücktem Schluchzen, der Gesang der barhäuptig stehenden Menge.

Zwischen den Arbeitern marschierten Kompanien Soldaten, gleichfalls mit ihren Särgen, Kavallerieschwadronen, salutierend, und Batterien Artillerie, ihre Geschütze rot und schwarz umwunden – für immer, wie es schien. Auf ihren Bannern die Losungen: „Es lebe die Dritte Internationale!" „Wir wollen einen gerechten, allgemeinen, demokratischen Frieden!"

Langsam näherte sich der Zug mit den Särgen dem Grab, und die Träger – unter ihnen viele Frauen, untersetzte, kräftige Proletarierinnen – erklommen mit ihrer Last die Erdhügel und stiegen hinunter in die Gruft. Hinter den Toten kamen andere Frauen, junge, vom Kummer gebrochene, oder alte verhutzelte Mütterchen, herzzerbrechend jammernd, die ihren Söhnen und Gatten in das Massengrab zu folgen versuchten und schrien, wenn mitleidsvolle Hände sie zurückrissen.

Den ganzen Tag hindurch währte die Trauerprozession, wälzte sich durch das Iberische Tor und verließ den Platz wieder durch die Nikolskaja, ein nicht enden wollender Strom roter Banner mit Inschriften der Hoffnung und Bruderliebe und kühnen Prophezeiungen, vorbei an den fünfzigtausend am Grabe stehenden Menschen – und die Werktätigen der ganzen Welt und ihre Nachkommen blicken auf diese Banner für alle Zeiten.

Einer nach dem anderen sanken die fünfhundert Särge in die Gruft. Die Dämmerung fiel, und noch immer wehten und flatterten die Banner; das Orchester spielte den Trauermarsch, und die vielen Versammelten sangen. In den kahlen Zweigen der Bäume über dem Grab hingen die Kränze gleich fremdartigen Blumen. Zweihundert Mann begannen das Grab zuzuschaufeln. Dumpf dröhnte die herabfallende Erde, den Gesang übertönend.

Die Lichter erloschen. Das letzte Banner zog vorüber, die letzte schluchzende Frau blickte noch einmal starr zurück. Langsam verebbte auf dem großen Platz die proletarische Flut.

Plötzlich wurde mir klar, daß das fromme russische Volk keine Priester mehr brauchte, um sich das Himmelreich zu erflehen. Auf Erden bauten sie an einem Reich, schöner, als es der Himmel je sein konnte, und für ein solches Reich lohnte es sich zu sterben.

# FESTIGUNG DER MACHT[1]

### „Deklaration der Rechte der Völker Rußlands[2]

... der Erste Sowjetkongreß (hat) im Juni dieses Jahres das Recht der Völker Rußlands auf freie Selbstbestimmung verkündet.

Der Zweite Sowjetkongreß im Oktober dieses Jahres hat dieses unveräußerliche Recht der Völker Rußlands mit größerer Entschiedenheit und Bestimmtheit bestätigt.

In Ausführung des Willens dieser Kongresse hat der Rat der Volkskommissare beschlossen, seiner Tätigkeit in der Frage der Nationalitäten Rußlands folgende Prinzipien zugrunde zu legen.

1. *Gleichheit und Souveränität der Völker Rußlands.*

2. *Das Recht der Völker Rußlands auf freie Selbstbestimmung bis zur Lostrennung und Bildung eines selbständigen Staates.*

3. *Abschaffung aller und jeglicher nationalen und national-religiösen Privilegien und Beschränkungen.*

4. *Freie Entwicklung der nationalen Minderheiten und ethnographischen Gruppen, die das Territorium Rußlands bevölkern.*

Die sich daraus ergebenden konkreten Dekrete werden sofort nach Bildung der Kommission für Angelegenheiten der Nationalitäten ausgearbeitet werden.

Im Namen der Republik Rußland
Der Vorsitzende des Rates der Volkskommissare
*W. Uljanow (Lenin)*
Der Volkskommissar
für Angelegenheiten der Nationalitäten
*Josef Dshugaschwili-Stalin.*"

Die Zentralrada in Kiew erklärte sofort die Ukraine zur unabhängigen Republik. Das gleiche tat die Regierung von Finnland durch das Parlament von Helsingfors. Unabhängige Regierungen bildeten sich in Sibirien und im Kaukasus. Das polnische zentrale Militärkomitee raffte mit großer Schnelligkeit die polnischen Truppen innerhalb der russischen Armee zusammen, beseitigte deren Komitees und schuf eine eiserne Disziplin.

Alle diese „Regierungen" und „Bewegungen" hatten zweierlei gemeinsam: Sie standen unter Leitung der besitzenden Klassen und fürchteten und verabscheuten den Bolschewismus.

Inmitten des Chaos aber hämmerte der Rat der Volkskommissare unentwegt an dem Gerüst der sozialistischen Ordnung, erließ Dekret um Dekret: über die Sozialversicherung, über die Arbeiterkontrolle, über die Beseitigung des alten Gerichtswesens und die Errichtung von Volkstribunalen, Anweisungen für die Wolost-(Amtsbezirks-)Bodenkomitees . . .[3]

Armee auf Armee, Flotte auf Flotte entsandten Deputationen, die jubelnd die neue Volksregierung begrüßten.

Vor dem Smolny sah ich eines Tages ein eben aus den Schützengräben zurückgekehrtes, völlig abgerissenes Regiment. Die Soldaten waren vor dem großen Tor aufmarschiert, mit mageren, grauen Gesichtern, zu dem Gebäude emporschauend, als ob der Herrgott selber darin wohne. Einige zeigten lachend auf die kaiserlichen Adler über dem Tor. Währenddem kamen Rotgardisten, um die Wache zu beziehen. Die Soldaten wandten sich um, neugierig, als hätten sie von ihnen gehört, sie aber nie gesehen. Sie lachten gutmütig und drängten aus der Reihe, um den Rotgardisten mit halb spaßhaften, halb bewundernden Zurufen auf die Schulter zu klopfen.

Die Provisorische Regierung hatte aufgehört zu bestehen. Schon seit dem 15. November beteten die Priester in den Kirchen der Hauptstadt nicht mehr für sie. Aber wie Lenin im Zentralexekutivkomitee selbst sagte, war das erst der Beginn zur Eroberung der Macht. Der militärischen Waffen beraubt, begann die Opposition, die noch das ökonomische Leben des Landes beherrschte, mit all dem russischen Talent zur Massenaktion in aller Ruhe die Desorganisation zu organisieren – um den Sowjets Hindernisse in den Weg zu legen, sie zu sabotieren und zu diskreditieren.

Der Streik der Regierungsbeamten war glänzend organisiert und von den Banken und Handelshäusern finanziert. Jede Handlung der Bolschewiki zur Übernahme des Regierungsapparates stieß auf Widerstand.

Trotzki ging ins Außenministerium; die Beamten weigerten sich, ihn anzuerkennen. Sie schlossen sich ein, und als die Türen gewaltsam geöffnet wurden, legten sie ihre Posten nieder. Trotzki verlangte die Schlüssel zu den Archiven, und erst als Arbeiter herbeigeholt wurden, um die Schlösser mit Gewalt zu öffnen, wurden sie ihm ausgehändigt. Dann stellte man fest, daß Neratow, der ehemalige stellvertretende Außenminister, mit den Geheimabkommen verschwunden war.

Schljapnikow versuchte, das Ministerium für Arbeit zu übernehmen. Es war bitter kalt, und niemand kam, die Öfen zu heizen. Nicht einer von den Hunderten Angestellten wollte ihm das Büro des Ministers zeigen.

Alexandra Kollontai, am 13. November zur Volkskommissarin für soziale Fürsorge ernannt – es war dies der Geschäftsbereich für Armenpflege und öffentliche Wohlfahrtseinrichtungen –, wurde mit einem Streik aller Beamten des Ministeriums empfangen; nur vierzig Beamte erklärten sich zur Arbeit bereit. Die unmittelbare Folge war, daß die Armen der großen Städte und die Insassen der verschiedensten Institutionen der größten Not ausgesetzt waren. Zahllose Delegationen verhungernder Krüppel und Waisen, mit blauen mageren Gesichtern, umlagerten das Gebäude. Mit tränennassem Gesicht ordnete Kollontai die Verhaftung der Streikenden an, bis die Schlüssel des Büros und des Tresors ausgeliefert würden. Als sie die Schlüssel erhielt, stellte es sich heraus, daß die bisherige Leiterin des Geschäftsbereichs, die Gräfin Panina, den Fonds mit sich genommen hatte und die Herausgabe verweigerte, bis ein entsprechender Befehl der Konstituierenden Versammlung vorliegen würde.[4]

Ähnliches spielte sich in den Ministerien für Landwirtschaft, für Ernährung und im Finanzministerium ab. Die Angestellten, aufgefordert, auf ihre Posten zurückzukehren, da sie sonst ihre Stellungen und Pensionsansprüche verlieren würden, blieben entweder weg oder kamen nur, um – zu sabotieren. Infolge der antibolschewistischen Einstellung fast der gesamten Intelligenz war die Sowjetregierung außerstande, schnell einen neuen Beamtenstab zu rekrutieren.

Die Privatbanken blieben hartnäckig geschlossen; nur eine Hintertür hielten sie geöffnet für – Spekulanten. Wenn die bolschewistischen Kommissare kamen, verließen die Angestellten ihre Büros, versteckten die Bücher und trugen das Geld davon. Sämtliche Angestellte der Staatsbank streikten, mit Ausnahme der Beamten, die die Tresore verwalteten, und der Notendruckereien. Alle Geldanforderungen des Smolny lehnten sie ab, aber im geheimen zahlten sie riesige Summen an das Komitee zur Rettung des Vaterlandes und an die Staatsduma aus.

Zweimal war ein Kommissar mit einer Kompanie Rotgardisten erschienen, um die Auslieferung bedeutender Summen zur Deckung der Regierungskosten zu erzwingen. Das erstemal waren Mitglieder der Stadtduma und menschewistische und sozialrevolutionäre Führer in imponierender Zahl zugegen. Diese sprachen so eindringlich über die Folgen solcher Eingriffe in das Bankeigentum, daß der Kommissar sich einschüchtern ließ. Das zweitemal kam er mit einer Vollmacht, die er in feierlicher Form verlas. Aber darauf aufmerksam gemacht, daß die Vollmacht weder Datum noch Siegel trug, ließ der traditionelle russische Respekt gegenüber Dokumenten ihn noch einmal unverrichtetersache abziehen.

Die Beamten des Kreditamtes vernichteten ihre Bücher, so daß alle Urkunden über die finanziellen Beziehungen Rußlands zum Auslande verloren waren.

Die Ernährungsämter und die Verwaltungen der städtischen Einrichtungen arbeiteten entweder gar nicht oder trieben Sabotage. Und wenn die Bolschewiki, gezwungen durch die verzweifelte Notlage der städtischen Bevölkerung, helfend einzugreifen oder die städtischen Einrichtungen zu kontrollieren versuchten, traten die Angestellten in den Streik und die Duma überflutete Rußland mit Telegrammen, wonach die Bolschewiki die Autonomie der städtischen Selbstverwaltung verletzen würden.

In den Militär-Hauptquartieren und in den Büros der Kriegs- und Marineministerien, wo die alten Beamten sich bereit erklärt hatten, auf ihrem Posten zu verbleiben, blockierten die Armeekomitees und das Oberkommando die Sowjets, wo sie nur konnten, und gingen so weit, die Truppen an der Front zu vernachlässigen. Der Wikshel verhielt sich feindlich und verweigerte den Transport von Sowjettruppen. Jeder

Truppentransport aus Petrograd hinaus mußte erzwungen werden. Häufig mußte man einige Eisenbahnbeamte verhaften – und schon drohte der Wikshel mit dem Generalstreik, wenn sie nicht freigelassen würden.

Der Smolny schien völlig machtlos. Die Zeitungen erzählten, daß in Petrograd sämtliche Fabriken in drei Wochen ihre Tore schließen müßten, weil sie keinen Brennstoff hätten. In Petrograd waren nur noch für drei Tage Lebensmittel, neue kamen nicht herein, und an der Front hungerte die Armee. Der Wikshel gab bekannt, daß der gesamte Zugverkehr ab 1. Dezember eingestellt werden würde. Das Komitee zur Rettung des Vaterlandes, die diversen Zentralkomitees überfluteten das Land mit Telegrammen, die die Bevölkerung aufforderten, die Dekrete der Regierung nicht zu beachten. Die Gesandtschaften der Alliierten verhielten sich entweder gleichgültig oder offen feindselig.

Die oppositionellen Zeitungen, heute verboten und morgen unter neuem Namen wieder auftauchend, überschütteten das neue Regime mit ihrem Sarkasmus.[5] Sogar „Nowaja Shisn" charakterisierte es als „ein Gemisch von Demagogie und Machtlosigkeit".

„Von Tag zu Tag", schrieb sie, „sinkt die Regierung der Volkskommissare tiefer in den Sumpf der oberflächlichen Übereiltheit. Nachdem sie die Macht mit Leichtigkeit errungen haben . . ., wissen die Bolschewiki jetzt nicht, was sie damit anfangen sollen.

Sie haben nicht die Macht, den bestehenden Regierungsapparat zu lenken, können aber ebensowenig einen neuen schaffen, der nach den Theorien der experimentierenden Sozialisten leicht und reibungslos arbeiten müßte.

Noch vor kurzem hatten die Bolschewiki nicht genug Leute, um ihre wachsende Partei zu leiten – eine Arbeit, die doch mehr oder weniger nur Menschen erfordert, die reden und schreiben können. Wie sollen sie also geschulte Menschen finden, die die verschiedenen und komplizierten Regierungsfunktionen ausüben können?

Die neue Regierung handelt und droht, sie überschwemmt das Land mit Dekreten, eines radikaler und ‚sozialistischer' als das andere. Aber in diesem zur Schau gestellten Papiersozialismus – der eher dazu taugen mag, unsere Nachkommen in Erstaunen zu versetzen – sieht man weder den Wunsch noch die Fähigkeit, die unmittelbaren Tagesfragen zu lösen!"

Mittlerweile tagte Tag und Nacht die „Konferenz des Eisenbahnerkomitees für die Bildung einer neuen Regierung". Man war bereits zu einer grundsätzlichen Verständigung über die Basis der neuen Regierung gelangt und diskutierte die Zusammensetzung des „Volksrates". Man einigte sich auf ein Kabinett mit Tschernow als Ministerpräsident. Die Bolschewiki sollten mit einer starken Minderheit vertreten, Lenin und Trotzki aber ausgeschlossen sein. Die Zentralkomitees der Menschewiki und Sozialrevolutionäre und das Exekutivkomitee der Bauernsowjets erklärten, daß sie sich „im Interesse der Beendigung des Brudermordes" dem Eintritt der Bolschewiki in den Volksrat nicht widersetzen würden, wenn sie auch die „verbrecherische Politik" der Bolschewiki nach wie vor ablehnten.

Die Flucht Kerenskis und die Erfolge der Sowjets im ganzen Lande änderten jedoch die Situation. Am 16. November forderten in einer Sitzung des Zentralexekutivkomitees die linken Sozialrevolutionäre von den Bolschewiki die Bildung einer Koalitionsregierung mit den anderen sozialistischen Parteien und drohten für den Fall der Weigerung mit ihrem Ausscheiden aus dem Revolutionären Militärkomitee und dem Zentralexekutivkomitee. Malkin erklärte: „Die Nachrichten aus Moskau, wo unsere Genossen auf beiden Seiten der Barrikaden ihr Leben opfern, veranlassen uns, erneut die Frage der Organisierung der Macht aufzuwerfen. Das ist nicht nur unser

Recht, es ist unsere Pflicht ... Wir haben uns das Recht erworben, hier im Smolny mit den Bolschewiki zu sitzen und von dieser Tribüne zu reden. Nach dem heftigen inneren Parteikampf werden wir gezwungen sein, wenn Sie die Verständigung ablehnen, zum offenen Kampfe außerhalb des Smolny überzugehen ... Wir müssen der Demokratie ein annehmbares Kompromiß vorschlagen ..."

Die Bolschewiki zogen sich zurück, um zu dem Ultimatum Stellung zu nehmen. Sie kehrten mit der folgenden, von Kamenew zur Verlesung gebrachten Resolution zurück:

„Das Zentralexekutivkomitee ist der Meinung, daß in die Regierung Vertreter aller sozialistischen Parteien eintreten müssen, die in den Sowjets der Arbeiter-, Soldaten- und Bauerndeputierten vertreten sind und die Errungenschaften der Revolution vom 7. November anerkennen, das heißt die Sowjetmacht, die Land- und Friedensdekrete, die Dekrete über die Industriekontrolle durch die Arbeiter und die Bewaffnung der Arbeiter. Das Zentralexekutivkomitee beschließt daher, allen an den Sowjets beteiligten Parteien Verhandlungen über die Konstituierung der Regierung vorzuschlagen, und besteht auf folgenden Bedingungen als Grundlage:

Die Regierung ist dem Zentralexekutivkomitee verantwortlich. Das Zentralexekutivkomitee wird auf 150 Mitglieder erweitert. Zu diesen sollen kommen: 75 Delegierte der Gouvernementssowjets der Bauerndeputierten, 80 Delegierte der Frontorganisationen der Armee und Flotte, 40 Delegierte der Gewerkschaften (25 von den verschiedenen Gesamtrussischen Verbänden, 10 vom Hauptvorstand des Gesamtrussischen Eisenbahnverbandes, 5 von den Post- und Telegrafenarbeitern) und endlich 50 Delegierte der sozialistischen Gruppen in der Petrograder Stadtduma. Im Kabinett selbst sind mindestens die Hälfte der Portefeuilles den Bolschewiki zu reservieren, darunter die Ministerien der Arbeit, des Innern und des Auswärtigen. Das Kommando der Petrograder und Moskauer Garnisonen muß in den Händen von Delegierten der Petrograder und Moskauer Sowjets bleiben.

Die Regierung führt die systematische Bewaffnung aller Arbeiter Rußlands durch. Die Kandidatur der Genossen Lenin und Trotzki ist aufrechtzuerhalten."

Kamenew begründete die Resolution: „Der von der Konferenz vorgeschlagene sogenannte Volksrat würde aus etwa 420 Mitgliedern bestehen, von denen 150 Bolschewiki wären. Außerdem sollen ihm Delegierte aus dem konterrevolutionären ehemaligen Zentralexekutivkomitee angehören, 100 von den Stadtdumas auserwählte Mitglieder, durchweg Kornilowleute, weitere 100 Delegierte aus den Bauernsowjets, von Awxentjew ernannt, und endlich 80 Delegierte der alten Armeekomitees, die längst aufgehört haben, die Soldatenmassen zu vertreten.

Wir lehnen es ab, das alte Zentralexekutivkomitee zuzulassen, wir lehnen auch die Vertreter der Stadtdumas ab. Die Delegierten der Bauernsowjets müssen von dem durch uns einberufenen Bauernkongreß, der sich gleichzeitig ein neues Exekutivkomitee geben wird, gewählt werden. Der Vorschlag, Lenin und Trotzki auszuschließen, bezweckt nur, unsere Partei ihres Kopfes zu berauben; wir lehnen ihn ab. Endlich müssen wir sagen, daß wir die Notwendigkeit dieses Volksrates nicht einsehen; die Sowjets stehen allen sozialistischen Parteien offen, und in dem Zentralexekutivkomitee sind sie entsprechend ihrer wirklichen zahlenmäßigen Stärke unter den Massen vertreten . . ."

Für die linken Sozialrevolutionäre erklärte Karelin, daß seine Partei für die Resolution der Bolschewiki stimmen würde, sich jedoch das Recht der Modifizierung gewisser Einzelheiten vorbehalte, wie beispielsweise des Passus über die Vertretung der Bauern; endlich, daß das Landwirtschaftsministerium den linken Sozialrevolutionären reserviert bleiben müsse. Dem wurde zugestimmt.

Später wurde auf einer Sitzung des Petrograder Sowjets eine hinsichtlich der Bildung einer neuen Regierung gestellte Anfrage von Trotzki wie folgt beantwortet:

„Ich weiß hierüber gar nichts. Ich bin an den Verhandlungen nicht beteiligt. Ich glaube aber nicht, daß ihnen große Bedeutung beizumessen ist."

In der Konferenz herrschte in dieser Nacht große Aufregung. Die Delegierten der Stadtduma erklärten ihren Austritt...

Aber im Smolny selber, in den Reihen der bolschewistischen Partei, begann eine äußerst heftige Opposition gegen die Politik Lenins heranzuwachsen. In der Nacht des 17. November war der große Saal gedrängt voll. Das Zentralexekutivkomitee sollte zusammentreten. Die Stimmung war gespannt.

Der Bolschewik Larin erklärte, daß es angesichts der heranrückenden Wahlen zur Konstituierenden Versammlung an der Zeit sei, auf den „politischen Terror" zu verzichten.

„Die gegen die Freiheit der Presse ergriffenen Maßnahmen müssen abgeändert werden. Sie haben ihre Existenzberechtigung gehabt, solange der Kampf währte; jetzt sind sie aber nicht mehr zu verteidigen. Die Presse muß frei sein. Zu rechtfertigen wären nur Repressalien gegen Blätter, die zum Aufruhr und Sturz der Regierung auffordern."

Er schlug folgende Resolution vor:

„Das Dekret des Rates der Volkskommissare, die Presse betreffend, ist hiermit aufgehoben. Politische Repressionsmaßnahmen können nur auf Beschluß eines Spezialtribunals zur Anwendung kommen, das vom Zentralexekutivkomitee unter Berücksichtigung des Stärkeverhältnisses aller im Zentralexekutivkomitee vertretenen Parteien gewählt wird. Dieses Tribunal soll das Recht haben, bereits durchgeführte Repressionsmaßnahmen erneuter Prüfung zu unterziehen."

Die Verlesung der Resolution rief stürmischen Beifall nicht nur bei den linken Sozialrevolutionären, sondern auch bei einem Teil der Bolschewiki hervor.

Im Namen der Anhänger Lenins schlug Awanessow vor, die Frage der Presse so lange zu vertagen, bis eine gewisse Verständigung zwischen den sozialistischen Parteien erreicht sein würde. Die Versammlung wandte sich mit überwältigender Mehrheit dagegen.

„Die Revolution", fuhr Awanessow fort, „die wir zu vollenden im Begriff sind, ist nicht vor dem Angriff auf das Privateigentum zurückgeschreckt, und wir können die Frage der Presse nur unter dem Gesichtspunkt unserer Stellung zum Privateigentum untersuchen."

Er verlas dann die offizielle bolschewistische Resolution:

„Die Unterdrückung der bürgerlichen Presse war nicht nur diktiert von den militärischen Erfordernissen im Verlaufe des Aufstandes und im Interesse der Niederschlagung der konterrevolutionären Aktion; sie ist auch eine notwendige Maßnahme für die Übergangzeit der Errichtung einer neuen Ordnung, in der es den Eigentümern der Druckereimaschinen und des Papiers nicht erlaubt sein kann, ihre bisherige Rolle als die allmächtigen und ausschließlichen Fabrikanten der öffentlichen Meinung weiter zu spielen.

Wir müssen zur Beschlagnahme der privaten Druckereien und Papierfabriken übergehen, die sowohl in der Hauptstadt als auch in den Provinzen den Sowjets zu gehören haben, damit sie den politischen Parteien und Gruppen, entsprechend der tatsächlichen Kraft der von ihnen vertretenen Ideen, das heißt der Anzahl ihrer Anhänger, zugänglich gemacht werden können.

Die Wiederherstellung der sogenannten Freiheit der Presse, die Rückgabe der Druckereien und des Papiers an die Kapitalisten – diese Vergifter der Volkshirne –, wäre eine für uns undenkbare Kapitulation vor dem Willen des Kapitals und die

Preisgabe einer der wichtigsten Eroberungen der Revolution, mit anderen Worten: es wäre eine Maßnahme von unzweideutig konterrevolutionärem Charakter.

Das Zentralexekutivkomitee verwirft darum kategorisch alle Vorschläge, die auf die Wiederherstellung der alten Ordnung auf dem Gebiete der Presse hinzielen, und unterstützt uneingeschränkt den Standpunkt des Rates der Volkskommissare in dieser Frage gegenüber Ansprüchen und Ultimaten, die diktiert sind von kleinbürgerlichen Vorurteilen oder der offenbaren Kapitulation vor den Interessen der konterrevolutionären Bourgeoisie."

Die Verlesung der Resolution war von ironischen Zurufen der linken Sozialrevolutionäre und den Zornesausbrüchen oppositioneller Bolschewiki begleitet. Karelin sprang auf, protestierend: „Vor drei Wochen noch gaben sich die Bolschewiki als die leidenschaftlichsten Verteidiger der Freiheit der Presse. Die Argumente dieser Resolution erinnern eigenartig an den Standpunkt der alten Schwarzhunderter und der zaristischen Zensoren. Auch die pflegten von den ‚Vergiftern der Volkshirne‘ zu reden."

Schließlich sprach Trotzki für die Resolution. Er unterschied zwischen der Presse während des Bürgerkrieges und der Presse nach dem Siege. „In der Periode des Bürgerkrieges", sagte er, „haben die Unterdrückten ein Recht, zur Gewalt zu greifen." (Rufe: „Wer ist denn jetzt der Unterdrückte?")

„Der Sieg über unsere Gegner ist noch nicht vollständig, und die Zeitungen sind die Waffen, deren sie sich bedienen. Die Schließung der Zeitungen ist unter diesen Umständen eine gerechtfertigte Verteidigungsmaßnahme." Dann zur Frage der Presse in der Zeit nach dem Siege übergehend:

„Die Stellung der Sozialisten zur Frage der Pressefreiheit kann keine andere sein als ihre Stellung zur Freiheit des Handels. Die Herrschaft der Demokratie, die wir in Rußland aufzurichten im Begriff sind, erheischt ebenso dringend die Zerstörung der Herrschaft des privaten Eigentums über die Presse wie die über die Industrie. Die Sowjetmacht sollte sämtliche Druckereien konfiszieren." (Rufe: „Konfisziert die Druckerei der ,Prawda'!")

„Das Pressemonopol der Bourgeoisie muß vernichtet werden. Sonst hätte die Machtübernahme durch uns keinen Sinn! Das Eigentumsrecht an den Druckereien und am Papier ist in erster Linie ein Recht der Arbeiter und Bauern, und erst danach kommen die bürgerlichen Parteien, die eine Minderheit sind. Der Übergang der Macht in die Hände der Sowjets wird eine radikale Umwälzung aller wesentlichen Existenzbedingungen zur Folge haben. Es ist nur natürlich, daß diese Umwälzung auch in den Presseverhältnissen ihren Ausdruck findet. Wenn wir die Banken nationalisieren, sollen wir da die Finanzzeitungen dulden? Die alte Ordnung muß sterben! Das muß ein für allemal begriffen werden!" (Beifall und wütende Zurufe.)

Karelin sprach dem Zentralexekutivkomitee das Recht ab, in dieser wichtigen Frage einen Beschluß zu fassen, und forderte noch einmal leidenschaftlich die Wiederherstellung der Pressefreiheit.

Und dann Lenin, ruhig, kalt, mit zusammengezogener Stirn, seine Worte wägend, während er langsam sprach. Jeder Satz fiel wie ein Hammerschlag:

„Der Bürgerkrieg ist noch nicht beendet. Der Feind ist noch immer unter uns. Es ist darum unmöglich, die Zwangsmaßnahmen gegen die Presse aufzuheben.

Wir Bolschewiki haben nie ein Hehl daraus gemacht, daß wir im Falle unseres Sieges und der Eroberung der Macht die bürgerliche Presse verbieten würden. Die bürgerlichen Zeitungen dulden hieße aufhören, ein Sozialist zu sein. In der Revolution kann man nicht stehenbleiben; man muß immer vorwärtsgehen – oder man geht rückwärts. Wer heute von Freiheit der Presse redet, der geht in Wirklichkeit rückwärts und hemmt unseren Vormarsch zum Sozialismus.

Wir haben das Joch des Kapitalismus abgeworfen, wie die erste Revolution das Joch des Zarismus abwarf. Wenn die erste Revolution ein Recht zur Unterdrückung der monarchistischen Zeitungen hatte, dann haben wir dasselbe Recht gegenüber der bürgerlichen Presse. Es ist unmöglich, die Frage der Pressefreiheit von den anderen Fragen des Klassenkampfes zu trennen. Wir haben versprochen, das Erscheinen dieser Zeitungen zu verhindern, und wir werden unser Versprechen halten. Die übergroße Mehrheit des Volkes ist mit uns!

Jetzt, nachdem der Aufstand vorüber ist, würden wir gern darauf verzichten, die Zeitungen der anderen sozialistischen Parteien zu unterdrücken, vorausgesetzt, daß sie nicht zu bewaffnetem Aufstand und Ungehorsam gegen die Regierung auffordern. Wir werden allerdings nicht zulassen, daß sie sich unter dem Vorwand der Freiheit der sozialistischen Presse mittels der heimlichen Unterstützung durch die Bourgeoisie das Monopol auf die Druckereien, das Papier und sonstige Materialien verschaffen. Alle diese Dinge müssen das Eigentum der Sowjetregierung werden. Wir werden sie in erster Linie den sozialistischen Parteien zugänglich machen, und zwar in exakter Proportion zu ihrer Stimmenstärke."

In der Abstimmung unterlag die Resolution Larins und der linken Sozialrevolutionäre mit zweiundzwanzig gegen einunddreißig Stimmen\*, die Lenins wurde mit vierunddreißig gegen vierundzwanzig Stimmen angenommen. Unter der Minderheit befanden sich die Bolschewiki Rjasanow und Losowski, die erklärten, daß es ihnen unmöglich sei, für irgendeine Beschränkung der Pressefreiheit zu stimmen.

Nach der Abstimmung erklärten die linken Sozialrevolutio-

---

\* Die Resolution Larins und der linken Sozialrevolutionäre wurde mit fünfundzwanzig gegen zwanzig Stimmen abgelehnt. *Die Red.*

näre, nicht länger die Verantwortung für die hier getriebene Politik tragen zu können und aus dem Revolutionären Militärkomitee sowie aus allen anderen Positionen exekutiver Verantwortlichkeit auszuscheiden.

Fünf Mitglieder: Nogin, Rykow, Miljutin, Teodorowitsch und Schljapnikow, schieden aus dem Rat der Volkskommissare aus, indem sie erklärten:

„Wir stehen auf dem Standpunkt, daß eine sozialistische Regierung aus allen Parteien der Sowjets geschaffen werden muß. Wir sind der Auffassung, daß nur die Bildung einer solchen Regierung die Möglichkeit geben würde, die Früchte des heroischen Kampfes der Arbeiterklasse und der revolutionären Armee in den Oktobertagen zu sichern.

Wir sind der Auffassung, daß es außerdem nur einen Weg gibt: die Aufrechterhaltung einer rein bolschewistischen Regierung mit den Mitteln des politischen Terrors. Diesen Weg hat der Rat der Volkskommissare beschritten. Wir wollen und können diesen Weg nicht beschreiten. Wir sehen, daß das zur Ausschaltung der proletarischen Massenorganisationen von der Leitung des politischen Lebens, zur Errichtung eines unverantwortlichen Regimes und zur Zerschlagung der Revolution führt. Die Verantwortung für diese Politik können wir nicht übernehmen und erklären deshalb dem Gesamtrussischen Exekutivkomitee, daß wir von unseren Posten als Volkskommissare zurücktreten."

Weitere Kommissare, die die Erklärung unterzeichneten, jedoch ohne ihre Funktionen abzugeben, waren: Rjasanow und Derbyschew – Presseabteilung; Arbusow – Staatsdruckerei; Jurenew – Rote Garde; Fjodorow – Arbeitskommissariat; Larin – Abteilung für die Ausarbeitung von Dekreten.

Gleichzeitig traten Kamenew, Rykow, Miljutin, Sinowjew und Nogin aus dem Zentralkomitee der bolschewistischen Partei aus und veröffentlichten die Gründe dieses Schrittes:

„Wir sind der Auffassung, daß die Bildung einer solchen Regierung" (zusammengesetzt aus sämtlichen in den Sowjets vertretenen Parteien) „notwendig ist, um weiteres Blutvergießen, um das Herannahen des Hungers, um die Niederschlagung der Revolution durch die Kaledinleute zu verhindern, um die Einberufung der Konstituierenden Versammlung zur festgesetzten Frist zu sichern und tatsächlich das Friedensprogramm zu verwirklichen, das auf dem Zweiten Gesamtrussischen Kongreß der Sowjets angenommen worden ist . . .

Wir können nicht die Verantwortung für diese verhängnisvolle Politik des Zentralkomitees übernehmen, die gegen den Willen eines gewaltigen Teiles des Proletariats und der Soldaten durchgeführt wird, die die schleunigste Einstellung des Blutvergießens zwischen den einzelnen Teilen der Demokratie herbeisehnen.

Wir legen deshalb unsere Funktionen als Mitglieder des Zentralkomitees nieder, um das Recht zu haben, der Masse der Arbeiter und Soldaten offen unsere Meinung zu sagen . . .

Wir treten aus dem Zentralkomitee aus im Moment des Sieges . . ., weil wir nicht ruhig mit ansehen können, wie die Politik der führenden Gruppe des Zentralkomitees dazu führt, daß die Arbeiterpartei die Früchte dieses Sieges verliert und das Proletariat niedergeschlagen wird."

Die Massen der Arbeiter, die Soldaten der Garnison waren aufs höchste erregt und entsandten eine Delegation nach der anderen in den Smolny, in die „Konferenz für die Bildung der neuen Regierung", wo der Bruch in den Reihen der Bolschewiki die lebhafteste Freude verursachte.

Aber die Antwort der Leninisten kam schnell und erbarmungslos. Schljapnikow und Teodorowitsch unterwarfen sich der Parteidisziplin und kehrten auf ihre Posten zurück. Kamenew wurde seines Postens als Vorsitzender des Zentralexekutivkomitees enthoben und an seine Stelle Swerdlow gewählt.

Sinowjew verlor seinen Posten als Vorsitzender des Petrograder Sowjets. Am Morgen des 18. erschien in der „Prawda" ein von Lenin verfaßter grimmiger Aufruf* an das russische Volk, der in Hunderttausenden von Exemplaren angeschlagen und in ganz Rußland verbreitet wurde:

„Der Zweite Gesamtrussische Sowjetkongreß hat der Partei der Bolschewiki die Mehrheit gebracht. Nur eine aus Vertretern dieser Partei zusammengesetzte Regierung ist deshalb eine Sowjetregierung. Und es ist allen. bekannt, daß das Zentralkomitee der Partei der Bolschewiki einige Stunden vor der Bildung der neuen Regierung, bevor die Liste der Regierungsmitglieder dem Zweiten Gesamtrussischen Sowjetkongreß vorgelegt wurde, drei angesehene Mitglieder der Gruppe der linken Sozialrevolutionäre, nämlich die Genossen Kamkow, Spiro und Karelin, zur Sitzung des Zentralkomitees eingeladen *und ihnen vorgeschlagen* hat, sich an der neuen Regierung zu beteiligen. Wir bedauern außerordentlich, daß die Genossen linken Sozialrevolutionäre abgelehnt haben. Wir betrachten ihre Ablehnung als unzulässig für Revolutionäre und Vorkämpfer der Werktätigen. Wir sind jederzeit bereit, die linken Sozialrevolutionäre in die Regierung aufzunehmen, aber wir erklären, daß wir als Partei, die auf dem Zweiten Gesamtrussischen Sowjetkongreß die Mehrheit erhalten hat, berechtigt und dem Volke gegenüber *verpflichtet* sind, die Regierung zu bilden . . .

Genossen! Mehrere Mitglieder des Zentralkomitees unserer Partei und des Rates der Volkskommissare, Kamenew, Sinowjew, Nogin, Rykow, Miljutin und einige wenige andere, sind gestern, am 17. (4.) November, aus dem Zentralkomitee unserer

---

\* Gemeint ist der Aufruf: „Vom Zentralkomitee der Sozialdemokratischen Arbeiterpartei Rußlands (Bolschewiki). An alle Parteimitglieder und an alle werktätigen Klassen Rußlands." Der Aufruf wurde von Lenin am 18. und 19. November verfaßt und in der „Prawda" vom 20. November 1917 veröffentlicht. *Die Red.*

Partei ausgetreten und die drei letzten auch aus dem Rate der Volkskommissare . . .

Die zurückgetretenen Genossen haben wie Deserteure gehandelt, nicht nur, weil sie die ihnen anvertrauten Posten verlassen haben, sondern auch, weil sie den ausdrücklichen Beschluß des Zentralkomitees unserer Partei durchbrochen haben, daß sie mit ihrem Rücktritt wenigstens bis zur Stellungnahme der Petrograder und Moskauer Parteiorganisationen warten sollen. Wir verurteilen diese Desertion aufs entschiedenste. Wir sind zutiefst überzeugt, daß alle klassenbewußten Arbeiter, Soldaten und Bauern, die unserer Partei angehören oder mit ihr sympathisieren, die Handlungsweise der Deserteure ebenso entschieden verurteilen werden.

. . . denkt daran, daß zwei dieser Deserteure, Kamenew und Sinowjew, schon vor dem Aufstand in Petrograd als Deserteure und Streikbrecher aufgetreten sind, denn sie haben nicht nur in der entscheidenden Sitzung des Zentralkomitees am 23. (10.) Oktober 1917 gegen den Aufstand gestimmt, sondern haben auch *nach* der Beschlußfassung durch das Zentralkomitee vor den Parteifunktionären gegen den Aufstand agitiert . . . Der gewaltige Aufschwung der Massen, der gewaltige Heroismus von Millionen Arbeitern, Soldaten und Bauern in Petrograd und Moskau, an der Front, in den Schützengräben und in den Dörfern hat die Deserteure mit derselben Leichtigkeit beiseite geschoben, mit der ein Eisenbahnzug Holzspäne beiseite schleudert.

Mögen sich alle Kleinmütigen, alle Schwankenden, alle Zweifelnden, alle, die sich von der Bourgeoisie einschüchtern oder vom Geschrei ihrer direkten und indirekten Helfershelfer beeinflussen ließen, schämen. *In den Massen* der Petrograder, Moskauer und der übrigen Arbeiter und Soldaten gibt es *keine Spur* von Schwankungen.

. . . wir werden uns keinerlei Ultimaten von Intellektuellen-

345

grüppchen unterwerfen, hinter denen keine Massen stehen, hinter denen *in Wirklichkeit* nur die Kornilowleute, Sawinkowleute, Offiziersschüler u. dgl. m. stehen."

Die Antwort aus dem ganzen Lande war wie ein Gewittersturm. Die Oppositionellen kamen gar nicht dazu, den Massen der Arbeiter und Soldaten die Gründe ihres Tuns auseinanderzusetzen. Das Zentralexekutivkomitee wurde mit Erklärungen überschwemmt, die die Deserteure in der schärfsten Weise verdammten. Tagelang wimmelte es im Smolny von Delegationen und Komitees von der Front, von der Wolga, aus den Petrograder Fabriken. „Warum sind sie aus der Regierung ausgetreten? Sind sie von der Bourgeoisie bestochen, um die Revolution zugrunde zu richten? Sie müssen sofort zurückkehren und sich den Beschlüssen des Zentralkomitees unterwerfen!"

Nur in der Petrograder Garnison herrschte anfangs Ungewißheit. Am 24. November fand eine große Soldatenversammlung statt, wo Vertreter aller politischen Parteien sprachen. Die Politik Lenins fand die Zustimmung einer großen Mehrheit, und den linken Sozialrevolutionären wurde erklärt, daß sie in die Regierung eintreten müßten.

Die Menschewiki unterbreiteten ein endgültiges Ultimatum. Sie forderten die Freilassung aller Minister und Offiziersschüler, unbeschränkte Pressefreiheit, Entwaffnung der Rotgardisten und Unterstellung der Garnisonen unter das Kommando der Duma.

Der Smolny antwortete hierauf, daß alle sozialistischen Minister und mit wenigen Ausnahmen auch alle Offiziersschüler bereits frei seien, daß alle Zeitungen mit Ausnahme der bürgerlichen erscheinen dürften und daß das Kommando über die Truppen in den Händen des Sowjets bleiben würde. Am 19. löste sich die Konferenz für die Bildung einer neuen Regierung auf, und die Opposition verzog sich allmählich nach Mogiljow,

# КЪ ВОПРОСУ О СОГЛАШЕНІИ.

## Вниманію всѣхъ рабочихъ и всѣхъ солдатъ.

11-го Ноября въ клубѣ Преображенскаго полка состоялось чрезвычайное собраніе представителей всѣхъ частей Петроградскаго гарнизона.

Собраніе это было созвано по иниціативѣ Преображенскаго и Семеновскаго полковъ для обсужденія вопроса о томъ, какія соціалистическія партіи стоятъ за совѣтскую власть, какія противъ совѣтской власти, какія стоятъ за народъ, какія противъ него, и возможно ли соглашеніе.

На собраніе были приглашены представители Центральнаго Исполнительнаго Комитета Совѣтовъ, Городской думы, Авксентьевскаго крестьянскаго совѣта и всѣхъ политическихъ партій отъ большевиковъ до народныхъ соціалистовъ включительно.

Послѣ долгаго обсужденія, заслушавъ рѣчи всѣхъ партій и организацій, собраніе подавляющимъ большинствомъ голосовъ признало что только большевики и лѣвые эс-эры стоятъ за народъ, а всѣ остальныя партіи только прикрываются лозунгомъ соглашенія для того, чтобы лишить народъ тѣхъ завоеваній, которыя были сдѣланы въ дни великой октябрьской рабочей и солдатской революціи.

Вотъ текстъ резолюціи, принятой на этомъ собраніи Петроградскаго гарнизона 61 голосомъ противъ 1 при 12 воздержавшихся:

„Гарнизонное собраніе, созванное по иниціативѣ Преображенскаго и Семеновскаго полковъ, выслушавъ представителей всѣхъ соціалистическихъ партій и общественныхъ организацій по вопросу о соглашеніи политическихъ партій, находитъ, что:

1) Представители Центральнаго Исполнительнаго Комитета Совѣтовъ (2-го созыва), представители партіи большевиковъ и лѣвыхъ эс-эровъ опредѣленно заявили, что они за власть совѣтовъ, за декреты о землѣ, мирѣ и контролѣ надъ производствомъ и что на этой платформѣ они допускаютъ соглашеніе соціалистическихъ партій.

2) Въ то же время представители другихъ партій (эс-эровъ и меньшевиковъ) или не дали отвѣта или прямо заявили, что они противъ совѣтской власти и противъ декретовъ о землѣ, мирѣ и контролѣ.

Въ виду чего совѣщаніе постановляетъ:

1) Вынести рѣзкое порицаніе тѣмъ партіямъ, которыя, прикрываясь лозунгомъ соглашенія, на самомъ дѣлѣ хотятъ сорвать завоеванія, добытыя народомъ въ дни октябрьской революціи.

2) Выразить полное довѣріе Центральному Исполнительному Комитету и Совѣту народныхъ Комиссаровъ и обѣщать имъ полную поддержку.

Въ то же время собраніе находитъ необходимымъ, чтобы товарищи лѣвые эс-эры вступили въ составъ Народнаго Правительства.

**Совѣщаніе представителей воинскихъ частей Петроградскаго гарнизона.**

In den Straßen Petrograds angeschlagene Bekanntgabe des Ergebnisses einer Versammlung von Vertretern der Petrograder Garnison, die einberufen worden war, um zur Frage der Bildung einer neuen Regierung Stellung zu nehmen.[6]

wo sie unter dem Schutze des Generalstabs bis zu Ende fortfuhr, eine Regierung nach der anderen zu bilden.

Mittlerweile war es den Bolschewiki gelungen, die Macht des Wikshel zu untergraben. Der Petrograder Sowjet forderte die Eisenbahner in einem Aufruf auf, den Rücktritt des Wikshel zu erzwingen. Am 15. berief das Zentralexekutivkomitee über den Kopf des Wikshel hinweg einen Gesamtrussischen Eisenbahnerkongreß zum 1. Dezember ein, wie es seinerzeit den Gesamtrussischen Bauernkongreß einberufen hatte. Das veranlaßte den Wikshel, seinerseits einen Kongreß, und zwar für zwei Wochen später, anzusetzen. Am 16. November übernahmen die Mitglieder des Wikshel ihre Sitze im Zentralexekutivkomitee. In der Eröffnungssitzung des Gesamtrussischen Eisenbahnerkongresses, in der Nacht des 2. Dezember, bot das Zentralexekutivkomitee dem Wikshel in aller Form den Posten des Kommissars für das Verkehrswesen an. Der Wikshel nahm an.

Nachdem sie die Frage der Macht geregelt hatten, wandten die Bolschewiki ihre Aufmerksamkeit den Problemen der praktischen Verwaltung zu. Brennend war vor allem die Frage der Verpflegung der Städte, des Landes und der Front. Die Lagerhäuser und Güterbahnhöfe, ja sogar die Barken in den Kanälen wurden von Matrosen und Rotgardistentrupps durchsucht. Tausende Pud Lebensmittel, die von privaten Spekulanten beiseite geschafft worden waren, wurden zutage gefördert und beschlagnahmt. In die Provinzen wurden Bevollmächtigte geschickt, die mit Unterstützung der Bodenkomitees die Vorratshäuser der großen Getreidehändler beschlagnahmten. Expeditionen von je fünftausend schwer bewaffneten Matrosen gingen, von fliegenden Kommissionen begleitet, nach dem Süden und nach Sibirien, um die noch von den Weißgardisten beherrschten Städte in die Hand der Sowjets zu bringen, die Ordnung herzustellen und *Lebensmittel zu beschaffen*. Der Personenverkehr auf der Transsibirischen Bahn wurde zwei Wochen lang eingestellt, während dreizehn von den Fabrikkomitees zusammengestellte Eisenbahnzüge mit Textil- und Eisenwaren beladen nach dem Osten fuhren, jeder Zug unter der Leitung eines Kommissars, der beauftragt war, von den sibirischen Bauern für diese Waren Getreide und Kartoffeln einzutauschen.

Da die Kohlengruben des Donezbeckens von Kaledin beherrscht waren, begann die Heizungsfrage zu einer Kalamität zu werden. Der Smolny ordnete die Einstellung der elektrischen Beleuchtung der Theater, Läden und Restaurants an, schränkte den Straßenbahnbetrieb ein und beschlagnahmte die bei den Heizmaterialienhändlern lagernden privaten Vorräte an Brennholz. Als den Petrograder Fabriken die Kohlevorräte ausgingen und die Schließung der Betriebe drohte, wurden ihnen von den Matrosen der Baltischen Flotte zweihunderttausend Pud Kohle aus den Bunkern der Kriegsschiffe geliefert.

Gegen Ende November spielten sich die sogenannten Weinpogrome[7] ab – die Ausplünderung der Weinkellereien –, die mit der Ausraubung der Kellereien des Winterpalastes ihren Anfang nahmen. Tagelang trieben sich in den Straßen betrunkene Soldaten umher. Bei alledem hatten nachgewiesenermaßen die Konterrevolutionäre die Hand im Spiel. Sie spielten den Regimentern Pläne in die Hände, mit deren Hilfe die Soldaten die Alkoholvorräte ausfindig machten. Anfangs beschränkten sich die Kommissare des Smolny darauf, die Soldaten durch gutes Zureden von der Schädlichkeit ihres Treibens zu überzeugen; das genügte jedoch nicht, um der wachsenden Anarchie, in deren Verlauf es zu erbitterten Kämpfen zwischen Soldaten und Rotgardisten kam, Einhalt zu gebieten. Schließlich war das Revolutionäre Militärkomitee gezwungen, Kompanien von Matrosen mit Maschinengewehren hinauszuschicken, die erbarmungslos in die betrunkenen Massen hineinschossen und viele töteten. Auf Befehl der Exekutive drangen spezielle Zerstö-

.rungsabteilungen in die Kellereien ein, die die Flaschen mit Hacken zerschlugen oder die Keller mit Dynamit sprengten.

In den Zentralen der Bezirkssowjets standen Tag und Nacht disziplinierte und gut besoldete Rotgardisten in Bereitschaft, die die alte Miliz ersetzten. In allen Stadtvierteln traten von den Soldaten und Arbeitern gewählte kleine Revolutionstribunale in Funktion, die die weniger ernsten Vergehen aburteilten.

Die großen Hotels, noch immer der Markt für die florierenden Geschäfte der Spekulanten, wurden von Rotgardisten umstellt und die Spekulanten in die Gefängnisse geworfen.[8]

Wachsam und voller Mißtrauen, organisierte das Petrograder Proletariat ein ausgedehntes Erkundungssystem. Die Dienstboten in den bürgerlichen Häusern waren seine Späher. Sie unterrichteten das Revolutionäre Militärkomitee, sobald sie Verdächtiges entdeckten oder vermuteten, so daß unverzüglich zugepackt werden konnte, was mit eiserner Faust und unermüdlich geschah. Auf diese Weise kam die Monarchistenverschwörung an den Tag, die, geführt von dem ehemaligen Dumamitglied Purischkewitsch und einer Gruppe von Adligen und Offizieren, einen Offiziersaufstand vorbereitet und in einem Brief an Kaledin diesen aufgefordert hatte, nach Petrograd zu kommen.[9] Auf dieselbe Art wurde die Verschwörung der Petrograder Kadetten entdeckt, die an Kaledin Geld und Rekruten gesandt hatten.

Neratow, in Angst versetzt durch den Volkszorn, den seine Flucht hervorgerufen hatte, kehrte zurück und lieferte die Geheimverträge an Trotzki ab, der sie in der „Prawda" zu veröffentlichen begann und damit die ganze Welt in Erregung versetzte.

Die Beschränkungen der Presse erfuhren eine Zunahme durch ein Dekret[10], das das Anzeigenwesen zu einem Monopol der offiziellen Regierungsblätter erklärte. Die anderen Zeitungen stellten als Protest ihr Erscheinen ein oder kehrten sich nicht

# ОБЯЗАТЕЛЬНОЕ ПОСТАНОВЛЕНІЕ.

**1) Городъ Петроградъ объявленъ на осадномъ положеніи.**

**2)** Всякія собранія, митинги, сборища и т. п. на улицахъ и площадяхъ воспрещается.

**3)** Попытки разгромовъ винныхъ погребовъ, складовъ, заводовъ, лавокъ, магазиновъ, частныхъ квартиръ и проч. и т. п. будутъ прекращаемы пулеметнымъ огнемъ безъ всякаго предупрежденія.

**4)** Домовымъ комитетамъ, швейцарамъ, дворникамъ и милиціи вмѣняется въ безусловную обязанность поддерживать самый строжайшій порядокъ въ домахъ, дворахъ и на улицахъ, причемъ ворота и подъѣзды домовъ должны запираться въ 9 час. вечера и открываться въ 7 час. утра. Послѣ 9 час. вечера выпускать только жильцовъ подъ контролемъ домовыхъ комитетовъ.

**5)** Виновные въ раздачѣ, продажѣ или пріобрѣтеніи всякихъ спиртныхъ напитковъ, а также въ нарушеніи пунктовъ 2-го и 4-го будутъ немедленно арестованы и подвергнуты самому тяжкому наказанію.

Петроградъ 6-го декабря, 3 часа ночи.

Комитетъ по борьбѣ съ погромами при Исполнительномъ Комитетѣ Совѣта Рабочихъ и Солдатскихъ Депутатовъ.

---

Eine Proklamation des Pogromabwehrkomitees beim Petrograder Sowjet.[11]

351

an das Gesetz und wurden verboten. Es dauerte drei Wochen, bis sie sich schließlich unterwarfen.

Der Streik in den Ministerien war noch immer nicht beendet. Noch immer betrieben die alten Beamten ihre Sabotage und bemühten sich, den normalen Fortgang des ökonomischen Lebens des Landes zu hindern. Hinter dem Smolny standen nur die breiten, unorganisierten Volksmassen. Auf sie gestützt und sie zu revolutionären Massenaktionen führend, überwand der Rat der Volkskommissare seine Gegner. In beredten Proklamationen[12], von wunderbarer Einfachheit der Sprache, die in ganz Rußland verbreitet wurden, setzte Lenin das Wesen der Revolution auseinander und drängte die Massen, die Macht in ihre Hände zu nehmen, den Widerstand der besitzenden Klassen mit Gewalt zu brechen und sich der Regierungsinstitutionen zu bemächtigen. „Revolutionäre Ordnung! Revolutionäre Disziplin! Strikte Rechnungslegung und Kontrolle! Keine Streiks! Kein Faulenzen!"

Am 20. November erließ das Revolutionäre Militärkomitee die folgende Warnung:

„Die besitzenden Klassen sind gegen die Macht der Sowjets – die Regierung der Arbeiter, Soldaten und Bauern. Ihre Anhänger hindern die Arbeit der Angestellten in der Regierung und der Duma, hetzen zu Streiks in den Banken, sind bemüht, das Funktionieren der Eisenbahnen, der Post und des Telegrafs zu sabotieren . . .

Wir warnen sie, mit dem Feuer zu spielen. Dem Lande und der Armee droht der Hunger. Um ihn zu bekämpfen, ist es unerläßlich, daß alle Dienste ungehindert funktionieren. Die Arbeiter-und-Bauern-Regierung trifft alle Maßnahmen, um sicherzustellen, was das Land und die Armee braucht. Der Widerstand gegen diese Maßnahmen ist ein Verbrechen gegen das Volk. Wir warnen die besitzenden Klassen und ihren Anhang! Wenn sie ihre Sabotage und Provokationen zur Verhinderung des Lebensmitteltransportes nicht einstellen, so werden sie die ersten sein, die die Folgen zu tragen haben. Wir werden ihnen jeden Anspruch auf Lebensmittelrationen nehmen. Alle Vorräte, die sie haben, werden requiriert, das Eigentum der Hauptverbrecher wird konfisziert werden.

Das ist unsere letzte Warnung an die Elemente, die mit dem Feuer spielen.

Wir sind überzeugt, daß notwendigenfalls unsere Maßnahmen die Unterstützung aller Arbeiter, Soldaten und Bauern finden werden."

Am 22. November waren an allen Mauern der Stadt Plakate angeschlagen, betitelt:

### „Außerordentliche Mitteilung!

Der Rat der Volkskommissare hat von dem Stab der Nordfront das nachfolgende dringende Telegramm erhalten:

‚Wir können nicht länger warten! Laßt die Armeen nicht Hungers sterben! Die Armeen der Nordfront haben seit mehreren Tagen keine Kruste Brot erhalten, und in zwei oder drei Tagen wird der Zwieback aufgebraucht sein, der ihnen aus den bisher nie angebrochenen Reservebeständen zugeteilt werden mußte. Schon jetzt sprechen Delegierte von allen Teilen der Front von der notwendigen Rückverlegung der Armeen, weil anderenfalls in wenigen Tagen ein panikartiges Zurückfluten der ausgehungerten, in dem dreijährigen Schützengrabenkrieg geschwächten, kranken, ungenügend gekleideten, barfüßigen und infolge des übermenschlichen Elends fast wahnsinnig gewordenen Soldaten unvermeidlich wäre.'

Das Revolutionäre Militärkomitee bringt dies zur Kenntnis der Petrograder Garnison und der Arbeiter von Petrograd. Während die Lage an der Front die dringendsten und entschiedensten Maßnahmen erheischt, streiken die höheren Beamten der Regierungsinstitutionen, der Banken, Eisenbahnen, der Post und des Telegrafs und hindern alle Bemühungen der Regierung, die Front mit Lebensmitteln zu versorgen. Jede Stunde des Wartens kann das Leben von Tausenden von Soldaten kosten. Die konterrevolutionären Beamten machen sich des schwersten Verbrechens gegen ihre an der Front hungernden und sterbenden Brüder schuldig.

*Das Revolutionäre Militärkomitee richtet an diese Verbrecher eine letzte Warnung.* Wenn sie nicht unverzüglich und vollständig ihren Widerstand und ihre Opposition einstellen, werden gegen sie die unerbittlichsten Maßnahmen ergriffen werden, deren Strenge der Größe ihres Verbrechens entsprechen wird."

Die Arbeiter und Soldaten des ganzen Landes waren aufs höchste erregt. In der Hauptstadt versuchten die Regierungs- und Bankbeamten, sich in Hunderten von Protestproklamationen und Aufrufen[13] in der Art des folgenden zu rechtfertigen:

„An alle Bürger!
Die Staatsbank ist geschlossen! – Warum?

Die Gewaltmaßnahmen der Bolschewiki gegen die Staatsbank haben es uns unmöglich gemacht, unsere Arbeit fortzusetzen. Die erste Handlung des Volkskommissars war die Forderung auf *Auszahlung von zehn Millionen Rubel*, am 27. November wurden weitere *fünfundzwanzig Millionen* gefordert, ohne daß angegeben wurde, wohin dies Geld gehen solle.

... Wir Beamten können an der Ausplünderung des Volkseigentums nicht teilnehmen. Wir stellten darum die Arbeit ein.

*Bürger!* Das Geld in der Staatsbank gehört euch, es ist des Volkes Geld, erworben durch eure Arbeit, euern Schweiß, euer Blut. *Bürger!* Rettet das Eigentum des Volkes vor dem Diebstahl, befreit uns von der Gewaltherrschaft, wir werden dann die Arbeit sofort wieder aufnehmen.

*Die Angestellten der Staatsbank.*"

Vom Ernährungsministerium, vom Finanzministerium usw. kamen Erklärungen, die besagten, daß das Revolutionäre Militärkomitee den Beamten das Arbeiten unmöglich mache, und Aufrufe an das Volk, sie gegen den Smolny zu unterstützen. Aber die Arbeiter und Soldaten schenkten ihnen keinen Glauben. Sie waren überzeugt, daß die Beamten die Sabotage nur trieben, um die Armee und das Volk mit Hilfe des Hungers niederzuzwingen . . . Wieder tauchten in den Straßen lange Reihen auf, in denen die Arbeiter in der eisigen Winterluft nach Brot anstanden, aber der Zorn der Leute richtete sich nicht, wie ehedem unter Kerenski, gegen die *Regierung*, sondern gegen die „*Tschinowniki*" (die Beamten), die Saboteure; die Regierung war *ihre* Regierung, waren *ihre* Sowjets – und die Beamten der Ministerien waren gegen sie.

Im Mittelpunkt dieser ganzen Opposition standen die Duma und ihr Kampforgan, das Komitee zur Rettung des Vaterlandes, die gegen alle Dekrete des Rates der Volkskommissare protestierten und in immer neuen Beschlüssen erklärten, daß sie die Sowjetregierung nicht anerkennen, und die offen den immer neuen konterrevolutionären „Regierungen" in Mogiljow in die Hände arbeiteten. So wandte sich am 17. November das Komitee zur Rettung des Vaterlandes an „alle städtischen Selbstverwaltungen, Semstwos und alle demokratischen und revolutionären Organisationen der Bauern, Arbeiter, Soldaten, und anderen Bürger" mit folgender Aufforderung:

„Erkennt die Regierung der Bolschewiki nicht an! Kämpft gegen sie!

Bildet lokale Komitees zur Rettung des Vaterlandes und der Revolution, die, mit allen Kräften der Demokratie vereinigt, dem Gesamtrussischen Komitee helfen werden, die Aufgaben zu vollbringen, die es sich gestellt hat."

Mittlerweile hatten die Wahlen zur Konstituierenden Versammlung den Bolschewiki in Petrograd[14] eine enorme Mehrheit gebracht, so daß sogar die Menschewiki-Internationalisten die Neuwahl der Stadtduma für notwendig erachteten, da sie nicht mehr die politische Zusammensetzung der Petrograder Bevölkerung repräsentiere. Gleichzeitig wurde die Duma von den Arbeitern, von den Truppen und sogar von den Bauern aus der Umgebung der Stadt mit Resolutionen bestürmt, in denen sie als „konterrevolutionär", als „kornilowistisch" gebrandmarkt und ihr Rücktritt verlangt wurde. Die letzten Tage der Duma waren von stürmischen Debatten erfüllt, die durch die Forderungen der städtischen Arbeiter nach menschenwürdigen Löhnen und ihre Drohung mit eventuellem Streik veranlaßt waren.

Am 23. November löste ein Dekret des Revolutionären Militärkomitees das Komitee zur Rettung des Vaterlandes in aller Form auf. Am 29. ordnete der Rat der Volkskommissare die Auflösung und Neuwahl der Petrograder Stadtduma an.

„In Anbetracht der Tatsache, daß die am 2. September gewählte Petrograder Zentralduma in absolutem Gegensatz zu den Auffassungen und Wünschen der Petrograder Bevölkerung steht und darum kein Recht hat, in ihrem Namen zu sprechen, in Anbetracht der weiteren Tatsache, daß die Mehrheit in der Duma, obgleich sie ihre ganze politische Anhängerschaft verloren hat, fortfährt, ihre Vorrechte auszunützen, um in konterrevolutionärer Weise sich dem Willen der Arbeiter, Soldaten und Bauern zu widersetzen, die normale Arbeit der Regierung zu sabotieren und zu hindern – erachtet es der Rat der Volkskommissare für seine Pflicht, der Bevölkerung der Hauptstadt die Möglichkeit zu geben, über die Politik des Organs der städtischen Selbstverwaltung ihr Urteil zu fällen.

Zu diesem Zweck beschließt der Rat der Volkskommissare:

1. Die Stadtduma wird aufgelöst; die Auflösung tritt mit dem 30. November 1917 in Kraft.

2. Alle von der jetzigen Duma gewählten oder ernannten Funktionäre bleiben auf ihren Posten und erfüllen die ihnen

anvertrauten Aufgaben, bis an ihre Stelle die Beauftragten der neuen Duma treten.

3. Alle städtischen Angestellten bleiben auf ihren Posten; wer seinen Dienst auf eigene Verantwortung verläßt, gilt als entlassen.

4. Die Neuwahlen für die Stadtduma von Petrograd werden auf den 9. Dezember 1917 angesetzt.

5. Die Stadtduma von Petrograd tritt am 11. Dezember 1917, um 2 Uhr, zusammen.

6. Wer immer sich diesem Dekret widersetzt und wer absichtlich das Eigentum der Stadtverwaltung schädigt oder zerstört, wird sofort verhaftet und vor ein Revolutionstribunal gestellt . . ."

Die Duma erklärte in einer Anzahl Resolutionen trotzig, daß sie „ihre Stellung bis zum letzten Blutstropfen verteidigen" werde, und richtete einen verzweifelten Aufruf an die Bevölkerung, ihre „selbstgewählte Stadtverwaltung" zu schützen. Aber die Bevölkerung blieb gleichgültig oder offen feindselig. Am 30. November wurden der Bürgermeister Schrejder und mehrere Mitglieder der Duma verhaftet, einem Verhör unterzogen und wieder freigelassen. Trotzdem fuhr an diesem und dem folgenden Tag die Duma fort zu tagen, wiederholt unterbrochen von Rotgardisten und Matrosen, die die Versammlung in höflicher Weise zum Auseinandergehen aufforderten.

Am 2. Dezember erschien im Nikolaisaal während der Rede eines Dumamitgliedes ein Offizier mit einigen Matrosen und forderte die Räumung des Saales, widrigenfalls Gewalt angewandt werden müßte. Die Dumaleute protestierten heftig, fügten sich aber schließlich, indem sie erklärten, daß „sie nur der Gewalt wichen".

Die neue Duma, deren Wahl zehn Tage später unter dem Boykott der „gemäßigten" Sozialisten erfolgte, war fast ganz bolschewistisch.

Es bestanden jedoch noch andere gefährliche Oppositionszentren, so die „Republiken" der Ukraine und Finnland, die eine eindeutige antisowjetische Haltung einnahmen. Die Regierungen in Helsingfors wie in Kiew zogen zuverlässige Truppen zusammen und begannen einen brutalen Feldzug zur Niederschlagung des Bolschewismus, zur Entwaffnung und Abschiebung der russischen Truppen. Die Ukrainische Rada unterwarf sich ganz Südrußland und schickte Verstärkungen und Kriegsmaterial an Kaledin. Finnland und die Ukraine verhandelten im geheimen mit den Deutschen und wurden von den Regierungen der Alliierten prompt anerkannt. Die Alliierten liehen ihnen riesige Summen und verbündeten sich mit ihnen zum Zwecke der Bildung konterrevolutionärer Angriffszentren gegen Sowjetrußland. Als in diesen Kämpfen der Bolschewismus Sieger blieb, rief die unterlegene Bourgeoisie die Deutschen, damit diese ihnen wieder zur Macht verhülfen.

Die allergefährlichste Bedrohung der Sowjetregierung kam jedoch aus dem Innern und hatte zwei Ausgangspunkte: die Kaledinbewegung und den Stab in Mogiljow, den General Duchonin befehligte.

Der überall zu findende Murawjow wurde mit der Führung des Krieges gegen die Kosaken betraut und eine Rote Armee aus Fabrikarbeitern gebildet. Hunderte von Propagandisten gingen an den Don. Der Rat der Volkskommissare erließ eine Proklamation an die Kosaken[15], in der das Wesen der Sowjetregierung auseinandergesetzt und gezeigt wurde, wie die besitzenden Klassen, die Tschinowniki, Gutsbesitzer, Bankiers und ihre Verbündeten, die Kosakenfürsten, Kosakengutsbesitzer und Kosakengenerale, die Revolution zu erdrosseln versuchten, um die Beschlagnahme ihrer Reichtümer zu verhindern.

Am 27. erschien im Smolny eine Kosakendelegation, die Lenin und Trotzki zu sehen wünschte. Die Kosaken fragten, ob die Sowjetregierung wirklich nicht die Absicht habe, ihr

## Отъ Комиссіи по Народному Образованію при Центральной Городской Думѣ.

# Товарищи рабочіе и работницы!

За нѣсколько дней до праздника была объявлена забастовка учащими городскихъ училищъ. Учащія оказались на сторонѣ буржуазіи противъ рабочаго и крестьянскаго Правителььства.

Товарищи, организуйте родительскіе комитеты и выносите резолюціи противъ забастовки учащихъ. Обращайтесь въ районные Совѣты Рабочихъ и Солдатскихъ Депутатовъ, профессіональные союзы, фабрично-заводскіе и партійные комитеты съ предложеніемъ устраивать митинги протеста. Устраивайте собственными силами елки и развлеченія для дѣтей, требуйте возобновленія занятій послѣ праздника въ срокъ, который укажетъ Центральная Дума.

Товарищи, укрѣпляйте свои позиціи въ дѣлѣ народнаго образованія, настаивайте на контролѣ пролетарскихъ организацій надъ школой.

*Коммиссія по Народному Образованію
при Центральной Городской Думѣ.*

Proklamation der Petrograder Stadtdumakommission für Volksbildung gegen den Streik der Schullehrer unmittelbar vor den Weihnachtsferien. Die Duma war neu gewählt worden und bestand fast ganz aus Bolschewiki.[16]

Land unter die Bauern Großrußlands aufzuteilen. „Wir denken nicht daran", erwiderte Trotzki. Die Kosaken berieten eine Weile. „Gut", fuhren sie fort, „beabsichtigt die Sowjetregierung, die Güter unserer großen Kosakengutsbesitzer zu beschlagnahmen und unter die werktätigen Kosaken aufzuteilen?" Darauf Lenin: „Das ist schon *eure* Sache. Wir werden die werktätigen Kosaken in allen ihren Aktionen unterstützen. Ihr beginnt am besten, indem ihr Kosakensowjets wählt. Wir geben euch eine Vertretung im Zentralexekutivkomitee, und dann ist die Regierung auch *eure* Regierung."

Die Kosaken gingen, angestrengt nachdenkend. Zwei Wochen darauf erschien beim General Kaledin eine Delegation seiner Truppen mit der Anfrage, ob er gewillt sei, die Aufteilung der großen Ländereien der Kosakengutsbesitzer unter die werktätigen Kosaken zu versprechen.

„Nein", erwiderte Kaledin. „Eher wollte ich sterben." Einen Monat später jagte er sich, durch das unaufhaltsame Dahinschmelzen seiner Armee zur Verzweiflung gebracht, tatsächlich eine Kugel durch den Kopf. Die Kosakengefahr war erledigt.

Mittlerweile hatten sich in Mogiljow das alte Zentralexekutivkomitee, die Führer der „gemäßigten" Sozialisten – von Awxentjew bis Tschernow –, die aktiven Häupter der alten Armeekomitees und die reaktionären Offiziere zusammengefunden. Der Stab weigerte sich hartnäckig, den Rat der Volkskommissare anzuerkennen. Um sich herum hatte er die Todesbataillone, die St.-Georgs-Ritter und die Frontkosaken zusammengezogen und stand in enger und geheimer Verbindung mit den alliierten Militärattaches, mit der Kaledinbewegung und der Ukrainischen Rada.

Das Friedensdekret vom 8. November, in dem der Sowjetkongreß einen allgemeinen Waffenstillstand vorgeschlagen hatte, war von den Regierungen der Alliierten nicht beantwortet worden.

Am 20. November überreichte Trotzki den Gesandtschaften der Alliierten eine Note[17]:

„Ich habe die Ehre, Herr Gesandter, Sie davon in Kenntnis zu setzen, daß am 8. November der Gesamtrussische Sowjetkongreß eine neue Regierung konstituiert hat: den Rat der Volkskommissare. Der Präsident dieser Regierung ist Wladimir Iljitsch Lenin. Die Leitung der auswärtigen Angelegenheiten ist mir anvertraut worden, als dem Volkskommissar für Auswärtige Angelegenheiten.

Indem ich Ihre Aufmerksamkeit auf den von dem Gesamtrussischen Kongreß bestätigten Text des Vorschlages eines Waffenstillstandes und demokratischen Friedens ohne Kriegsentschädigungen, ohne Annexionen und auf der Grundlage des Selbstbestimmungsrechtes der Völker lenke, bitte ich Sie, das Dokument als formellen Vorschlag eines sofortigen Waffenstillstandes an allen Fronten und der unverzüglichen Einleitung von Friedensverhandlungen zu betrachten. Die autorisierte Regierung der Russischen Republik richtet diesen Vorschlag gleichzeitig an alle kriegführenden Völker und deren Regierungen.

Nehmen Sie, Herr Gesandter, die aufrichtige Versicherung der Hochschätzung der Sowjetregierung für Ihr Volk entgegen, das sicher auch nur, gleich allen in dieser beispiellosen Schlächterei erschöpften und weißgebluteten Völkern, den Frieden wünscht . . .“

In der gleichen Nacht telegrafierte der Rat der Volkskommissare an den General Duchonin:

„. . . Der Rat der Volkskommissare hat im Auftrage des Gesamtrussischen Sowjetkongresses der Arbeiter- und Soldatendeputierten die Macht in seine Hände genommen, mit der Verpflichtung, allen kriegführenden Völkern und deren Regierungen einen sofortigen Waffenstillstand an allen Fronten und sofortige Eröffnung von Verhandlungen zwecks Abschlusses eines Friedens auf demokratischer Grundlage vorzuschlagen.

... Sie, Bürger Kommandeur, beauftragt der Rat der Volkskommissare, in Ausführung des Beschlusses des Sowjetkongresses der Arbeiter- und Soldatendeputierten sich sofort nach Erhalt der gegenwärtigen Mitteilung an die Militärbehörden der feindlichen Armeen mit dem Vorschlag der sofortigen Einstellung der Kampfhandlungen zwecks Eröffnung von Friedensverhandlungen zu wenden. Indem der Rat der Volkskommissare Sie mit der Führung dieser Verhandlungen betraut, befiehlt er Ihnen:

1. Dem Rate fortlaufend über den Gang Ihrer Verhandlungen mit den Vertretern der feindlichen Armeen auf telefonischem Wege Bericht zu erstatten;

2. den Akt über den Vorfrieden erst nach vorheriger Zustimmung des Rates der Volkskommissare zu unterzeichnen ..."

Die Gesandten der Alliierten quittierten die Note Trotzkis mit verächtlichem Schweigen und anonymen Interviews in den Zeitungen, voller Boshaftigkeit und Spott. Der Duchonin erteilte Befehl wurde von ihnen offen als Verrat bezeichnet.

Duchonin selber ließ nichts von sich hören. In der Nacht des 22. November wurde er telefonisch befragt, ob er bereit sei, dem ihm erteilten Befehl zu gehorchen. Duchonin antwortete, daß er nur einer Regierung gehorchen könne, die das Vertrauen der Armee und des Landes habe.

Ein telegrafischer Befehl enthob ihn sofort seines Postens als Oberbefehlshaber, und Krylenko wurde an seine Stelle gesetzt. Außerdem entsandte Lenin, auch hier wieder seiner Taktik des „An-die-Massen-Appellierens" treu bleibend, an alle Regiments-, Divisions- und Korpskomitees, an alle Soldaten und Matrosen der Armee und Flotte einen Funkspruch, in dem er die Weigerung Duchonins bekanntgab und den Regimentern an der Front die Wahl von Delegationen befahl, die mit den ihnen gegenüberstehenden feindlichen Abteilungen verhandeln sollten.

Am 23. überreichten die Militärattachés der Alliierten, den Instruktionen ihrer Regierungen folgend, Duchonin eine Note, in der dieser feierlich aufgefordert wurde, „die zwischen den Ententemächten geschlossenen Bedingungen unter keinen Umständen zu verletzen". Die Note erklärte weiter, daß ein mit Deutschland abgeschlossener Separat-Waffenstillstand für Rußland die ernstesten Konsequenzen im Gefolge haben würde. Duchonin sandte diese Mitteilung sofort allen Soldatenkomitees zu.

Am nächsten Morgen richtete Trotzki einen neuen Appell an die Truppen, in dem er die Note der Vertreter der Alliierten als offenkundige Einmischung in die inneren Angelegenheiten Rußlands kennzeichnete und als unverschämten Versuch, die russische Armee und das russische Volk durch Drohungen zur Fortsetzung des Krieges und Durchführung der vom Zaren abgeschlossenen Verträge zu zwingen.

Aus dem Smolny kamen Aufrufe[18] mit Anklagen gegen Duchonin, gegen die ihn umgebenden Offiziere und die in Mogiljow versammelten reaktionären Politikaster, die auf der ganzen Tausende Kilometer langen Front Millionen zorniger und argwöhnischer Soldaten in wilde Aufregung versetzten. Gleichzeitig machte sich, von drei Abteilungen zu allem entschlossener Matrosen begleitet, Krylenko auf den Weg zum Stab[19], racheschnaubend und von den Soldaten mit Begeisterung empfangen. Als das zentrale Armeekomitee eine Erklärung zugunsten Duchonins erließ, marschierten sofort zehntausend Mann nach Mogiljow.

Am 2. Dezember erhob sich die Garnison von Mogiljow und bemächtigte sich der Stadt. Die Truppen verhafteten Duchonin und das Armeekomitee und zogen mit siegreichen roten Fahnen aus, den neuen Oberbefehlshaber zu begrüßen. Am nächsten Morgen zog Krylenko in Mogiljow ein. Er fand Duchonin eingesperrt in einem Eisenbahnwagen, den eine wütende Menge umlagerte. Krylenko hielt eine Ansprache, in der er die Soldaten dringend bat, den General ungeschoren zu lassen, da er nach Petrograd übergeführt und vom Revolutionstribunal abgeurteilt werden sollte. Während er eben endete, erschien plötzlich Duchonin selbst am Fenster, als wollte er eine Rede halten. Aber mit wildem Geheul drangen die Leute in den Wagen, rissen den alten General heraus und schlugen ihn auf der Plattform des Wagens tot. Auf diese Weise endete die Auflehnung des Stabes.

Mächtig gestärkt durch den Zusammenbruch der letzten Feste der feindlichen Militärstreitkräfte in Rußland ging jetzt die Sowjetregierung voller Zuversicht an die Organisierung des Staates. Viele der alten Beamten strömten ihr jetzt zu, und zahlreiche Mitglieder der anderen Parteien traten in den Regierungsdienst. Die aufs Geldverdienen Erpichten wurden allerdings durch das Dekret über die Gehälter der Regierungsangestellten zurückgeschreckt, das die Bezüge der Volkskommissare – die die Höchstbezahlten waren –, auf fünfhundert Rubel (etwa fünfzig Dollar) im Monat festsetzte. Der Streik der Regierungsangestellten brach zusammen, als die Finanz- und Handelskreise die Unterstützung der Streikenden einstellten. Die Bankangestellten kehrten an ihre Arbeit zurück.

Mit dem Dekret über die Nationalisierung der Banken, der Einrichtung des Obersten Volkswirtschaftsrates und der Verwirklichung des Landdekretes in den Dörfern, mit der demokratischen Reorganisation der Armee sowie den durchgreifenden Änderungen in allen Zweigen der Regierungstätigkeit und auf allen Gebieten des Lebens, mit all dem – wirksam nur durch den Willen der Arbeiter, Soldaten und Bauern – begann langsam und unter vielen Irrtümern und Hemmungen der Aufbau des proletarischen Rußlands.

364

Nicht durch Kompromisse mit den besitzenden Klassen oder mit den anderen politischen Führern, nicht durch einfache Übernahme des alten Regierungsapparates eroberten die Bolschewiki die Macht, noch geschah dies mittels der organisierten Gewalt einer kleinen Clique. Wenn die Massen in ganz Rußland nicht zum Aufstand bereit gewesen wären, hätten sie nicht siegen können. Die einzige Erklärung des bolschewistischen Erfolges liegt darin, daß sie die tiefen und einfachen Bestrebungen der unterdrückten Volksmassen in die Tat umsetzten, indem sie sie dazu aufforderten, das Alte niederzureißen und zu zerstören, und daß sie dann gemeinsam mit ihnen inmitten der noch rauchenden Ruinen an der Errichtung einer neuen Ordnung arbeiteten.

# XII

## DER BAUERNKONGRESS

Als wir am 18. November morgens erwachten, waren unsere Fensterbänke weiß behäuft, und die Flocken wirbelten so dicht, daß man keine zehn Schritt weit sah. Der schlammige Schmutz der Straßen war wie weggezaubert, und die eben noch trostlos düstere Stadt war weiß und schimmernd. Die Droschken mit ihren schwerfälligen Kutschern hatten schnellen Schlitten Platz gemacht, mit Führern, deren Bärte steif und eiszapfenbehangen waren. Trotz der Revolution und dem schrecklichen Sprung in die unbekannte Zukunft, den ganz Rußland zu tun sich anschickte, war mit dem Schnee die allerfröhlichste Stimmung in die Stadt eingezogen.

Alles war vergnügt. Die Menschen eilten auf die Straßen, und mit übermütigem Lachen breiteten sie ihre Arme aus, um die sanft und unaufhörlich rieselnden Flocken aufzufangen. Das Grau der Häuser war verdeckt; nur die goldenen und bunten Türme und Kuppeln leuchteten mit noch gesteigerter barbarischer Pracht durch den weißen Schnee.

Gegen Mittag kam auch die Sonne heraus, fahl und wässerig. Die Krankheiten der Regenzeit: Schnupfen und Rheumatismus, waren überwunden. Das Leben in der Stadt wurde fröhlicher, und die Revolution beschleunigte ihren Schritt ...

Eines Abends saß ich in einem „Traktir" – einem Wirtshaus – gegenüber dem Smolny, mit niedriger Decke, lärmerfüllt, unter dem Namen „Onkel Toms Hütte" bekannt. Ein beliebter Aufenthaltsort der Rotgardisten. Eng gedrängt saßen sie dort um kleine Tische mit schmutzigen Tischtüchern und riesigen porzellanenen Teekannen, den Raum mit stinkigem Zigarettenqualm füllend, während die Kellner gehetzt hin und her rannten, schreiend: „Sejtschas! Sejtschas!" (Sofort! Sofort!)

In einer Ecke saß ein Mann in der Uniform eines Hauptmanns, der zu der Menge zu sprechen versuchte, aber bei fast jedem Satz unterbrochen wurde.

„Ihr seid Mörder!" rief er, „eure russischen Brüder in den Straßen niederzuschießen!"

„Wann haben wir das getan?" fragte ein Arbeiter.

„Am letzten Sonntag tatet ihr's, als die Offiziersschüler . . .!"

„Aber schossen die nicht auf uns?" Ein Mann zeigte auf seinen verbundenen Arm. „Haben sie mir hier nicht ein Andenken hinterlassen, diese Teufel?"

Der Hauptmann schrie mit aller Lungenkraft: „Ihr hättet neutral bleiben sollen! Ihr hättet neutral bleiben sollen! Wer gab euch das Recht, die Regierung zu stürzen? Wer ist Lenin? Ein Deutscher."

„Wer bist du? – Ein Konterrevolutionär, ein Provokateur!" brüllten sie auf ihn ein.

Als er sich wieder verständlich machen konnte, erhob sich der Hauptmann. „Ihr nennt euch das russische Volk", sagte er, „aber ihr seid *nicht* das russische Volk. Die *Bauern* sind das russische Volk. Wartet nur, bis die Bauern . . ."

„Jawohl, jawohl", schallte es ihm entgegen, „warten wir, bis die Bauern gesprochen haben. Wir wissen, was die Bauern sagen werden. Das sind Werktätige wie wir!"

Und in der Tat hing alles von den Bauern ab. Wenn die Bauern auch politisch rückständig waren, so hatten sie doch ihre eigenen Ansichten, und sie bildeten achtzig Prozent des russischen Volkes. Die Bolschewiki hatten unter den Bauern nur eine verhältnismäßig kleine Gefolgschaft, und auf die Dauer war eine Diktatur der Industriearbeiter in Rußland nicht möglich ... Von allen Parteien, die die Sowjetregierung jetzt unterstützten, waren die folgerichtigen Erben der Bauernführerschaft die linken Sozialrevolutionäre – und die linken Sozialrevolutionäre, die von der Gnade des organisierten Stadtproletariats abhängig waren, hatten den Rückhalt durch die Bauern verzweifelt nötig.

Der Smolny hatte indessen die Bauern keineswegs vernachlässigt. Eine der ersten Handlungen des neuen Zentralexekutivkomitees nach dem Landdekret war die über den Kopf des Exekutivkomitees der Bauernsowjets hinweg erfolgte Einberufung eines Kongresses gewesen. Wenige Tage danach erfolgte die Bekanntgabe der sorgfältig ausgearbeiteten Anweisungen für die Tätigkeit der „Wolost"-(Amtsbezirks-)Bodenkomitees, und bald darauf Lenins „Antwort auf Anfragen von Bauern"[1], die in einfachen Worten das Wesen der bolschewistischen Revolution und der neuen Regierung erklärte. Am 16. November veröffentlichten Lenin und Miljutin die „Instruktionen für Provinzialbevollmächtigte", die von der Sowjetregierung zu Tausenden in die Dörfer entsandt wurden:

„1. Nach seiner Ankunft in der ihm als Arbeitsfeld zugewiesenen Provinz hat der Bevollmächtigte mit möglichster Beschleunigung eine gemeinsame Sitzung der Zentralexekutivkomitees der Arbeiter-, Soldaten- und Bauerndeputierten zu berufen, denselben das Landdekret zu erläutern und die Berufung einer vereinigten Plenarsitzung der Sowjets der Arbeiter-, Soldaten- und Bauerndeputierten zu fordern ...

2. Hat er die Lage des Agrarproblems in der ihm zugewiesenen Provinz sorgfältig zu untersuchen, und zwar:

a) ob die Übernahme der Gutsbesitzerländereien schon erfolgt ist. Wenn ja, in welchen Bezirken;

b) von wem die beschlagnahmten Ländereien verwaltet werden – ob von den ehemaligen Eigentümern oder den Bodenkomitees;

c) was mit dem toten und lebenden Inventar geschehen ist.

3. Ob die von den Bauern angebaute Bodenfläche zugenommen hat.

4. Um wieviel und in welcher Hinsicht die zur Zeit angebaute Bodenfläche von der von der Regierung als Durchschnittsminimum festgesetzten abweicht.

5. Muß der Bevollmächtigte den Bauern, die nun das Land erhalten haben, die dringende Notwendigkeit der schnellstmöglichen Steigerung der Anbaufläche und beschleunigten Entsendung von Brotgetreide in die Städte klarmachen, da nur auf diese Weise der Hungersnot zu steuern ist.

6. Hat er sich über beabsichtigte oder durchgeführte Maßnahmen für die Überführung des Landes aus den Händen der Grundbesitzer in die des Bodenkomitees und ähnlicher, von den Sowjets eingesetzter Körperschaften zu unterrichten.

7. Es ist ratsam, die gut eingerichteten und gut organisierten landwirtschaftlichen Besitzungen der Verwaltung von Sowjets zu unterstellen, die sich aus den regulären Beschäftigten dieser Besitzungen zusammensetzen und der Leitung erfahrener und wissenschaftlich geschulter Landwirte unterstehen."

Eine ungestüme revolutionäre Gärung hatte die Dörfer gepackt, die nicht nur eine Folge des Landdekretes war, sondern die von den Tausenden von der Front zurückkehrenden revolutionär gesinnten Bauernsoldaten hineingetragen wurde ... Diese vor allem waren es, die die Einberufung eines Bauernkongresses begrüßten.

Wie das alte Zentralexekutivkomitee bei der Berufung des Zweiten Gesamtrussischen Sowjetkongresses der Arbeiter- und Soldatendeputierten, versuchte auch das Bauernexekutivkomitee den vom Smolny einberufenen Bauernkongreß zu hintertreiben. Als es die Zwecklosigkeit seines Widerstandes einsehen mußte, jagte es, wie dies auch das Zentralexekutivkomitee getan hatte, einen wahren Hagel von Telegrammen ins Land, allerorten zur Wahl konservativer Delegierter auffordernd. Teilweise wurde den Bauern sogar vorgelogen, daß der Kongreß in Mogiljow tagen werde, und einige der Delegierten reisten dorthin. Trotzdem waren bis zum 23. November schon gegen vierhundert Delegierte in Petrograd angekommen, und die Vorbesprechungen der Parteien hatten begonnen ...

Die erste Sitzung fand im Alexandersaal des Dumagebäudes statt, und gleich die erste Abstimmung zeigte, daß über die Hälfte der Delegierten linke Sozialrevolutionäre waren, während die Bolschewiki ein knappes Fünftel vereinigten, die rechten Sozialrevolutionäre ein Viertel und der Rest nur durch seine Opposition gegen das von Awxentjew, Tschaikowski und Peschechonow beherrschte alte Exekutivkomitee verbunden war ...

Der große Saal war überfüllt und bebte von unaufhörlichem Tumult. Tiefe, hartnäckige Verbitterung schied die Delegierten in sich befehdende Gruppen. Rechts sah man einige Offiziere und die patriarchalischen, bärtigen Gestalten der älteren und wohlhabenderen Bauern, im Zentrum waren einige wenige Bauern, Unteroffiziere und ein paar Soldaten, während die Delegierten auf der Linken fast ohne Ausnahme die Uniformen einfacher Soldaten trugen. Sie repräsentierten die junge Generation, die in der Armee gedient hatte ... Auf den Galerien drängten sich Arbeiter, die in Rußland ihre bäuerliche Herkunft noch nicht vergessen haben ...

Im Gegensatz zum alten Zentralexekutivkomitee erkannte das Bauernexekutivkomitee den Kongreß bei seiner Eröffnung nicht als offizielle Tagung an. Der offizielle Bauernkongreß würde am 13. Dezember stattfinden. Unter einem Sturm von

Beifall und wütenden Zurufen bezeichnete der Sprecher der Bauernexekutive die Tagung nur als eine „Außerordentliche Konferenz" ... Aber diese „Außerordentliche Konferenz" zeigte bald, wie sie zum Exekutivkomitee stand, indem sie die Leitung des Kongresses Maria Spiridonowa, der Führerin der linken Sozialrevolutionäre, übergab.

Der größte Teil des ersten Tages war von heftigen Debatten über die Frage ausgefüllt, ob neben den Delegierten der Provinzialkörperschaften auch die „Wolost"-(Amtsbezirks-) Sowjetvertreter als Delegierte zugelassen werden sollten. Wie seinerzeit der Arbeiter- und Soldatenkongreß, beschloß auch der Bauernkongreß mit überwältigender Mehrheit, den Vertreterkreis möglichst weit zu stecken. Das hatte zur Folge, daß das Exekutivkomitee den Kongreßsaal verließ ...

Fast unmittelbar danach zeigte es sich, daß die Mehrzahl der Delegierten von der Regierung der Volkskommissare nichts wissen wollte. Sinowjew wurde, als er den Versuch machte, für die Bolschewiki zu sprechen, niedergeschrien, und als er unter Gelächter die Tribüne verließ, hörte man Rufe wie: „Da seht, wie der Volkskommissar in der Patsche sitzt!"

„Wir linken Sozialrevolutionäre lehnen es ab", erklärte Nasarjew, ein Delegierter aus der Provinz, „die sogenannte Arbeiter-und-Bauern-Regierung anzuerkennen, solange die Bauern in ihr nicht vertreten sind. Bis jetzt ist diese Regierung nichts als eine Diktatur der Arbeiter ... Wir fordern die Bildung einer neuen Regierung, die die gesamte Demokratie vertritt."

Die reaktionären Delegierten nährten in raffinierter Weise die feindselige Stimmung, indem sie unter dem Protest der bolschewistischen Bänke behaupteten, daß der Rat der Volkskommissare beabsichtige, den Kongreß entweder unter seine Führung zu bringen oder ihn mit Waffengewalt auseinanderzujagen – eine Behauptung, die die wildesten Entrüstungsstürme bei den Bauern zur Folge hatte ...

Am dritten Tage erschien plötzlich Lenin auf der Tribüne. Wohl zehn Minuten lang tobte der Saal wie besessen. „Herunter! Wir wollen eure Volkskommissare nicht! Wir erkennen eure Regierung nicht an!"

Lenin stand unerschütterlich, beide Hände fest ans Rednerpult gekrampft und mit aufmerksamen Augen das tosende Meer zu seinen Füßen beobachtend. Endlich hatte sich der Sturm einigermaßen gelegt, nur die rechte Seite des Saales war nicht zu beruhigen.

„Ich spreche hier nicht als Mitglied des Rates der Volkskommissare", erklärte Lenin und wartete von neuem, bis der Lärm sich gelegt hatte. „Ich bin hier als Mitglied der bolschewistischen Partei und in aller Form zu diesem Kongreß delegiert." Er hielt sein Mandat in die Höhe, so daß alle es sehen konnten.

„Immerhin", fuhr er mit derselben ruhigen Stimme fort, „niemand wird leugnen, daß die gegenwärtige Regierung Rußlands von der bolschewistischen Partei gebildet wurde", er mußte einen Moment lang warten, „so daß dies am Ende auf eins herauskommt . . ." Von den rechten Bänken brach hier ein ohrenbetäubender Lärm aus, während das Zentrum und die Linke neugierig wurden und zur Ruhe mahnten.

Lenins Argumentation war einfach. „Ihr Bauern, denen wir das Land der Pomeschtschiki (Gutsbesitzer) gegeben haben, sagt mir offen, wollt ihr jetzt etwa die Arbeiter daran hindern, die Kontrolle über die Produktion in ihre Hände zu nehmen? Dies ist ein Klassenkampf: die Pomeschtschiki sind die natürlichen Gegner der Bauern, wie die Fabrikanten die natürlichen Gegner der Arbeiter sind. Wollt ihr gestatten, daß die Reihen des Proletariats zersplittert werden? Auf wessen Seite wollt ihr sein?

Wir, die Bolschewiki, sind die Partei des Proletariats – des Bauernproletariats wie des Industrieproletariats. Wir, die

Bolschewiki, sind die Verteidiger der Sowjets – der Bauernsowjets wie der Sowjets der Arbeiter und Soldaten. Die gegenwärtige Regierung ist eine Sowjetregierung. Wir haben nicht nur die Bauernsowjets zur Teilnahme an dieser Regierung eingeladen, wir haben auch an die Vertreter der linken Sozialrevolutionäre die Aufforderung gerichtet, in den Rat der Volkskommissare einzutreten ...

Die Sowjets sind die vollkommenste Vertretung des Volkes – der Arbeiter in den Fabriken und Bergwerken und der Arbeiter auf den Feldern. Wer versucht, die Sowjets zu unterhöhlen, handelt antidemokratisch und konterrevolutionär. Ich richte hier an euch, Genossen rechte Sozialrevolutionäre, und an Sie, meine Herren Kadetten, die Warnung: Wenn die Konstituierende Versammlung den Versuch machen sollte, die Sowjets zu zerstören, dann werden wir sie daran zu hindern wissen!"

Am 25. November nachmittags kam Tschernow, vom Exekutivkomitee eilig herbeigerufen, aus Mogiljow an. Der noch vor zwei Monaten als ultrarevolutionär galt und sich bei den Bauern großer Beliebtheit erfreute, sollte jetzt die drohende Linksschwenkung des Kongresses verhindern. Er wurde bei seiner Ankunft verhaftet und zum Smolny gebracht, wo er nach kurzer Unterredung wieder freigelassen wurde.

Seine erste Handlung war, dem Bauernexekutivkomitee bittere Vorwürfe zu machen, weil es den Kongreß verlassen hatte. Das Exekutivkomitee erklärte sich zur Rückkehr bereit. Als Tschernow den Kongreßsaal betrat, wurde er von der Mehrheit der Delegierten mit jubelndem Beifall, von den Bolschewiki mit feindseligen und spöttischen Zurufen begrüßt.

„Genossen! Ich war nicht in Petrograd! Ich habe an einer Konferenz der Zwölften Armee teilgenommen, die die Frage der Einberufung eines Kongresses aller Bauerndelegierten der Armeen der Westfront erörtert hat, und ich bin über den Aufstand, der hier stattgefunden hat, nur schlecht unterrichtet ..."

Sinowjew richtete sich auf und rief: „Gewiß, Sie waren weg – für ein paar Minuten!" Ein fürchterlicher Tumult brach los. Rufe: „Nieder mit den Bolschewiki!"

Tschernow fuhr fort: „Die Anklage, daß ich geholfen habe, eine Armee gegen Petrograd zu führen, ist unbegründet und absolut falsch. Von wem stammt diese Anklage? Zeigt mir die Quellen!"

Sinowjew: „,Iswestija' und ,Delo Naroda' – Ihre eigenen Blätter, daher kommen sie!"

Tschernows breites Gesicht mit den kleinen Augen, welligem Haar und ergrautem Bart wurde hochrot vor Zorn, aber er hielt an sich und fuhr fort: „Ich wiederhole, ich weiß absolut nichts von alledem, was hier vorgegangen ist. Ich habe auch keine Armee hierhergeführt, mit Ausnahme dieser" (er zeigte auf die Bauerndelegierten), „die hierhergebracht zu haben ich in weitem Maße verantwortlich bin!" (Gelächter und Bravorufe.)

„Sofort nach meiner Rückkehr war ich im Smolny. Niemand hat dort eine solche Anklage gegen mich erhoben ... Ich hatte eine kurze Unterredung und bin dann gegangen. Das ist alles! Möge hierhertreten und die Anklage begründen, wer dazu in der Lage ist!"

Wilder Aufruhr folgte. Die Bolschewiki und ein Teil der linken Sozialrevolutionäre waren aufgesprungen, mit geballten Fäusten und brüllend, während der Rest der Versammlung sie niederzuschreien versuchte.

„Das ist eine Schmach und nicht die Tagung eines Kongresses", schrie Tschernow, den Saal verlassend. Der herrschende Tumult machte eine Vertagung der Sitzung notwendig ...

Mittlerweile hatte die Frage der Stellung der Bauernexekutive alle Gemüter erregt. Indem die Exekutive den Kongreß als „Außerordentliche Konferenz" bezeichnet hatte, gedachte sie, eine Neuwahl zu verhindern. Der Trick hatte aber eine andere, von ihr nicht vorausgesehene Wirkung gehabt. Die linken Sozialrevolutionäre beschlossen, daß, wenn der Kongreß keinen Einfluß auf die Exekutive 'haben solle, umgekehrt auch die Exekutive dem Kongreß keine Vorschriften machen könne. Am 25. November erklärte die Versammlung in einer Resolution, daß die Funktionen des Exekutivkomitees von der Außerordentlichen Konferenz übernommen würden, in der im übrigen nur solche Mitglieder der Exekutive das Stimmrecht hätten, die Konferenzdelegierte seien.

Am nächsten Tage wurde gegen den heftigen Widerspruch der Bolschewiki diese Resolution wieder abgeändert und allen Mitgliedern der Exekutive, Delegierten und Nichtdelegierten, Sitz und Stimme im Kongreß gegeben.

Am 27. erfolgte die Debatte über die Landfrage, die die Unterschiede zwischen dem Agrarprogramm der Bolschewiki und dem der linken Sozialrevolutionäre aufzeigte.

Im Namen der linken Sozialrevolutionäre schilderte Kaltschinski die Entwicklung der Landfrage während der Revolution. „Der erste Kongreß der Bauernsowjets", sagte er, „hatte eine präzise und formelle Resolution beschlossen, die die unverzügliche Überweisung der Güter an die Bodenkomitees forderte. Aber die Führer der Revolution und die Vertreter der Bourgeois in der Provisorischen Regierung bestanden auf der Vertagung der Lösung dieser Frage bis zum Zusammentritt der Konstituierenden Versammlung. Die zweite Periode der Revolution, die ‚Kompromißperiode', datiert seit dem Eintritt Tschernows ins Kabinett. Die Bauern waren überzeugt, daß jetzt die praktische Lösung der Landfrage beginnen würde; aber trotz des unzweideutigen und dringenden Beschlusses des ersten Bauernkongresses verstanden es die Reaktionäre und Kompromißler in dem Exekutivkomitee, entschiedene Aktionen zu hintertreiben. Diese Politik hatte eine Reihe von Revolten in den Agrargebieten zur Folge, die das natürliche Resultat der

Ungeduld und nicht zu dämmenden Energie der Bauern waren. Die Bauern verstanden den wahren Sinn der Revolution. Sie versuchten, die Worte in Taten umzusetzen.

Die kürzlichen Ereignisse sind kein einfacher Aufruhr oder ‚bolschewistisches Abenteuer‘, sie sind im Gegenteil eine wirkliche Volkserhebung, von dem ganzen Lande mit Sympathie begrüßt.

Die Haltung der Bolschewiki in der Landfrage war im allgemeinen korrekt. Indem sie aber den Bauern rieten, sich des Landes mit Gewalt zu bemächtigen, haben sie einen schweren Fehler begangen. Die Bolschewiki sagten den Bauern, daß sie zur ‚revolutionären Massenaktion‘ übergehen müßten, um sich in den Besitz des Landes zu setzen. Das aber ist Anarchie. Die Übernahme des Landes kann nur auf organisiertem Wege geschehen. Die Bolschewiki hatten ein Interesse, die Probleme der Revolution in der schnellstmöglichen Weise gelöst zu sehen – aber es war ihnen weniger wichtig, wie die Lösung dieser Probleme aussah.

Das Landdekret des Sowjetkongresses deckt sich in seinen Grundzügen mit den Beschlüssen des ersten Bauernkongresses. Warum handelte da die neue Regierung nicht der von dem Bauernkongreß vorgezeichneten Taktik entsprechend? – Weil es dem Rat der Volkskommissare darauf ankam, die Regelung der Landfrage zu überstürzen, damit für die Konstituierende Versammlung nichts mehr übrigblieb.

Allerdings sah auch die Regierung, daß zu praktischen Maßnahmen geschritten werden müsse. Sie akzeptierte, ohne lange zu überlegen, die Richtlinien für die Bodenkomitees und schuf damit einen eigenartigen Zustand; denn während der Rat der Volkskommissare den privaten Landbesitz beseitigte, basieren die von den Bodenkomitees ausgearbeiteten Richtlinien auf dem privaten Landbesitz. Schaden ist hierdurch indessen nicht entstanden; die Bodenkomitees kümmern sich nicht um die Dekrete der Sowjets, sie führen ihre eigenen praktischen Beschlüsse durch – Beschlüsse, die den Willen der breiten Masse der Bauern als Grundlage haben.

Die Tätigkeit dieser Bodenkomitees bezweckt nicht die legislative Lösung der Landfrage. Die ist Sache der Konstituierenden Versammlung. Wird aber die Konstituierende Versammlung geneigt sein, den Willen der russischen Bauern zu erfüllen? – Wir haben dafür keine Garantie. Nur eins wissen wir: die revolutionäre Energie der Bauern ist geweckt, und die Konstituierende Versammlung wird *gezwungen* sein, die Landfrage zu regeln, wie die Bauern sie geregelt haben wollen. Die Konstituierende Versammlung wird es nicht wagen, sich in Gegensatz zu dem Willen des Volkes zu setzen."

Nach Kaltschinski sprach Lenin, jetzt mit gespanntester Aufmerksamkeit angehört:

„Wir versuchen in diesem Moment nicht nur die Landfrage zu lösen, sondern die Frage der sozialen Revolution nicht nur in Rußland, sondern in der ganzen Welt.

Die Landfrage kann man nicht lösen, unabhängig von den anderen Problemen der sozialen Revolution. So wird zum Beispiel die Beschlagnahme des großen Landbesitzes nicht nur auf den Widerstand der russischen Gutsbesitzer stoßen, sondern auch auf den des Auslandskapitals, mit dem der Großgrundbesitz durch die Vermittlung der Banken verbunden ist.

Der Großgrundbesitz ist in Rußland die Grundlage der ungeheuersten Unterdrückung, und die Beschlagnahme des Landes durch die Bauern ist der bedeutungsvollste Schritt unserer Revolution. Aber er kann nicht von den anderen Schritten getrennt werden. Das zeigen mit Deutlichkeit die Etappen, die die Revolution zu durchlaufen hatte. Die erste Etappe sah die Zerschmetterung der Autokratie und die Zerschmetterung der Macht der Industriekapitalisten und Gutsbesitzer, deren Interessen aufs engste verbunden sind. Die zweite Etappe brachte die Kräftigung der Sowjets und das politische Kompromiß mit der Bourgeoisie. Der Irrtum der linken Sozialrevolutionäre ist, daß sie sich damals der Kompromißpolitik nicht widersetzten, weil sie in der Theorie befangen waren, die das Bewußtsein der Massen als noch nicht völlig entwickelt ansah.

*Wenn in der Tat die Verwirklichung des Sozialismus erst möglich wäre, wenn die intellektuelle Entwicklung des ganzen Volkes es gestattet, dann würden wir ihn auch in fünfhundert Jahren nicht erleben.* Die politische Partei der Arbeiterklasse soll ihre Avantgarde sein. Sie darf ihren Vormarsch nicht hemmen lassen durch den Mangel an Erziehung bei dem Durchschnitt der Masse. Sie muß die Massen führen, indem sie sich der Sowjets als Organe der revolutionären Initiative bedient. Aber um die Schwankenden führen zu können, müssen die Genossen der linken sozialrevolutionären Gruppe ihr eigenes Zögern überwinden.

Im vergangenen Juli ist es wiederholt zum offenen Bruch zwischen den Volksmassen und den ‚Kompromißlern‘ gekommen; jetzt aber, im November, fahren die linken Sozialrevolutionäre fort, Awxentjew die Hand hinzuhalten, der das Volk doch nur hinzieht. Das Fortbestehen des Kompromisses wäre das Ende der Revolution. Mit der Bourgeoisie kann es kein Kompromiß geben. Ihre Macht muß zerschmettert werden.

Wir Bolschewiki haben unser Landprogramm nicht geändert. Wir haben die Beseitigung des privaten Landbesitzes nicht aufgegeben, und wir haben nicht die Absicht, dies zu tun. Wir akzeptieren die Richtlinien der Bodenkomitees – die durchaus nicht auf dem Privateigentum basieren –, weil wir den Willen des Volkes vollziehen wollen, gemäß den Beschlüssen des Volkes selbst, um so den Bund aller für die sozialistische Revolution kämpfenden Elemente nur um so inniger zu gestalten.

Wir fordern die linken Sozialrevolutionäre auf, diesem Bund beizutreten. Allerdings müssen sie dann aufhören, fortgesetzt

nach rückwärts zu blicken, und endgültig mit den ‚Kompromißlern' in ihrer Partei brechen.

Was die Konstituierende Versammlung anbelangt, so hat
mein Vorredner recht, wenn er sagt, daß ihre Arbeit von der
revolutionären Entschlossenheit der Massen abhängen wird. Ich
sage: ‚Rechnet auf diese revolutionäre Entschlossenheit, doch
vergeßt eure Gewehre nicht!'"

Lenin verlas dann die bolschewistische Resolution:

„Der Bauernkongreß erklärt, die von dem zweiten Gesamtrussischen Sowjetkongreß der Arbeiter- und Soldatendeputierten errichtete Provisorische Arbeiter-und-Bauern-Regierung zu
billigen, und stellt sich ohne Einschränkung auf den Boden des
Landdekrets vom 8. November.

Der Bauernkongreß fordert alle Bauern auf, dieses Gesetz
einmütig zu unterstützen und seine sofortige Durchführung
selbst in die Hände zu nehmen. Gleichzeitig weist der Kongreß
die Bauern darauf hin, daß sie verantwortliche Posten und Positionen nur mit Personen besetzen sollten, die nicht nur mit
Worten, sondern mit Taten ihre aufrichtige Ergebenheit für die
Interessen der ausgebeuteten werktätigen Bauern gezeigt haben
sowie ihren Willen und ihre Fähigkeit, diese Interessen gegen
alle Widerstände der Gutsherren, Kapitalisten, deren Anhänger
und Komplizen zu verteidigen.

Der Bauernkongreß ist überzeugt, daß die erfolgreiche Durchführung aller Maßnahmen, die zusammen das Landdekret aus-
machen, den Sieg der sozialistischen Arbeiterrevolution zur
Voraussetzung hat, die am 7. November 1917 ihren Anfang
nahm; denn nur die sozialistische Revolution kann sicherstellen:
1. die endgültige Übergabe (unter Ausschaltung jeder Möglichkeit der Rückkehr des alten Zustandes) des Landes an die werktätigen Bauern, 2. die Beschlagnahme von Musterfarmen und
ihre Übergabe an die bäuerlichen Kommunen, 3. die Beschlagnahme der den Großgrundbesitzern gehörenden landwirtschaft-

lichen Maschinen, 4. die Wahrung der Interessen der Land-
arbeiter durch die völlige Aufhebung der Lohnsklaverei, 5. die
regelmäßige und systematische Verteilung der Produkte der
Landwirtschaft und der Industrie in allen Gegenden Rußlands,
6. die Beschlagnahme der Banken (ohne die nach der Aufhebung des Privateigentums der Übergang des Landes in das
Eigentum des ganzen Volkes nicht möglich wäre), 7. jede sonstige Hilfe für die Arbeiter durch den Staat . . .

Aus diesen Gründen stellt sich der Bauernkongreß ohne Einschränkung auf den Boden der Revolution vom 7. November als
einer sozialistischen Revolution und gibt seinem unerschütterlichen Willen Ausdruck, an der Durchführung der sozialen Um-
bildung der Russischen Republik, unbeschadet aller sich als
notwendig erweisenden Modifikationen, aber ohne zu zögern,
mitzuwirken.

Die unerläßliche Vorbedingung für den Sieg der sozialistischen Revolution, die allein den dauernden Erfolg und die völlige Verwirklichung des Landdekrets zu sichern vermag, ist das
enge Bündnis der werktätigen Bauern mit der Arbeiterklasse,
mit dem Proletariat aller fortgeschrittenen Länder. Die gesamte
Organisation und Administration des Staates muß in der Russischen Republik, von oben bis unten, auf diesem Bündnis be-
ruhen. Nur dieses Bündnis vermag, indem es jede versuchte direkte oder indirekte, offene oder verschleierte Rückkehr zur
Politik des Kompromisses mit der Bourgeoispolitik – die durch
die mit den Vollstreckern der Bourgeoispolitik gemachten Erfahrungen gerichtet ist – unmöglich macht, den Sieg des Sozialismus in der Welt zu sichern."

Die Reaktionäre des Exekutivkomitees wagten schon nicht
mehr, öffentlich aufzutreten. Tschernow sprach indessen mehrere Male mit bescheidener und gewinnender Unparteilichkeit.
Er wurde sogar eingeladen, im Präsidium Platz zu nehmen.
Am zweiten Abend des Kongresses wurde dem Vorsitzenden

ein anonymer Zettel heraufgereicht, der den Vorschlag enthielt, Tschernow zum Ehrenpräsidenten des Kongresses zu ernennen. Während noch Ustinow den Vorschlag laut verlas, war Sinowjew aufgesprungen und schrie, daß dies ein Trick des alten Exekutivkomitees sei, sich der Kongreßleitung zu bemächtigen. Der eben noch friedliche Saal glich im Nu einem tobenden Meer drohend erhobener Fäuste und zornentbrannter Gesichter.

Trotzdem blieb Tschernow noch immer sehr populär.

Im Verlauf der stürmischen Debatten über die Landfrage und die Resolution Lenins waren die Bolschewiki zweimal im Begriff, den Kongreß zu verlassen, beide Male nur durch die energischen Vorhaltungen ihrer Führer zurückgehalten. Ich glaubte schon den ganzen Kongreß hoffnungslos festgefahren.

Wir wußten allerdings auch nicht, daß im Smolny eine Reihe geheimer Konferenzen zwischen den linken Sozialrevolutionären und den Bolschewiki stattfanden. Anfänglich forderten hier die linken Sozialrevolutionäre die Bildung einer Regierung, die sich aus allen sozialistischen Parteien innerhalb und außerhalb der Sowjets zusammensetzen und einem Volksrat verantwortlich sein sollte, der aus einer gleichen Anzahl Vertreter der Arbeiter- und Soldatenorganisationen und der Bauernorganisationen zu bilden und durch Vertreter der Stadtdumas und der Semstwos zu ergänzen war. Lenin und Trotzki sollten von der Regierung ausgeschlossen und das Revolutionäre Militärkomitee und andere Repressivorgane aufgelöst werden.

Am Mittwoch, dem 28., morgens, wurde, nachdem man sich die ganze Nacht hindurch wütend gestritten hatte, eine Verständigung erreicht. Das aus 108 Mitgliedern bestehende Zentralexekutivkomitee war zu erweitern: um 108 von dem Bauernkongreß proportional gewählte Mitglieder, um 100 von der Armee und Flotte direkt zu wählende Delegierte und um 50 Delegierte der Gewerkschaften (35 von den zentralen Verbänden, 10 von den Eisenbahnern und 5 von den Post- und

Telegrafenarbeitern). Die Dumas und Semstwos wurden fallengelassen. Lenin und Trotzki blieben in der Regierung, und das Revolutionäre Militärkomitee blieb bestehen.

Die Sitzungen des Kongresses waren mittlerweile in die kaiserliche Justizschule in der Fontanka Nr. 6, dem Hauptsitz der Bauernsowjets, verlegt worden. Dort sammelten sich am Mittwochnachmittag die Delegierten in dem großen Saal. Das alte Exekutivkomitee nahm am Kongreß nicht mehr teil, sondern hielt in einem anderen Raum des gleichen Gebäudes eine eigene Rumpfkonferenz ab, die sich aus den absolut reaktionären Delegierten und den Vertretern der Armeekomitees zusammensetzte.

Tschernow lief von einer Sitzung zur anderen, mit wachsamen Augen den Gang der Ereignisse verfolgend. Von den Versuchen, mit den Bolschewiki zu einer Verständigung zu gelangen, wußte er, nicht aber von ihrem erfolgreichen Abschluß.

Er sprach zur Rumpfkonferenz. „Im gegenwärtigen Augenblick, wo alle Welt für die Bildung einer allsozialistischen Regierung ist, vergessen viele Leute das erste Kabinett, das keine Koalitionsregierung und in dem der einzige Sozialist – Kerenski war, eine Regierung, die zu ihrer Zeit sich großer Beliebtheit erfreute. Jetzt klagt man Kerenski an; man vergißt, daß er nicht nur durch die Sowjets, sondern auch durch die Volksmassen zur Macht erhoben wurde . . .

Warum änderte sich die Volksmeinung über Kerenski? Die Wilden machen sich Götter, zu denen sie beten und die sie strafen, wenn eins ihrer Gebete keine Erhörung findet . . . Genau dasselbe geschieht in diesem Moment . . . Gestern Kerenski, heute Lenin und Trotzki, morgen ein anderer.

Wir haben sowohl Kerenski als auch den Bolschewiki den Vorschlag gemacht, von der Macht zurückzutreten. Kerenski hat sich bereit erklärt – er hat heute von seinem Versteck aus mitgeteilt, daß er als Ministerpräsident zurücktritt; aber die

382

Bolschewiki wollen nicht verzichten, dabei wissen sie nicht, wie sie die Macht gebrauchen sollen . . .

Ob nun die Bolschewiki siegen oder ob sie unterliegen werden, an dem Schicksal Rußlands wird das nichts ändern. Das russische Dorf weiß ganz genau, was es will, und es führt jetzt seine eigenen Maßnahmen durch . . . Das Dorf wird letzten Endes uns retten . . ."

In der Zwischenzeit hatte in dem großen Saal der Justizschule Ustinow die erreichte Verständigung zwischen dem Bauernkongreß und dem Smolny unter dem unbeschreiblichen Jubel der Delegierten bekanntgegeben. Tschernow erschien plötzlich und verlangte das Wort.

„Ich höre", begann er, „daß zwischen dem Bauernkongreß und dem Smolny eine Vereinbarung geschlossen wurde. Der Kongreß ist hierzu nicht berechtigt, da der rechtmäßige Bauernkongreß nicht vor der nächsten Woche zusammentreten wird.

Im übrigen werden die Bolschewiki eure Forderung niemals akzeptieren."

Er wurde ausgelacht und am Weiterreden gehindert, und einsehend, daß nichts mehr zu retten war, verließ er die Tribüne und den Saal. Seine Popularität war dahin.

Am Donnerstag, dem 16. November, spät nachmittags, trat der Kongreß zu einer außerordentlichen Tagung zusammen. Festmimmung beherrschte die Versammlung, auf jedem Antlitz lag ein Lächeln. Nachdem man den Rest der Tagesordnung in Eile erledigt hatte, erhob sich der weißbärtige alte Natanson vom linken Flügel der Sozialrevolutionäre, um mit zitternder Stimme und Tränen in den Augen den Bericht von der Vereinigung der Bauernsowjets mit den Arbeiter- und Soldatensowjets zu verlesen. Jede Wiederholung des Wortes „Einigung" riß die Versammelten zu begeistertem Jubel hin. Als er geschlossen hatte, teilte Ustinow unter dem brausenden Beifall des ganzen Saales die Ankunft einer von Vertretern der Roten Armee begleiteten Delegation aus dem Smolny mit. Nacheinander nahmen ein Arbeiter, ein Soldat und ein Matrose das Wort, den Kongreß zu begrüßen.

Dann sprach Boris Reinstein, der Vertreter der Sozialistischen Arbeiterpartei Amerikas: „Der Tag der Vereinigung des Kongresses der Bauern mit den Sowjets der Arbeiter- und Soldatendeputierten ist einer der größten Tage der Revolution. Er wird durch die ganze Welt klingen, und wir werden seinen Widerhall aus Paris, aus London und von jenseits des Ozeans, aus dem fernen New York vernehmen. Dieses Bündnis wird die Herzen aller Arbeiter mit Freude erfüllen.

Eine große Idee hat gesiegt. Der Westen und Amerika erwarten von Rußland, vom russischen Proletariat Gewaltiges. Das Proletariat der Welt blickt auf die russische Revolution in Erwartung des Großen, das sie vollbringen wird!"

Noch einmal ein Gruß von Swerdlow, dem Präsidenten des Zentralexekutivkomitees, und dann strömten die Bauern unter dem Ruf: „Hurra, der Bürgerkrieg ist zu Ende!" und „Es lebe die geeinigte Demokratie!" langsam aus dem Saal.

Es war schon finster, und der gefrorene Boden glitzerte vom Widerschein des Mondes und der Sterne. Längs des Kanalufers standen in voller Marschordnung die Soldaten des Pawlowski-Regiments mit ihrer Kapelle, die die Marseillaise zu spielen begann. Unter dem jubelnden Beifall der Soldaten formierten sich die Bauern zu einem Zug, das große rote Banner des Exekutivkomitees der Gesamtrussischen Bauernsowjets entfaltend, das in neuen, goldgestickten Lettern die Inschrift trug: „Es lebe das Bündnis der revolutionären werktätigen Massen!" Andere Banner kamen. Von den Bezirkssowjets, den Putilow-Werken: „Wir folgen dieser Fahne; unser Ziel ist die Verbrüderung aller Völker", und viele andere.

Von irgendwoher kamen plötzlich Fackeln, gelbrot durch die

Nacht schimmernd, sich tausendfach in den Kristallen des Eises spiegelnd und einen qualmenden Schweif über den Zug legend, der sich langsam das Fontanka-Ufer entlangwälzte, singend, vorbei an der in erstauntem Schweigen stehenden Menschenmenge.

„Es lebe die revolutionäre Armee!" „Es lebe die Rote Garde!" „Es leben die Bauern!"

So zog die mächtige Prozession durch die Stadt, wachsend, immer neue rote goldgestickte Banner entfaltend. Zwei alte Bauern mit vom lebelangen Mühen gekrümmten Rücken gingen Hand in Hand, die Gesichter verklärt in kindlicher Freude.

„Nun", sagte der eine, „jetzt sollten sie nur versuchen, uns das Land wieder zu nehmen!"

In der Nähe des Smolny waren auf beiden Straßenseiten Rotgardisten aufmarschiert, außer sich vor Freude. Der zweite alte Bauer wandte sich seinem Gefährten zu: „Ich bin gar nicht müde, mir ist so, als hätte ich Flügel!"

Auf den Stufen des Smolny hatten gegen hundert Arbeiter- und Soldatendeputierte Aufstellung genommen, mit ihren Bannern, die sich dunkel gegen den aus dem Innern des Gebäudes strömenden Lichtschein abhoben. Sie stürmten die Stufen hinunter, den Bauern entgegen, umarmten und küßten sie, und dann strömte der Zug durch das große Tor und mit Donnergetöse die Treppe hinauf.

In dem großen weißen Sitzungssaal war das Zentralexekutivkomitee versammelt, mit dem gesamten Petrograder Sowjet und an tausend Zuschauern, in jener feierlichen Erwartung, die bewußte, große geschichtliche Augenblicke immer zu wecken pflegen.

Sinowjew gab die mit dem Bauernkongreß geschlossene Vereinbarung unter jubelnder Zustimmung bekannt, die zum Sturm wurde, als den Korridor herauf Musikklänge zu hören waren und die Spitze des Zuges in den Saal einmarschierte. Auf der Tribüne erhob sich das Präsidium, dem Bauernpräsidium Platz zu machen. Sie umarmten einander. Hinter ihnen übereinandergekreuzt die beiden Banner an der weißen Wand, die den leeren Rahmen verdeckten, aus dem das Zarenbildnis herausgerissen war.

Und dann begann die Siegesfeier. Nach einer kurzen Begrüßung durch Swerdlow betrat Maria Spiridonowa die Tribüne, schmächtig, blaß, mit ihrer Brille und dem glatt angestrichenen Haar einer puritanischen Schullehrerin nicht unähnlich – die populärste und einflußreichste Frau in ganz Rußland. „Vor den Arbeitern Rußlands eröffnen sich jetzt Horizonte, wie sie die Geschichte nie gekannt. Alle Arbeiterrevolutionen der Vergangenheit sind niedergeschlagen worden, aber die gegenwärtige Bewegung ist international und darum unbesiegbar. Es gibt in der ganzen Welt keine Macht, die das Feuer der Revolution wieder löschen könnte. Die alte Welt bricht nieder, eine neue beginnt!"

Und nun Trotzki, voll hinreißenden Feuers: „Seid willkommen, Genossen Bauern! Ihr weilt hier nicht als Gäste, sondern als Herren dieses Hauses, in dem das Herz der russischen Revolution schlägt. Der Wille von Millionen Werktätigen ist jetzt in diesem Saal vereinigt. Es gibt nur noch einen Herrn des russischen Landes: das ist das Bündnis der Arbeiter, Soldaten und Bauern!"

Mit schneidendem Sarkasmus sprach er von der Diplomatie der Alliierten, die noch immer nur Verachtung für den Waffenstillstandsvorschlag Rußlands hatte, der von den Mittelmächten akzeptiert worden war.

„Eine neue Menschheit wird aus diesem Krieg geboren werden. Wir schwören es hier vor den Arbeitern aller Länder, daß wir ausharren werden auf unserem revolutionären Posten. Noch im Fallen werden wir unsere Fahne verteidigen!"

Ihm folgte Krylenko, die Frage an der Front schildernd, wo Duchonin sich zum Widerstand gegen den Rat der Volkskommissare vorbereitete: „Laßt es Duchonin hören und alle, die mit ihm sind, daß wir nicht fein umspringen werden mit denen, die den Weg zum Frieden versperren!"

Dybenko überbrachte die Grüße der Flotte, und Kruschinski, ein Mitglied des Hauptvorstandes des Gesamtrussischen Eisenbahnerverbandes, erklärte: „Von jetzt ab, da die Vereinigung aller wahren Sozialisten Wirklichkeit geworden ist, steht das ganze Heer der Eisenbahner zur vollen Verfügung der revolutionären Demokratie!" Lunatscharski sprach, fast weinend; dann Proschjan für die linken Sozialrevolutionäre und endlich Sacharaschwili für die Vereinten Sozialdemokraten-Internationalisten, die sich aus Mitgliedern der Martow- und Gorkigruppe zusammengetan hatten.

„Der Grund unseres Austritts aus dem Zentralexekutivkomitee war die unnachgiebige Politik der Bolschewiki. Wir hofften, sie auf diese Weise zum Entgegenkommen zu zwingen und damit die Einigung der gesamten revolutionären Demokratie zu ermöglichen. Nachdem diese Einigung jetzt erfolgt ist, halten wir es für unsere heilige Pflicht, unsere Plätze im Zentralexekutivkomitee wieder einzunehmen. Wir fordern alle, die aus dem Zentralexekutivkomitee ausgeschieden sind, zum Wiedereintritt auf."

Staschkow, ein ehrwürdiger alter Bauer vom Präsidium des Bauernkongresses, verbeugte sich tief nach allen Seiten des Saales: „Ich begrüße euch mit dem Wunsche der Freiheit und eines neuen russischen Lebens."

Bronski im Namen der polnischen Sozialdemokratie, Skrypnik für die Fabrikkomitees, Trifonow für die russischen Soldaten in Saloniki und andere in endloser Reihe sprachen aus übersprudelndem Herzen, mit der glücklichen Beredsamkeit erfüllter Hoffnungen.

Spät in der Nacht wurde folgende Resolution einstimmig angenommen:

„Das Zentralexekutivkomitee, in außerordentlicher Sitzung vereinigt mit dem Petrograder Sowjet und dem Bauernkongreß, bestätigt die von dem Zweiten Kongreß der Sowjets der Arbeiter- und Soldatendeputierten angenommenen Land- und Friedensdekrete und das von dem Zentralexekutivkomitee angenommene Dekret über die Arbeiterkontrolle.

Die vereinigte Sitzung des Zentralexekutivkomitees und des Bauernkongresses gibt ihrer festen Überzeugung Ausdruck, daß das Bündnis der Arbeiter, Soldaten und Bauern, dieser Bruderbund aller Werktätigen und Ausgebeuteten, die errungene Macht festigen und dazu beitragen wird, den Übergang der Macht in die Hände der Arbeiterklasse auch in den anderen Ländern zu beschleunigen, um so einen dauernden und gerechten Frieden und den Sieg des Sozialismus zu sichern."[2]

ANHANG

BEILAGEN\* ZU
KAPITEL I

### 1.

*Oboronzy* – „Vaterlandsverteidiger". Alle „gemäßigten" sozialistischen Gruppen gaben sich selbst oder erhielten diesen Namen,
weil sie einer Fortsetzung des Krieges unter alliierter Führung zustimmten und sich darauf beriefen, der Krieg werde für die nationale Verteidigung geführt. Die Bolschewiki, die linken Sozialrevolutionäre, die Menschewiki-Internationalisten und die Sozialdemokraten-Internationalisten forderten, man solle die Alliierten
zwingen, demokratische Kriegsziele zu proklamieren und Deutschland auf dieser Grundlage den Frieden anzubieten.

### 2.

*Löhne und Lebenshaltungskosten vor und während der Revolution*
Folgende Zahlen über Löhne und Lebenshaltungskosten wurden
im Oktober 1917 von einem gemeinsamen Komitee der Moskauer
Handelskammer und der Moskauer Sektion des Arbeitsministeriums
zusammengestellt und am 26. Oktober 1917 in der Zeitung „Nowaja
Shisn" veröffentlicht:

### Tageslöhne
(in Rubel und Kopeken)

| Berufe | Juli 1914 | Juli 1916 | Aug. 1917 |
|---|---|---|---|
| Tischler und Zimmerleute | 1,60—2,00 | 4,00—6,00 | 8,50 |
| Erdarbeiter | 1,30—1,50 | 3,00—3,50 | — |
| Maurer und Stukkateure | 1,70—2,35 | 4,00—6,00 | 8,00 |
| Maler, Polsterer | 1,80—2,20 | 3,00—5,50 | 8,00 |
| Schmiede | 1,00—2,25 | 4,00—5,00 | 8,50 |
| Ofensetzer und Schornsteinfeger | 1,50—2,00 | 4,00—5,50 | 7,50 |
| Schlosser | 0,90—2,00 | 3,50—6,00 | 9,00 |
| Hilfsarbeiter | 1,00—1,50 | 2,50—4,50 | 8,00 |

\* Alle Dokumente und Materialien, denen russische Originale zugrunde liegen, wurden nach der russischen Ausgabe überprüft. *Die Red.*

Es wurde zwar ein großes Geschrei um die gewaltigen Lohnerhöhungen erhoben, die angeblich nach der Märzrevolution 1917
eingetreten seien, aber diese Zahlen, die vom Arbeitsministerium als
kennzeichnend für die Lage überall in Rußland veröffentlicht wurden, zeigen deutlich, daß die Löhne nicht unmittelbar nach der Revolution stiegen, sondern nur allmählich. Durchschnittlich erhöhten
sich die Löhne um wenig mehr als 500 Prozent ...

Aber in dieser Zeit verminderte sich der Wert des Rubels auf
weniger als ein Drittel seiner vorherigen Kaufkraft, und die Lebenshaltungskosten stiegen ganz gewaltig.

Folgende Tabelle wurde von der Stadtduma in Moskau zusammengestellt, wo Lebensmittel billiger und reichlicher waren als in
Petrograd:

## Lebensmittelpreise
### (in Rubel und Kopeken)

|  |  | August 1914 | August 1917 | proz. Erh. |
|---|---|---|---|---|
| Schwarzbrot | (Pfund) | 0,02½ | 0,12 | 330 |
| Weißbrot | (Pfund) | 0,05 | 0,20 | 300 |
| Rindfleisch | (Pfund) | 0,22 | 1,10 | 400 |
| Kalbfleisch | (Pfund) | 0,26 | 2,15 | 727 |
| Schweinefleisch | (Pfund) | 0,23 | 2,00 | 770 |
| Hering | (Pfund) | 0,06 | 0,52 | 767 |
| Käse | (Pfund) | 0,40 | 3,50 | 754 |
| Butter | (Pfund) | 0,48 | 3,20 | 557 |
| Eier | (Dutz.) | 0,30 | 1,60 | 443 |
| Milch | (Krug) | 0,07 | 0,40 | 471 |

Im Durchschnitt stiegen die Lebensmittelpreise um 556 Prozent,
also 51 Prozent mehr als die Löhne.

Noch mehr stiegen die Preise anderer Gebrauchsgüter.

Folgende Zahlen wurden von der Wirtschaftsabteilung des Moskauer Sowjets der Arbeiterdeputierten zusammengestellt und vom
Ministerium für Ernährung der Provisorischen Regierung für richtig
befunden:

## Preise für andere Gebrauchsgüter
### (in Rubel und Kopeken)

|  |  | August 1914 | August 1917 | proz. Erh. |
|---|---|---|---|---|
| Kattun | (Arschin) | 0,11 | 1,40 | 1173 |
| Baumwollstoff | (Arschin) | 0,15 | 2,00 | 1233 |
| Kleiderstoff | (Arschin) | 2,00 | 40,00 | 1900 |
| Wolltuch | (Arschin) | 6,00 | 80,00 | 1233 |
| Herrenschuhe | (Paar) | 12,00 | 144,00 | 1097 |
| Sohlenleder | (Arschin) | 20,00 | 400,00 | 1900 |

|  |  | August 1914 | August 1917 | proz. Erh. |
|---|---|---|---|---|
| Überschuhe | (Paar) | 2,50 | 15,00 | 500 |
| Herrenanzug |  | 40,00 | 400,00—455,00 | 900—1109 |
| Tee | (Pfund) | 4,50 | 18,00 | 300 |
| Zündhölzer | (Karton) | 0,10 | 0,50 | 400 |
| Seife | (Pud) | 4,50 | 40,00 | 780 |
| Benzin | (Wedro) | 1,70 | 11,00 | 547 |
| Kerzen | (Pud) | 8,50 | 100,00 | 1076 |
| Karamellen | (Pfund) | 0,30 | 4,50 | 1400 |
| Brennholz | (Fuhre) | 10,00 | 120,00 | 1100 |
| Holzkohle |  | 0,80 | 13,00 | 1525 |
| Verschiedene Metallwaren |  | 1,00 | 20,00 | 1900 |

Im Durchschnitt stiegen die Preise dieser Art Waren um etwa 1109 Prozent, mehr als das Doppelte der Lohnerhöhungen. Die Differenz wanderte selbstredend in die Taschen der Spekulanten und Kaufleute.

Als ich im September 1917 in Petrograd ankam, betrug der tägliche Durchschnittslohn eines gelernten Industriearbeiters – zum Beispiel eines Stahlarbeiters in den Putilow-Werken – etwa acht Rubel. Zur gleichen Zeit wurden aber Riesenprofite gemacht ... Einer der Eigentümer der Thornton-Wollspinnereien, einer englischen Firma in der Umgebung Petrograds, erzählte mir, daß in seiner Fabrik die Löhne um 300 Prozent gestiegen seien, seine Profite dagegen um 900 Prozent.

### 3.

#### Die sozialistischen Minister

Die Art und Weise, in der sich die sozialistischen Minister in der Provisorischen Regierung vom Juli bemühten, ihr Programm mit Hilfe einer Koalition mit der Bourgeoisie durchzusetzen, ist ein bezeichnendes Beispiel für den Klassenkampf in der Politik. Lenin sagte dazu folgendes:

„Als sie (die Kapitalisten) sahen, daß die Stellung der Regierung unhaltbar geworden war, griffen sie zu einer Methode, die nach 1848 viele Jahrzehnte lang von den Kapitalisten anderer Länder zur Irreführung, Spaltung und Entkräftung der Arbeiter praktiziert worden war. Diese Methode ist die sogenannte ‚Koalitions‘-Regierung, d. h. eine vereinigte, aus der Bourgeoisie und den Überläufern des Sozialismus zusammengesetzte, gemeinsame Regierung.

In jenen Ländern, wo Freiheit und Demokratie neben der revolutionären Arbeiterbewegung am längsten bestehen, in England und Frankreich, haben die Kapitalisten diese Methode oftmals und mit großem Erfolg angewandt. Die ‚sozialistischen‘ Führer, die in die Regierung der Bourgeoisie eintraten, erwiesen sich unweigerlich als Strohmänner, als Marionetten, als Kulisse für die Kapitalisten, als Werkzeuge des Betruges an den Arbeitern. Die ‚demokratischen und republikanischen‘ Kapitalisten Rußlands haben dieselbe Methode in Anwendung gebracht. Die Sozialrevolutionäre und Menschewiki ließen sich sofort übers Ohr hauen, und am 6. Mai wurde die ‚Koalitions‘-Regierung unter Beteiligung Tschernows, Zeretelis und Konsorten Tatsache." – Lenin, „Die Lehren der Revolution".

### 4.

#### Die Kommunalwahlen in Moskau im September

In der ersten Oktoberwoche 1917 veröffentlichte „Nowaja Shisn" folgende Wahlergebnisse und bezeichnete sie als den Zusammenbruch der Koalitionspolitik mit den besitzenden Klassen. „Wenn ein Bürgerkrieg noch vermieden werden kann, dann nur durch eine Einheitsfront der gesamten revolutionären Demokratie . . ."

#### Wahlen zur zentralen Duma und den Stadtbezirksdumas in Moskau

|  | Juni 1917 | September 1917 |
|---|---|---|
| Sozialrevolutionäre | 58 Mitglieder | 14 Mitglieder |
| Kadetten | 17 Mitglieder | 30 Mitglieder |
| Menschewiki | 12 Mitglieder | 4 Mitglieder |
| Bolschewiki | 11 Mitglieder | 47 Mitglieder |

### 5.

#### Die Reaktionäre werden immer frecher

18. September. Der Kadett Schulgin schrieb in einer Kiewer Zeitung, daß die Erklärung der Provisorischen Regierung, Rußland sei eine Republik, einen groben Amtsmißbrauch darstelle. „Wir können uns weder mit einer Republik noch mit der gegenwärtigen republikanischen Regierung einverstanden erklären . . . Und es ist noch fraglich, ob wir überhaupt eine Republik in Rußland wollen."

23. Oktober. Auf einer Versammlung der Kadettenpartei in Rjasan erklärte M. Duchonin: „Am 1. März müssen wir eine konstitutionelle Monarchie errichten. Wir dürfen den rechtmäßigen Thronanwärter, Michail Alexandrowitsch, nicht zurückweisen ..."

27. Oktober. Eine Resolution des Bundes von Männern der Öffentlichkeit:

„Die Moskauer Beratung des Bundes von Männern der Öffentlichkeit beauftragt ihre Mitglieder, die im Rat der Russischen Republik vertreten sind, bei der Provisorischen Regierung die Einführung folgender Grundgesetze* in der Armee durchzusetzen:

Jede politische Propaganda in der Armee hat zu unterbleiben, die Armee ist als eine außerhalb der Parteien stehende Körperschaft zu erklären, die frei vom Einfluß der Parteien sein muß.

Die Propagierung staatsfeindlicher und antinationaler Ideen sowie von Lehren, die die Notwendigkeit der Existenz der Armee überhaupt und eine Armeedisziplin verneinen, muß unterbunden und entschieden bekämpft werden.

Die Komitees, deren Bestehen als im Prinzip unvereinbar mit dem Reglement betrachtet werden muß, was durch die Erfahrungen aller Armeen der Welt bestätigt wird, sind vorübergehend zuzulassen, wobei sie sich in ihrer Tätigkeit nur auf wirtschaftliche Fragen, auf Fragen der Lebensmittelversorgung zu beschränken haben. Alle von ihnen gefaßten Beschlüsse können nur nach Bestätigung durch den Vorgesetzten ihrer Einheit durchgeführt werden, im Falle der Ablehnung dieser Beschlüsse durch ihn liegt die Entscheidung bei der übergeordneten Instanz.

Komitees, die sich der Verletzung ihrer Rechte oder Pflichten ganz offensichtlich schuldig gemacht haben, können von dem direkten Vorgesetzten ihrer Einheit, der mindestens die Stellung eines Kommandeurs innehaben muß, aufgelöst werden, und es können Neuwahlen durch ihn angeordnet werden.

Ehrenbezeugungen sind unverzüglich wieder einzuführen, sowohl die Begrüßungsform unter Gleichrangigen als auch gegenüber höheren Dienstgraden.

Die Disziplinargewalt der Vorgesetzten aller Dienstgrade, die von höchster Verantwortlichkeit getragen sein muß, ist in be-

---

* Bei John Reed sind diese Grundgesetze gekürzt und nicht genau wiedergegeben. Außerdem schreibt er die Resolution der „Beratung der Vertreter von Handel und Industrie" zu. Die Red.

stimmten Grenzen wiederherzustellen. Im Falle der Überschreitung der Machtbefugnisse müssen die Untergebenen die uneingeschränkte Möglichkeit haben, Beschwerde über ihren Vorgesetzten zu führen.

Die Rechte der Offiziere und der Offiziersorganisationen sind in vollem Maße vor allen Übergriffen zu schützen.

Jede Art von Überwachung, politischer Kontrolle sowie Untersuchungsverfahren, wie sie gegenwärtig von Armeekommissaren und Organisationen durchgeführt werden, sind für unzulässig zu erklären.

Die Ernennung und Beförderung von Offizieren muß, entsprechend ihren militärischen Fähigkeiten und ihrer Bewährung im Dienst, unter Zugrundelegung eines Gutachtens, das ausschließlich von einem aus unmittelbaren Vorgesetzten bestehenden Kollegium abgegeben werden kann, vorgenommen werden.

Das Offizierkorps muß dringend von allen diffamierenden Elementen befreit werden, die in letzter Zeit an allen Aktionen der Soldatenmassen teilnehmen, die auf Gehorsamsverweigerung und Nichterfüllung der Dienstpflichten gerichtet sind; dazu müssen die Ehrengerichte wiederhergestellt werden.

Der Verband der Offiziere der Armee und Flotte ist in vollem Ausmaße wieder ins Leben zu rufen als eine Organisation, die für die Wiederherstellung der Kampffähigkeit der bewaffneten Streitkräfte Rußlands unumgänglich ist; ihm sind die Rechte einer staatlichen Institution zuzuerkennen.

Von der Provisorischen Regierung sind solche Maßnahmen durchzuführen, die die Wiedereinreihung aller Generale und Offiziere gewährleisten, die ungerechtfertigt unter dem Einfluß verantwortungsloser und eigenmächtiger Organisationen aus der Armee entfernt worden sind."

KAPITEL II

1.

Die Kornilow-Revolte behandle ich eingehend in meinem demnächst erscheinenden Band „Von Kornilow bis Brest-Litowsk". Daß Kerenski selbst es zu der Situation kommen ließ, in der das Losschlagen erst möglich wurde, ist heute einwandfrei festgestellt. Viele Anhänger Kerenskis behaupten, er habe von Kornilows Plänen gewußt, habe ihn aber durch einen Trick zum verfrühten Losschlagen bewegt und so seinen Anschlag zunichte gemacht. Sogar Mr. A. J. Sack sagt in seinem Buch „Die Geburt der russischen Demokratie": „So manches ... ist fast sicher. Erstens, daß Kerenski über die Bewegung verschiedener Truppenteile von der Front nach Petrograd Bescheid wußte, und es ist möglich, daß er sie als Ministerpräsident und Kriegsminister angesichts der wachsenden bolschewistischen Gefahr selbst herbeirief ..."

Das einzige, was bei dieser Argumentation wohl doch nicht ganz ins Schwarze trifft, ist die Tatsache, daß es zu der Zeit keine „bolschewistische Gefahr" gab, denn die Bolschewiki waren noch eine kleine machtlose Minderheit in den Sowjets, und ihre Führer waren entweder eingekerkert oder illegal.

## 2.

### Die Demokratische Beratung

Als man Kerenski zum ersten Male die Abhaltung einer Demokratischen Beratung vorschlug, empfahl er eine Zusammenkunft aller Elemente im Rahmen der Nation – aller „lebendigen Kräfte", wie er sie nannte, einschließlich Bankiers, Fabrikanten, Gutsbesitzer und Vertreter der Kadettenpartei. Der Sowjet lehnte das ab und schlug folgende Vertretung vor, der Kerenski zustimmte:

100 Delegierte vom Gesamtrussischen Sowjet der Arbeiter- und Soldatendeputierten,

100 Delegierte vom Gesamtrussischen Sowjet der Bauerndeputierten,

50 Delegierte von den Gouvernementssowjets der Arbeiter- und Soldatendeputierten,

50 Delegierte von den bäuerlichen Bodenkomitees,

100 Delegierte von den Gewerkschaften,

84 Delegierte von den Armeekomitees der Front,

150 Delegierte von den Arbeiter- und Bauerngenossenschaften,

20 Delegierte vom Verband der Eisenbahner,

10 Delegierte vom Verband der Post- und Telegrafenangestellten,

15 Delegierte von den Angehörigen freier Berufe (Ärzte, Juristen, Journalisten usw.),

50 Delegierte von den provinzialen Semstwos,

59 Delegierte von den nationalen Organisationen (der polnischen, ukrainischen usw.).

Dieses Verhältnis wurde zwei- oder dreimal geändert. Die endgültige Zusammensetzung der Delegierten war:

300 Delegierte von den Gesamtrussischen Sowjets der Arbeiter-, Soldaten- und Bauerndeputierten,

300 Delegierte von den Genossenschaften,

300 Delegierte von den städtischen Selbstverwaltungen,

150 Delegierte von den Armeekomitees der Front,

150 Delegierte von den provinzialen Semstwos,

200 Delegierte von den Gewerkschaften,

100 Delegierte von den nationalen Organisationen,

200 Delegierte von verschiedenen kleineren Gruppen.

### 3.

#### Die Mission der Sowjets ist beendet

Am 28. (15.) September 1917 veröffentlichte das Organ des Zentralexekutivkomitees „Iswestija" einen Artikel, in dem folgendes über das letzte Ministerium geschrieben wurde:

„Endlich ist doch eine wahrhaft demokratische Regierung geschaffen worden, geboren aus dem Willen aller Klassen des russischen Volkes – die erste, noch rohe Form eines künftigen freien parlamentarischen Regimes. Sie hat die Konstituierende Versammlung vor sich, die alle mit den Grundgesetzen zusammenhängenden Fragen lösen und diese Gesetze im maximal demokratischen Geiste abfassen wird. Die Mission der Sowjets geht zu Ende, und die Zeit rückt bereits heran, wo sie, mit den übrigen Organen des revolutionären Apparates, von der politischen Arena des freien und siegreichen Volkes abtreten müssen, das von nun an ausschließlich friedliche Mittel gebrauchen wird."

Der Leitartikel der „Iswestija" vom 25. (12.) Oktober war überschrieben: „Die Krise der Sowjetorganisation". Er begann mit der Mitteilung, daß alle, „die aus der Provinz, besonders aus den weit entfernten Gebieten, eintreffen . . .", von einem Nachlassen der Tätigkeit der Sowjets allerorts berichten. „Das ist ganz natürlich", fährt der Verfasser fort, „denn das Volk interessiert sich für gesetzgeberische Institutionen stabileren Charakters – für Stadtdumas und Semstwos.

Doch auch in den bedeutendsten Zentren, in Petrograd und Moskau, wo die Sowjets am besten organisiert sind, konzentrieren die Sowjets bei weitem nicht alle demokratischen Kräfte auf sich. Die zahlreiche Klasse der Intelligenz arbeitet in ihnen nicht mit, nicht einmal alle Arbeiter arbeiten in ihnen mit: die einen infolge ihrer politischen Rückständigkeit, die anderen, weil sie das Schwergewicht auf die reinen Gewerkschaftsorganisationen übertragen. Man kann nicht leugnen, daß diese Organisationen enger mit den Massen verbunden sind und zur Behebung ihrer Alltagsnöte stärker beitragen.

Von höchst wesentlicher Bedeutung ist der Umstand, daß sich ganz allmählich feste demokratische Formen der örtlichen Verwaltung durchsetzen. Die städtischen Selbstverwaltungen, die auf Grund des allgemeinen Wahlrechts gewählt worden sind, haben in rein lokalen Angelegenheiten eine größere Autorität als die Sowjets, und kein Demokrat wird in dieser Erscheinung etwas Unerwünschtes sehen, schon allein deshalb, weil die Wahlen in die Stadtdumas nach einem besseren, vollkommeneren und, was die Hauptsache ist, demokratischeren Wahlgesetz durchgeführt werden als die Wahlen in die Sowjets. In dem Maße, in dem sich die Organe der örtlichen Selbstverwaltung in ihr Aufgabengebiet einarbeiten werden und das Leben in den Gemeinden in Gang bringen, wird die Rolle der örtlichen Sowjets ganz naturgemäß geringer werden ...

An dem Verfall der Sowjetorganisation sind Erscheinungen von zweierlei Art schuld: zu den Erscheinungen der einen Art gehört das Absinken des politischen Interesses, zu der zweiten Art ist der ganze Staats- und Gesellschaftsaufbau des neuen, freien Rußlands zu rechnen.

Je rascher er vonstatten geht, desto rascher wird natürlich die Bedeutung der Sowjets zurückgehen ... Wir selbst sind Totengräber unserer Organisation. Wir sind aktive Teilnehmer am Aufbau einer neuen staatlichen Ordnung. Als die Selbstherrschaft fiel, und mit ihr das ganze bürokratische Regime, bauten wir die Deputiertensowjets als provisorische Baracken auf, in denen die gesamte Demokratie Unterkunft finden konnte. Nunmehr wird an Stelle der Baracken der ständige steinerne Bau der neuen Ordnung errichtet, und es ist natürlich, daß die Leute allmählich die Baracken verlassen und in dem Maße, wie ein Stockwerk nach dem anderen fertiggestellt wird, in die bequemeren Wohnungen einziehen."

# 4.

*Deklaration der Fraktion der Bolschewiki, die vor dem Verlassen der gestrigen Versammlung des Rates der Russischen Republik verlesen wurde*\*

„Die offiziell mitgeteilten Ziele der vom Zentralexekutivkomitee der Sowjets der Arbeiter- und Soldatendeputierten einberufenen Demokratischen Beratung bestanden in der Beseitigung des unverantwortlichen persönlichen Regimes, das den Kornilowputsch nährte, und in der Schaffung einer verantwortlichen Regierung, die imstande wäre, den Krieg zu liquidieren und die Einberufung der Konstituierenden Versammlung zur festgesetzten Frist zu garantieren.

Indessen führten die hinter dem Rücken der Demokratischen Beratung getroffenen Abmachungen des Herrn Kerenski, der Kadetten und der Führer der Sozialrevolutionäre und Menschewiki zu Ergebnissen, die den offiziell angegebenen Zielen direkt entgegengesetzt sind.

Es ist eine Regierung geschaffen worden, in der und um die herum die offenen und heimlichen Kornilowleute eine führende Rolle spielen. Die Unverantwortlichkeit dieser Regierung ist nunmehr formell verkündet und bekräftigt.

Der Rat der Russischen Republik ist zur beratenden Institution erklärt worden; im achten Monat der Revolution hat sich die unverantwortliche Regierung in einer neuen Ausgabe der Bulyginschen Duma eine Deckung geschaffen.

Die Zensuselemente sind in einer Zahl in den Provisorischen Rat eingezogen, zu der sie, wie alle Wahlen im Lande zeigen, keinerlei Berechtigung haben. Trotzdem bestand die Kadettenpartei auf der Unverantwortlichkeit der Regierung auch gegenüber diesem zugunsten der Zensusbourgeoisie verstümmelten Vorparlament und hat diese Unverantwortlichkeit auch durchgesetzt.

Dieselbe Kadettenpartei, die bis gestern auf der Abhängigkeit der Provisorischen Regierung von der Duma des Herrn Rodsjanko bestand, hat die Unabhängigkeit der Provisorischen Regierung von dem Rat der Republik durchgesetzt.

In der Konstituierenden Versammlung werden die Zensusele-

---

\*Bei John Reed ist diese Deklaration überschrieben: „Rede Trotzkis im Rat der Russischen Republik". Die Deklaration wurde am 20. (7.) Oktober 1917 von L. D. Trotzki verlesen. *Die Red.*

mente in einer unvergleichlich weniger günstigen Lage sein als im Provisorischen Rat. Der Konstituierenden Versammlung muß die Regierung verantwortlich sein. Würden sich die Zensuselemente wirklich zum Zusammentritt der Konstituierenden Versammlung in anderthalb Monaten vorbereiten, so hätten sie keinen Anlaß, jetzt auf der Unverantwortlichkeit der Regierung zu bestehen. Der Kern der Sache ist, daß die bürgerlichen Klassen, die der Politik der Provisorischen Regierung die Richtung geben, sich die *Sprengung* der Konstituierenden Versammlung zum Ziel gesetzt haben. Das ist jetzt die grundlegende Aufgabe der Zensuselemente, der sie ihre ganze Außen- und Innenpolitik unterordnen.

Die Industrie-, Agrar- und Lebensmittelpolitik der Regierung und der besitzenden Klassen vertieft die natürliche, aus dem Krieg geborene Zerrüttung. Die Zensusklassen, die den Bauernaufstand provoziert haben, schreiten jetzt zu dessen Niederwerfung und nehmen unverhüllt ihren Kurs auf die ‚knöcherne Hand des Hungers‘, die die Revolution und in erster Linie die Konstituierende Versammlung erdrosseln soll.

Nicht weniger verbrecherisch ist die Außenpolitik der Bourgeoisie und ihrer Regierung.

Nach vierzig Monaten Krieg droht der Hauptstadt eine tödliche Gefahr. Als Antwort darauf wird die Verlegung der Regierung nach Moskau geplant. Der Gedanke einer Auslieferung der revolutionären Hauptstadt an die deutschen Truppen ruft keinerlei Entrüstung der bürgerlichen Klassen hervor, sie nehmen das im Gegenteil auf als natürliches Kettenglied der Gesamtpolitik, die ihnen ihr konterrevolutionäres Komplott erleichtern soll.

Anstatt zu erkennen, daß die Rettung des Landes im Friedensschluß liegt, anstatt offen über die Köpfe aller imperialistischen Regierungen und Diplomatenkanzleien hinweg allen erschöpften Völkern ein sofortiges Friedensangebot zu machen und so die weitere Fortführung des Krieges praktisch unmöglich zu machen, zieht die Provisorische Regierung auf Befehl der Kadetten-Konterrevolutionäre und der verbündeten Imperialisten sinnlos, kraftlos und planlos den mörderischen Krieg hin, gibt damit immer neue Hunderttausende Soldaten und Matrosen dem zwecklosen Untergang preis und bereitet die Übergabe Petrograds und die Erdrosselung der Revolution vor. Während die bolschewistischen Soldaten und Matrosen und mit ihnen die anderen Matrosen und Soldaten als

Ergebnis fremder Fehler und Verbrechen sterben, setzt der sogenannte Oberste Befehlshaber seinen Zerstörungsfeldzug gegen die bolschewistische Presse fort . . .

Die führenden Parteien des Provisorischen Rats dienen dieser ganzen Politik als freiwillige Deckung.

Wir, die Fraktion der Sozialdemokraten-Bolschewiki, erklären: Mit dieser Regierung des Volksverrats und mit *diesem Rat der Untätigkeit** gegenüber der Konterrevolution haben wir nichts gemein. Wir wollen keinen einzigen Tag lang weder direkt noch indirekt jene für das Volk todbringende Arbeit decken, die hinter den offiziellen Kulissen vor sich geht.

Die Revolution ist in Gefahr! Während die Truppen Wilhelms Petrograd bedrohen, rüstet die Regierung Kerenski-Konowalow zur Flucht aus Petrograd, um Moskau zum Bollwerk der Konterrevolution zu machen.

Wir rufen die Moskauer Arbeiter und Soldaten auf, wachsam zu sein!

Wir verlassen den Provisorischen Rat und rufen die Arbeiter, Soldaten und Bauern ganz Rußlands auf, wachsam und mutig zu sein.

Petrograd ist in Gefahr! Die Revolution ist in Gefahr! Das Volk ist in Gefahr!

Die Regierung vergrößert diese Gefahr. Die regierenden Parteien helfen ihr.

Nur das Volk selbst kann sich und das Land retten. Wir appellieren an das Volk.

Alle Macht den Sowjets!

Den ganzen Boden dem Volk!

Es lebe der sofortige, ehrliche, demokratische Frieden!

Es lebe die Konstituierende Versammlung!"

### 5.

### Der „Nakas" für Skobelew

(Auszüge)

Diese Direktiven wurden vom Zentralexekutivkomitee gebilligt und Skobelew, als dem Vertreter der russischen revolutionären Demokratie auf der Pariser Konferenz, übergeben.

---

*Die in Kursiv gesetzten Worte fehlen bei John Reed. *Die Red.*

*Der neue Vertrag darf in der Frage der Kriegsziele nicht geheim
sein.* Der Vertrag muß sich auf das Prinzip gründen: ‚Frieden ohne
Annexionen und Kontributionen auf der Grundlage des Rechts der
Nationen auf Selbstbestimmung'.

### Territorialfragen

1. Unerläßliche Voraussetzung für den Friedensschluß ist der
Abzug der deutschen Truppen aus den besetzten Gebieten Rußlands. Rußland gewährt Polen, Litauen und Lettland volle Selbstbestimmung.

2. Türkisch-Armenien erhält volle Autonomie und, nachdem dort
örtliche Behörden errichtet und internationale Garantien geschaffen
sein werden, auch das Recht der Selbstbestimmung.

3. Die Frage Elsaß-Lothringen muß durch Referendum der elsaß-
lothringischen Bevölkerung bei völliger Abstimmungsfreiheit gelöst
werden. Die Volksbefragung ist von den örtlichen Selbstverwaltungsorganen nach Abzug der Streitkräfte beider Koalitionen aus der
Provinz zu organisieren.

4. Belgien muß in seinen früheren Grenzen wiederhergestellt werden. Die Entschädigung für alle Verluste und Schäden hat aus
einem internationalen Fonds zu erfolgen.

5. Serbien und Montenegro müssen wiederhergestellt werden und
sollen aus einem internationalen Hilfsfonds materielle Hilfe erhalten. Serbien muß einen Zugang zum Adriatischen Meer besitzen.
Bosnien und der Herzegowina ist die Autonomie zu gewähren.

6. Die umstrittenen Gebiete auf dem Balkan erhalten zeitweilige
Autonomie mit nachfolgendem Plebiszit.

7. Rumänien ist in seinen früheren Grenzen wiederherzustellen,
dabei ist der Dobrudscha, die unverzüglich zeitweilige Autonomie
erhalten soll, volle Selbstbestimmung zu gewähren. Rumänien verpflichtet sich, den Beschluß des Berliner Abkommens über die Juden
unverzüglich zu verwirklichen und ihnen die Gleichberechtigung
gegenüber den rumänischen Bürgern zuzugestehen.

8. Den italienischen Gebieten Österreichs wird Autonomie gewährt mit nachfolgendem Plebiszit über die Frage der Staatsange-
hörigkeit.

403

9. Die deutschen Kolonien werden zurückgegeben.

10. Griechenland und Persien erhalten ihre Selbständigkeit wieder.

### Die Freiheit der Meere

Alle Meerengen, die einen Zugang zu Binnenmeeren bilden, sowie der Suez- und der Panamakanal werden neutralisiert. Die Handelsschiffahrt wird für frei erklärt. Das Prisenrecht wird abgeschafft. Das Torpedieren von Handelsschiffen wird untersagt.

### Kontributionen

Alle kriegführenden Parteien verzichten auf die Forderung nach Entschädigung jeglicher Kosten in direkter oder indirekter Form (Unterhalt der Kriegsgefangenen). Alle während des Krieges erhobenen Kontributionen werden zurückgezahlt.

### Wirtschaftliche Bedingungen

Handelsverträge sind kein Bestandteil der Friedensbedingungen. Jede Seite ist in ihrer Handelspolitik autonom, im Friedensvertrag darf ihr nicht die Verpflichtung auferlegt werden, einen bestimmten Handelsvertrag abzuschließen oder nicht abzuschließen. Jedoch sollen alle Staaten sich mit dem Friedensvertrag verpflichten, nach dem Krieg keinerlei wirtschaftliche Blockade zu betreiben, keine separaten Zollbünde einzugehen und allen Staaten ohne Unterschied das Recht der meistbegünstigten Nation einzuräumen.

### Garantien des Friedensvertrages

Der Friedensvertrag wird auf einem Friedenskongreß durch Bevollmächtigte abgeschlossen, die von den Volksvertretungsorganen gewählt wurden. Die Friedensbedingungen werden von den Parlamenten bestätigt.

Die Geheimdiplomatie wird abgeschafft: Alle verpflichten sich, keine Geheimverträge abzuschließen. Solche Verträge werden als zu dem Völkerrecht in Widerspruch stehend erklärt und für nicht gültig erkannt. Als nicht in Kraft getreten gelten auch alle Verträge vor der Bestätigung durch die Parlamente.

Allmähliche Abrüstung zu Wasser und zu Lande und Übergang zum Milizsystem.

Der von Wilson vorgeschlagene ‚Völkerbund' kann nur eine wertvolle Errungenschaft des Völkerrechts werden 1. bei obligatorischer

Mitarbeit aller Staaten in ihm zu gleichen Rechten und 2. bei Demokratisierung der Außenpolitik, wie oben dargelegt.

### *Wege zum Friedensvertrag*

Wie konkret auch die Kriegsziele formuliert sein mögen, im Vertrag muß formuliert und publiziert sein, daß die Alliierten bereit sind, Friedensverhandlungen aufzunehmen, sobald die gegnerische Seite ihr Einverständnis erklärt, in Friedensverhandlungen einzutreten, bei Verzicht aller Seiten auf jedwede gewaltsame Eroberungen.

Die Alliierten verpflichten sich, keine Geheimverhandlungen über den Friedensvertrag zu pflegen und den Friedensvertrag nicht anders zu schließen als auf einem Kongreß mit Teilnahme aller neutralen Länder.

Dem Delegierten werden außerdem noch folgende Weisungen gegeben:

Alle Hindernisse, die der Einberufung des Stockholmer Sozialistenkongresses im Wege stehen, sind zu beseitigen, insbesondere sind den Delegierten aller Parteien und Fraktionen, die sich bereit erklärt haben, an dieser Konferenz teilzunehmen, unverzüglich Pässe auszuhändigen.

(Das Exekutivkomitee der Bauernsowjets hatte ebenfalls eine eigene Instruktion abgefaßt, die sich von der hier abgedruckten nur in geringen Details unterschied.)

### 6.

### *Frieden auf Kosten Rußlands*

Die Enthüllungen Ribots über ein Friedensangebot Österreichs an Frankreich; die sogenannte „Friedenskonferenz" in Bern, Schweiz, im Sommer 1917, an der Delegierte aller kriegführenden Länder als Vertreter der großen Finanzinteressen all dieser Länder teilnahmen; und die beabsichtigten Verhandlungen eines englischen Agenten mit einem bulgarischen Kirchenwürdenträger; all dies deutet darauf hin, daß es auf beiden Seiten starke Strömungen gab, die einen Frieden auf Kosten Rußlands zusammenstoppeln wollten. In meinem nächsten Buch „Von Kornilow bis Brest-Litowsk" will ich diese Frage eingehender behandeln und einige Geheimdokumente dazu veröffentlichen, die im Außenministerium in Petrograd aufgefunden wurden.

## 7.

*Die russischen Soldaten in Frankreich*
*„Mitteilung der Regierung"\**

Als die Nachricht von dem Ausbruch der Revolution in Paris eingetroffen war, entstanden eine ganze Anzahl russischer Zeitungen
extremster Richtungen. Die Zeitungen wie auch einzelne Personen,
die freien Zugang zu den Soldatenmassen bekamen, entfalteten unter
ihnen eine bolschewistische Propaganda, sie gaben zum Teil falsche
Informationen, die sie den bruchstückhaften Telegrammen der französischen Zeitungen entnahmen. Da offizielle Nachrichten und Weisungen fehlten, rief all dies Gärung unter den Soldaten hervor. Das
äußerte sich in dem Streben nach schleuniger Rückkehr nach Rußland und in schroffer Feindseligkeit gegenüber den Offizieren. Im
Auftrag des Kriegsministers Kerenski reiste der Emigrant Rapp am
18. Mai zu den Truppen, wo er einzelne Truppenteile besuchte und
die neuen Organisationsformen gemäß Befehl Nr. 213 bei ihnen
einführte. Jedoch ließ die Gärung und Unruhe nicht nach. Diese Unruhe ging vom Exekutivkomitee des 1. Regiments aus, das ein Bulletin Leninscher Richtung herauszugeben begann. Am 18. Juni wurden
die Truppen auf Forderung der Soldaten aus verschiedenen Dörfern
in dem Lager La Courtine zusammengezogen. Hier begannen Kundgebungen, auf denen das 1. Regiment und seine Rädelsführer die
führende Rolle an sich zu reißen versuchten. Das eben erst geschaffene Abteilungskomitee, das sich aus den am weitesten fortgeschrittenen und bewußtesten Soldaten zusammensetze, parierte,
soweit es vermochte, die Zersetzungsarbeit des 1. Regiments, bemühte sich, Ruhe hineinzubringen, und rief die Soldaten dazu auf,
auf der Grundlage der jetzt in der Armee eingeführten demokratischen Prinzipien zu normalen Verhältnissen zu kommen. Da die
Führer des 1. Regiments den wachsenden Einfluß des Abteilungs-
komitees fürchteten, führten sie in der Nacht vom 23. zum 24. eine
Versammlung durch, an der neben dem 1. Regiment fast das ganze
2. Regiment und kleinere Teile des 5. und 6. Regiments teilnahmen.
Auf dieser Versammlung wurde das Abteilungskomitee für abgesetzt
erklärt, obwohl es erst ganze zwei Wochen zuvor gewählt worden

---

\* Bei John Reed ist diese Mitteilung gekürzt und mit einigen Abweichungen
vom Text angeführt. *Die Red.*

war. Zugleich wurden die Befehle des Divisionskommandeurs betreffs Dienstantritt von den Soldaten der 1. Brigade nicht ausgeführt. In dem Aufruf, der von ihnen erlassen wurde, hieß es, daß es keinen Sinn habe, weiter Dienst zu tun, weil man beschlossen habe, nicht mehr weiterzukämpfen. Zu gleicher Zeit drohten die feindlichen Beziehungen zwischen der 1. und der 2. Brigade zu einem scharfen Konflikt auszuarten. Die Soldaten der 2. Brigade forderten dringend, sie von der aufständischen 1. Brigade abzusondern, und sie drohten, widrigenfalls das Lager eigenmächtig zu verlassen.

Darum gab General Sankewitsch, der mit dem Bevollmächtigten des Kriegsministers, Rapp, in das Lager gekommen war, im Einverständnis mit diesem den Befehl, daß die Soldaten, die sich der Provisorischen Regierung bedingungslos unterordnen, das Lager La Courtine mit der gesamten Ausrüstung verlassen. Am 25. Juni wurde der Befehl ausgeführt. Im Lager blieben die Soldaten zurück, die sich der Provisorischen Regierung ‚nur bedingt‘ unterordneten. Die überaus feindselige Einstellung der Soldaten zu den Offizieren, die bis zu Gewalttätigkeiten gegen Offiziere führten, veranlaßte General Sankewitsch, die Offiziere aus La Courtine zu entfernen; nur einige blieben zurück, um die Versorgung zu gewährleisten. Auf Initiative des Bevollmächtigten des Kriegsministers, des Bürgers Rapp, fuhren mehrfach mit ihm zusammen politische Emigranten zu den Soldaten in das Lager La Courtine, um einen Einfluß auf sie zu erlangen, doch alle diese Versuche erwiesen sich als erfolglos. Der Bürger Rapp, zum Kommissar ernannt, erließ einen Befehl, in dem er auf der unverzüglichen, bedingungslosen Unterordnung unter die Provisorische Regierung bestand. Am 22. Juli fuhr Kommissar Rapp in Begleitung der über Paris gekommenen Delegierten des Exekutivkomitees des Sowjets der Arbeiter- und Soldatendeputierten Russanow, Goldenberg, Erlich und Smirnow wiederum nach La Courtine, um einen neuen Versuch zu unternehmen, Einfluß auf die Rebellen zu gewinnen. Doch auch dieser Versuch führte zu keinerlei Ergebnissen, im Gegenteil, die Delegierten des Sowjets der Arbeiter- und Soldatendeputierten wurden außerordentlich feindselig aufgenommen. Ebenso ergebnislos war die Reise des sich vorübergehend in Frankreich aufhaltenden Kommissars der Provisorischen Regierung, Swatikow, in das Lager La Courtine. Nachdem General Sankewitsch von der Provisorischen Regierung die Mitteilung erhalten hatte, daß nicht beabsichtigt sei, die russischen Truppen aus Frankreich nach

Rußland zurückkehren zu lassen, und die Regierung kategorisch forderte, die meuternden Soldaten in Botmäßigkeit zu bringen, ohne vor der Anwendung von Waffengewalt zurückzuschrecken, verlangte er, nach mehrfachen ergebnislosen Versuchen des Kommissars und unserer politischen Emigranten, die Meuterer zur Unterordnung zu veranlassen, von den rebellierenden Soldaten Niederlegung der Waffen und, zum Zeichen des Gehorsams, Abmarsch in feldmarschmäßiger Ordnung nach dem Dorf Clairvaux. Jedoch wurde diese Forderung nicht vollständig ausgeführt: zunächst marschierten nur 500 Soldaten ab, von denen 22 verhaftet wurden. Nach vierundzwanzig Stunden folgten etwa 6000 Mann, die übrigen – etwa 2000 – waren mit Vorbedacht zur Bewachung der Waffen, die sie nicht abgeben wollten, zurückgeblieben.

Als der General darauf den Befehl erließ, die Waffen bei der Rückkehr ins Lager niederzulegen, erklärten die Meuterer, daß sie damit einverstanden seien. Doch sie führten den Befehl nicht aus. Die Waffen in den Händen eines solchen desorganisierten Haufens, unter dem sich zweifellos Provokateure befanden, bildeten eine große Gefahr. Die Niederlegung der Waffen war die Grundbedingung, um in diesen Haufen wieder Ordnung zu bringen. Unter diesen Umständen und angesichts einer gewissen Labilität in der Einstellung eines Teils der Truppen, die der Provisorischen Regierung treu geblieben waren – es entstanden infolgedessen Zweifel, daß es möglich sei, sie als bewaffnete Kräfte gegen die Meuterer einzusetzen –, griff man zu einem Druckmittel auf längere Sicht: die Versorgung der Meuterer wurde eingeschränkt, die Soldauszahlung eingestellt, der Weg vom Lager in die benachbarte Stadt wurde durch französische Posten abgesperrt. Diese Maßnahmen riefen in der Masse der Meuterer Niedergeschlagenheit hervor, doch zugleich erlangten die Rädelsführer, die sich hinter der Masse der Meuterer verstecken und ihre Verantwortlichkeit in der Masse aufzulösen suchten, größeren Einfluß auf sie. Zu dieser Zeit erlaubten sich auch die meuternden Soldaten Gewaltakte gegen Chargen der französischen Truppen. So verhafteten sie einen französischen Offizier und zwei Unteroffiziere, die auf Anordnung des französischen Kommandanten ein Telegramm des Oberbefehlshabers im Lager anklebten, und behielten sie sechs Stunden lang in Haft. Am 9. August fuhr General Sankewitsch in das Lager La Courtine, um noch ein letztes Mal die Meuterer dazu zu bewegen, die Waffen niederzulegen. Jedoch lehnte das Lagerkomitee seinen Befehl, Vertreter von den Kompaniekomitees heranzuholen, ab und kam seiner Forderung nicht nach. Als der General die Mitteilung von der Durchfahrt einer in ausgezeichneter Ordnung befindlichen Artilleriebrigade durch Frankreich erhielt, beschloß er im Einverständnis mit dem Kommissar Rapp, diesen Truppenteil zu benutzen, um die aufständischen Soldaten mit Waffengewalt in Botmäßigkeit zu bringen. Dem Kommandeur wurde befohlen, eine Kampfgruppe aus Teilen der oben erwähnten Artilleriebrigade und einer Infanteriedivision zu bilden und das Kommando über sie zu übernehmen.

Am 27. August wurde den Soldaten des Lagers La Courtine die Verfügung der Provisorischen Regierung über die Abberufung unserer Truppen aus Frankreich übermittelt, doch auch danach weigerten sich die Meuterer beharrlich, die Waffen niederzulegen. Auf Ersuchen der Artilleristen wurde eine von ihnen gewählte Soldatenabordnung zu den meuternden Soldaten entsandt, die nach einigen Tagen zurückkehrte, nachdem sie sich von der Fruchtlosigkeit weiterer Verhandlungen überzeugt hatte. Die gleichen negativen Resultate ergaben Unterredungen gewählter Vertreter der Infanteriedivision mit den Meuterern. Gegen Abend des 1. September wurde die Lieferung von Lebensmitteln in das rebellierende Lager eingestellt, doch konnte diese Maßnahme nur moralischen Charakter tragen, da die Rebellen bedeutende Vorräte an Nahrungsmitteln besaßen. Die Truppen nahmen die befohlenen Positionen ein. Am gleichen Tage war den Mitgliedern des Lagerkomitees und der Masse der meuternden Soldaten der ultimative Befehl des Generals Sankewitsch übermittelt worden, die Waffen niederzulegen, mit der Drohung, falls der Befehl bis zum 3. September, 10 Uhr morgens, nicht ausgeführt sein sollte, Artilleriefeuer auf das Lager zu eröffnen. Nach mehrfachen Warnungen wurde am 3. September um 10 Uhr morgens ein leichtes Artilleriefeuer gegen das Lager eröffnet. Insgesamt wurden achtzehn Granaten abgefeuert. Den Meuterern wurde bekanntgegeben, daß man das Feuer verstärken werde. Angesichts dessen, daß sich in der Nacht vom 3. zum 4. September etwa 160 Soldaten ergaben, wurde am 4. September die Beschießung des Lagers fortgesetzt. Um 11 Uhr vormittags zeigten die Meuterer, nachdem etwa dreißig Schuß abgefeuert worden waren, zwei weiße Flaggen und begannen ohne Waffen aus dem Lager herauszukommen. Gegen Abend zählte man etwa 8300 Mann, die das

Lager verlassen hatten. Sie wurden von französischen Truppen in Empfang genommen. An diesem Tage wurde die Artilleriebeschießung nicht weitergeführt. Die im Lager Verbliebenen – etwa 150 Mann – eröffneten am Abend ein starkes MG-Feuer. An diesem Abend wurde ein Arzt mit vier Feldscheren ins Lager geschickt, um den Verwundeten medizinische Hilfe angedeihen zu lassen. Um die ganze Sache zu Ende zu führen, wurde am 5. September ein intensives Feuer auf das Lager eröffnet, und unsere Truppen besetzten allmählich das ganze Lager. Die Meuterer verteidigten sich hartnäckig mit MG-Feuer. Gegen 9 Uhr morgens des 6. September war das Lager restlos genommen. Insgesamt registrierte man 8515 Soldaten, die aus dem Lager gekommen waren. Die Verluste unserer Truppen beliefen sich auf einen Toten und fünf Verwundete. Die Meuterer hatten acht Tote und vierundvierzig Verwundete. Unter den Franzosen gab es nur zwei zufällige Opfer: einen Toten und einen Verwundeten. Beide waren Briefträger, die, vom Weg abgekommen, in den Bereich der Geschosse der Meuterer geraten waren. Somit wurde die Meuterei von La Courtine ohne aktive Mitwirkung der französischen Truppen liquidiert. Nach der Entwaffnung wurden einundachtzig Meuterer verhaftet. Nach Aussonderung der Verhafteten wurden aus den übrigen Meuterern besondere Marschkompanien ohne Waffen gebildet, von denen zwei, aus den besonders unruhigen Elementen bestehend, abgesondert und ... abtransportiert wurden. Die übrigen blieben im Lager La Courtine, um die Schuldigen herauszufinden und den Grad ihrer Verantwortlichkeit festzustellen. Durch Verfügung des Vertreters der Provisorischen Regierung wurde vom Militärkommissar eine besondere Untersuchungskommission gebildet."

Hinterher erschossen die Sieger kaltblütig mehr als zweihundert aufständische Soldaten.

Soweit der Bericht. Aus den im Außenministerium aufgefundenen Dokumenten erfahren wir jedoch, daß dieser Bericht nicht ganz der Wahrheit entspricht. Die ersten Schwierigkeiten traten auf, als die Soldaten, ebenso wie ihre Kameraden in Rußland, Komitees bilden wollten. Sie verlangten, nach Rußland zurückgeschickt zu werden. Das wurde abgelehnt. Da man ihren Einfluß in Frankreich für gefährlich hielt, wurden sie nach Saloniki abkommandiert. Als sie sich weigerten, kam es zum Kampf ... Es wurde festgestellt, daß man sie etwa zwei Monate ohne Offiziere im Lager gehalten und schlecht

410

behandelt hatte, bevor sie sich auflehnten. Alle Versuche, den Namen der „Russischen Artilleriebrigade" festzustellen, die auf sie geschossen haben sollte, waren vergeblich. Die im Ministerium aufgefundenen Telegramme lassen durchblicken, daß französische Artillerie benutzt wurde . . . .

Nachdem sich die meuternden Soldaten ergeben hatten, wurden mehr als zweihundert von ihnen kaltblütig erschossen.

## 8.

### Rede Tereschtschenkos

#### (Auszüge)

„ . . . Die Fragen der Verteidigung und der Außenpolitik hängen eng miteinander zusammen . . . Wenn Sie also für notwendig halten, die Fragen der nationalen Verteidigung hinter geschlossenen Türen zu erörtern, dann müssen wir mitunter die gleiche Geheimhaltung auch in Fragen der Außenpolitik wahren . . .

Die Arbeit der deutschen Diplomatie läuft ganz eindeutig darauf hinaus, die öffentliche Meinung zu beeinflussen . . . Darum bilden die Erklärungen der Führer der großen demokratischen Organisationen, in denen von der Möglichkeit oder gar vom Bevorstehen eines revolutionären Konvents und der Unmöglichkeit eines Winterfeldzuges die Rede ist, eine sehr große Gefahr . . . Alle Erklärungen dieser Art werden mit Menschenleben bezahlt.

Ich möchte ausschließlich vom Standpunkt der Zweckmäßigkeit für den Staat sprechen, das heißt, ich lasse alle Fragen der Ehre und Würde unseres Staates ganz und gar beiseite. Vom Gesichtspunkt der Zweckmäßigkeit muß sich die internationale Politik Rußlands von den richtig aufgefaßten Staatsinteressen Rußlands leiten lassen . . . Diese Interessen besagen, daß unsere Heimat nicht allein bleiben darf und daß die Kräftegruppierung, die sich jetzt herausgebildet hat, für uns zweckmäßig ist . . . Die ganze Menschheit dürstet nach Frieden, doch in Rußland wird niemand einen Frieden zulassen, der für uns erniedrigend wäre und der gegen die Staatsinteressen unserer Heimat verstoßen würde . . ."

Der Redner wies darauf hin, daß ein solcher Frieden auf lange Jahre, wenn nicht Jahrhunderte hinaus den Triumph der demokratischen Prinzipien in der ganzen Welt aufhalten und unvermeidlich neue Kriege hervorrufen würde.

„Alle erinnern wir uns an die Tage im April und Mai, als die Verbrüderung an unserer Front den Krieg durch einfache Einstellung aller Kampfhandlungen zu unterbrechen und das Land zu einem schändlichen Separatfrieden zu führen drohte . . . Welche Anstrengungen waren damals vonnöten, um die Massen der Frontsoldaten dazu zu bringen, daß sie verstanden, daß nicht auf diesem Wege das Russische Reich den Krieg beenden und seine Interessen wahren kann . . ."

Weiter sprach Tereschtschenko über die erstaunliche Wirkung der Juni-Offensive, sprach davon, welches Gewicht sie im Ausland jedem Wort der russischen Botschafter beigelegt habe, sprach davon, welche Verzweiflung die russischen Siege in Deutschland hervorgerufen haben. Dann erzählte er von der Enttäuschung, die die Niederlage der russischen Armee in den alliierten Ländern mit sich gebracht habe.

„Was die russische Regierung angeht, so hält sie fest an der im April geprägten Formel: ‚Frieden ohne Annexionen und Kontributionen'. Wir halten es für notwendig, nicht nur das Prinzip der Selbstbestimmung der Völker zu proklamieren, sondern auch auf alle imperialistischen Ziele zu verzichten . . ."

Deutschland mache ununterbrochen Versuche, Frieden zu schließen. In Deutschland spreche man nur vom Frieden. Die Deutschen wüßten, daß sie keinen Sieg erringen können.

„Ich weise alle Vorwürfe zurück, die der Regierung gemacht werden, die russische Außenpolitik spreche zu unklar von den Kriegszielen . . .

Wenn sich die Frage erhebt, welche Ziele die Alliierten verfolgen, so ist vor allem zu fragen, hinsichtlich welcher Ziele die zentralen Mächte übereingekommen sind . . .

Oft muß man die Forderung hören, wir sollten alle Einzelheiten der Verträge zwischen den Alliierten veröffentlichen; doch alle vergessen dabei, daß wir bis heute jene Verträge nicht kennen, durch die die zentralen Mächte verbunden sind . . ."

Tereschtschenko behauptete, daß Deutschland offensichtlich danach strebe, Rußland vom Westen durch eine Reihe kleiner Pufferstaaten zu trennen.

„Wir müssen diese Tendenz sehr intensiv beobachten, sie geht darauf hinaus, den ureigensten Lebensinteressen Rußlands einen Schlag zu versetzen . . .

Und sollte die russische Demokratie, die das Recht der Völker, ihr Schicksal selbst zu bestimmen, auf ihre Fahnen geschrieben hat, sollte sie die Unterdrückung alter Kulturvölker, wie sie Österreich-Ungarn ausübt, auch fernerhin zulassen?!

Wer befürchtet, die Alliierten könnten versuchen, unsere schwierige Lage dazu auszunutzen, uns zu zwingen, einen zu großen Teil der Kriegslasten auf uns zu nehmen und die Frage des Friedensschlusses auf unsere Kosten zu lösen, der befindet sich in einem tiefen Irrtum ... Unser Feind betrachtet Rußland als einen Absatzmarkt für seine Erzeugnisse. Mit der Einstellung des Krieges würden wir uns in einer sehr ungünstigen Lage befinden: unsere Grenzen wären offen gegenüber dem Zustrom deutscher Waren, die auf lange Jahre hinaus die Entwicklung unserer Industrie aufhalten würden. Gegen diese Lage der Dinge gilt es, entschiedene Maßnahmen zu treffen ...

Ich erkläre geradeheraus: das Kräfteverhältnis, das uns mit den Alliierten verbindet, *ist für die Interessen Rußlands günstig.* Darum ist es sehr wichtig, daß sich unsere Auffassungen in den Fragen des Krieges und des Friedens in möglichst genauer und klarer Übereinstimmung befinden mit dem Standpunkt der Alliierten in den gleichen Fragen ... Um alle Mißverständnisse auszuschalten, muß ich direkt erklären, daß Rußland auf der Pariser Konferenz einen *einheitlichen Standpunkt* zum Ausdruck bringen muß ..."

Der Redner kommentierte die Direktiven für Skobelew nicht, doch dafür berief er sich auf das eben in Stockholm veröffentlichte Manifest des deutsch-skandinavischen Komitees. Dieses Manifest forderte die Autonomie für Litauen und Lettland. „... Aber das ist ganz unmöglich", erklärte Tereschtschenko, „denn Rußland kann nicht ohne die eisfreien Häfen an der Ostsee auskommen ...

In diesem Punkte hängen die Fragen der Außenpolitik eng mit den Fragen der Innenpolitik zusammen, denn wenn bei uns ein starkes Gefühl der Einheit im ganzen Lande existierte, dann wären wir nicht Zeugen dieser sich immer wiederholenden Manifestationen allerorts, die von dem Streben der verschiedenen Völker zeugen, sich von der Zentralregierung loszusagen ... Ein solcher Separatismus steht zu den Interessen Rußlands im Widerspruch, und die russischen Delegierten können ihn nicht unterstützen ..."

## 9.

### *Die britische Flotte (usw.)*

Zur Zeit der Seeschlacht in der Rigaer Bucht waren nicht nur die
Bolschewiki, sondern auch die Provisorische Regierung der Meinung,
die britische Flotte habe die Ostsee absichtlich verlassen und sich
damit die so oft in der britischen Presse offiziell und von den britischen Vertretern in Rußland halboffiziell geäußerte Auffassung zu
eigen gemacht, daß es „mit Rußland ohnehin vorbei ist und es keinen Zweck mehr hat, sich um Rußland zu kümmern!"

Siehe auch Interview mit Kerenski (Beilage 13).

*General Gurko* war ein ehemaliger Stabschef der russischen Armee unter dem Zaren. Er spielte eine große Rolle am korrupten
Zarenhof. Nach der Revolution war er einer der wenigen, die
wegen ihrer politischen und persönlichen Vergangenheit des Landes
verwiesen wurden. Die russische Flottenniederlage in der Rigaer
Bucht ereignete sich an dem gleichen Tage, als König Georg in
London General Gurko offiziell empfing. Gurko war ein Mann,
den die Provisorische Regierung für gefährlich prodeutsch und reaktionär hielt!

## 10.

### *Gegen den Aufstand gerichtete Aufrufe*

#### „An alle Arbeiter und Soldaten

Genossen! Finstere Kräfte arbeiten immer stärker daran, in den
nächsten Tagen in Petrograd und in anderen Städten *Unruhen und
Pogrome* hervorzurufen. Sie brauchen sie, um die ganze revolutionäre Bewegung im Blut ersticken zu können. Unter dem Vorwand,
die zerstörte Ordnung wiederherzustellen und das Leben der Bewohner zu sichern, hoffen sie, dasselbe Kornilowregime wieder aufzurichten, das das revolutionäre Volk vor kurzem zu zerschmettern
vermochte. Furchtbares wird über das Volk hereinbrechen, wenn
diese Rechnungen aufgehen! Die triumphierende Konterrevolution
wird die Sowjets und die Militärkomitees vernichten, wird die Konstituierende Versammlung vereiteln, wird die Übergabe des Bodens
an die Bauern verhindern, wird mit allen Hoffnungen des Volkes
auf einen baldigen Frieden Schluß machen und die Gefängnisse mit
revolutionären Arbeitern und Soldaten füllen.

414

In ihren Berechnungen gehen die Konterrevolutionäre und Schwarzhunderter von der spontanen Unzufriedenheit des unaufgeklärten, unwissenden Teils des Volkes mit der Zerrüttung in der Lebensmittelversorgung, mit dem fortdauernden Krieg und der allgemeinen Lebensstimmung aus. Sie suchen jegliche Aktion der Arbeiter und Soldaten in einen Pogrom umzuwandeln, der die friedliche Bevölkerung in Schrecken versetzt und sie den Ordnungshütern in die Arme treibt.

Unter diesen Umständen wäre jeglicher Versuch, in diesen Tagen eine Aktion oder eine Demonstration, selbst mit den revolutionärsten Zielen, zu organisieren, ein verbrecherischer Leichtsinn. Die bewußten Arbeiter und Soldaten, die mit der Politik der Regierung unzufrieden sind, würden mit ihren Aktionen ausschließlich der eigenen Sache, der Sache der Revolution, schaden. Sie würden der Konterrevolution in die Hände spielen.

*Darum fordert das Zentralexekutivkomitee von allen Arbeitern und Soldaten, Aufrufen zu Aktionen und Demonstrationen keine Folge zu leisten.*

*Arbeiter und Soldaten! Laßt euch nicht provozieren! Seid eurer Pflicht vor dem Land und vor der Revolution eingedenk! Zerstört nicht die Einheit der revolutionären Front durch zum Mißerfolg verurteilte Aktionen!*

*Zentralexekutivkomitee der Sowjets*
*der Arbeiter- und Bauerndeputierten"*


„Sozialdemokratische Arbeiterpartei Rußlands.
Die Gefahr ist nahe.

## An alle Arbeiter und Soldaten

### (Lesen und weitergeben)

Genossen Arbeiter und Soldaten! Die Heimat ist in Gefahr. Für unsere Freiheit und unsere Revolution sind die schwersten Tage angebrochen. Der Feind steht vor Petrograd. Die Zerrüttung nimmt mit jedem Tag zu. Es wird immer schwieriger, für Petrograd Getreide zu erhalten. Alle, ob groß oder klein, müssen die Anstrengungen verdoppeln, müssen alles daransetzen, die Lage zu meistern ... Retten wir unsere Heimat, retten wir unsere Freiheit ... Waffen und Proviant der Armee! Den Großstädten Brot! Ordnung und Organisation dem ganzen Lande!

Und in diesen furchtbaren, entscheidenden Tagen gehen Gerüchte um, daß irgendwo eine Aktion vorbereitet wird, daß irgend jemand die Arbeiter und Soldaten aufruft, den revolutionären Frieden, die revolutionäre Ordnung zu zerschlagen . . . Die bolschewistische Zeitung ‚Rabotschi Put‘ gießt noch Öl in das Feuer; sie redet den finsteren Elementen, die kein Bewußtsein besitzen, nach dem Munde, sie schleicht sich in ihr Vertrauen ein, sie führt die Arbeiter und Soldaten irre, sie stachelt sie gegen die Regierung auf, indem sie ihnen goldene Berge verspricht . . . Vertrauensselige, unwissende Menschen überlegen nicht, sondern glauben . . . Und auf der anderen Seite gehen Gerüchte um, Gerüchte, daß finstere Kräfte, Handlanger des Zaren, deutsche Agenten, sich froh die Hände reiben. Sie gehen daran, sich mit den Bolschewiki zu vereinen und mit ihnen gemeinsam die Unruhen zum Bürgerkrieg auszuweiten.

Die Bolschewiki und die von ihnen irregeleiteten unwissenden Arbeiter und Soldaten schreien ganz unsinnig: ‚Nieder mit der Regierung! Alle Macht den Sowjets!‘, und die im geheimen wühlenden zaristischen Handlanger und die Spione Wilhelms stimmen ein mit ihren Rufen: ‚Schlagt die Juden, schlagt die Händler, plündert die Märkte aus, zerschlagt die Fabriken und die Geschäfte, zerstört die Weinkeller! Schlagt, brandstiftet, plündert!‘

Dann wird es einen fürchterlichen Aufruhr geben, einen Bürgerkrieg im Volk. Und die Zerrüttung wird immer noch größer werden, und vielleicht wird auf den Straßen der Hauptstadt erneut Blut fließen. Und dann – was dann?

Dann wird für Wilhelm die Straße nach Petrograd offen sein. Dann wird überhaupt kein Getreide mehr nach Petrograd gelangen, und die Kinder werden Hungers sterben. Dann wird die Armee an der Front ohne Unterstützung bleiben, und unsere Brüder in den Schützengräben werden den Deutschen zum Abschießen ausgeliefert sein. Dann wird Rußland bei den ausländischen Staaten jegliche Achtung einbüßen, unser Geld wird seinen Wert verlieren, alles wird so teuer werden, daß man nicht mehr leben kann. Dann wird die lang erwartete Konstituierende Versammlung aufgeschoben werden, denn es wird nicht mehr möglich sein, sie fristgemäß einzuberufen. Und dann – wird die Revolution, wird unsere Freiheit tot sein . . .

Wollt ihr das, Arbeiter und Bauern? Nein! Wenn aber nicht, dann geht doch hin, geht zu diesen unwissenden Menschen, die von

Betrügern in die Irre geführt worden sind, und sagt ihnen die ganze Wahrheit, die wir oben euch gesagt haben!

Mögen alle wissen, daß *jeder, der euch in diesen furchtbaren Tagen dazu aufruft, auf die Straße zu gehen gegen die Regierung, entweder insgeheim ein Handlanger des Zarismus, ein Provokateur ist oder ein unbewußter Helfer der Volksfeinde oder aber ein gekaufter Spion Wilhelms.*

Alle bewußten revolutionären Arbeiter, alle bewußten Bauern, alle revolutionären Soldaten, alle, die begreifen, in welches Unglück eine Aktion oder ein Putsch gegen die Regierung unser Volk stürzen kann, müssen sich zusammenschließen und dürfen den Feinden des Volkes nicht erlauben, unsere Freiheit zugrunde zu richten!

*Petrograder Wahlkomitee der Menschewiki
und Vaterlandsverteidiger"*

11.

*Lenins „Brief an die Genossen"*

Das sind mehrere Artikel, die aufeinanderfolgend im „Rabotschi Put" in der zweiten Hälfte des Oktobers 1917 veröffentlicht wurden. Ich führe nur Auszüge aus zwei Artikeln an.

„ ‚... Wir haben nicht die Mehrheit im Volke, ohne diese Vorbedingung ist der Aufstand aussichtslos ...'

Leute, die so etwas sagen können, entstellen entweder die Wahrheit oder es sind Pedanten, die unter allen Umständen, ohne die realen Bedingungen der Revolution auch nur im geringsten zu berücksichtigen, von vornherein die Gewähr haben möchten, daß die Partei der Bolschewiki im ganzen Lande haargenau die Hälfte der Stimmen plus eine Stimme erhalten würde ...

Die wichtigste Tatsache des gegenwärtigen Augenblicks in Rußland ist schließlich der *Bauernaufstand* ... Die Bauernbewegung im Gouvernement Tambow war sowohl im physischen als auch im politischen Sinne ein Aufstand, der solche glänzenden politischen Resultate gezeitigt hat, wie vor allem die Einwilligung, den Bauern den Boden zu übergeben. Nicht umsonst *schreit* jetzt das ganze sozialrevolutionäre Gesindel mit Einschluß des ‚Delo Naroda', durch den Aufstand eingeschüchtert, von der Notwendigkeit, das Land den Bauern zu übergeben! ...

Ein anderes ausgezeichnetes politisches und revolutionäres Resultat des Bauernaufstandes ... ist die Getreidezufuhr nach den Eisenbahnstationen des Gouvernements Tambow ...

Und die ausgezeichneten Früchte einer *solchen* (einzig realen) Lösung der Getreidefrage mußte auch die *bürgerliche* Presse anerkennen, sogar ,Russkaja Wolja‘, die die Meldung brachte, daß sich auf den Eisenbahnstationen des Tambowschen Gouvernements große Mengen von Getreide angehäuft haben ... *Und das, nachdem die Bauern sich erhoben haben!!* ...

,... Wir sind nicht stark genug, um die Macht zu ergreifen, und die Bourgeoisie ist nicht stark genug, um die Konstituierende Versammlung zu vereiteln ...‘

Der erste Teil dieses Arguments ist eine bloße Variante des vorhergehenden. Es gewinnt auch dann nicht an Überzeugungskraft, wenn die eigene Kopflosigkeit und Angst vor der Bourgeoisie ihren Ausdruck findet im Pessimismus in bezug auf die Arbeiter und im Optimismus in bezug auf die Bourgeoisie. Wenn die Offiziersschüler und die Kosaken sagen, sie würden bis zum letzten Blutstropfen gegen die Bolschewiki kämpfen, so verdiene das vollen Glauben; wenn aber die Arbeiter und Soldaten in Hunderten von Versammlungen ihr absolutes Vertrauen zu den Bolschewiki zum Ausdruck bringen und ihre Bereitwilligkeit erklären, Blut und Leben für den Übergang der Macht an die Sowjets einzusetzen – so hält man es für ,angebracht‘, daran zu erinnern, daß es eine Sache sei, für etwas zu stimmen, eine andere Sache aber, sich dafür zu schlagen!

Natürlich, wenn man so argumentiert, ist der Aufstand ,widerlegt‘. Es fragt sich nur, wodurch unterscheidet sich dieser merkwürdig tendenziöse und merkwürdig zweckdienliche ,Pessimismus‘ von einem politischen Überlaufen auf die Seite der Bourgeoisie? ...

Und was hat der Kornilowputsch bewiesen? Er hat bewiesen, daß die Sowjets eine wirkliche Macht sind ...

Wie kann man beweisen, daß die Bourgeoisie nicht stark genug ist, um die Konstituierende Versammlung zu vereiteln?

Wenn die Sowjets *nicht die Kraft haben*, die Bourgeoisie zu stürzen, *so heißt das*, daß die Bourgeoisie stark genug ist, die Konstituierende Versammlung zu vereiteln, denn dann kann dies ja niemand verhindern. Den Versprechungen Kerenskis und Konsorten vertrauen, an die Resolutionen des Lakaien-Vorparlaments glauben – ist dies eines Mitglieds der proletarischen Partei und eines Revolutionärs würdig?

Die Bourgeoisie hat nicht nur die *Macht*, die Konstituierende Versammlung zu vereiteln, wenn die jetzige Regierung nicht gestürzt wird, sondern sie kann dieses Resultat auch *indirekt* erreichen, indem sie Petrograd den Deutschen preisgibt, die Front öffnet, die Aussperrungen vermehrt und die Getreidezufuhr sabotiert . . .

„. . . Die Sowjets müssen die Pistole sein, die der Regierung auf die Brust gesetzt wird mit der Forderung, die Konstituierende Versammlung einzuberufen und auf Kornilowsche Anschläge zu verzichten . . .'

. . . der Verzicht auf den Aufstand *ist* der Verzicht auf die Losung ‚Alle Macht den Sowjets' . . . Seit September wird in der Partei die Frage des Aufstandes diskutiert . . .

Verzicht auf den Aufstand ist Verzicht auf die Übergabe der Macht an die Sowjets, und die ‚Übergabe' aller Hoffnungen und aller Zuversicht an die gütige Bourgeoisie, die ‚versprochen' hat, die Konstituierende Versammlung einzuberufen . . . Die Konstituierende Versammlung ist *gesichert* und ihr Erfolg gewährleistet, wenn die *Macht* in den Händen der Sowjets liegt . . .

[Verzicht auf den Aufstand] – das bedeutet das direkte Überlaufen zu den Liberdan . . .

Entweder Übertritt zu den Liberdan und *offener* Verzicht auf die Losung ‚Alle Macht den Sowjets' oder Aufstand. Einen Mittelweg gibt es nicht.

„. . . Die Bourgeoisie kann Petrograd den Deutschen nicht preisgeben, obwohl Rodsjanko das will, denn es kämpfen ja nicht die Bourgeois, sondern unsere heldenmütigen Matrosen . . .'

. . . Das Hauptquartier ist nicht reformiert, das Offizierskorps kornilowfreundlich . . .

Wenn die Kornilowleute (und Kerenski an der Spitze, denn er ist auch ein Kornilowmann) Petrograd preisgeben *wollen*, so können sie es auf zweierlei, ja sogar dreierlei Art tun.

Erstens können sie durch Verrat der kornilowschen Truppenführer die Nordfront von der Landseite her öffnen.

Zweitens können sie ‚Abmachungen' über die Aktionsfreiheit der ganzen deutschen Flotte treffen, die *stärker* ist als wir, sie können Abmachungen treffen sowohl mit den deutschen wie mit den englischen Imperialisten. Außerdem konnten die ‚verschwundenen Admirale‘ auch *die Pläne* an die Deutschen ausgeliefert haben.

Drittens können sie durch Absperrungen und durch Sabotage der Getreidelieferung unsere Armee zur *völligen* Verzweiflung und Ohnmacht treiben.

Keiner dieser drei Wege ist ausgeschlossen. Die Tatsachen haben bewiesen, daß die bürgerliche Partei der Kosaken Rußlands an alle diese drei Türen bereits gepocht und versucht hat, sie zu öffnen ... Wir dürfen nicht *warten*, bis die Bourgeoisie die Revolution erdrosselt ... Rodsjanko ist ein Mann der Tat ... Die Politik des Kapitals hat Rodsjanko treu und bieder *jahrzehntelang* durchgeführt.

Folglich? Folglich bedeutet ein Schwanken in der Frage des Aufstandes als des einzigen Mittels, die Revolution zu retten, teils in die liberdansche, sozialrevolutionäre und menschewistische feige Vertrauensseligkeit gegenüber der Bourgeoisie, teils in die ‚bäuerlich‘-unaufgeklärte Vertrauensseligkeit zu verfallen, gegen die die Bolschewiki am meisten gekämpft haben.

„... Wir werden mit jedem Tag stärker, wir können als starke Opposition in die Konstituierende Versammlung einziehen, wozu sollen wir alles aufs Spiel setzen ...‘

Das ist das Argument eines Philisters, der ‚gelesen‘ hat, daß die Konstituierende Versammlung einberufen wird, und sich vertrauensvoll mit dem höchst legalen, höchst loyalen konstitutionellen Weg zufriedengibt.

Schade nur, daß man weder die Frage der Hungersnot noch die Frage der Preisgabe Petrograds durch das *Warten* auf die Konstituierende Versammlung lösen kann. Diese ‚Kleinigkeit‘ vergessen die naiven oder verwirrten oder eingeschüchterten Leute.

Der Hunger wartet nicht. Der Bauernaufstand hat nicht gewartet. Der Krieg wartet nicht. Die Admirale, die sich aus dem Staube gemacht haben, haben nicht gewartet ...

Und diese Blinden wundern sich noch, daß das hungernde Volk und die von den Generalen und Admiralen verratenen Soldaten den Wahlen gleichgültig gegenüberstehen? Oh, die neunmal Weisen!

„... Ja, wenn die Kornilowleute wieder anfingen, dann würden wir es ihnen zeigen! Aber selbst anfangen, wozu das riskieren? ...‘

... Die Geschichte wiederholt sich nicht, aber wenn wir ihr den Rücken zukehren und in Betrachtung des ersten Kornilowputsches

420

wiederholen: ‚Ja, wenn die Kornilowleute anfingen‘; wenn wir das
täten, was wäre das für eine prachtvolle revolutionäre Strategie!
... Welch ernste Begründung einer proletarischen Politik!

Wenn nun aber die Kornilowleute ... die Hungerkrawalle, den
Durchbruch an der Front und die Preisgabe von Petrograd *abwarten*
und bis dahin *nicht anfangen*? Was dann?

Man mutet uns zu, die Taktik der proletarischen Partei darauf
zu bauen, daß die Kornilowleute möglicherweise einen ihrer früheren Fehler wiederholen werden.

Vergessen wir alles, was die Bolschewiki hundertmal aufgezeigt
und *bewiesen* haben, was die halbjährige Geschichte unserer Revolution bewiesen hat, nämlich: daß es *keine* andere Alternative gibt,
daß es sie objektiv nicht gibt, nicht geben kann, als die Diktatur
der Kornilowleute oder die Diktatur des Proletariats. Vergessen
wir das, sagen wir uns von allem los, und warten wir! Worauf?
Auf ein Wunder ..."

## 12.

### Die Rede Miljukows

#### (Auszüge)

„... Es scheint, man erkennt jetzt überall an, daß die Verteidigung des Staates die Hauptaufgabe des Augenblicks ist und daß es,
um sie erfolgreich zu lösen, der Disziplin in der Armee und der
Ordnung im Lande bedarf. Um diese Voraussetzungen zu schaffen,
müssen wir eine Macht haben, die nicht nur zu überzeugen versucht,
sondern auch mit Gewalt zu handeln vermag ... Die Grundlage all
unseres Unglücks ist der originelle, rein russische Standpunkt in den
Fragen der Außenpolitik, der gewöhnlich internationalistischer
Standpunkt genannt wird.

Wenn Herr Lenin meint, in Rußland werde eine neue Welt geboren, durch die auch der alte Westen erneuert werde, daß diese
neue Welt das alte Banner des doktrinären Sozialismus ablöse durch
das neue unmittelbare Handeln der hungernden Massen, wenn er
annimmt, daß die Menschheit auf solche Weise vorankommen wird
und die Türen einschlägt, die uns vom sozialistischen Paradies trennen, dann ahmt er damit doch nur Kerenski nach ...

Diese Leute haben aufrichtig geglaubt, daß der Zerfall in Rußland zum Zerfall der ganzen bürgerlichen Welt führe. Von diesem
Standpunkt ausgehend, sind sie imstande, unbewußt in der Kriegs-

zeit Landesverrat zu begehen oder ganz kaltblütig den Soldaten einzuflüstern, daß sie die Schützengräben verlassen müssen und daß sie, anstatt gegen den Feind zu kämpfen, den Bürgerkrieg im Innern entfesseln und über die Gutsbesitzer und Kapitalisten herfallen sollen ..."

Hier wurde die Rede Miljukows durch wütendes Geschrei von links unterbrochen. Die Deputierten forderten, daß er sage, wer von den Sozialisten zu solchen Handlungen aufgerufen habe.

„Martow sagt, daß nur der revolutionäre Druck des Proletariats den bösen Willen der imperialistischen Cliquen unterdrücken und besiegen und ihre Diktatur vernichten kann ... Das kann nicht durch Abkommen zwischen den Regierungen über die Einschränkung der Rüstungen getan werden, sondern allein durch Entwaffnung dieser Regierungen und durch radikale Demokratisierung des ganzen Militäraufbaus ..."

Nach verschiedenen üblen und ungerechtfertigten Ausfällen gegen Martow ging Miljukow zu den Menschewiki und Sozialrevolutionären über und beschuldigte sie, nur darum in die Regierung eingetreten zu sein, um in ihr den Klassenkampf zu führen.

„Die Sozialisten Deutschlands und der alliierten Länder schauen auf diese Herren mit kaum verhüllter Verachtung; doch sie meinen, daß das Sache Rußlands sei, und haben uns einige Prediger des Weltbrandes geschickt.

Die Formel unserer revolutionären Demokratie ist höchst einfach: weder Außenpolitik noch diplomatische Kunst, sondern unverzüglicher demokratischer Frieden, Deklaration an die Alliierten: ‚Wir brauchen nichts, wir haben für nichts zu kämpfen'. Dann werden unsere Gegner sofort eine gleiche Deklaration loslassen, und die Verbrüderung der Völker wird eine vollendete Tatsache."

Miljukow verspottete das Zimmerwalder Manifest und erklärte, daß selbst Kerenski sich dem Einfluß „dieses unheilbringenden Dokuments, das für immer eine Anklageschrift gegen euch sein wird", nicht entziehen konnte. Dann fiel er über Skobelew her und behauptete, daß dieser auf der Pariser Konferenz als ein Regierungsvertreter, der in Opposition zu der Außenpolitik seiner eigenen Regierung steht, unter den ausländischen Diplomaten in eine so seltsame Lage kommen wird, daß alle sagen werden: „Was will denn dieser Herr und worüber soll man eigentlich mit ihm sprechen?" Was den „Nakas" angehe, erklärte Miljukow, daß er selbst

Pazifist sei, daß er ebenfalls an die Schaffung eines internationalen Schiedsbüros glaube, auch an die Notwendigkeit, die Rüstungen einzuschränken und über die Geheimdiplomatie eine parlamentarische Kontrolle auszuüben, woraus übrigens aber nicht folge, daß diese Geheimdiplomatie gänzlich abgeschafft werden müsse.

Zu den sozialistischen Ideen des „Nakas" übergehend, zu den Ideen, die er „Stockholmer Ideen" nannte (Frieden ohne Sieg, Selbstbestimmungsrecht der Völker, Einstellung des ökonomischen Krieges), erklärte Miljukow:

„Die Erfolge Deutschlands stehen in direktem proportionalem Verhältnis zu den Erfolgen jener Leute, die sich revolutionäre Demokratie nennen. Ich sage nicht, daß sie in direktem proportionalem Verhältnis zu den ‚Erfolgen der Revolution' stehen, denn ich nehme an, daß die Niederlagen der revolutionären Demokratie eben Siege der Revolution sind . . .

Der Einfluß der Sowjetfunktionäre auf die Umwelt ist ganz und gar nicht so gering. Man braucht nur die Rede des Ministers für Auswärtige Angelegenheiten anzuhören, um sich davon zu überzeugen, daß in diesem Saale der Einfluß der revolutionären Demokratie auf die Außenpolitik so stark ist, daß der Minister, Aug' in Aug' mit dieser revolutionären Demokratie, darauf verzichtet, laut von der Ehre und Würde Rußlands zu sprechen.

Aus dem Nakas der Sowjets können wir ersehen, daß die Ideen des Stockholmer Manifestes in zwei Richtungen entwickelt werden: in Richtung des Utopismus und im Geiste der deutschen Interessen."

Zornige Zwischenrufe von links unterbrachen den Redner, und der Vorsitzende erteilte ihm einen Ordnungsruf. Miljukow blieb dabei, daß ein Friedensvorschlag, der nicht von der Diplomatie, sondern von Volksversammlungen ausgearbeitet wird, ein Vorschlag, Friedensverhandlungen zu beginnen, sobald der Feind auf Annexionen verzichtet, den Deutschen in die Hände spiele. Vor kurzem hatte Kühlmann gesagt, daß eine persönliche Erklärung nur für den bindend sei, der sie abgegeben hat . . . „Jedenfalls werden wir eher die Deutschen nachahmen als den Sowjet der Arbeiter- und Soldatendeputierten . . ."

„Die Paragraphen, die von der Unabhängigkeit Litauens und Lettlands sprechen, sind Symptome nationalistischer Agitation, die in verschiedenen Teilen des Landes betrieben und" – nach den Worten Miljukows – „mit deutschen Geldern unterstützt wird . . ."

Trotz des wilden Geschreis und des Lärms auf den Bänken der linken Seite stellte der Redner die Artikel des „Nakas", die Elsaß-Lothringen, Rumänien und Serbien betreffen, den Artikeln des gleichen „Nakas" gegenüber, die von den Nationalitäten Deutschlands und Österreichs handeln. Der „Nakas" vertrete den österreichisch-deutschen Standpunkt, behauptete Miljukow.

Hinsichtlich der Rede Tereschtschenkos beschuldigte der Redner diesen verächtlich, er habe nicht einmal offen zu sagen gewagt, was er denke, und er habe sogar nicht einmal in jenen Termini zu denken gewagt, die der Größe Rußlands entsprechen. Die Dardanellen müssen russisch sein . . .

„Ihr redet ständig davon, daß der Soldat nicht weiß, wofür er kämpft, und daß er, wenn er es wüßte, kämpfen würde . . . Es ist völlig richtig, daß der Soldat nicht weiß, wofür er kämpft, aber jetzt habt ihr ihm gesagt, daß er ganz umsonst kämpft, daß wir keinerlei nationale Interessen haben, daß wir für fremde Ziele kämpfen . . ."

Miljukow schloß seine Rede, an die Alliierten gewandt, die, nach seinen Worten, unterstützt von Amerika, „jetzt die gemeinsame Sache der Menschheit retten":

„Es lebe das Licht der Menschheit – die fortschrittlichen Demokratien des Westens, die schon längst einen bedeutenden Teil des Weges durchschritten haben, den wir eben erst noch mit zögernden, unsicheren Schritten betreten! Es leben unsere tapferen Verbündeten!"


## 13.

### Interview mit Kerenski

Der Vertreter der Associated Press versuchte es als erster. „Mr. Kerenski", begann er, „in England und Frankreich sind die Menschen von der Revolution enttäuscht . . ."

„Ja, ich weiß", unterbrach Kerenski spöttisch. „Heute ist die Revolution im Ausland nicht mehr die große Mode!"

„Wie erklären Sie sich, daß die Russen nicht mehr kämpfen?"

„Das ist eine sehr dumme Frage." Kerenski war ärgerlich. „Rußland war der erste alliierte Staat, der in den Krieg eingetreten ist, und es hat lange Zeit die Hauptlast zu tragen gehabt. Seine Verluste sind unvergleichlich größer gewesen als die aller anderen Nationen zusammengenommen. Rußland hat jetzt das Recht, von den Alliierten zu verlangen, daß sie eine größere Kampfkraft aufwenden." Er hielt einen Augenblick ein und starrte den Fragenden an. „Sie fragen, warum die Russen nicht mehr kämpfen, und die Russen fragen, wo ist die britische Flotte – angesichts der deutschen Kriegsschiffe in der Rigaer Bucht?" Wieder verstummte er plötzlich und stieß dann ebenso unvermittelt hervor: „Die russische Revolution ist nicht gescheitert, und die revolutionäre Armee ist nicht gescheitert. Nicht die Revolution hat die Desorganisation der Armee herbeigeführt – die Desorganisation wurde schon viel früher bewerkstelligt, vom alten Regime. Warum kämpfen die Russen nicht? Ich will es Ihnen sagen. Weil die Volksmassen wirtschaftlich erschöpft sind – und weil die Alliierten sie enttäuscht haben!"

Das Interview, aus dem dieser Auszug stammt, ging auf telegrafischem Wege in die USA und wurde ein paar Tage später vom amerikanischen Außenministerium zurückgeschickt mit der Forderung, es „abzuändern". Kerenski weigerte sich, aber sein Sekretär, Dr. David Soskis, nahm die Abänderungen vor, und so ging das Interview ohne jeden Angriff auf die Alliierten in alle Welt hinaus.

### KAPITEL III

#### 1.

*„Resolution der bolschewistischen Fraktion, angenommen von der Gesamtrussischen Konferenz der Fabrik- und Werkstättenkomitees zum Referat des Genossen Larin*

#### I.

1. Nachdem die Selbstherrschaft auf politischem Gebiet gestürzt worden ist, strebt die Arbeiterklasse danach, auch auf dem Gebiet ihrer Produktionstätigkeit der demokratischen Ordnung zum Siege zu verhelfen. Ausdruck dieses Bestrebens ist die Idee der Arbeiterkontrolle, die in der bestehenden Situation der wirtschaftlichen Zerrüttung, die durch die verbrecherische Politik der herrschenden Klassen heraufbeschworen wurde, natürlicherweise entstanden ist.

2. Die Organisierung der Arbeiterkontrolle ist eine ebensolche gesunde Erscheinungsform der Initiative der Arbeiter auf dem Ge-

biete der Produktion, wie die Organisation der Parteitätigkeit auf dem Gebiet der Politik, wie die Organisation der Gewerkschaftsverbände auf dem Gebiete der Arbeits- und Lohnverhältnisse, wie die Organisierung von Genossenschaften auf dem Gebiet des Konsums und die Organisierung von Klubs auf dem Gebiet der Kultur.

3. Die Arbeiter sind mehr als die Besitzer an einer richtigen und kontinuierlichen Arbeit der Industriebetriebe interessiert. Die Arbeiterkontrolle gewährleistet in dieser Beziehung die Interessen der gesamten heutigen Gesellschaft, des ganzen Volkes besser als allein nur das selbstherrliche Gutdünken der Besitzer, die sich von Erwägungen ihres eigennützigen materiellen oder politischen Vorteils leiten lassen. Darum ist die Arbeiterkontrolle nicht nur eine Forderung des Proletariats, sondern sie liegt auch im Interesse des ganzen Landes und muß von der revolutionären Bauernschaft und der revolutionären Armee unterstützt werden.

## II.

4. Angesichts der negativen Einstellung der Mehrheit der Kapitalisten zur Revolution ist eine richtige Verteilung der Materialien und des Brennstoffs und eine normale Leitung der Arbeiten, wie die Erfahrung hinreichend erwiesen hat, ohne Arbeiterkontrolle ganz unmöglich.

5. Allein die Arbeiterkontrolle über die kapitalistischen Betriebe, die ein bewußtes Verhältnis zur Sache herausbildet und ihre gesellschaftliche Bedeutung klarmacht, wird günstige Bedingungen schaffen für eine bewußte feste Arbeitsdisziplin und für eine möglichst hohe Arbeitsproduktivität.

6. Der bevorstehende Übergang der Wirtschaft zur Friedensproduktion und im Zusammenhang damit die Neuverteilung der Arbeitskräfte im Lande unter den Betrieben ist nur bei demokratischer Selbstverwaltung der Arbeiter selbst hinsichtlich der Verfügung über ihre Person im Zuge der Neuverteilung der Arbeitskräfte ohne schwerste Erschütterungen denkbar. Darum ist die Einführung der Arbeiterkontrolle eine der unumgänglichen Voraussetzungen für die Demobilisierung der Industrie.

7. Entsprechend der von der politischen Partei des russischen Proletariats, der Sozialdemokratischen Arbeiterpartei Rußlands (Bolschewiki), aufgestellten Losung: ‚Arbeiterkontrolle im gesamtstaatlichen Maßstab‘, muß die Arbeiterkontrolle, um fruchtbrin-

gende Resultate zu erzielen, alle kapitalistischen Betriebe umfassen, darf sie nicht zufällig, nicht systemlos sein, sondern muß organisiert und planmäßig errichtet werden, nicht losgelöst vom wirtschaftlichen Leben des Landes insgesamt.

8. Das Wirtschaftsleben des Landes, Landwirtschaft wie Industrie, Handel und Verkehrswesen, muß einem Plan untergeordnet sein, der der Befriedigung der persönlichen und wirtschaftlichen Bedürfnisse der breiten Volksmassen dient, der von deren gewählten Vertretern bestätigt ist und der unter der Leitung dieser Vertreter durch die entsprechenden staatlichen und lokalen Institutionen zur Durchführung des Wirtschaftsplans realisiert wird.

9. Der Teil des Plans, der sich auf die Landwirtschaft bezieht, wird unter der Kontrolle der Bauern- und Landarbeiterorganisationen durchgeführt; der Teil des Plans, der die Industriebetriebe betrifft, die mit Lohnarbeitern betrieben werden, sowie den Handel und das Transportwesen, ist unter der Kontrolle der Arbeiter durchzuführen. Dabei sind die Fabrikkomitees und die ihnen entsprechenden Komitees natürliche Organe der Arbeiterkontrolle; auf dem Arbeitsmarkt sind solche Organe die Gewerkschaftsverbände.

10. Die kollektiven Tarifverträge, die die Gewerkschaftsverbände für den größeren Teil der Arbeiter irgendeines Arbeitszweiges abgeschlossen haben, müssen von allen Besitzern der Betriebe dieses Zweiges im entsprechenden Gebiet eingehalten werden.

11. Die Arbeitsämter sollen in die Verwaltung der Gewerkschaftsverbände als proletarische Klassenorganisationen übergehen, die im Rahmen des allgemeinen Wirtschaftsplanes und in Übereinstimmung mit ihm wirken.

12. Die Gewerkschaftsverbände müssen das Recht erhalten, nach ihrem Ermessen bei jedweden Verstößen gegen Arbeitsverträge oder die Arbeitergesetzgebung hinsichtlich aller Arbeiter des betreffenden Arbeitszweiges vor Gericht Klage zu erheben.

13. In allen Angelegenheiten, die die Arbeiterkontrolle über die Produktion, die Verteilung der Arbeitskräfte und den Arbeitsmarkt betreffen, müssen die Gewerkschaftsverbände mit den Arbeitern des betreffenden Betriebes über deren Fabrikkomitees Verbindung aufnehmen.

14. Die innerbetriebliche Ordnung, Einstellung, Entlassung, Urlaub, Brackierung, Feststellung des Grades der Arbeitsfähigkeit und des fachlichen Könnens, Feststellung der Gründe für Lösung des

Arbeitsvertrages, Konflikte mit der Werkleitung und sonstige Fragen des innerbetrieblichen Lebens dürfen nach Einführung der Arbeiterkontrolle ausschließlich nur mit Zustimmung und Bestätigung des Fabrikkomitees entschieden werden, dem auch das Recht zugestanden werden muß, Verwaltungsmitglieder des Betriebes abzulehnen.

15. Das Fabrikkomitee bildet eine Kontrollkommission zur Kontrolle über Richtigkeit und Sicherung sowohl der Versorgung des Betriebes mit Materialien, Brennstoffen, Aufträgen, Arbeitern und technischen Kräften (inbegriffen auch Maschinenausrüstung) und allen anderen Bedarfsgegenständen sowie der Maßnahmen, als auch zur Kontrolle der Abstimmung der Tätigkeit des Betriebes mit dem allgemeinen Wirtschaftsplan. Die Werkleitung ist verpflichtet, den Arbeiterkontrolleuren zur Kenntnisnahme und Durchführung der Kontrolle alle Angaben zu machen, ihnen die Möglichkeit zu geben, diese Angaben zu überprüfen, und ihnen alle Geschäftsbücher des Betriebes vorzulegen.

16. Werden durch die Arbeiterkontrolle irgendwelche zweifelhaften Dinge oder Unrichtigkeiten aufgedeckt, die mit den eigenen Kräften und den Mitteln, die den Arbeitern des einzelnen Betriebes zur Verfügung stehen, nicht beseitigt oder geklärt werden können, wendet sich das Fabrikkomitee an die Versammlung aller Fabrikkomitees des entsprechenden Produktionszweiges des betreffenden Gebietes um Unterstützung. Die Versammlung erwirkt bei den zuständigen Institutionen zur Durchführung des Wirtschaftsplanes die notwendigen Maßnahmen, einschließlich des völligen Sequestrierens des Betriebes.

17. Die Fabrikkomitees einzelner Betriebe sollen sich nach Produktionszweigen zusammenschließen, um die Kontrolle über den ganzen Industriezweig im Sinne der Abstimmung seiner Arbeit mit dem allgemeinen Wirtschaftsplan und im Sinne der sachlichen Zweckmäßigkeit der Verteilung der Aufträge, Materialien, Brennstoffe, der technischen Ausrüstung und der Arbeitskräfte zu erleichtern sowie auch um die Zusammenarbeit mit den nach Produktionszweigen organisierten Gewerkschaftsverbänden besser zu gestalten.

18. Die städtischen Räte der Gewerkschaften und Fabrikkomitees vertreten das Proletariat in den staatlichen und örtlichen Institutionen zur Ausarbeitung und Durchführung des Wirtschaftsplans und zur Organisierung des Warenaustausches zwischen Stadt und Land; sie sind die oberste Instanz bei der Durchführung der

Arbeiterkontrolle durch die Fabrikkomitees und Gewerkschaften im betreffenden Gebiet und erlassen allgemeinverbindliche Bestimmungen über die Arbeitsdisziplin bei der Durchführung von Arbeiten, die durch allgemeine Abstimmung der Arbeiter bestätigt werden.

19. Die Konferenz verlangt die Arbeiterkontrolle im gesamtstaatlichen Maßstab, doch fordert sie die Genossen schon jetzt auf, sie in dem Grade durchzuführen, wie sie nach Maßgabe der Kräfte in den einzelnen Orten möglich ist. Sie erklärt die Inbesitznahme einzelner Betriebe durch Arbeiter zu deren Gunsten als mit den Zielen der Arbeiterkontrolle nicht vereinbar.*"

## 2.

### Die bürgerliche Presse über die Bolschewiki

„Russkaja Wolja" schreibt am 28. (15.) Oktober: „Der kritische Augenblick rückt näher. Es ist der kritische Augenblick für die Bolschewiki. Entweder sie liefern uns ... eine zweite Auflage der Ereignisse vom 3. bis 5. Juli, oder sie müssen zugeben, daß sie mit ihren Plänen und Bestrebungen, mit ihrer frechen Politik des Bruchs mit allen bewußten nationalen Elementen ein völliges Fiasko erlitten haben.

Welche Chancen haben die Bolschewiki für einen Erfolg?

Es ist schwer, auf diese Frage eine Antwort zu geben, denn die Haupthilfsquelle der Bolschewiki ist ... die Unwissenheit der Massen. Sie spekulieren auf diese Unwissenheit, sie benutzen sie für eine hemmungslose Demagogie ...

Die Regierung muß eingreifen. Sie hat die moralische Unterstützung des Rates der Republik und muß ganz offen eine antibolschewistische Position beziehen ...

Wenn aber die Bolschewiki eine Aktion gegen die gesetzliche Macht provozieren sollten und damit den Deutschen eine Möglichkeit geben, zum Angriff überzugehen, muß man mit ihnen wie mit Putschisten und Verrätern verfahren ..."

„Birshewyje Wedomosti" vom 28. (15.) Oktober: „Jetzt, da sich die Bolschewiki von der ganzen übrigen Demokratie abgespalten haben, ist es viel leichter, sie zu bekämpfen, und es hat auch jetzt

---

* John Reed hatte Punkt 19 nicht angeführt. *Die Red.*

keinen Sinn mehr, für diesen Kampf ihren Angriff abzuwarten. Im Gegenteil, die Regierung darf einen solchen Angriff nicht zulassen . . .

Die Aufrufe der Bolschewiki zum Aufstand und zur Anarchie sind strafrechtlich zu verfolgende Handlungen, und selbst im freiesten Lande würden die Verfasser solcher Appelle schwere Strafe erhalten. Denn das, was die Bolschewiki tun, ist kein politischer Kampf gegen die Regierung oder gar um die Macht, es ist eine Propagierung der Anarchie, der Pogrome, des Bürgerkriegs. Eine solche Propaganda muß mit der Wurzel ausgerottet werden; um den Kampf gegen die Pogromhetze aufzunehmen, wäre es sehr seltsam, abzuwarten, bis die Pogrome faktisch beginnen . . ."

„Nowoje Wremja" vom 1. November (19. Oktober): „. . . Warum läßt der Regierung nur das Datum des 20. Oktober keine Ruhe, und warum haben sie nicht der 20. September oder der 30. August beunruhigt? Rußland brennt und wird verwüstet nicht erst seit heute, und der Rauch dieser furchtbaren Brandstätte beißt unseren Bundesgenossen schon lange in die Augen.

Gab es in dieser Zeit wenigstens eine Verfügung der Regierung, die darauf gerichtet war, der Anarchie Einhalt zu gebieten, versuchte jemand die Feuersbrunst, die ganz Rußland erfaßt hat, zu löschen?

War sie dazu imstande?!

Die Regierung hatte für sich eine dringendere Aufgabe erfunden. Sie unterdrückte jenen Putsch (den Kornilowputsch), von dem man von allen Seiten verdutzt fragte: ‚Gab es ihn denn?‘ . . ."

### 3.

#### Die gemäßigte sozialistische Presse über die Bolschewiki

„Delo Naroda" (die Zeitung der Sozialrevolutionäre) schrieb am 28. (15.) Oktober: „Das schwerste Verbrechen der Bolschewiki gegen die Revolution besteht darin, daß sie alles Unglück, durch das die Massen so furchtbar leiden, ausschließlich durch die bösen Absichten der revolutionären Regierung erklären, wohingegen dieses Unglück in Wirklichkeit durch objektive Ursachen hervorgerufen ist.

Sie versprechen den Massen goldene Berge, wobei sie aber von vornherein wissen, daß sie keines ihrer Versprechen werden einlösen

430

können; sie führen die Massen einen falschen Weg, sie betrügen sie in der Frage der Ursachen aller Schwierigkeiten ...

Die Bolschewiki sind die gefährlichsten Feinde der Revolution..."

„Den" (die Zeitung der Menschewiki) vom 30. (17. Oktober): „Besteht darin die ‚Pressefreiheit'? ‚Nowaja Rus' und ‚Rabotschi Put' rufen tagtäglich und offen zum Aufstand auf. Jeden Tag begehen diese beiden Zeitungen in ihren Spalten wirkliche Verbrechen. Jeden Tag hetzen sie zu Ausschreitungen ... Ist das ‚Pressefreiheit'?

Die Regierung muß sich und uns schützen. Wir haben das Recht, zu fordern, daß die Regierungsmaschine nicht untätig bleibt, wenn das Leben der Bürger durch blutige Pogrome bedroht ist."

## 4.

### „Jedinstwo"

Plechanows Zeitung „Jedinstwo" stellte ihr Erscheinen ein paar Wochen nach der Machtübernahme durch die Sowjets ein. Entgegen den sehr verbreiteten Äußerungen in der Öffentlichkeit wurde „Jedinstwo" nicht von der Sowjetregierung verboten. In der letzten Nummer gab die Zeitung selbst zu, sie müsse ihr Erscheinen einstellen, *weil sie nicht genügend Abonnenten habe* ...

## 5.

### Waren die Bolschewiki Verschwörer?

Die französische Zeitung „Entente" in Petrograd veröffentlichte am 15. November einen Artikel, in dem es unter anderem heißt:

„Die Regierung Kerenski diskutiert und zögert. Die Regierung Lenin-Trotzki greift an und handelt.

Letztere nennt man die Regierung der Verschwörer, aber das ist falsch. Regierung der Usurpatoren, ja, wie alle revolutionären Regierungen, die über ihre Gegner siegen. Verschwörer – nein!

Nein! Sie haben keine Verschwörung gesponnen. Im Gegenteil, offen, kühn, unzweideutig, ohne ihre Absichten zu verbergen, vermehrten sie ihre Agitation, verstärkten sie ihre Propaganda in den Fabriken, in den Kasernen, an der Front, auf dem Lande, überall. Sie legten sogar den Tag für ihren bewaffneten Aufstand vorher fest, das Datum der Machtergreifung ...

*Sie* Verschwörer? Nein, niemals ..."

## 6.

### Aufruf gegen den Aufstand

Vom Zentralen Armeekomitee

„... Vor allem bestehen wir auf der strikten Ausführung des organisierten Willens der Mehrheit des Volkes, der zum Ausdruck gebracht wird durch das Organ der Volksmacht, durch die Provisorische Regierung im Einvernehmen mit dem Rat der Republik und dem Zentralexekutivkomitee ...

Jeglicher Versuch, diese Macht durch Gewalt zu einem Zeitpunkt zu stürzen, da eine Regierungskrise unvermeidlich Desorganisation hervorruft, Zerrüttung im Lande und Bürgerkrieg mit sich bringt, wird von der Armee als konterrevolutionäre Aktion betrachtet und mit Waffengewalt unterdrückt werden ...

Die Interessen aller einzelnen Gruppen und Klassen müssen sich dem einheitlichen gemeinsamen Interesse unterordnen – nämlich der Hebung der Arbeitsproduktivität unserer Industrie und der gerechten Verteilung aller notwendigsten Bedarfsgüter.

Alle Leute, die Sabotage, Desorganisation und Unruhen stiften wollen, alle Deserteure, Plünderer und Tagediebe sind zu zwingen, im Hinterland der Armee schwere Arbeit zu verrichten ...

Wir schlagen der Provisorischen Regierung vor, aus diesen Leuten, die den Volkswillen mißachten, aus diesen Feinden der Revolution besondere Arbeitsabteilungen zu formieren und sie zu zwingen, im Hinterland, an der Front, in den Schützengräben, unter dem feindlichen Feuer zu arbeiten ...“


## 7.

### Ereignisse in der Nacht des 6. November

Gegen Abend begannen Gruppen von Rotgardisten die Druckereien der bürgerlichen Zeitungen zu besetzen. Dort wurden dann die Zeitungen „Rabotschi Put“ und „Soldat“ und verschiedene Proklamationen in Hunderttausenden von Exemplaren gedruckt. Die Stadtmiliz erhielt den Befehl, die Eindringlinge zu vertreiben, stellte aber fest, daß die Druckereien verbarrikadiert waren und von Bewaffneten verteidigt wurden. Soldaten, die den Befehl zum Angriff auf die Druckereien erhielten, verweigerten den Gehorsam.

Etwa um Mitternacht rückte ein Oberst mit einer Kompanie Offiziersschüler im Klub „Freier Geist" an mit einem Haftbefehl gegen den Redakteur des „Rabotschi Put". Im Handumdrehen hatte sich auf der Straße eine gewaltige Menschenmenge angesammelt und drohte, die Offiziersschüler zu lynchen. Daraufhin bat der Oberst, zusammen mit seinen Offiziersschülern in Schutzhaft genommen und in die Peter-Pauls-Festung gebracht zu werden. Dieser Bitte wurde entsprochen.

Um ein Uhr besetzte eine Abteilung Soldaten und Matrosen vom Smolny das Telegrafenamt.* Um ein Uhr fünfunddreißig wurde das Postamt besetzt. Gegen Morgen wurde das Militärhotel besetzt und um fünf Uhr die Telefonzentrale.** Bei Tagesanbruch wurde die Staatsbank umstellt. Um zehn Uhr morgens wurden alle Zugänge zum Winterpalast von Truppen abgeriegelt.

## KAPITEL IV

### 1.

### *Ereignisse am 7. November*

Von vier Uhr morgens bis Tagesanbruch blieb Kerenski im Petrograder Hauptquartier des Stabes und sandte Befehle an die Kosaken und Offiziersschüler der Schulen in und um Petrograd – die alle antworteten, sie seien nicht in der Lage, etwas zu unternehmen.

Oberst Polkownikow, der Stadtkommandant, eilte zwischen dem Stab und Winterpalast hin und her, offensichtlich völlig planlos. Kerenski gab Befehl, die Brücken zu öffnen; drei Stunden vergingen, ohne daß sich etwas rührte. Dann zogen ein Offizier und fünf Mann auf eigene Faust los, schlugen eine rotgardistische Wache in die Flucht und öffneten die Nikolaibrücke. Sofort nach ihrem Abzug wurde die Brücke von Matrosen wieder geschlossen.

Kerenski befahl, die Druckerei des „Rabotschi Put" zu besetzen. Der damit beauftragte Offizier sollte eine Abteilung Soldaten erhalten; zwei Stunden später versprach man ihm ein paar Offiziersschüler; dann sprach niemand mehr von dem Befehl.

Ein Versuch wurde unternommen, Post und Telegrafenamt wieder

---

\* Das Telegrafenamt wurde um zwei Uhr nachts besetzt. *Die Red.*
\*\* Die Telefonzentrale wurde um sieben Uhr morgens besetzt. *Die Red.*

in Besitz zu nehmen; ein paar Schüsse wurden abgegeben, und dann erklärten die Soldaten der Provisorischen Regierung, sie würden nicht mehr gegen die Sowjets kämpfen.

Einer Delegation von Offiziersschülern erklärte Kerenski:

„Als Haupt der Provisorischen Regierung und als Oberster Befehlshaber weiß ich nichts und kann ich Ihnen nicht raten. Als Veteran der Revolution aber rufe ich Sie auf, junge Revolutionäre, auf Ihrem Posten zu bleiben und die Errungenschaften der Revolution zu verteidigen."

*Befehl Kischkins vom 7. November (25. Oktober)*

„Durch Erlaß der Provisorischen Regierung ist bestimmt: Das Mitglied der Provisorischen Regierung N. M. Kischkin erhält außerordentliche Vollmachten zur Herstellung der Ordnung in der Hauptstadt und zur Verteidigung Petrograds gegen jegliche anarchistische Übergriffe, von wo sie auch ausgehen mögen. Alle Militär- und Zivilbehörden werden ihm unterstellt.

Auf Grund der mir von der Provisorischen Regierung übertragenen Vollmachten entbinde ich den Oberbefehlshaber des Petrograder Militärbezirks, Oberst Georgi Polkownikow, von seinen ihm auferlegten Pflichten."

*Aufruf des stellvertretenden Ministers*
*des Vorsitzenden der Provisorischen Regierung, Konowalow, an die Bevölkerung*
*vom 7. November (25. Oktober)*

„Bürger, rettet die Heimat, die Republik, die Freiheit! Wahnsinnige haben sich zum Aufstand gegen die einzige Staatsmacht erhoben, die vom Volk bis zur Einberufung der Konstituierenden Versammlung eingesetzt wurde – gegen die Provisorische Regierung. Die Mitglieder der Provisorischen Regierung erfüllen ihre Pflicht, sie bleiben auf ihrem Posten und werden ihre Arbeit zum Wohl der Heimat, für die Wiederherstellung der Ordnung und für die Einberufung der Konstituierenden Versammlung, des künftigen bevollmächtigten Herrn der russischen Erde und aller Völker, die sie bewohnen, in der festgesetzten Frist fortsetzen.

Bürger, ihr müßt der Provisorischen Regierung helfen. Ihr müßt ihre Macht stärken. Ihr müßt den Wahnsinnigen, denen sich alle Feinde der Freiheit und der Ordnung, alle Anhänger der alten Ordnung angeschlossen haben, ihr müßt allen, die die Konstituierende Versammlung vereiteln, alle Errungenschaften der Revolution vernichten, die die Zukunft unserer teuren Heimat zunichte machen' wollen, in die Arme fallen!

Bürger, organisiert euch um die Provisorische Regierung zum Schutze ihrer provisorischen Macht, im Namen der Ordnung und des Glücks aller Völker unserer großen Heimat.

25. Oktober 1917"

*Funkspruch der Provisorischen Regierung*

„. . . Der Petrograder Sowjet der Arbeiter- und Soldatendeputierten hat die Provisorische Regierung für gestürzt erklärt und hat die Übergabe der gesamten Macht an ihn gefordert unter Androhung der Beschießung des Winterpalastes mit den Geschützen der Peter-Pauls-Festung und des Kreuzers ‚Aurora‘, der auf der Newa vor Anker liegt.

Die Regierung kann die Macht nur der Konstituierenden Versammlung übergeben, sie hat darum beschlossen, sich nicht zu ergeben und sich dem Schutz des Volkes und der Armee anzuvertrauen. Darüber ist ein Telegramm ins Hauptquartier abgesandt worden. Das Hauptquartier antwortete, daß es eine Abteilung absende.

Mögen das Land und das Volk auf den wahnwitzigen Versuch der Bolschewiki, einen Aufstand im Hinterland der kämpfenden Armee zu entfesseln, antworten.

25. Oktober, 9 Uhr abends."

Etwa um 9 Uhr morgens begab sich Kerenski an die Front . . .*

Gegen Abend erschienen zwei Soldaten auf Fahrrädern im Hauptquartier des Stabes, als Delegierte der Garnison der Peter-Pauls-Festung. Sie traten in den Versammlungsraum, wo Kischkin, Rutenberg, Paltschinski, General Bagratuni, Oberst Paradelow und Graf Tolstoi saßen, und forderten die sofortige Übergabe des Stabes; andernfalls würde das Hauptquartier bombardiert . . . Nach zwei in wilder Panik abgehaltenen Konferenzen zog sich der Stab in den Winterpalast zurück, und das Hauptquartier wurde von den Rotgardisten besetzt . . .

Am späten Nachmittag kreuzten mehrere Panzerwagen der Bolschewiki um den Platz vor dem Winterpalast und versuchten vergeblich, mit den Offiziersschülern zu verhandeln . . .

---

* Kerenski fuhr um 11 Uhr 30 vormittags aus Petrograd an die Front, den von ihm herbeizitierten Truppen „entgegen". *Die Red.*

Die Beschießung des Winterpalastes begann etwa um 7 Uhr abends . . .

Um 10 Uhr abends begann der Artilleriebeschuß von drei Seiten. Die meisten Geschosse waren Blindgänger, und nur drei kleine Schrapnells beschädigten die Fassade des Palastes . . .

## 2.
### Kerenski auf der Flucht

Kerenski verließ Petrograd am Morgen des 7. November und kam im Auto in Gatschina an. Dort verlangte er einen Sonderzug. Gegen Abend war er in Ostrow, Gouvernement Pskow. Am nächsten Morgen fand eine außerordentliche Sitzung des örtlichen Sowjets der Arbeiter- und Soldatendeputierten statt, an der auch Delegierte der Kosaken teilnahmen – in Ostrow waren sechstausend Kosaken stationiert.

Kerenski sprach auf der Sitzung, bat um Hilfe gegen die Bolschewiki und wandte sich dabei besonders an die Kosaken. Die Soldatendelegierten protestierten.

„Wozu sind Sie hergekommen?" wurden Stimmen laut. Kerenski antwortete: „Um die Kosaken zu bitten, bei der Unterdrückung des bolschewistischen Aufstands zu helfen!" Darauf erhob sich ein Proteststurm, der noch heftiger wurde, als Kerenski fortfuhr: „Ich habe den Aufstandsversuch Kornilows zerschlagen, und ich werde auch die Bolschewiki zerschlagen!" Der Tumult wurde so groß, daß er abtreten mußte . . .

Die Soldatendeputierten und die Ussurikosaken beschlossen, Kerenski zu verhaften, aber die Donkosaken hinderten sie und sorgten dafür, daß er mit dem Zug weiterfahren konnte . . . Ein revolutionäres Militärkomitee, das im Laufe des Tages gebildet worden war, versuchte, sich mit der Garnison in Pskow in Verbindung zu setzen, aber die Telefon- und Telegrafenleitungen waren durchschnitten . . .

Kerenski erreichte Pskow nicht. Revolutionäre Soldaten hatten die Schienen herausgerissen, um zu verhindern, daß Truppen gegen die Hauptstadt geschickt wurden. Am 8. November nachts kam er im Auto in Luga an, wo er von den dort stationierten Todesbataillonen zuvorkommend empfangen wurde.

Am nächsten Tag fuhr er mit dem Zug an die Südwestfront und

besuchte das Armeekomitee im Hauptquartier. Die Fünfte Armee hatte jedoch den Erfolg der Bolschewiki mit wilder Begeisterung begrüßt, und das Armeekomitee konnte Kerenski keine Unterstützung versprechen.

Von dort aus fuhr er zum Stab nach Mogiljow, wo er zehn Regimentern von verschiedenen Frontabschnitten den Befehl erteilte, gegen Petrograd zu marschieren. Fast alle Soldaten weigerten sich, und die Regimenter, die sich doch in Bewegung setzten, kamen nicht sehr weit. Schließlich folgten ihm etwa fünftausend Kosaken ...

3.

### Zu den Plünderungen im Winterpalast

Ich will nicht behaupten, daß im Winterpalast überhaupt nicht geplündert wurde. Sowohl nach dem Fall des Winterpalastes als auch *vorher* ist genügend beiseite geschafft worden. Aber die Erklärung der sozialrevolutionären Zeitung „Narod" und die von Mitgliedern der Stadtduma, daß Wertsachen für 500 Millionen Rubel gestohlen worden seien, ist eine maßlose Übertreibung.

Die wichtigsten Kunstschätze des Winterpalastes – Gemälde, Statuen, Gobelins, seltenes Porzellan und Waffensammlungen – waren im September nach Moskau gebracht worden; und sie lagen auch zehn Tage, nachdem die Bolschewiki den Kreml besetzt hatten, noch unversehrt und in bester Ordnung in den Kellern des dortigen Zarenpalastes. Das kann ich persönlich bezeugen ...

Einzelpersonen, insbesondere die Bevölkerung, die nach der Besetzung des Winterpalastes mehrere Tage frei ein- und ausgehen konnten, ließen jedoch Tafelsilber, Uhren, Bettbezüge, Spiegel und ein paar Vasen aus wertvollem Porzellan und Halbedelsteinen im Wert von etwa 50 000 Dollar mitgehen.

Die Sowjetregierung bildete sofort eine Kommission aus Künstlern und Archäologen, die sich um die Rückführung der entwendeten Kunstschätze bemühte. Am 1. November wurden zwei Proklamationen erlassen:

### „An die Bürger Petrograds!

Wir richten an alle Bürger die eindringliche Bitte, alle Anstrengungen zu machen, um nach Möglichkeit alle Gegenstände, die in der Nacht vom 7. zum 8. November (25. zum 26. Oktober) aus dem

Winterpalast entwendet worden sind, ausfindig zu machen und sie dem Kommandanten des Winterpalastes zurückzugeben.

Aufkäufer entwendeter Gegenstände und Antiquitätenhändler, bei denen gestohlene Gegenstände gefunden werden, haben sich vor Gericht zu verantworten und werden streng bestraft.

Die Kommissare zur Beaufsichtigung der Museen und Kunstschätze

G. Jatmanow, B. Mandelbaum"

„An alle Regiments- und Flottenkomitees!

In der Nacht vom 7. zum 8. November (25. zum 26. Oktober) wurden aus dem Winterpalast, der Eigentum des russischen Volkes ist, eine Reihe wertvoller Kunstgegenstände gestohlen.

Wir rufen eindringlich alle auf, alle Anstrengungen zu machen, um die gestohlenen Kunstgegenstände wieder in den Winterpalast zu bringen.

Die Kommissare G. Jatmanow, B. Mandelbaum"

Etwa die Hälfte der Beute wurde gefunden, zum Teil im Gepäck von Ausländern, die Rußland verlassen wollten.

Auf Vorschlag des Smolny wurde eine Kommission von Künstlern und Archäologen beauftragt, eine Bestandsaufnahme der Kunstschätze im Winterpalast zu machen. Diese Kommission wurde mit der vollen Verantwortung für den Winterpalast und alle Kunstsammlungen und staatlichen Museen in Petrograd betraut. Am 16. November wurde der Winterpalast für das Publikum geschlossen und mit der Bestandsaufnahme begonnen.

In der letzten Novemberwoche erließ der Rat der Volkskommissare ein Dekret, in dem der Winterpalast unter dem neuen Namen „Museum des Volkes" der Kommission von Künstlern und Archäologen unterstellt und jede behördliche Tätigkeit in seinen Räumen verboten wurde ...

4.

*Zur Vergewaltigung des Frauenbataillons*

Unmittelbar nach dem Sturm auf den Winterpalast gingen in der antibolschewistischen Presse und der Stadtduma alle möglichen Gerüchte über das Schicksal des Frauenbataillons um, das angeblich den Winterpalast verteidigt hätte. Es wurde erzählt, einige der Mädchen seien aus den Fenstern auf die Straße gestürzt worden, die übrigen hätte man vergewaltigt, und viele seien durch die Greuel, die sie über sich ergehen lassen mußten, zum Selbstmord getrieben worden.

Die Stadtduma ernannte eine Kommission, die diese Angelegenheit untersuchen sollte. Am 16. November kehrte die Kommission aus Lewaschowo, dem Hauptquartier des Frauenbataillons, zurück. Frau Tyrkowa berichtete dazu, daß man die Mädchen zunächst in die Kaserne des Pawlowski-Regiments gebracht habe und dort einige schlecht behandelt worden seien; jetzt seien aber die meisten Mädchen in Lewaschowo, und die übrigen wohnten überall in der Stadt verstreut in Privatwohnungen. Dr. Mandelbaum, ein weiteres Mitglied der Kommission, erklärte trocken, *keine* der Frauen sei aus den Fenstern des Palastes gestürzt worden, *keine* sei verwundet, drei seien vergewaltigt worden und eine hätte Selbstmord begangen unter Zurücklassung eines Briefes, daß „all ihre Ideale zusammengebrochen" seien.

Am 21. November löste das Revolutionäre Militärkomitee auf eigenen Wunsch der Mädchen das Frauenbataillon auf, und die Mädchen kehrten in das zivile Leben zurück.

Louise Bryant schreibt in ihrem Buch „Sechs rote Monate in Rußland" sehr interessant über die Angehörigen des Frauenbataillons in dieser Zeit.

### KAPITEL V

#### 1.

*Aufrufe und Proklamationen*

Vom Revolutionären Militärkomitee, 8. November

„An alle Armeekomitees !
An alle Sowjets der Soldatendeputierten !

Die Petrograder Garnison und das Proletariat haben die Regierung Kerenskis, die sich gegen die Revolution des Volkes erhoben hatte, niedergerungen ... Indem das Revolutionäre Militärkomitee hiervon die Armee an der Front und im Hinterland verständigt, ruft es die revolutionären Soldaten auf, wachsam das Verhalten des Kommandostabes zu verfolgen. Die Offiziere, die sich direkt und offen der vollzogenen Revolution nicht angeschlossen haben, müssen sofort als Feinde verhaftet werden. Das Programm der neuen Macht erblickt der Petrograder Sowjet in dem sofortigen Vorschlag eines demokratischen Friedens, in der sofortigen Übergabe des Bodens der Gutsbesitzer an die Bauern, in der Übergabe aller Macht an die Sowjets und in der ehrlichen Einberufung der Konstituierenden Versammlung.

Die Revolutionäre Volksarmee darf keine Transporte unverläßlicher Truppenteile von der Front nach Petrograd zulassen. Greift durch Wort und Überredung ein; wo dies aber nicht hilft, verhindert die Transporte durch erbarmungslose Gewaltanwendung. Der gegenwärtige Befehl ist sofort vor den Truppenabteilungen aller Waffenarten zu verlautbaren. Die Verheimlichung dieses Befehls vor den Soldatenmassen durch die Armeeorganisationen kommt dem schwersten Verbrechen an der Revolution gleich und wird mit aller Strenge des revolutionären Gesetzes bestraft.

Soldaten! Für Frieden! Für Brot! Für Boden und die Macht des Volkes!

*Das Revolutionäre Militärkomitee"*

„An alle Armee-, Korps-, Divisions-, Regiments- und Kompaniekomitees an der Front und im Hinterland, an die Sowjets der Arbeiter-, Soldaten- und Bauerndeputierten!

Soldaten und revolutionäre Offiziere!

Das Revolutionäre Militärkomitee hat in Übereinstimmung mit der allgemeinen Meinung der Soldaten, Arbeiter und Bauern verfügt, General Kornilow und alle überführten Teilnehmer seiner Verschwörung als Feinde des Volkes und der Revolution unverzüglich nach Petrograd überzuführen und auf der Peter-Pauls-Festung in Haft zu setzen und unverzüglich einem revolutionären Kriegsgericht zur Aburteilung zu übergeben. Alle, die sich gegen diesen Beschluß wenden, erklärt das Komitee für Verräter an der Revolution; ihre Befehle werden für ungültig erklärt und unterliegen nicht der Durchführung.

*Das Revolutionäre Militärkomitee*
*des Petrograder Sowjets*
*der Arbeiter- und Soldatendeputierten"*

440

„An alle Gouvernements- und Kreissowjets der Arbeiter-, Soldaten- und Bauerndeputierten!

Durch Beschluß des Gesamtrussischen Sowjetkongresses sind alle verhafteten Mitglieder der Bodenkomitees unverzüglich freizulassen. Die Kommissare, die die Verhaftungen veranlaßt haben, sind in Haft zu nehmen. Alle Macht gehört von nun an den Sowjets. Die Kommissare der Regierung sind abgesetzt. Die Vorsitzenden der Sowjets treten unmittelbar mit der revolutionären Regierung in Verbindung."

## 2.

### Protest der Stadtduma

Auf der Sitzung vom 8. November (26. Oktober) beschloß die Stadtduma, folgenden Aufruf zu veröffentlichen:

„Die auf den demokratischen Grundlagen gewählte Zentrale Petrograder Stadtduma hat zu einem Zeitpunkt *schwerster* wirtschaftlicher Zerrüttung die ganze Last der Führung der kommunalen Wirtschaft und der Lebensmittelversorgung der Bevölkerung auf sich genommen. Jetzt unternimmt die Partei der Bolschewiki drei Wochen vor den Wahlen für die Konstituierende Versammlung und im Angesicht des äußeren Feindes, nachdem sie mit Waffengewalt die einzig legitime, revolutionäre Macht beseitigt hat, einen Anschlag auf die Vollmachten und die Selbständigkeit der städtischen Selbstverwaltung, indem sie Unterwerfung unter von ihr eingesetzte Kommissare und unter die neue, ungesetzliche Macht verlangt.

In diesem gefahrvollen und tragischen Augenblick erklärt die Petrograder Stadtduma vor ihren Wählern und vor ganz Rußland laut und vernehmlich, daß sie sich keinerlei Anschlägen auf ihre Rechte und ihre Unabhängigkeit unterwerfen wird, daß sie auf ihrem verantwortungsvollen Posten bleiben wird, auf den sie durch den Willen der Bevölkerung der Hauptstadt gestellt ist.

Die Petrograder Zentrale Stadtduma wendet sich an alle städtischen Selbstverwaltungen und Semstwos der Russischen Republik mit dem Aufruf, sich ihr anzuschließen und entschieden eine der größten Errungenschaften der russischen Revolution, nämlich die Freiheit und Unabhängigkeit der öffentlichen Selbstverwaltung, zu verteidigen."

## 3.

### „Bauernanweisung zur Landfrage

Die Landfrage kann in ihrem ganzen Umfang nur durch eine vom ganzen Volk gewählte Konstituierende Versammlung gelöst werden.

Die gerechteste Lösung der Landfrage ist folgende:

1. Das Recht des Privateigentums an Grund und Boden wird für immer aufgehoben; Grund und Boden darf weder verkauft noch gekauft, weder in Pacht gegeben noch verpfändet, noch auf irgendeine andere Weise veräußert werden.

Der gesamte Boden, mag er dem Staate, dem Apanagenressort, der Domänenverwaltung, Klöstern, Kirchen, Possessionsgütern, Majoraten, privaten Besitzern, Gemeinden, den Bauern gehören, wird entschädigungslos enteignet, zum Eigentum des ganzen Volkes erklärt und allen, die ihn bearbeiten, zur Nutzung übergeben.

Wer durch die Umwälzung der Besitzverhältnisse geschädigt worden ist, hat lediglich das Recht, eine öffentliche Unterstützung zu beziehen für die Zeit, die zur Anpassung an die neuen Existenzbedingungen erforderlich ist.

2. Alle Bodenschätze, Erze, Naphtha, Kohle, Salz usw., ebenso alle Waldungen und Gewässer von allgemein staatlicher Bedeutung gehen in die ausschließliche Nutzung des Staates über. Alle kleinen Flüsse, Seen, Wälder u. a. gehen in die Nutzung der Gemeinden über, unter der Voraussetzung, daß sie von den örtlichen Selbstverwaltungsorganen verwaltet werden.

3. Ländereien mit hochentwickelten Wirtschaften: Gärten, Plantagen, Pflanzschulen, Baumschulen, Treibhäuser usw., unterliegen nicht der Aufteilung, sondern werden in Musterwirtschaften verwandelt und je nach ihrem Umfang und ihrer Bedeutung dem Staat oder den Gemeinden zur ausschließlichen Nutzung übergeben.

Hof-, Stadt- und Dorfländereien mit Haus- und Gemüsegärten verbleiben in der Nutzung der jetzigen Besitzer; der Umfang dieser Ländereien und die Höhe der Steuer für deren Nutzung wird durch das Gesetz festgelegt.

4. Gestüte, staatliche und private Vieh- und Geflügelzüchtereien werden beschlagnahmt, in Eigentum des ganzen Volkes umgewandelt und gehen, je nach ihrer Größe und Bedeutung, entweder in die ausschließliche Nutzung des Staates oder der Gemeinde über.

Die Frage der Entschädigung unterliegt der Prüfung durch die Konstituierende Versammlung.

5. Das gesamte tote und lebende Inventar der beschlagnahmten Ländereien geht ohne jede Entschädigung in die ausschließliche Nutzung des Staates oder der Gemeinden über, je nach seiner Größe und Bedeutung.

Die Bestimmung über die Beschlagnahme des Inventars erstreckt sich nicht auf die landarmen Bauern.

6. Das Recht der Nutzung von Land erhalten alle Bürger des russischen Staates (ohne Unterschied des Geschlechts), die es selbst, mit Unterstützung ihrer Familie oder in Gemeinschaft mit anderen bearbeiten wollen, und nur solange, als sie imstande sind, es zu bearbeiten. Lohnarbeit ist nicht gestattet.

Ist irgendein Mitglied einer Landgemeinde zwei Jahre lang arbeitsunfähig, so ist die Gemeinde verpflichtet, ihm innerhalb dieser Zeit, bis zur Wiederherstellung seiner Arbeitsfähigkeit, durch kollektive Bearbeitung seines Bodens zu helfen.

Bauern, die infolge Alters oder Invalidität überhaupt nicht mehr imstande sind, selbst den Boden zu bearbeiten, verlieren das Nutzungsrecht an Land, erhalten aber dafür vom Staat eine Pension.

7. Die Nutzung des Landes muß eine gleichmäßige sein, das heißt, das Land muß je nach den örtlichen Verhältnissen, je nach der Arbeits- oder Verbrauchsnorm unter den Werktätigen aufgeteilt werden.

Die Formen der Bewirtschaftung des Landes sind vollständig freigestellt; es können Einzelwirtschaften, Gehöfte, Gemeinde- und Artelwirtschaften gebildet werden, je nachdem, wie die einzelnen Dörfer und Siedlungen beschließen.

8. Der gesamte Boden geht nach seiner Enteignung in den Bodenfonds über, der Eigentum des ganzen Volkes ist. Die Verteilung des Bodens unter die Werktätigen wird von den lokalen und zentralen Selbstverwaltungen geleitet, von den demokratisch organisierten, nicht nach Ständen gegliederten ländlichen und städtischen Gemeinden bis zu den zentralen Gebietsbehörden.

Der Bodenfonds wird periodisch neu aufgeteilt, je nach der Zunahme der Bevölkerung und der Hebung der Produktivität und Kultivierung der Landwirtschaft.

Bei der Änderung der Grenzen der Anteile muß der ursprüngliche Kern des Anteils unangetastet bleiben.

Das Land der ausscheidenden Mitglieder geht wieder in den Bodenfonds über, und zwar erhalten die nächsten Verwandten und die von ihnen bezeichneten Personen das Vorzugsrecht bei der Zuweisung dieser Anteile.

Wird ein Anteil an den Bodenfonds zurückgegeben, so müssen die Ausgaben für Düngung und Melioration (Bodenverbesserung) zurückerstattet werden, soweit sie nicht ausgenutzt worden sind.

Erweist sich in den einzelnen Gegenden der vorhandene Bodenfonds als ungenügend für die Befriedigung der gesamten örtlichen Bevölkerung, so muß der Überschuß der Bevölkerung umgesiedelt werden.

Die Organisierung der Umsiedlung sowie die Unkosten für die Umsiedlung und Versorgung mit Inventar usw. muß der Staat übernehmen.

Die Umsiedlung geht folgendermaßen vor sich: landlose Bauern, die eine Umsiedlung wünschen, dann bescholtene Gemeindemitglieder, Deserteure und andere und schließlich nach dem Los, nach Übereinkunft.

Der gesamte Inhalt dieser Anweisung als Ausdruck des unbedingten Willens der gewaltigen Mehrheit der zielbewußten Bauern ganz Rußlands wird zum provisorischen Gesetz erklärt, das bis zum Zusammentritt der Konstituierenden Versammlung nach Möglichkeit sofort, in bestimmten Teilen aber in der Reihenfolge durchzuführen ist, die von den Kreisbauernsowjets festgelegt wird."

### 4.

#### Der Boden und die Deserteure

Die Regierung brauchte keine Entscheidung über das Anrecht der Deserteure auf den Boden zu treffen. Das Ende des Krieges und die Demobilisierung der Armee erledigte diese Frage automatisch ...

### 5.

#### Der Rat der Volkskommissare

Der Rat der Volkskommissare setzte sich ursprünglich nur aus Bolschewiki zusammen. Daran tragen aber nicht allein die Bolschewiki die Schuld. Am 8. November boten sie Mitgliedern der linken Sozialrevolutionäre Sitze im Rat an, die diese jedoch ablehnten. Siehe Seite 344.

## KAPITEL VI

1.

*Aufrufe und Proklamationen*

„An alle zivilen und militärischen Organisationen der Partei der Sozialrevolutionäre

Der wahnwitzige Versuch der Bolschewiki steht vor seinem Zusammenbruch. In der Garnison herrscht Spaltung und Niedergeschlagenheit. Die Ministerien arbeiten nicht. Das Getreide geht
zu Ende. Alle Fraktionen, außer der kleinen Handvoll Maximalisten, haben den Kongreß verlassen. Die Partei der Bolschewiki ist
isoliert. Die Repressalien gegen die Druckerei des Zentralkomitees,
die Verhaftung der Genossen Maslow, Zion und anderer Mitglieder
der Partei, die Plünderungen und Gewaltakte, von denen die Eroberung des Winterpalastes begleitet war, wirken aufreizend auf
einen bedeutenden Teil der Matrosen und Soldaten. Das Zentrale
Flottenkomitee ruft auf, sich den Bolschewiki nicht zu unterwerfen.
    Wir schlagen vor: 1. den Truppenorganisationen, Kommissaren
und Kommandeuren bei der endgültigen Liquidierung dieses wahnwitzigen Streiches volle Unterstützung zuteil werden zu lassen und
sich um das Komitee zur Rettung des Vaterlandes und der Revolution zu vereinigen, welches eine einheitliche revolutionäre, demokratische Macht schaffen soll auf der Grundlage des Programms, das
die unverzügliche Übergabe des Bodens in die Verfügungsgewalt
der Bodenkomitees und das sofortige Angebot eines allgemeinen
demokratischen Friedens an alle kriegführenden Länder vorsieht;
    2. selbständige Maßnahmen zu ergreifen, um die Parteiinstitutio-
nen zu schützen;
    3. bereit zu sein, um im notwendigen Augenblick auf den Aufruf
des Zentralkomitees hin den Bestrebungen der konterrevolutionären
Elemente, das bolschewistische Abenteuer zur Vernichtung der Errungenschaften der Revolution auszunutzen, aktiven Widerstand
entgegenzustellen, und 4. äußerste Wachsamkeit zu üben, um dem
Feind, der die Schwächung der Front auszunutzen sucht, entgegen-
wirken zu können.

9. November (27. Oktober) 1917

*Zentralkomitee und Militärkommission des Zentralkomitees*
*der Partei der Sozialrevolutionäre"*

„...Wer ist denn Kerenski? Ein *Usurpator,* der mit Kornilow und Kischkin in die Peter-Pauls-Festung gehört. Ein *Verbrecher* gegen die Soldaten, Bauern und Arbeiter, die ihm vertraut haben. Kerenski ist ein Soldatenmörder.

Kerenski ist ein Bauernhenker.

Kerenski ist ein Unterdrücker der Arbeiter.

Solch einer ist dieser Kornilow II., der vergebens glaubt, sich an der von den Arbeitern, Soldaten und Bauern errungenen Freiheit vergreifen zu können."

## KAPITEL VII

### 1.

#### Zwei Dekrete

#### Dekret über die Presse

„In der schweren, entscheidenden Stunde des Umsturzes und in den Tagen, die ihr folgten, war das Provisorische Revolutionskomitee gezwungen, eine ganze Reihe von Maßnahmen gegen die konterrevolutionäre Presse der verschiedenen Richtungen zu unternehmen.

Sofort erhob sich von allen Seiten Geschrei, die neue, sozialistische Macht habe damit das Grundprinzip ihres Programms verletzt und die Pressefreiheit aufgehoben.

Die Arbeiter-und-Bauern-Regierung lenkt das Augenmerk der Bevölkerung darauf, daß sich in unserer Gesellschaft hinter diesem liberalen Tarnmantel faktisch die Freiheit für die besitzenden Klassen verbirgt, die den größten Teil der Presse in ihren Händen konzentriert haben – die Freiheit, das Bewußtsein der Massen ungehindert zu vergiften und es zu verwirren.

Jedermann weiß, daß die bürgerliche Presse eine der stärksten Waffen der Bourgeoisie ist. In dem kritischen Augenblick besonders, da sich die neue Macht, die Macht der Arbeiter und Bauern, gerade erst festigt, ist es nicht möglich, diese Waffe voll in den Händen des Feindes zu lassen, weil sie in solchen Augenblicken nicht minder gefährlich ist als Bomben und Maschinengewehre. Darum sind zeitweilige und außerordentliche Maßnahmen ergriffen worden, um diesen Strom von Schmutz und Verleumdung abzudämmen, in dem die gelbe und grüne Presse gar zu gern den jungen Sieg des Volkes ertränkt hätte.

Sobald die neue Ordnung sich gefestigt haben wird, werden jegliche administrative Einwirkungen auf die Presse eingestellt werden; sie wird völlige Freiheit im Rahmen ihrer Verantwortlichkeit vor dem Gesetz erhalten, auf der Grundlage umfassender und progressiver Bestimmungen.

In Anbetracht dessen, daß eine Einschränkung der Presse selbst in kritischen Momenten doch nur im absolut notwendigen Rahmen zulässig ist, beschließt der Rat der Volkskommissare:

1. Nur jene Presseorgane sind zu verbieten, die a) zum offenen Widerstand oder zur Widersetzlichkeit gegen die Arbeiter-und-Bauern-Regierung aufrufen, die b) durch offensichtlich verleumderische Entstellung der Tatsachen Verwirrung stiften, die c) zu Handlungen offen verbrecherischen, d. h. durch das Gesetz zu ahndenden Charakters aufrufen.

2. Ein Verbot von Presseorganen, gleich ob ein zeitweiliges oder ständiges, darf nur auf Beschluß des Rates der Volkskommissare ausgesprochen werden.

3. Vorstehende Bestimmung trägt provisorischen Charakter und wird nach Herstellung normaler Verhältnisse im öffentlichen Leben durch besonderen Erlaß außer Kraft gesetzt werden.

Der Vorsitzende
des Rates der Volkskommissare
*Wladimir Uljanow (Lenin)"*

Über die Arbeiterwehr

„1. Alle Sowjets der Arbeiter- und Soldatendeputierten haben Arbeiterwehren zu gründen.

2. Die Arbeiterwehr untersteht vollständig und ausschließlich dem Sowjet der Arbeiter- und Soldatendeputierten.

3. Die Militär- und Zivilbehörden sind gehalten, bei der Bewaffnung der Arbeiterwehr und ihrer Versorgung mit technischen Mitteln bis zur Versorgung mit staatlichen Waffen mitzuwirken.

4. Dieses Gesetz ist telegrafisch in Kraft zu setzen.

Petrograd, den 10. November (28. Oktober) 1917

Der Volkskommissar
für Innere Angelegenheiten
*A. J. Rykow"*

Dieses Dekret unterstützte die Bildung von Einheiten der Roten Garde in ganz Rußland. In dem Bürgerkrieg, der bald darauf folgte, wurde sie die schlagkräftigste Waffe der Sowjetregierung.

## 2.

### Der Streikfonds

Der Streikfonds der Beamten und Bankangestellten wurde aus Spenden der Banken und Handelsfirmen von Petrograd und anderer Städte, gebildet, sowie auch von ausländischen Betrieben, die Geschäfte in Rußland betrieben. Alle Personen, die es ablehnten, mit den Bolschewiki zu arbeiten, erhielten volles, mitunter sogar erhöhtes Gehalt. Als die Deponenten des Fonds begriffen hatten, daß die Bolschewiki ihre Macht behielten und festigten, und die Geldeinlagen einstellten, hörte der Streik sofort auf.

### KAPITEL VIII

#### 1.

### Der Vormarsch Kerenskis

Am 9. November traf Kerenski mit seinen Kosaken in Gatschina ein, wo sich die hoffnungslos in zwei Gruppen gespaltene Garnison sofort ergab. Die Mitglieder des Sowjets von Gatschina wurden verhaftet und zunächst mit dem Tode bedroht. Später ließ man sie laufen.

Die Vorhut der Kosaken besetzte Pawlowsk, Alexandrowsk und andere Bahnstationen, fast ohne auf Gegenwehr zu stoßen, und drang am nächsten Morgen, dem 10. November, bis in die Umgebung von Zarskoje Selo vor. Die dortige Garnison spaltete sich sofort in drei Gruppen – die Offiziere, die zu Kerenski hielten; ein Teil der Soldaten und Unteroffiziere, die sich „neutral" erklärten; und der größte Teil der einfachen Soldaten, die für die Bolschewiki waren. Die bolschewistischen Soldaten, die keine Führer hatten und nicht organisiert waren, wichen in Richtung auf die Hauptstadt zurück. Der örtliche Sowjet zog in das Dorf Pulkowo.

Von Pulkowo fuhren sechs Mitglieder des Zarskoje-Seloer Sowjets mit einer Wagenladung voll Proklamationen nach Gatschina, um

448

unter den Kosaken zu agitieren. Fast den ganzen Tag zogen sie in Gatschina von einer Kosakenkaserne zur anderen, appellierten, diskutierten und erklärten. Gegen Abend wurden sie von ein paar Offizieren entdeckt, verhaftet und zu General Krasnow gebracht. Dieser sagte: „Ihr habt gegen Kornilow gekämpft, jetzt kämpft ihr gegen Kerenski. Ich lasse euch alle erschießen!"

Nachdem Krasnow ihnen den Befehl vorgelesen hatte, der ihn zum Oberbefehlshaber im Bezirk von Petrograd machte, fragte er sie, ob sie Bolschewiki seien. Als sie bejahten, ging Krasnow hinaus. Kurze Zeit später kam ein Offizier und ließ sie frei. Er sagte ihnen, es geschehe auf Befehl von General Krasnow ...

Inzwischen kamen weitere Delegationen aus Petrograd; von der Duma, vom Komitee zur Rettung des Vaterlandes und der Revolution und schließlich vom Zentralexekutivkomitee des Eisenbahnerverbandes. Der Eisenbahnerverband bestand darauf, daß ein Übereinkommen getroffen werden müsse, um den Bürgerkrieg zu verhindern. Er forderte, daß Kerenski mit den Bolschewiki verhandle und seinen Vormarsch auf Petrograd einstelle. Im Falle einer Ablehnung drohte das Zentralexekutivkomitee des Eisenbahnerverbandes, am 11. November um Mitternacht in den Generalstreik zu treten.

Kerenski bat darum, die Frage mit den sozialistischen Ministern und mit dem Komitee zur Rettung des Vaterlandes und der Revolution diskutieren zu dürfen. Er war offensichtlich unentschlossen.

Am 11. erreichten Vorposten der Kosaken Krasnoje Selo. Der dortige Sowjet und die in sich gespaltenen Kräfte des Revolutionären Militärkomitees hatten sich überstürzt zurückgezogen. Einige hatten sich sogar ergeben ... In der gleichen Nacht drangen die Kosaken bis Pulkowo vor, wo ihnen zum ersten Mal wirklicher Widerstand entgegengesetzt wurde ...

Deserteure der Kosaken begannen langsam nach Petrograd zu kommen. Sie erklärten, Kerenski habe sie belogen, er hätte in Rundfunksendungen überall an der Front die Nachricht verbreitet, Petrograd stehe in Flammen, die Bolschewiki hätten die Deutschen in die Stadt gerufen, die nun Frauen und Kinder mordeten und wahllos plünderten ...

Das Revolutionäre Militärkomitee schickte sofort Dutzende von Agitatoren mit Tausenden von gedruckten Appellen aus, um den Kosaken den wahren Sachverhalt mitzuteilen ...

## 2.

*Proklamationen des Provisorischen Militärkomitees*

„Der Gesamtrussische Sowjetkongreß
hat beschlossen:

Die von Kerenski eingeführte Todesstrafe an der Front wird abgeschafft. An der Front wird die völlige Freiheit der Agitation hergestellt. Alle Soldaten und revolutionären Offiziere, die sich wegen sogenannter ‚politischer' Verbrechen in Haft befinden, sind unverzüglich freizulassen."

„An die gesamte Bevölkerung!

Der ehemalige Minister Kerenski, der vom Volke gestürzt wurde, weigert sich, sich dem Beschluß des Gesamtrussischen Sowjetkongresses zu fügen, und sucht in verbrecherischer Weise der rechtmäßigen Regierung, die auf dem Gesamtrussischen Kongreß gewählt wurde – dem Rat der Volkskommissare –, Widerstand zu leisten. Die Front hat Kerenski die Unterstützung verweigert. Moskau hat sich der neuen Regierung angeschlossen. In einer ganzen Reihe anderer Städte (Minsk, Mogiljow, Charkow) ist die Macht an die Sowjets übergegangen. Kein einziger Infanterietruppenteil wendet sich gegen die Arbeiter-und-Bauern-Regierung, die in Übereinstimmung mit dem festen Willen der Armee und des Volkes Friedensverhandlungen aufgenommen und den Boden den Bauern übergeben hat ...

Wir geben zu allgemeiner Kenntnis: Wenn die Kosaken Kerenski, der sie betrogen hat, nicht verhaften, und wenn sie gegen Petrograd marschieren, werden die Streitkräfte der Revolution mit der ganzen Kraft ihrer Waffen die großen Errungenschaften der Revolution, den Frieden und den Boden, zu schützen wissen.

Bürger Petrograds! Kerenski ist aus der Stadt geflohen, er hat euch der Fürsorge Kischkins überlassen, eines Verfechters der Übergabe Petrograds an die Deutschen, hat euch der Fürsorge Rutenbergs anvertraut, eines Schwarzhunderters, der die Lebensmittelversorgung der Stadt sabotiert hat, hat euch dem Wohlwollen Paltschinskis überliefert, der einen einzigen Haß gegen jede Demokratie hegt. Kerenski ist ausgerissen und hat euch den Deutschen, dem Hunger, einem Blutbad überliefert. Das aufständische Volk hat die Minister Kerenskis verhaftet, und ihr habt gesehen, daß sich dadurch die Ordnung und die Lebensmittelversorgung Petrograds nur

verbessert haben. Kerenski hat sich auf Forderung der adligen Gutsbesitzer, der Kapitalisten und Spekulanten gegen euch gewendet,
um den Boden den Gutsbesitzern zurückzugeben, um den furchtbaren, verhaßten Krieg fortzuführen.

Bürger Petrograds! Wir wissen, daß die gewaltige Mehrheit von
euch für die Macht des revolutionären Volkes und gegen die Kor-
nilowbanden die von Kerenski geführt werden, ist. Laßt euch nicht
von den verlogenen Erklärungen der ohnmächtigen bürgerlichen Verschwörer täuschen; sie werden schonungslos unterdrückt werden.

Arbeiter, Soldaten und Bauern, wir verlangen von euch revolutionäre Bereitschaft und revolutionäre Disziplin.

Die nach vielen Millionen zählende Bauernschaft, die Millionen-
massen der Armee sind mit uns.

Der Sieg der Volksrevolution ist unerschütterlich.

Petrograd, den 10. November (28. Oktober) 1917

*Das Revolutionäre Militärkomitee*
*des Petrograder Sowjets der Arbeiter- und Soldatendeputierten"*


### 3.
### Dekrete des Rates der Volkskommissare

In diesem Buch gebe ich nur die Dekrete wieder, die sich, soweit
ich es beurteilen kann, auf die Machtübernahme durch die Bolschewiki beziehen. Alle anderen gehören in einen eingehenden Bericht
über die Struktur des Sowjetstaates, und dazu bleibt mir in diesem
Buch kein Raum. Ich werde mich damit eingehend in meinem zweiten Band, „Von Kornilow bis Brest-Litowsk", beschäftigen.

### Über die Übergabe des Wohnraums
### in die Verfügungsgewalt der Städte

„1. Die städtischen Selbstverwaltungen haben das Recht, alle leeren Räumlichkeiten, die zu Wohnzwecken geeignet sind, mit Beschlag zu belegen.

2. Die städtischen Selbstverwaltungen haben das Recht, auf der
Grundlage der von ihnen bestätigten Richtlinien und Normen in
die vorhandenen Wohnräume Bürger einzuweisen, die Wohnraum
benötigen oder die in überbelegten oder gesundheitsschädlichen
Wohnungen wohnen.

3. Die städtischen Selbstverwaltungen haben das Recht, eine Wohnungsinspektion zu benennen, ihren Kompetenzbereich und ihren Aufbau zu bestimmen.

4. Die städtischen Selbstverwaltungen haben das Recht, bindende Beschlüsse über die Gründung von Hauskomitees, über ihren Aufbau und ihren Kompetenzbereich und über die Gewährung der Rechte einer juristischen Person an sie zu fassen.

5. Die städtischen Selbstverwaltungen haben das Recht, Gerichte zu schaffen, die über Wohnungsangelegenheiten entscheiden, ihren Kompetenzbereich, ihren Aufbau und ihre Vollmachten zu bestimmen.

6. Vorstehende Verordnung tritt in Kraft mit ihrer Übermittlung durch Telegraf.

Der Volkskommissar
für Innere Angelegenheiten
*A. J. Rykow*"

### *Regierungsmitteilung über die Sozialversicherung*

„Das Proletariat Rußlands hat auf sein Banner die umfassende Sozialversicherung für alle Lohnarbeiter sowie für die armen Bevölkerungsschichten in der Stadt und auf dem Lande geschrieben. Die zaristische Regierung der Gutsbesitzer und Kapitalisten und auch die Koalitionsregierung, die Paktiererregierung, haben die Forderungen der Arbeiter auf eine umfassende Sozialversicherung nicht erfüllt.

Die Arbeiter-und-Bauern-Regierung, die sich auf die Sowjets der Arbeiter-, Soldaten- und Bauerndeputierten stützt, gibt der Arbeiterklasse Rußlands sowie der armen Bevölkerung in der Stadt und auf dem Lande bekannt, daß sie unverzüglich den Erlaß von Dekreten über die umfassende Sozialversicherung in Angriff nimmt auf der Grundlage der Forderungen der Arbeiter:

1. Ausdehnung der Versicherung auf ausnahmslos alle Lohnarbeiter sowie auf die armen Bevölkerungsschichten in der Stadt und auf dem Lande.

2. Ausdehnung der Versicherung auf alle Arten des Verlustes der Arbeitsfähigkeit, und zwar: auf Krankheitsfall, Unfall, Invalidität, Alter, Schwangerschaft, Witwen- und Waisenstand sowie auch auf Arbeitslosigkeit.

3. Auferlegung aller Versicherungsausgaben ausschließlich auf die Unternehmer.

4. Auszahlung zumindest des vollen Arbeitslohns bei Verlust der Arbeitsfähigkeit und bei Arbeitslosigkeit.

5. Volle Selbstverwaltung der Versicherten in allen Versicherungsorganisationen.

Im Namen der Regierung der Russischen Republik
Der Volkskommissar für Arbeit
*Alexander Schljapnikow"*

### *Vom Volkskommissar für Bildungswesen*

„Bürger Rußlands!

Durch den Aufstand vom 7. November (25. Oktober) haben die arbeitenden Massen zum ersten Male die wirkliche Macht erlangt.

Der Gesamtrussische Kongreß der Sowjets hat zeitweilig diese Gewalt seinem Exekutivkomitee und dem Rate der Volkskommissare übertragen.

Durch den Willen des revolutionären Volkes bin ich zum Volkskommissar für das Bildungswesen ernannt.

Die allgemeine Leitung des Volksbildungswesens wird, soweit sie in den Händen der zentralen Staatsgewalt bleibt, bis zur Konstituierenden Versammlung der Staatlichen Kommission für die Volksaufklärung übertragen, deren Vorsitzender und Vollstrecker der Volkskommissar ist.

Auf welche Grundbestimmungen wird sich nun die Staatliche Kommission stützen? Wie bestimmt sich der Kreis ihrer Zuständigkeit?

### *Die allgemeine Richtung der Aufklärungstätigkeit*

Jede wirklich demokratische Macht auf dem Gebiet der Bildung in einem Lande, wo Analphabetentum und Unwissenheit herrschen, muß sich als erstes Ziel den Kampf gegen diese Finsternis setzen; sie muß in kürzester Zeit die allgemeine Kenntnis des Lesens und Schreibens erreichen durch Organisation eines Netzes von Schulen, die den Erfordernissen der derzeitigen Pädagogik entsprechen, durch Einführung des allgemeinen obligatorischen und unentgeltlichen Unterrichts und gleichzeitig durch Errichtung einer Reihe von Lehrinstituten und Seminaren, die möglichst rasch ein mächtiges Heer von Volkserziehern stellen, die für den allgemeinen Unterricht der Bevölkerung des unermeßlichen Rußlands erforderlich sind . . .

Es muß der Unterschied zwischen Unterricht und Bildung unterstrichen werden.

Unterricht ist die Übertragung fertiger Kenntnisse auf den Schüler, Bildung ist ein schöpferischer Prozeß. Das ganze Leben hindurch ,bildet sich' die Persönlichkeit eines Menschen, erweitert sich, bereichert sich, verstärkt und vervollkommnet sich.

Die arbeitenden Volksmassen, die Arbeiter, Soldaten, Bauern lechzen danach, lesen und schreiben zu können und die verschiedensten Wissensgebiete sich zu erschließen. Sie lechzen aber auch nach Bildung. Diese kann ihnen weder der Staat noch die Intelligenz, noch irgendwelche Macht außerhalb ihrer Person geben. Schule, Bücher, Theater, Museum usw. können hier nur Hilfsmittel sein. Die Volksmassen werden selbst ihre Kultur bewußt oder unbewußt ausarbeiten. Sie haben ihre eigenen, durch ihre soziale Lage geschaffenen Ideen, die sich sehr von der Lage unterscheiden, die bisher die Kultur der herrschenden Klassen und der Intelligenz geschaffen hat; ihre eigenen Ideen, ihre eigenen Empfindungen, ihr eigenes Herantreten an alle Aufgaben der Person und der Gesellschaft; der städtische Arbeiter nach seiner Art, der auf dem Lande Arbeitende auf seine Art werden ihre lichte, von dem Klassenbewußtsein des Arbeiters durchdrungene Weltanschauung sich bilden. Es gibt keine erhabenere und schönere Erscheinung als die, deren Zeugen und Beteiligte die nächsten Generationen sein werden: das Aufbauen des eigenen gemeinsamen reichen und freien Seelenlebens durch gemeinschaftliche Arbeit.

Der Unterricht ist hier ein wichtiges, aber kein entscheidendes Element. Hier ist die Kritik und die schöpferische Kraft der Massen selbst wichtiger; denn Kunst und Wissenschaft haben nur in einigen ihrer Teile eine allgemein menschliche Bedeutung: sie erleiden wesentliche Veränderungen bei jeder tiefgreifenden Klassenumwälzung.

Überall in Rußland, besonders unter den städtischen Arbeitern, aber auch unter den Bauern, erhob sich eine mächtige Welle der aufklärenden Kulturbewegung, vornehmlich zahllos die Arbeiter- und Soldatenorganisationen dieser Art: ihnen entgegenkommen, sie auf jede Weise stützen, den Weg vor ihnen frei machen, ist die erste Aufgabe der revolutionären Volksregierung auf dem Gebiete der Volksbildung.

454

## Dezentralisation

Die Staatliche Kommission für Volksaufklärung ist keineswegs eine Zentralgewalt, die die Lehr- und Bildungsanstalten verwaltet. Umgekehrt muß das gesamte Schulwesen auf die Organe der örtlichen Selbstverwaltung übergehen. Die selbständige Arbeit der aus eigenem Antrieb entstandenen, kulturell aufklärenden Klassenorganisation der Arbeiter, Soldaten und Bauern muß volle Autonomie genießen sowohl gegenüber dem staatlichen Zentrum als auch gegenüber den kommunalen Zentren.

Sache der Staatlichen Kommission ist es, Bindeglied und Gehilfe zu sein, die Quellen der materiellen, ideellen und moralischen Unterstützung für die städtischen und privaten, besonders aber für die Arbeiter- und Klassenbildungsanstalten im allgemein staatlichen Maßstabe zu organisieren.

### Das Staatliche Komitee für Volksbildung

Eine ganze Reihe wertvoller Gesetzentwürfe ist seit Beginn der Revolution vom Staatlichen Komitee für Volksbildung ausgearbeitet worden, das in seiner Zusammensetzung recht demokratisch und an erfahrenen Spezialisten reich ist. Die Staatliche Kommission wünscht aufrichtig das planmäßige Hand-in-Hand-Arbeiten mit diesem Komitee.

Sie wird sich an das Büro des Komitees mit der Bitte wenden, sofort eine Sondersitzung des Komitees zur Ausführung des folgenden Programms anzuberaumen:

1. Prüfung der Normen für die Vertretung im Komitee im Sinne seiner noch weiteren Demokratisierung.

2. Prüfung der Befugnisse des Komitees im Sinne einer Erweiterung derselben und seiner Umwandlung in ein staatliches Institut für die Ausarbeitung von Gesetzentwürfen für die vollständige Reorganisierung des Volksunterrichts und der Volksbildung in Rußland auf demokratischer Grundlage.

3. Eine gemeinsam mit der neuen Staatlichen Kommission vorzunehmende Prüfung der vom Komitee schon angefertigten Gesetzentwürfe, da bei deren Abfassung das Komitee auf den bourgeoisen Geist der früheren Ministerien Rücksicht nahm, die sie übrigens auch in dieser verengerten Gestalt hemmten.

Nach dieser Prüfung werden die Gesetzentwürfe ohne alle bürokratische Verschleppung in revolutionärer Art durchgeführt werden.

## Die Pädagogen und Gesellschaften

Die Staatliche Kommission begrüßt die Pädagogen auf der Arena der lichten und ehrenvollen Arbeit der Aufklärung des Volkes – des Beherrschers des Landes. Keine Maßnahme auf dem Gebiete der Volksaufklärung darf von irgendeiner Behörde ohne aufmerksame Abwägung der Stimme der Vertreter der pädagogischen Welt ergriffen werden.

Andererseits können die Entscheidungen keineswegs ausschließlich durch eine Körperschaft von Spezialisten getroffen werden. Das bezieht sich auch auf die Reformen der allgemeinen Bildungsanstalten.

Die Mitarbeiterschaft der Pädagogen und der sozialen Kräfte – das ist es, was die Kommission bei ihrer Zusammensetzung im Staatlichen Komitee wie in ihrer gesamten Tätigkeit anstreben wird.

Als ihre allererste Aufgabe erachtet die Kommission die Verbesserung der Lage der Lehrer und vor allem der enterbten und nahezu wichtigsten Arbeiter am Kulturwerke, der Volkslehrer der Elementarschulen. Ihre gerechten Forderungen müssen unverzüglich und unter allen Umständen befriedigt werden. Das Proletariat der Schule verlangte vergeblich eine Erhöhung des Verdienstes auf 100 Rubel monatlich. Es wäre eine Schande, die Lehrer der ungeheuren Mehrheit der russischen Kinder in Armut zu halten.

## Die Konstituierende Versammlung

Zweifellos wird die Konstituierende Versammlung bald ihre Arbeit beginnen. Nur sie wird dauernd die Ordnung des staatlichen und Gemeinlebens in unserem Lande, dabei auch den allgemeinen Charakter der Organisation der Volksaufklärung festsetzen.

Jetzt aber ist mit dem Übergange der Macht an die Sowjets der wahre Volkscharakter der Konstituierenden Versammlung gewährleistet. Die Linie, die von der Staatlichen Kommission, gestützt auf das Staatliche Komitee, gezogen wird, wird unter dem Einfluß der Konstituierenden Versammlung kaum wesentlich verändert werden. Ohne vorzugreifen, hält sich die neue Volksregierung für berechtigt, auch auf diesem Gebiete eine Reihe von Maßnahmen durchzuführen, die eine möglichst rasche Bereicherung und Aufhellung des geistigen Lebens des Landes bezwecken.

Die laufenden Geschäfte müssen vorläufig ihren Gang durch das Ministerium für Volksaufklärung nehmen. Über alle unmittelbar notwendigen Änderungen in seiner Zusammensetzung und Einrichtung werden die vom Exekutivkomitee der Sowjets gewählte Staatliche Kommission und das Staatliche Komitee entscheiden. Die endgültige Ordnung der staatlichen Leitung auf dem Gebiete der Volksbildung wird selbstverständlich von der Konstituierenden Versammlung fortgesetzt werden. Bis dahin muß das Ministerium die Rolle des ausführenden Organs bei der Staatlichen Kommission für Volksaufklärung und dem Staatlichen Komitee für Volksbildung spielen.

Die Gewähr der Rettung des Landes liegt in der Mitarbeit ihrer lebendigen und wahrhaft demokratischen Kräfte.

Wir vertrauen, daß die vereinigten Anstrengungen des arbeitenden Volkes und der ehrlichen, aufgeklärten Intelligenz das Land aus der qualvollen Krise hinaus und durch die völlige Volksherrschaft in das Reich des Sozialismus und der Verbrüderung der Völker führen werden.

Petrograd, den 11. November (29. Oktober) 1917

Der Volkskommissar für Bildungswesen
*A. W. Lunatscharski"*


*„Über die Ordnung der Bestätigung
und Veröffentlichung der Gesetze*

1. Bis zur Einberufung der Konstituierenden Versammlung wird die Abfassung und Veröffentlichung von Gesetzen auf der Grundlage der vorliegenden Verordnung der Provisorischen Arbeiter-und-Bauern-Regierung vorgenommen, die vom Gesamtrussischen Kongreß der Sowjets der Arbeiter-, Soldaten- und Bauerndeputierten gewählt worden ist.

2. Jeder Gesetzentwurf wird der Regierung von dem entsprechenden Ministerium mit der Unterschrift des jeweiligen Volkskommissars oder von der bei der Regierung geschaffenen Abteilung für Gesetzesvorlagen unmittelbar mit der Unterschrift der Abteilungsleiter vorgelegt.

3. Nach der Bestätigung durch die Regierung wird die Verordnung in ihrer endgültigen Fassung im Namen der Russischen Republik

vom Vorsitzenden des Rates der Volkskommissare oder an seiner Stelle von dem Volkskommissar, der den Entwurf der Regierung zur Begutachtung vorgelegt hat, unterschrieben und zur allgemeinen Kenntnisnahme veröffentlicht.

4. Als Tag des Inkrafttretens der Verordnung gilt der Tag ihrer Veröffentlichung in der offiziellen ‚Zeitung der Provisorischen Arbeiter-und-Bauern-Regierung'.

5. In der Verordnung kann auch ein anderer Termin des Inkrafttretens angegeben werden, ebenso kann sie nach Übermittlung durch Telegraf Gesetzeskraft erlangen; in diesem Fall tritt die Verordnung an den einzelnen Orten in Kraft, nachdem dort das entsprechende Telegramm veröffentlicht worden ist.

6. Die Publikation von Verordnungen der Regierung mit Gesetzeskraft durch den regierenden Senat entfällt. Die Abteilung für Gesetzesvorlagen beim Rat der Volkskommissare gibt periodisch Sammelbände der Verordnungen und Verfügungen der Regierung mit Gesetzeskraft heraus.

7. Das Zentralexekutivkomitee der Sowjets der Arbeiter-, Soldaten- und Bauerndeputierten hat zu jeder Zeit das Recht, jegliche Verfügung der Regierung auszusetzen, zu verändern oder aufzuheben.

Im Namen der Russischen Republik
Der Vorsitzende
des Rates der Volkskommissare
*W. Uljanow-Lenin"*

4.

*„Befehl des Revolutionären Militärkomitees*

1. Bis zu besonderer Verfügung wird die Erzeugung von Alkohol und alkoholischen Getränken verboten.

2. Alle Besitzer von Sprit- und Weinlagern, alle Produzenten von Alkohol und alkoholischen Getränken werden hiermit angewiesen, bis zum 27. dieses Monats den genauen Ort des Lagers anzugeben.

3. Alle, die sich der Nichtausführung dieses Befehls schuldig machen, werden dem Revolutionären Kriegsgericht übergeben.

*Das Revolutionäre Militärkomitee"*

## „Befehl Nr. 2

### Vom Komitee des Finnischen Garde-Reserveregiments
### an alle Hauskomitees und Bürger des Stadtteils Wassili Ostrow

Die Bourgeoisie hat eine niederträchtige Kampfmethode gegen das Proletariat gewählt, sie hat in verschiedenen Teilen der Stadt gewaltige Weinlager errichtet und zieht die Soldaten dorthin; mit Hilfe des Weins sucht sie die Reihen der revolutionären Armee zu spalten.

Hiermit wird allen Hauskomitees befohlen, innerhalb von drei Stunden nach Aushängen dieses Befehls dem Vorsitzenden des Regimentskomitees des Finnischen Garderegiments persönlich und vertraulich die bei ihnen vorhandenen Weinvorräte zu melden.

Personen, die diesen Befehl nicht ausführen, *werden verhaftet und einem strengen Gericht übergeben, ihr Vermögen wird eingezogen,* entdeckte Vorräte an Wein werden zwei Stunden nach erfolgter Warnung mit *Dynamit gesprengt,* denn weniger entschlossene Maßnahmen führen nach unserer Erfahrung nicht zum gewünschten Ziel.

*Wir erklären hiermit, daß besondere Warnungen vor dem Beginn der Sprengungen nicht gegeben werden.*

*Das Regimentskomitee des Finnischen Garderegiments"*


### KAPITEL IX

#### 1.

#### „Bulletin des Revolutionären Militärkomitees Nr. 2

Am 12. November (30. Oktober) abends sandte Kerenski an die revolutionären Truppen die Aufforderung, ‚die Waffen niederzulegen'. Die Kerenskibande eröffnete Artilleriefeuer. Unsere Artillerie antwortete und brachte den Gegner zum Schweigen. Die Kosaken gingen zum Angriff über. Das mörderische Abwehrfeuer der Matrosen, Rotgardisten und Soldaten zwang die Kosaken zum Rückzug. Unsere Panzerwagen brachen in die Reihen des Gegners ein. Der Feind flieht. Unsere Truppen verfolgen ihn. Es wurde der Befehl erteilt, Kerenski zu verhaften. Zarskoje Selo ist von den revolutionären Truppen genommen.

*Die lettischen Schützen.* – Das Revolutionäre Militärkomitee hat genaue Nachrichten erhalten, daß die tapferen lettischen Schützen von der Front gekommen sind und im Rücken der Kerenskibanden Stellung bezogen haben."

### „Vom Stab des Revolutionären Militärkomitees

Die Einnahme von Gatschina und Zarskoje Selo durch Kerenskitruppen ist dadurch zu erklären, daß an diesem Punkt Artillerie und Maschinengewehre fast völlig fehlten, während die Kavallerie Kerenskis von Anfang an Artillerie besaß.

Die letzten zwei Tage waren für unseren Stab Tage angespannter Arbeit, um die revolutionären Truppen mit der notwendigen Menge von Geschützen, Maschinengewehren, Feldtelefonen u. a. zu versorgen. Als diese Arbeit, mit energischer Unterstützung der Bezirkssowjets und der Industriebetriebe (Putilow-Werk, Obuchow-Werk u. a.), abgeschlossen war, konnte es über den Ausgang des bevorstehenden Zusammenstoßes keinen Zweifel mehr geben; die revolutionären Streitkräfte hatten nicht nur ein zahlenmäßiges Übergewicht, sie besaßen nicht nur eine mächtige materielle Basis, nämlich Petrograd, sondern hatten auch ein gewaltiges moralisches Übergewicht. Alle Petrograder Regimenter gingen mit großer Begeisterung in Stellung. Auf einer Beratung der Garnison wurde eine Kontrollkommission in Stärke von fünf Soldaten gewählt; damit war die völlige Einheit des Willens des Oberbefehlshabers und der Garnison gewährleistet. Auf der Garnisonsberatung wurde einstimmig beschlossen, zu entschiedenen Kampfhandlungen überzugehen.

Am 12. November (30. Oktober) wurde um 3 Uhr nachmittags das Artilleriefeuer mit außerordentlicher Intensität eröffnet. Die Kosaken wurden völlig demoralisiert. Sie entsandten einen Parlamentär in den Stab der Abteilung von Krasnoje Selo, der forderte, den Beschuß einzustellen; er drohte, andernfalls würden ‚entschlossene Maßnahmen‘ unternommen. Ihm wurde die Antwort zuteil, daß das Artilleriefeuer sofort eingestellt wird, wenn Kerenski die Waffen niedergelegt hat.

In dem folgenden Kampf legten alle Truppenteile – Matrosen, Soldaten und Rotgardisten – grenzenlose Tapferkeit an den Tag. Die Matrosen griffen unentwegt an, bis alle Patronen verschossen waren. Die Zahl der Opfer ist noch nicht festgestellt, auf jeden

460

Fall ist sie auf der Seite der konterrevolutionären Truppen größer; ihnen fügte besonders einer unserer Panzerwagen große Verluste zu.

Der Stab Kerenskis gab, aus Furcht vor der völligen Einkesselung, Befehl zum Rückzug, der zu einer regellosen Flucht wurde. Gegen 12 Uhr nachts war Zarskoje Selo einschließlich des Telegrafenamtes von den Truppen der Sowjets genommen, die Kosaken zogen sich auf Gatschina und Kolpino zurück.

Die Stimmung unserer Truppen ist über alles Lob erhaben. Es wurde der Befehl gegeben, die sich zurückziehenden Kosaken zu verfolgen. Vom Telegrafenamt in Zarskoje Selo wurde unverzüglich ein Funkspruch an die Front und an die örtlichen Sowjets gesandt.

(Weitere Ereignisse werden sofort bekanntgegeben werden.)"

## 2.

### Die Ereignisse des 13. November (31. Oktober) in Petrograd

Drei Regimenter der Petrograder Garnison weigerten sich, am Kampf gegen Kerenski teilzunehmen. Am Morgen des 13. riefen sie sechzig Delegierte von der Front zu einer gemeinsamen Konferenz zusammen, um Mittel und Wege für die Beendigung des Bürgerkrieges zu finden. Diese Konferenz wählte ein Komitee, das die Kerenskitruppen überzeugen sollte, die Waffen niederzulegen. Es sollte den Soldaten der Provisorischen Regierung folgende Fragen stellen: 1. Werden die Soldaten und Kosaken Kerenskis das Zentralexekutivkomitee der Sowjets als Träger der Regierungsgewalt, allein dem Kongreß der Sowjets verantwortlich, anerkennen? 2. Werden die Soldaten und Kosaken die Dekrete des Zweiten Sowjetkongresses anerkennen? 3. Werden sie das Land- und das Friedensdekret anerkennen? 4. Sind sie bereit, die Feindseligkeiten einzustellen und zu ihren Einheiten zurückzukehren? 5. Erklären sie sich mit der Verhaftung Kerenskis, Krasnows und Sawinkows einverstanden?

Auf der Sitzung des Petrograder Sowjets sagte Sinowjew: „. . . Der Feind kann nur durch Kampf zerschlagen werden. Die Gefahr liegt darin, daß wir uns der Täuschung hingeben, der Kampf sei beendet. Es wäre ein Verbrechen, auf einen, wenn auch allgemeinen Versuch zu verzichten, die Kosaken auf unsere Seite zu ziehen.

Alle Versuche werden gemacht, aber andererseits wäre es ebenso ein Verbrechen, die Rotgardisten und Soldaten einzuschläfern mit dem Gedanken, die Delegationen werden schon alles machen. Wenn es gestern in der Stadt ruhig gewesen ist, so ist dies ein Ergebnis des militärischen Sieges, ein Ergebnis dessen, daß wir in der Stadt den Aufstand der Offiziersschüler zerschlagen haben ...

Die Mitteilung, daß ein Waffenstillstand abgeschlossen sei, ist falsch.

Der Stab der Revolution wird zu einem Waffenstillstand bereit sein, wenn die Feinde unschädlich gemacht sind. Heute stellt man uns unter dem Eindruck des Sieges der revolutionären Truppen andere Bedingungen als gestern, da Dan uns vorschlug, die Waffen niederzulegen und Kerenski in die Stadt zu lassen. Der Sozialrevolutionär Rekutnikow hat im Namen des Zentralkomitees der Sozialrevolutionäre sich großmütig bereit erklärt, einige Bolschewiki, die ihnen genehm sind, in die Regierung aufzunehmen. Das ist der Nachhall der Siege in der Nacht. Es gibt Gruppen, die warten ab: wird Kerenski die Revolution schlagen oder die Revolution ihn, und je nach dem Schwanken des Gewichts schaukeln sie hierhin und dorthin. Solange nicht gewiß ist, daß Kerenski geschlagen ist, werden diese Gruppen schwanken."

In der Stadtduma war die allgemeine Aufmerksamkeit ganz und gar auf die Bildung der neuen Regierung konzentriert.

Der Kadett Schingarjow erklärte, die Stadtverwaltung dürfe sich auf keine Übereinkommen mit den Bolschewiki einlassen ... „Jedes Übereinkommen mit diesen Irren ist undenkbar, solange sie nicht die Waffen niedergelegt und die Autorität der unabhängigen Gerichtsinstitutionen anerkannt haben."

Jarzew erklärte im Namen der Gruppe „Jedinstwo", daß ein Übereinkommen mit den Bolschewiki gleichbedeutend wäre mit dem Sieg der Bolschewiki.

Das Stadtoberhaupt Schrejder erklärte im Namen der Sozialrevolutionäre, daß er gegen ein Übereinkommen mit den Bolschewiki sei. „... Was die Regierung betrifft, so muß sie vom Willen des Volkes ausgehen, und da der Wille des Volkes in den Kommunalwahlen zum Ausdruck gekommen ist, repräsentiert sich der ganze Volkswille, der eine Regierung schaffen könnte, heute in der Stadtduma."

Nachdem noch eine ganze Reihe von Rednern zu Wort gekommen waren, unter denen nur die Menschewiki-Internationalisten geneigt waren, das Problem der Zulassung der Bolschewiki in die neue Regierung näher zu behandeln, beschloß die Duma, ihre Vertretung auf der Beratung des Wikshel zu belassen, dabei aber vor allem auf der Wiedereinsetzung der Provisorischen Regierung und auf der Nichtzulassung der Bolschewiki in das neue Kabinett zu bestehen.

### 3.

*Antwort Krasnows an das Komitee zur Rettung des Vaterlandes und der Revolution*

„In Beantwortung Ihres Telegramms über Abschluß eines sofortigen Waffenstillstandes hat sich der Oberbefehlshaber, um kein Bruderblut zu vergießen, mit Verhandlungen und mit der Herstellung normaler Beziehungen zwischen den Truppen der Regierung und den Meuterern einverstanden erklärt; darum schlägt er dem Stab der Meuterergruppe vor, seine Truppen nach Petrograd abzuberufen, nachdem die Linie Ligowo–Pulkowo–Kolpino für neutral erklärt worden ist, und Reitervorhuten der Regierungstruppen zur Sicherung der Ruhe in Zarskoje Selo ungehindert durchzulassen. Die Antwort auf diesen Vorschlag soll durch Parlamentäre bis spätestens acht Uhr morgens überreicht werden.

Der Kommandeur des 3. Reiterkorps
Generalmajor *Krasnow*"

### 4.

*Die Ereignisse in Zarskoje Selo*

Am Abend, als sich Kerenski aus Zarskoje Selo zurückzog, veranstalteten einige Priester eine Prozession durch die Straßen der Stadt und forderten die Bevölkerung auf, die rechtmäßige Autorität der Provisorischen Regierung zu unterstützen. Als sich die Kosaken zurückgezogen hatten und die ersten Rotgardisten einmarschierten, heißt es in Berichten von Augenzeugen, hetzten die Priester das Volk gegen die Sowjets auf und sprachen Gebete am Grab Rasputins, das hinter dem Zarenpalast liegt. Einer der Priester, Vater Iwan

Kutschurow, wurde von den zur Weißglut gereizten Rotgardisten verhaftet und erschossen ...

In dem Augenblick, als die Rotgardisten in die Stadt einmarschierten, wurde der elektrische Strom abgeschaltet, so daß überall in der Stadt tiefe Finsternis herrschte. Der Direktor des Kraftwerkes, Ljubowitsch, wurde von den Sowjettruppen verhaftet und gefragt, warum er das getan habe. Etwas später fand man ihn in dem Raum, in den er gesperrt worden war, mit einem Schuß in der Schläfe und dem Revolver in der Hand.

Die antibolschewistischen Zeitungen erschienen am nächsten Tag mit der Schlagzeile: „Plechanow liegt mit 39 Grad Fieber!" Plechanow lebt in Zarskoje Selo und lag krank zu Bett. Rotgardisten kamen zu ihm ins Haus. Sie durchsuchten es nach Waffen und stellten dem alten Mann einige Fragen.

„Welcher Gesellschaftsklasse gehören Sie an?" fragten sie.

„Ich bin ein Revolutionär", antwortete Plechanow, „der vierzig Jahre lang sein Leben dem Freiheitskampf gewidmet hat!"

„Das ist ja ganz schön", sagte der Arbeiter, „aber jetzt haben Sie sich doch an die Bourgeoisie verkauft!"

Die Arbeiter kannten Plechanow, den Pionier der russischen Sozialdemokratie, nicht mehr!

## 5.

### Aufruf der sowjetischen Regierung

„Die Truppenteile von Gatschina, die von Kerenski betrogen wurden, haben die Waffen niedergelegt und beschlossen, Kerenski in Haft zu setzen. Der Führer des konterrevolutionären Feldzuges, Kerenski, ist geflohen. Die Armee hat sich in ihrer weitaus überwiegenden Mehrheit für den Beschluß des II. Gesamtrussischen Sowjetkongresses und für die Unterstützung der von ihm geschaffenen Regierung ausgesprochen. Dutzende Delegierte von der Front sind nach Petrograd geeilt, um Zeugnis abzulegen, daß die Armee der Sowjetmacht die Treue hält. Keinerlei Entstellung der Tatsachen, keine Verleumdung und Hetze gegen die revolutionären Arbeiter, Soldaten und Matrosen haben den Feinden des Volkes geholfen. Die Revolution der Arbeiter und Soldaten hat gesiegt.

Das Zentralexekutivkomitee des Sowjets der Arbeiter- und Soldatendeputierten wendet sich an die einzelnen Truppenteile, die noch den konterrevolutionären Putschisten folgen: legt unverzüglich die Waffen nieder, vergießt kein Bruderblut für die Interessen der kleinen Handvoll Gutsbesitzer und Kapitalisten! Jeder neue Tropfen Blut des Volkes wird sich an euch rächen. Das Rußland der Arbeiter, der Soldaten, der Bauern verflucht alle, die auch nur eine Minute länger unter den Fahnen der Volksfeinde bleiben.

Kosaken! Geht auf die Seite des siegreichen Volkes über! Eisenbahner, Post- und Telegrafenangestellte! Unterstützt alle wie ein Mann die neue Macht, die Volksmacht."

## KAPITEL X

### 1.

### Zerstörungen am Kreml

Ich besuchte den Kreml, unmittelbar nachdem er beschossen worden war, und überzeugte mich selbst von den Schäden. Der kleine Nikolaipalast, ein nicht besonders wichtiges Gebäude, in dem eine der Großfürstinnen hin und wieder einen Empfang abhielt, war von den Offiziersschülern als Kaserne benutzt worden. Er war nicht nur beschädigt, sondern ziemlich zusammengeschossen. Glücklicherweise war nichts daran von besonderem historischem Wert.

Die Uspenski-Kathedrale hatte ein Granatloch in einer der Kuppeln, aber außer ein paar Meter Mosaik an der Decke war alles andere unbeschädigt. Die Fresken in der Vorhalle der Blagoweschtschenski-Kathedrale wurden von einer Granate schwer beschädigt. Eine andere Granate traf eine Ecke des Iwan Weliki. Das Tschudowski-Kloster erhielt etwa dreißig Treffer, aber nur einer drang durch ein Fenster in das Innere, alle anderen zerbrachen nur Simse an den Fenstern und am Dach.

Die Uhr über dem Spasski-Tor wurde zerschmettert. Das Troizki-Tor wurde beschädigt, ist aber leicht zu reparieren. Einer der kleineren Türme hat sein Ziegeldach verloren.

Die Basilius-Kathedrale ist unberührt, desgleichen der große Zarenpalast mit den Schätzen aus Moskau und Petrograd im Keller und den Kronjuwelen in der Schatzkammer. Niemand ist hier eingedrungen.

# 2.

## Vom Volkskommissar für Bildungswesen

„Genossen!

... Ihr seid die jungen Herren des Landes, und obwohl ihr jetzt vieles zu bedenken und für vieles zu sorgen habt, werdet ihr auch eure Kunstwerke und euer wissenschaftliches Gut zu schützen wissen.

Genossen! Über Moskau ist ein furchtbares, nicht wiedergutzumachendes Unheil hereingebrochen. Der Bürgerkrieg hat zur Beschießung vieler Stadtteile geführt. Feuersbrünste sind ausgebrochen. Es gab große Zerstörungen. Es ist unsagbar schwer, in solchen Tagen des rasenden, erbarmungslosen, vernichtenden Kriegs und der elementaren Zerstörung Kommissar für das Bildungswesen zu sein. In diesen schweren Tagen bietet nur die Hoffnung auf den Sieg des Sozialismus, der Quelle einer neuen, höheren Kultur, die uns für alles entschädigt, Tröstung. Doch auf mir liegt die Verantwortung für die Wahrung und den Schutz des künstlerischen Gutes des Volkes ...

Es ist nicht möglich, auf seinem Posten zu bleiben, wenn man ohnmächtig ist. Darum habe ich meinen Rücktritt eingereicht.*

Doch ich bitte euch flehentlich, Genossen, unterstützt mich, helft mir. Behütet für euch und eure Nachkommen die Schönheiten unseres Landes. Seid treue Wächter des Volksgutes.

Bald werden auch die unwissendsten Menschen, die durch die Unterdrückung solange in Finsternis gehalten wurden, aufgeklärt sein und verstehen, welche Quelle der Freude, der Kraft, der Weisheit die Kunstwerke sind.

Russisches werktätiges Volk, sei ein fürsorglicher, treusorgender Herr!

Bürger, alle, alle Bürger, hütet unseren gemeinsamen Reichtum!

16. (3.) November 1917

Der Volkskommissar für Bildungswesen
*A. Lunatscharski*"

---

* A. W. Lunatscharski blieb auf seinem Posten als Volkskommissar. *Die Red.*

### 3.

*Fragebogen für die Bourgeoisie**

Name ................................................................

Bezirk Nr.: ...............                Hauskomitee Nr.: ..............

Vorname ...................................   Vatersname ...................................

Adresse .................................................... Haus Nr. ............. Wohngs. Nr. .............
        (Straße oder Gasse)

| Geschlecht | Alter | Vorhandene Vorräte | | | |
|---|---|---|---|---|---|
| | | Stoffe | Arschin | Fertigwaren | Stück |
| Durchschn. monatl. | | Wäschestoffe | | Mäntel (Winter, Sommer, Herbst) . . . | |
| Einnahmen | Ausgaben | Leichte Kleiderstoffe (für Anzüge) | | | |
| | | | | Kleider und Anzüge . . . . . | |
| Monatl. Zahlungen | | Schwere Kleiderstoffe (für Mäntel) | | | |
| für Wohng. | für Zimmer | | | Wäsche zum Wechseln . . . . | |
| | | Übrige Sorten | | Schuhe (Paar) Galoschen (Paar) | |

Ich bestätige hiermit durch Unterschrift, daß obige Angaben richtig sind und daß ich an anderer Stelle keine Bezugscheine empfangen habe.

Moskau, den .............................................................. 191

Unterschrift ..............................................................
              Stempel des Hauskomitees

..............................................................
Unterschrift des Wohnungsinhabers

*Nach der Fotokopie eines Dokuments, das bei John Reed angeführt ist. Reed weist dabei darauf hin, daß auf Befehl des Moskauer Revolutionären Militärkomitees die der Bourgeoisie abgenommenen Vorräte gesammelt und an die ärmsten Arbeiter und Soldaten verteilt wurden. *Die Red.*

## 4.

### *Revolutionäre Maßnahmen auf dem Gebiet der Finanzen*

### *Befehl*

„Kraft der mir vom Revolutionären Militärkomitee bei den Moskauer Sowjets der Arbeiter- und Soldatendeputierten übertragenen Vollmachten ordne ich an:

1. Alle Banken mit ihren Zweigstellen, die Zentrale Staatliche Sparkasse mit ihren Zweigstellen und alle Sparkassen bei den Post- und Telegrafenämtern haben vom 9. November an bis auf weiteren Befehl von elf bis ein Uhr zu öffnen.

2. Von Giro- und Sparkonten werden von den genannten Institutionen pro Deponenten im Laufe der nächsten Woche bis 150 Rubel frei ausgezahlt.

3. Die Auszahlung von mehr als 150 Rubel in der Woche von Giro- und Sparkonten sowie die Auszahlung von allen anderen Konten jeglicher Bezeichnung wird in den nächsten drei Tagen, d. h. dem 9., 10. und 11. November, nur gestattet:

   a) von Konten von Truppenteilen zur Befriedigung ihrer Bedürfnisse;

   b) zur Zahlung der Gehälter an Angestellte und der Löhne an Arbeiter gemäß vom Fabrikkomitee oder von den Angestelltenräten bestätigten und durch Unterschrift der Kommissare oder Vertreter des Revolutionären Militärkomitees und der Revolutionären Militärkomitees in den Bezirken beglaubigten Listen und Tabellen.

4. Auf Überweisungen werden nur 150 Rubel ausgezahlt, die übrigen Summen werden dem Konto gutgeschrieben. Auszahlungen von diesem erfolgen gemäß der durch diese Verfügung festgelegten Regelung.

5. Alle anderen Aktivoperationen sind in diesen drei Tagen verboten.

6. Geldeinzahlungen werden auf jedes Konto uneingeschränkt angenommen.

7. Die Vertreter des Finanzrates tagen zur Bestätigung der unter Punkt 3 genannten Sonderregelungen von zehn bis vierzehn Uhr im Gebäude der Börse, in der Iljinka.

8. Alle Banken und Sparkassen senden die Bilanz der Tageskasse

nach Abschluß der Operationen bis fünf Uhr nachmittags in das Gebäude des Sowjets, Skobelewplatz, an die Adresse des Finanzrats beim Revolutionären Militärkomitee.

9. Alle Angestellten und Leiter der verschiedenen Kreditinstitutionen, die sich weigern, dieses Dekret auszuführen, werden als Feinde der Revolution und der breiten Volksmassen vor dem revolutionären Gericht in aller Strenge zur Verantwortung gezogen. Ihre Namen werden öffentlich bekanntgegeben.

10. Zur Kontrolle der Operationen der Abteilungen der Banken und Sparkassen im Rahmen dieses Dekrets wählen die Revolutionären Militärkomitees der Bezirke drei Vertreter und geben den Ort ihrer Tagungen bekannt.

Der Bevollmächtigte Kommissar
des Revolutionären Militärkomitees
*S. Schewerdin-Maximenko*"

## KAPITEL XI

### 1.

#### Die Unzulänglichkeiten dieses Kapitels

Dieses Kapitel erstreckt sich über etwa zwei Monate. Diese Zeit umfaßt die Verhandlungen mit den Alliierten, die Verhandlungen und den Waffenstillstand mit Deutschland und den Beginn der Friedensverhandlungen in Brest-Litowsk. Es sind aber auch die zwei Monate, in denen die Grundlage für den Sowjetstaat gelegt wurde.

In diesem Buch habe ich mir jedoch nicht die Aufgabe gestellt, diese äußerst wichtigen geschichtlichen Ereignisse zu schildern und zu interpretieren. Sie beanspruchen einen weit größeren Raum, und ihnen widme ich mich in meinem Band „Von Kornilow bis Brest-Litowsk".

In diesem Kapitel habe ich mich also auf die Versuche der Sowjetregierung beschränkt, im eigenen Lande ihre Macht zu festigen. Ich habe lediglich aufgezeichnet, wie sie nach und nach die gegnerischen Elemente im Lande selbst überwand – ein Prozeß, der für einige Zeit durch den katastrophalen Frieden von Brest-Litowsk unterbrochen wurde.

## 2.

### Deklaration der Rechte der Völker Rußlands

„Die Oktoberrevolution der Arbeiter und Bauern hat unter dem allgemeinen Banner der Befreiung begonnen.

Befreit werden die *Bauern* von der Macht der Gutsbesitzer, denn es gibt kein gutsherrliches Eigentum an Grund und Boden mehr – es ist abgeschafft. Befreit werden die *Soldaten und Matrosen* von der Macht der Zarengenerale, denn die Generale werden von nun an wählbar und absetzbar sein. Befreit werden die *Arbeiter* von den Launen und der Willkür der Kapitalisten, denn von nun an wird die Kontrolle der Arbeiter über die Werke und Fabriken eingeführt. Alles Lebendige und Lebensfähige wird von den verhaßten Fesseln befreit.

Es bleiben nur die *Völker Rußlands*, welche Unterdrückung und Willkür erduldeten und erdulden, zu deren Befreiung unverzüglich geschritten werden muß, deren Befreiung entschieden und unwiderruflich durchgeführt werden muß.

In der Epoche des Zarismus wurden die Völker Rußlands systematisch gegeneinander aufgehetzt. Die Ergebnisse dieser Politik sind bekannt: Gemetzel und Pogrome auf der einen Seite, Sklaverei der Völker – auf der anderen.

Für diese schmachvolle Politik der Aufhetzung der Völker gegeneinander gibt es keine Wiederkehr und darf es auch keine geben. Von nun an soll sie ersetzt werden durch die Politik des *freiwilligen und ehrlichen* Bündnisses der Völker Rußlands.

In der Periode des Imperialismus, nach der Februarrevolution, als die Macht an die kadettische Bourgeoisie übergegangen war, trat an die Stelle der unverhüllten Verhetzungspolitik eine Politik des feigen Mißtrauens zu den Völkern Rußlands, eine Politik der Schikanen und Provokationen, die verhüllt wurden durch Lippenbekenntnisse zur ‚Freiheit‘ und ‚Gleichheit‘ der Völker. Die Ergebnisse dieser Politik sind bekannt: Zunahme des nationalen Haders, Untergrabung des gegenseitigen Vertrauens.

Dieser unwürdigen Politik der Lüge und des Mißtrauens, der Schikanen und der Provokationen muß ein Ende gemacht werden. Von nun an soll sie ersetzt werden durch eine offene und ehrliche Politik, die zu *vollem gegenseitigem Vertrauen* der Völker Rußlands führen wird.

Nur durch ein solches Vertrauen kann ein ehrlicher und fester Bund der Völker Rußlands zustande kommen.

Nur durch einen solchen Bund können die Arbeiter und Bauern der Völker Rußlands zu einer einzigen revolutionären Kraft zusammengeschweißt werden, fähig, allen Anschlägen der imperialistischen, annexionistischen Bourgeoisie zu widerstehen . . ."

## 3.

### Dekrete

## Dekret über die Nationalisierung der Banken

„Im Interesse der richtigen Organisierung der Volkswirtschaft, im Interesse der entschiedenen Ausrottung der Bankspekulation und der vollständigen Befreiung der Arbeiter, Bauern und der gesamten werktätigen Bevölkerung von der Ausbeutung durch das Bankkapital und zwecks Schaffung einer wirklich den Interessen des Volkes und der armen Klassen dienenden einheitlichen Volksbank der russischen Republik beschließt das Gesamtrussische Zentralexekutivkomitee:

1. Das Bankwesen wird Staatsmonopol.

2. Alle jetzt bestehenden privaten Aktienbanken und Bankkontore werden mit der Staatsbank vereinigt.

3. Die Aktiva und Passiva der zu liquidierenden Unternehmen gehen an die Staatsbank über.

4. Die Reihenfolge der Verschmelzung der Privatbanken mit der Staatsbank wird durch eine besondere Verordnung festgesetzt werden.

5. Die provisorische Verwaltung der Privatbanken wird dem Rat der Staatsbank übergeben.

6. Die Interessen der Besitzer von kleinen Guthaben werden vollkommen garantiert."

## Dekret über die Herstellung der Gleichsetzung aller Militärdienstpflichtigen

„In Durchführung des Willens des revolutionären Volkes hinsichtlich der baldigen und entschlossenen Vernichtung aller Überreste der früheren Ungleichheit in der Armee beschließt der Rat der Volkskommissare:

1. Alle Ränge und Dienstgrade in der Armee vom Gefreiten bis zum Generalsrang werden abgeschafft. Die Armee der Russischen Republik besteht von nun an aus freien und gleichberechtigten Bürgern, die den Ehrentitel von Soldaten der revolutionären Armee tragen.

2. Alle Vorrechte, die mit ehemaligen Rängen und Dienstgraden zusammenhingen, sowie alle äußerlichen Unterschiede werden abgeschafft.

3. Alle Titulierungen werden abgeschafft.

4. Alle Orden und übrigen Auszeichnungen werden abgeschafft.

5. Mit der Beseitigung des Offiziersrangs werden auch alle besonderen Offiziersorganisationen beseitigt.

6. Die in der Armee bestehende Einrichtung der Ordonnanzen wird abgeschafft.

*Anmerkung:* Ordonnanzen bleiben nur bei den Regimentsschreibstuben, bei den Komitees und den übrigen Truppenorganisationen.

Der Vorsitzende
des Rates der Volkskommissare
*W. Uljanow (Lenin)*

Der Volkskommissar
für Heeres- und Marinewesen
*N. Krylenko*

Der Volkskommissar
für das Militärwesen
*N. Podwoiski*

Die Mitarbeiter des Volkskommissars
für das Militärwesen
*Kedrow, Skljanski, Legran, Mechanoschin*

Der Sekretär des Rates
*N. Gorbunow"*

Dekret über das Wahlprinzip
und über die Organisierung der Macht
in der Armee

„1. Die Armee, die dem Willen des werktätigen Volkes dient, ist dem obersten Träger dieses Willens – dem Rat der Volkskommissare – unterstellt.

2. Die ganze Macht im Rahmen jedes Truppenteils und ihrer Vereinigung liegt in den Händen des entsprechenden Soldatenkomitees oder -sowjets.

3. Die Angelegenheiten und die Tätigkeitsgebiete der Streitkräfte, die sich schon im Kompetenzbereich der Komitees befinden, sind jetzt ihrer unmittelbaren Leitung unterstellt. Über die Tätigkeitsgebiete, die die Komitees nicht übernehmen können, wird die Kontrolle der Komitees oder der Sowjets errichtet.

4. Es wird die Wählbarkeit der Kommandeure und der Dienstgrade eingeführt. Die Kommandeure bis zum Regimentskommandeur einschließlich werden durch allgemeine Abstimmung in ihren Abteilungen, Zügen, Kompanien, Kommandos, Schwadronen, Batterien, Divisionen und Regimentern gewählt. Die höheren Kommandeure bis zum Oberbefehlshaber einschließlich werden auf den entsprechenden Kongressen oder Beratungen bei den entsprechenden Komitees gewählt.

*Anmerkung:* Unter Beratung ist eine Versammlung des entsprechenden Komitees gemeinsam mit Delegierten der eine Stufe niedriger stehende Komitees zu verstehen.

5. Die gewählten höheren Kommandeure – nach dem Regimentskommandeur – werden vom nächsten übergeordneten Komitee bestätigt.

*Anmerkung:* Im Falle der begründeten Weigerung eines übergeordneten Komitees, einen gewählten Kommandeur zu bestätigen, ist der von dem entsprechenden niederen Komitee zum zweiten Male gewählte Kommandeur unbedingt zu bestätigen.

6. Die Armeebefehlshaber werden von den Armeekongressen gewählt. Die Befehlshaber einer Heeresgruppe werden auf Kongressen der Heeresgruppe gewählt.

7. In Funktionen technischen Charakters, die eine spezielle Ausbildung, spezielle Kenntnisse oder eine andere praktische Ausbildung erfordern, als da sind: Ärzte, Ingenieure, Techniker, Telegrafisten, Radiotelegrafisten, Luftschiffer, Kraftfahrer usw., werden von den entsprechenden Komitees der Spezialtruppenteile nur solche Leute eingesetzt, die die betreffenden Spezialkenntnisse besitzen.

8. Die Stabschefs werden auf den Kongressen aus den Personen gewählt, die dafür eine spezielle Ausbildung aufweisen.

9. Alle übrigen Dienstgrade der Stäbe werden von den Stabschefs ernannt und von den entsprechenden Kongressen bestätigt.

*Anmerkung*: Alle Personen mit Spezialbildung sind besonders zu registrieren.

10. Leitenden Personen, die das Einberufungsalter für Soldaten überschritten haben und im Dienst stehen, die aber nicht für irgendein Amt gewählt worden und damit in die Stellung eines gemeinen Soldaten gekommen sind, wird das Recht zugestanden, ihren Abschied zu nehmen.

11. Alle übrigen Funktionen, die nicht die Führung betreffen, werden mit Ausnahme der Wirtschaftsfunktionen von dem entsprechenden gewählten Kommandeur nach seiner Verfügung besetzt.

12. Eine detaillierte Instruktion über die Wahlen der Kommandeure wird besonders erlassen.

Der Vorsitzende
des Rates der Volkskommissare
*W. Uljanow (Lenin)*
Der Volkskommissar
für Heeres- und Marinewesen
*N. Krylenko*
Der Volkskommissar
für das Militärwesen
*N. Podwoiski*
Die Mitarbeiter des Volkskommissars
für das Militärwesen
*Kedrow, Skljanski, Legran, Mechanoschin*
Der Sekretär des Rates
*N. Gorbunow"*

## Dekret über die Aufhebung der Stände und der Rangbezeichnungen für den zivilen Dienst

„1. Alle Stände und ständischen Einteilungen der Bürger, ständische Vorrechte und Beschränkungen, ständische Organisationen und Einrichtungen sowie alle Rangbezeichnungen für den zivilen Dienst, die bis jetzt in Rußland bestanden, werden aufgehoben.

2. Alle Stände (Kaufmann, Edelmann, Bürger, Bauer usw., Fürsten-, Grafen- und andere Titel) und Rangbezeichnungen für den zivilen Dienst (Geheime Staats- und andere Räte) werden aufgehoben, und es wird eine für die gesamte Bevölkerung Rußlands allgemeine Benennung – Bürger der Russischen Republik – festgesetzt.

3. Das Vermögen der adligen ständischen Institutionen ist sofort den betreffenden Gemeindeselbstverwaltungen zu übergeben.

4. Das Vermögen der kaufmännischen und bürgerlichen Körperschaften gelangt sofort in die Verfügungsgewalt der betreffenden städtischen Selbstverwaltungen.

5. Alle ständischen Institutionen, Dokumente, Akten und Archive werden sofort an die betreffenden städtischen und Gemeindeselbstverwaltungen abgegeben.

6. Alle entsprechenden Artikel der bis jetzt geltenden Gesetze werden aufgehoben.

7. Dieses Dekret tritt mit dem Tage seiner Publikation in Kraft und ist sofort durch die örtlichen Sowjets der Arbeiter-, Soldaten- und Bauerndeputierten auszuführen.

Dieses Dekret wurde vom Zentralexekutivkomitee auf seiner Sitzung vom 23. (11.) November 1917 bestätigt und mit folgenden Unterschriften versehen:

Der Vorsitzende des Zentralexekutivkomitees

*Swerdlow*

Der Vorsitzende

des Rates der Volkskommissare

*W. Uljanow (Lenin)*

Der Chef der Kanzlei beim Rat der Volkskommissare

*W. Bontsch-Brujewitsch*

Der Sekretär des Rates

*N. Gorbunow"*

Am 3. Dezember beschloß der Rat der Volkskommissare, „die Gehälter der Beamten und Angestellten in allen Regierungsinstitutionen und Einrichtungen, im allgemeinen und im besonderen, ohne Ausnahme zu vermindern".

Als erstes setzte der Rat das Gehalt eines Volkskommissars auf fünfhundert Rubel im Monat fest mit einem Zuschlag von hundert Rubel für jedes nicht arbeitsfähige erwachsene Familienmitglied ...

Das war das höchste Gehalt für einen Regierungsangestellten ...

4.

Gräfin Panina wurde verhaftet und vor das erste Oberste Revolutionstribunal gestellt. Der Prozeß wird in meinem Buch „Von Kornilow bis Brest-Litowsk" in dem Kapitel „Revolutionäre Justiz" beschrieben. Die Angeklagte wurde verurteilt, „das Geld zurückzuerstatten, und im übrigen der Verachtung der Öffentlichkeit überlassen". Mit anderen Worten, man ließ sie laufen!

<br>

## 5.

*Aus der menschewistischen Zeitung „Drug Naroda"*
*vom 18. (5.) November*

„Die Geschichte mit dem bolschewistischen ‚unverzüglichen Friedensschluß' erinnert an eine komische Szene in einem Film. Neratow
reißt aus – Trotzki hinterher. Neratow klettert auf eine Mauer –
Trotzki hinterher. Neratow springt ins Wasser – Trotzki hinterher.
Neratow klimmt aufs Dach – Trotzki immer hinterher. Neratow
kriecht unters Bett – Trotzki fängt ihn auch da. Jetzt hat er ihn!
Und selbstverständlich wird unverzüglich der Friedensschluß unterzeichnet.

Im Ministerium für Auswärtige Angelegenheiten ist es still und
leer. Die Kuriere sind ehrerbietig, doch auf ihren Gesichtern liegt
ein ironischer Ausdruck.

Was wäre, wenn man einen Gesandten verhaften und mit ihm ein
Abkommen über Waffenstillstand oder gar über Friedensschluß
unterzeichnen würde? Aber diese Gesandten sind ein merkwürdiges
Volk. Sie schweigen und schweigen, als wenn sie nichts hörten. Ach,
ihr, England, Frankreich, Deutschland! Wir haben mit euch Waffenstillstand geschlossen. Vielleicht wißt ihr davon selber noch nichts?
Aber das ist doch in allen Zeitungen abgedruckt und an allen
Mauern angeschlagen. Bolschewistisches Ehrenwort, der Frieden ist
schon unterzeichnet! Wir verlangen doch nichts von euch – nur die
wenigen Worte . . .

Die Gesandten schweigen. Die Mächte schweigen. Still und leer
ist es im Ministerium für Auswärtige Angelegenheiten.

‚Hören Sie', sagt Robespierre-Trotzki zu seinem Gehilfen Marat-
Urizki, ‚fahren Sie zum englischen Gesandten und sagen Sie ihm,
daß wir Friedensschluß vorschlagen.'

‚Gehen Sie doch selber', antwortet Marat-Urizki. ‚Er empfängt
doch nicht.'

‚So rufen Sie ihn doch an.'

‚Hab ich doch probiert. Der Hörer ist abgenommen.'

‚Dann schicken Sie ein Telegramm.‘

‚Hab’ ich gemacht.‘

‚Na, und was . . .?‘

Marat-Urizki lächelt und antwortet nicht. Robespierre-Trotzki spuckt wütend in die Ecke.

‚Hören Sie, Marat‘, fängt Trotzki nach einer Minute wieder an. ‚Wir müssen der Welt unbedingt zeigen, daß wir eine aktive Außenpolitik betreiben. Wie soll man das machen? . . .

‚Noch einen Befehl über die Verhaftung Neratows herausgeben‘, antwortet Urizki tiefsinnig.

‚Marat, Sie sind ein Dummkopf!‘ schreit Trotzki. Und plötzlich erhebt er sich, drohend und majestätisch, und ist in diesem Augenblick wirklich Robespierre ähnlich.

‚Schreiben Sie, Urizki!‘ sagt er streng. ‚Schreiben Sie einen Brief an den britischen Gesandten – einen Einschreibebrief mit bezahlter Rückantwort. Schreiben Sie! Ich werde auch schreiben. Die Völker der ganzen Welt erwarten sofortigen Frieden.‘

Und in dem riesigen, leeren Gebäude des Ministeriums für Auswärtige Angelegenheiten hört man nur das Geklapper zweier Schreibmaschinen. Und so betreibt Trotzki eigenhändig eine aktive Außenpolitik.“

6.

„Zur Frage des Paktierens

Der Aufmerksamkeit
aller Arbeiter und aller Soldaten empfohlen.

Am 11. November fand im Klub des Preobrashenski-Regiments eine außerordentliche Versammlung der Vertreter aller Truppenteile der Petrograder Garnison statt.

Diese Versammlung war auf Initiative des Preobrashenski- und des Semjonow-Regiments einberufen worden, um die Frage zu erörtern, welche sozialistischen Parteien für die Sowjetmacht sind, welche gegen die Sowjetmacht sind, welche für das Volk und welche gegen das Volk sind und ob ein Pakt mit ihnen möglich ist.

Zur Versammlung waren die Vertreter des Zentralexekutivkomitees der Sowjets, der Stadtduma, des Bauernsowjets Awxentjews und aller politischen Parteien – von den Bolschewiki bis zu den Volkssozialisten einschließlich – eingeladen worden.

Nach langer Diskussion stellte die Versammlung, nachdem sie die Reden aller Parteien und Organisationen angehört hatte, mit großer Stimmenmehrheit fest, daß allein die Bolschewiki und die linken Sozialrevolutionäre für das Volk sind, alle übrigen Parteien tarnen sich nur hinter der Losung des Paktierens, um das Volk aller Errungenschaften zu berauben, die in den Tagen der Großen Oktoberrevolution der Arbeiter und Soldaten erobert wurden.

Hier der Text der Resolution, die auf dieser Versammlung der Petrograder Garnison mit 61 Stimmen gegen eine, bei 12 Enthaltungen, angenommen wurde:

‚Die Garnisonversammlung, auf Initiative des Preobrashenski- und des Semjonow-Regiments einberufen, hat die Vertreter aller sozialistischen Parteien und gesellschaftlichen Organisationen in der Frage des Paktierens angehört und konstatiert, daß 1. die Vertreter des Zentralexekutivkomitees der Sowjets (der 2. Legislaturperiode), die Vertreter der Partei der Bolschewiki und der linken Sozialrevolutionäre ausdrücklich erklärt haben, daß sie für die Macht der Sowjets, für die Dekrete über den Grund und Boden, über den Frieden und die Kontrolle über die Produktion sind und daß sie auf dieser Plattform einen Pakt zwischen den sozialistischen Parteien für zulässig halten; 2. demgegenüber haben die Vertreter der anderen Parteien (der Sozialrevolutionäre und der Menschewiki) entweder keine Antwort gegeben oder aber offen erklärt, daß sie gegen die Sowjetmacht und gegen die Dekrete über den Grund und Boden, über Frieden und die Kontrolle sind.

Angesichts dessen beschließt die Versammlung: erstens allen jenen Parteien einen scharfen Tadel auszusprechen, die sich hinter der Losung eines Paktes tarnen, in Wirklichkeit aber die Errungenschaften, die sich das Volk in der Oktoberrevolution erkämpft hat, beseitigen wollen; zweitens dem Zentralexekutivkomitee und dem Rat der Volkskommissare volles Vertrauen auszusprechen und ihnen volle Unterstützung zuzusichern.

Zugleich hält es die Versammlung für notwendig, daß die Genossen linken Sozialrevolutionäre in die Volksregierung eintreten.

*Beratung der Vertreter der Truppenteile*
*der Petrograder Garnison' "*

## 7.

*Die Wein-„Pogrome"*

Es stellte sich später heraus, daß es bei den Kadetten eine reguläre Organisation gab, die Unruhen unter den Soldaten auslösen sollte. So kamen in die verschiedenen Kasernen Telefonanrufe, daß dort und dort Wein zu haben sei. Wenn die Soldaten hinkamen, stand immer jemand da, der ihnen den Weinkeller zeigte ...

Der Rat der Volkskommissare setzte einen Kommissar zur Bekämpfung der Trunkenheit ein, der nicht nur die Weintumulte erbarmungslos niederschlug, sondern auch Hunderttausende von Flaschen Spirituosen vernichtete. Die Kellereien im Winterpalast, in denen die auserlesensten Weine im Wert von über fünf Millionen Dollar lagerten, wurden zunächst überflutet. Später wurden die Weine nach Kronstadt gebracht und dort verschüttet.

Die Matrosen von Kronstadt, „der Stolz der revolutionären Kräfte", entledigten sich dieser Aufgabe mit eiserner Selbstdisziplin ...

## 8.

*Spekulanten*

Zwei Befehle zu ihrer Bekämpfung:

„D e r  R a t  d e r  V o l k s k o m m i s s a r e
a n  d a s  R e v o l u t i o n ä r e  M i l i t ä r k o m i t e e

Die Zerrüttung des Ernährungswesens, die durch den Krieg, durch die Mißwirtschaft hervorgerufen worden ist, wird von den Spekulanten, Marodeuren und ihren Helfershelfern auf den Eisenbahnen, auf den Schiffahrtslinien, in den Speditionskontoren usw. bis zum äußersten verschärft.

In einer Zeit der größten Leiden der Volksmassen treiben die Verbrecher, um sich zu bereichern, ihr Spiel mit der Gesundheit und dem Leben von Millionen Soldaten und Arbeitern.

Ein solcher Zustand darf keinen einzigen Tag mehr geduldet werden.

Der Rat der Volkskommissare ersucht das Revolutionäre Militärkomitee, die entschiedensten Maßnahmen zur Ausrottung der Spekulation und Sabotage, der Verheimlichung von Vorräten, des böswilligen Aufhaltens von Gütertransporten usw. zu ergreifen.

Alle, die sich solcher Handlungen schuldig machen, sind auf Grund besonderer Beschlüsse des Revolutionären Militärkomitees sofort zu verhaften und bis zur Übergabe an das Revolutionsgericht in die Gefängnisse Kronstadts einzusperren.

Alle Volksorganisationen müssen zum Kampf gegen die Marodeure des Ernährungswesens herangezogen werden.

Der Vorsitzende
des Rates der Volkskommissare
*W. Uljanow (Lenin)*

„An alle ehrlichen Bürger!

Das Revolutionäre Militärkomitee beschließt:

Räuber, Marodeure, Spekulanten werden zu Volksfeinden erklärt...

Das Revolutionäre Militärkomitee ersucht alle gesellschaftlichen Organisationen und alle ehrlichen Bürger, die ihnen bekannnt gewordenen Fälle von Raub, Plünderei und Spekulationen unverzüglich dem Revolutionären Militärkomitee zur Kenntnis zu bringen.

Der Kampf gegen dieses Übel ist gemeinsame Sache aller ehrlichen Menschen. Das Revolutionäre Militärkomitee erwartet von allen Unterstützung, denen die Interessen des Volkes am Herzen liegen.

Gegen Spekulanten und Marodeure wird das Revolutionäre Militärkomitee schonungslos vorgehen.

Petrograd, 10. November 1917

*Das Revolutionäre Militärkomitee"*

## 9.

### Brief Purischkewitschs an Kaledin

„Die Lage Petrograds ist verzweifelt. Die Stadt ist von der Außenwelt abgeschnitten und befindet sich in der Gewalt der Bolschewiki. Man ergreift die Menschen auf den Straßen, wirft sie in die Newa, ertränkt sie und sperrt sie ohne jedes Gerichtsurteil ins Gefängnis. Selbst Burzew. befindet sich in strenger Haft in der Peter-Pauls-Festung.

Die Organisation, an deren Spitze ich stehe, arbeitet ununterbrochen daran, die Offiziere und alle Überreste der Offiziersschulen wieder zusammenzufassen und sie zu bewaffnen. Man kann die Lage nur retten, indem man Regimenter aus Offizieren und Offiziersschülern bildet. Hat man losgeschlagen und einen ersten Erfolg erzielt, dann kann man auch hiesige Truppenteile auf seine Seite bekommen; aber jetzt sofort, ohne diese Voraussetzung, ist hier mit keinem einzigen Soldaten zu rechnen, denn die Besten von ihnen sind isoliert und werden durch das Gesindel in ausnahmslos allen Regimentern terrorisiert. Die Kosaken sind zu einem bedeutenden Teil der Propaganda zum Opfer gefallen durch die seltsame Politik Dutows, der den Augenblick, da man mit entschlossenem Handeln noch das Ruder herumreißen konnte, verpaßt hat. Die Politik des Zuredens und Ermahnens hat ihre Früchte gezeitigt: alles, was in Ordnung war, ist vergiftet und eingeschüchtert; es herrschen jetzt die Verbrecher und der Pöbel, mit dem man jetzt nur noch mit öffentlichen Erschießungen und Hinrichtungen durch den Galgen abrechnen kann.

Wir erwarten Sie hier, General, und zu dem Zeitpunkt Ihres Anmarsches werden wir alle unsere Kräfte in den Kampf führen. Doch dazu ist es notwendig, Verbindung herzustellen und vor allem folgendes zu erfahren:

1. Ist Ihnen bekannt, daß in Ihrem Namen allen Offizieren, die am bevorstehenden Kampf teilnehmen könnten, hier vorgeschlagen wird, Petrograd zu verlassen, um sich mit Ihnen zu vereinigen?

2. Wann könnte man mit Ihrem Anmarsch auf Petrograd rechnen? Es wäre gut, dies rechtzeitig zu wissen, um unsere Aktionen damit abzustimmen.

Bei aller verbrecherischen Starrheit des hiesigen bewußten Teils der Gesellschaft, der sich das bolschewistische Joch um den Hals legen läßt, bei aller erstaunlichen Trägheit eines großen Teils der Offiziere, die nur sehr schwer und mühevoll zu organisieren ist, glauben wir, daß die Wahrheit auf unserer Seite ist und daß wir die Oberhand über alle verbrecherischen und finsteren Kräfte behalten werden, weil wir aus Liebe zur Heimat und um ihrer Rettung willen handeln. Was auch kommen mag, wir lassen den Mut nicht sinken und bleiben standhaft bis zum Ende."

Purischkewitsch wurde vor ein revolutionäres Kriegsgericht gestellt und zu einer kurzen Haft verurteilt.

*"Dekret über die Einführung des Staatsmonopols für Inserate*

1. Der Druck von Inseraten gegen Bezahlung in periodischen Presseorganen sowie in Sammelbänden und Anschlägen, ferner die Aufgabe von Inseraten in Kiosken, Kontoren u. dergl. Institutionen wird zum Staatsmonopol erklärt.

2. Solche Inserate dürfen nur in den von der Provisorischen Arbeiter-und-Bauern-Regierung in Petrograd und den örtlichen Sowjets der Arbeiter-, Soldaten- und Bauerndeputierten herausgegebenen Druckerzeugnissen veröffentlicht werden. Presseorgane, die Inserate drucken, ohne das Recht dazu zu haben, werden verboten.

3. Alle Besitzer von Zeitungen, Inseratenannahmekontoren sowie alle Angestellten in den Kontoren, Expeditionen und allen anderen Betrieben dieser Art sind verpflichtet, ihre Arbeit fortzuführen bis zur Übergabe ihrer Geschäftsstellen an den Staat, in die Verwaltung der oben angeführten Organe; sie sind voll verantwortlich für die ordnungsgemäße Abwicklung der Geschäfte, für die Einhaltung der Kontinuität im Arbeitsgang der Betriebe und für die Übergabe aller Privatinserate an die Presseorgane der Sowjets sowie für die Übergabe aller Geldsummen für angenommene Inserate, für die sie, unter Beifügung der Rechnungsunterlagen, voll Rechenschaft ablegen müssen.

4. Alle Leiter von Presseorganen und Betrieben, die Inserate gegen Geld entgegennehmen, sowie alle Angestellten und Arbeiter dieser Betriebe sind verpflichtet, unverzüglich Stadtkongresse abzuhalten und sich zunächst zu Stadtverbänden, sodann zu einem Gesamtrussischen Verband zu vereinigen, um die Annahme und Veröffentlichung von Privatinseraten in sowjetischen Presseorganen besser zu organisieren und um eine Regelung zu treffen, die auf diesem Gebiet der Bevölkerung bestimmte Bequemlichkeiten schafft.

5. Alle, die sich der Verheimlichung von Rechnungsunterlagen oder Geldsummen sowie der Sabotage der unter den Ziffern 3 und 4 aufgeführten Maßnahmen schuldig machen, werden mit Konfiszierung des gesamten Vermögens und Gefängnis bis zu drei Jahren bestraft.

6. Die entgeltliche Veröffentlichung von Inseraten in privaten Druckerzeugnissen in Form von Berichten, Reklameartikeln oder in anderer getarnter Form zieht die gleiche Strafe nach sich.

7. Unternehmungen zur Annahme und Aufgabe von Inseraten werden durch den Staat konfisziert, wobei an ihre Besitzer nötigenfalls eine zeitlich begrenzte staatliche Unterstützung gezahlt wird. Kleineigentümer, Deponenten und Aktionäre der konfiszierten Unternehmungen erhalten ihre Einlagen voll zurück.

8. Alle Presseorgane, Kontore, Expeditionen und überhaupt alle Unternehmen, die sich mit der Annahme und Veröffentlichung bezahlter Inserate befassen, sind verpflichtet, den Sowjets der Arbeiter- und Soldatendeputierten unverzüglich ihre genaue Adresse anzugeben und ihre Obliegenheiten und Inserate zu übergeben, widrigenfalls die unter Ziffer 5 aufgeführten Strafen angedroht werden.

Der Vorsitzende
des Rates der Volkskommissare
*W. Uljanow (Lenin)*
Der Volkskommissar für Bildungswesen
*A. W. Lunatscharski*
Gegengezeichnet: Der Sekretär
*N. Gorbunow"*

## 11.

*"Verbindlicher Beschluß*

1. Über die Stadt Petrograd ist der Belagerungszustand verhängt.

2. Jegliche Versammlungen, Kundgebungen, Ansammlungen u. a. auf Straßen und Plätzen sind verboten.

3. Alle Versuche, Weinkeller, Lager, Betriebe, Verkaufsstände, Geschäfte, Privatwohnungen usw. usf. zu plündern und zu demolieren, *werden mit MG-Feuer ohne jede Warnung unterdrückt werden.*

4. Den Hauskomitees, Pförtnern, Hauswarten und der Miliz wird zur unbedingten Pflicht gemacht, in den Häusern, auf den Höfen und auf den Straßen für strengste Ordnung zu sorgen. Die Türen und Durchfahrten der Häuser müssen von 9 Uhr abends bis 7 Uhr morgens geschlossen bleiben. Nach 9 Uhr abends dürfen die Mieter nur unter Kontrolle der Hauskomitees die Häuser verlassen.

5. Alle, die sich des Verteilens, des Verkaufs oder des Aufkaufs von alkoholischen Getränken schuldig machen oder die gegen Punkt 2 und 4 verstoßen, werden auf der Stelle verhaftet und strengstens bestraft.

*Komitee zum Kampf gegen Pogrome
beim Exekutivkomitee des Sowjets
der Arbeiter- und Soldatendeputierten"*

## 12.

*Zwei Proklamationen*

L e n i n  a n  d i e  B e v ö l k e r u n g :

„Genossen! Arbeiter, Soldaten, Bauern, Werktätige!

Die Arbeiter- und Bauernrevolution hat in Petrograd endgültig
gesiegt ... Die Revolution hat auch in Moskau gesiegt ... Von der
Front und vom Lande treffen täglich und stündlich Mitteilungen
ein, daß die erdrückende Mehrheit der Soldaten in den Schützengräben und der Bauern in den Landkreisen die neue Regierung ...
unterstützt ... Der Sieg der Revolution der Arbeiter und Bauern
ist gesichert, denn die Mehrheit des Volkes ist bereits für die Revolution.

Es ist ganz klar, daß die Gutsbesitzer und Kapitalisten, die Angestellten und Beamten, die mit der Bourgeoisie eng verknüpft sind,
mit einem Wort, alle Reichen und ihr Anhang, die neue Revolution
feindselig aufnehmen, sich ihrem Sieg entgegenstellen, mit der Einstellung der Tätigkeit der Banken drohen, die Arbeit verschiedener
Institutionen sabotieren oder einstellen, sie in jeder Weise behindern,
bald direkt, bald indirekt hemmen. Jeder klassenbewußte Arbeiter
versteht sehr gut, daß wir unvermeidlich auf einen solchen Widerstand stoßen werden, denn die höheren Angestellten wurden gegen
den Willen des Volkes ausgesucht und wollen nicht ohne Widerstand
ihre Position dem Volke einräumen. Die werktätigen Klassen werden sich keinen Augenblick durch diesen Widerstand einschüchtern
lassen, werden vor den Drohungen und Streiks der Anhänger der
Bourgeoisie keinen Augenblick erschrecken.

Hinter uns steht die Mehrheit des Volkes. Hinter uns steht die
Mehrheit der Werktätigen und Unterdrückten in der ganzen Welt.
Unsere Sache ist die Sache der Gerechtigkeit. Unser Sieg ist sicher.

Der Widerstand der Kapitalisten und der höheren Angestellten
wird gebrochen werden. Niemand wird seinen Besitz verlieren ohne
ein besonderes Staatsgesetz über die Nationalisierung der Banken
und Syndikate. Dieses Gesetz wird vorbereitet. Kein Werktätiger
und Arbeiter wird auch nur eine einzige Kopeke verlieren; im Gegenteil, man wird ihm helfen. Die Regierung wird jetzt keine neuen
Steuern einführen, sondern stellt sich vor allem die Aufgabe der

strengsten Rechnungslegung und Kontrolle bei der Einziehung der früher festgesetzten Steuern, ohne jede Verheimlichung.

Genossen! Werktätige! Denkt daran, daß ihr selbst jetzt den Staat regiert. Niemand wird euch helfen, wenn ihr selbst euch nicht zusammenschließt und nicht alle Staatsangelegenheiten in eure Hände nehmt. Eure Sowjets sind von nun an Organe der Staatsgewalt, bevollmächtigte, beschließende Organe ... Stärkt sie. Geht selbst ans Werk von unten. Wartet auf niemand. Stellt die strengste revolutionäre Ordnung her, unterdrückt erbarmungslos jeden Versuch der Anarchie durch Säufer, Raufbolde, konterrevolutionäre Offiziersschüler, Kornilowanhänger usw.

Führt die strengste Kontrolle über die Produktion und die Registrierung der Produkte durch. Verhaftet und übergebt dem revolutionären Gericht des Volkes jeden, der es wagt, die Sache des Volkes zu schädigen, ganz gleich, ob diese Schädigung sich in der Sabotage der Produktion oder in der Verheimlichung von Vorräten an Getreide und Lebensmitteln oder im Aufhalten der Getreidezufuhren oder in der Desorganisation von Eisenbahn, Post, Telegraf und überhaupt in irgendeinem Widerstand gegen die große Sache des Friedens, die Übergabe des Landes an die Bauern ... äußert.

Genossen! Arbeiter, Soldaten, Bauern, Werktätige! Ergreift die ganze lokale Macht ... Nach und nach, unter Zustimmung und Billigung der Mehrheit der Bauern, auf Grund der praktischen Erfahrungen der Arbeiter und Bauern werden wir fest und unbeirrbar zum Sieg des Sozialismus schreiten, den die fortgeschrittenen Arbeiter der zivilisiertesten Länder verankern werden und der den Völkern einen dauernden Frieden und die Befreiung von jeglicher Unterdrückung und jeglicher Ausbeutung bringen wird."


„An alle Arbeiter Petrograds!

Genossen! Die Revolution siegt – die Revolution hat schon gesiegt. Alle Macht ist an unsere Sowjets übergegangen. Die ersten Wochen sind die schwersten. Die schon geschlagene Reaktion ist restlos zu vernichten, unseren Bestrebungen muß zum vollen Siege verholfen werden. Die Arbeiterklasse muß, es ist ihre Pflicht, in diesen Tagen die *allergrößte Ausdauer und Standhaftigkeit* an den Tag legen, um der neuen, der Volksregierung der Sowjets die Erfüllung aller Aufgaben zu gewährleisten. In den nächsten Tagen werden neue Gesetze, die die Arbeiter betreffen, erlassen werden; eines der ersten wird das Gesetz über die Arbeiterkontrolle und über die Organisierung der Industrie sein.

*Streiks und Aktionen der Arbeitermassen in Petrograd schaden jetzt nur.*

Wir bitten euch, alle ökonomischen und politischen Streiks sofort einzustellen, an die Arbeit zu gehen und in voller Ordnung die Produktion aufzunehmen. Die neue Regierung der Sowjets braucht die Arbeit in den Werken und allen anderen Betrieben, weil jegliche Unordnung und Verwirrung in der Produktionsarbeit für uns neue Schwierigkeiten mit sich bringt, deren ohnehin genug sind. Jeder an seinen Platz!

Das beste Mittel, die neue Regierung der Sowjets in diesen Tagen zu unterstützen, ist, seine Pflicht zu erfüllen.

*Es lebe die Standhaftigkeit des Proletariats! Es lebe die Revolution!*

*Der Petrograder Sowjet*
*der Arbeiter- und Bauerndeputierten*
*Der Petrograder Rat der Gewerkschaftsverbände*
*Der Zentralrat der Fabrikkomitees"*

13.

*Aufrufe und Gegenaufrufe*

„An die Bevölkerung Petrograds
von den Angestellten der Staats- und
Privatbanken

Genossen Arbeiter, Soldaten und Bürger!

Das Revolutionäre Militärkomitee hat in einer ‚Sondermitteilung‘ die in den Staats- und Privatbanken und in anderen Institutionen Arbeitenden beschuldigt, daß sie die Arbeit der Regierung, die Front mit Lebensmitteln zu versorgen, ‚hintertrieben‘.

Genossen und Bürger! Glaubt nicht dieser Verleumdung, die gegen uns gerichtet ist, gegen einen Teil der großen Armee der Arbeit.

Wie schwer es auch ist, unter der ständigen Bedrohung der gewaltsamen Einmischung in unser Arbeitsleben zu arbeiten, wie

486

schwer es auch sein mag zu sehen, daß die Heimat und die Revolution sich am Rande des Abgrunds befinden, erfüllen wir alle, ob groß oder klein, wir Angestellten, Kontordiener, Buchhalter, Arbeiter, Kuriere usw., weiter unsere Pflichten, die mit der Versorgung der Front und des Landes mit Lebensmitteln und Ausrüstungen zusammenhängen.

Unter Ausnutzung eurer Unerfahrenheit in Geld- und Bankfragen, Genossen Arbeiter und Soldaten, hetzt man euch auf ebensolche Werktätige, wie ihr sie seid, und will damit die Verantwortlichkeit für die hungernden und an der Front sterbenden Brüder von sich auf ganz unschuldige Werktätige abwälzen, die unter der Last des allgemeinen Elends und der Zerrüttung treu ihre Pflicht erfüllen.

*Denkt daran, Arbeiter und Soldaten! Die Angestellten haben stets die Interessen des arbeitenden Volkes vertreten und werden sie immer vertreten, sie bilden einen Teil dieses Volkes, und sie haben keine Kopeke, die die Front und die Arbeiter brauchen, zurückgehalten und werden auch nichts zurückhalten.*

Seit dem 24. Oktober dieses Jahres bis zum 10. November, d. h. in siebzehn Tagen, wurden *500 Millionen Rubel* an die Front, nach Moskau *120 Millionen Rubel* überwiesen, nicht gerechnet die Überweisungen in andere Städte.

Die Angestellten bewahren das Volksgut, dessen wirklicher Herr nur das ganze russische Volk in Person der Konstituierenden Versammlung sein kann, aber sie weigern sich, bei der Auszahlung von Geldern für unbekannte Zwecke mitzuwirken.

Glaubt nicht den Verleumdern, die euch zu Pogromen hetzen.

*Die Zentralverwaltung des Gesamtrussischen Verbandes*
*der Angestellten der Staatsbank*
*Die Zentralverwaltung*
*des Gesamtrussischen Gewerkschaftsverbandes*
*der Angestellten der Kreditinstitutionen"*

„An die Bevölkerung Petrograds

Bürger! Glaubt nicht den Verleumdungen, die euch gewissenlose Leute einreden wollen, glaubt nicht den von ihnen verbreiteten gemeinen Lügen über die Angestellten des Ministeriums für Ernährungswesen sowie über die Angestellten der anderen Versorgungsorganisationen, die in diesen schweren Tagen unentwegt für die Rettung Rußlands arbeiten. Bürger! In Maueranschlägen ruft man euch dazu auf, selbständig über uns zu Gericht zu sitzen und zu urteilen, bringt man gegen uns verlogene Beschuldigungen über Sabotage und Streiks, macht man uns für alles Elend und alles Unglück verantwortlich, das über das Volk gekommen ist, obwohl wir unermüdlich und unentwegt dafür gekämpft haben und weiter kämpfen, das russische Volk vor den Schrecken des Hungers zu bewahren. Trotz allem, was wir als Bürger des schmerzensreichen Rußlands ertragen müssen, haben wir uns in unserer schweren und verantwortungsvollen Arbeit zur Versorgung der Armee und der Bevölkerung mit Lebensmitteln keinen Augenblick Ruhe gegönnt.

Das Bild der hungernden und frierenden Armee, die mit ihrem Blut und ihren Qualen unser Leben verteidigt, verläßt uns keinen Augenblick.

Bürger! Wenn es uns gelungen ist, die schlimmsten Tage, die es im Leben und in der Geschichte unseres Volkes je gegeben hat, zu überstehen, wenn es uns gelungen ist, den Hunger von Petrograd fernzuhalten, wenn es uns gelungen ist, durch unwahrscheinliche, beinahe unmenschliche Anstrengungen unsere gequälte Armee wenigstens einigermaßen mit Brot und Proviant zu versorgen, dann nur darum, weil wir unsere Arbeit ehrlich fortgesetzt haben und weiter fortsetzen.

Auf die ‚letzte Warnung‘ der Machteroberer antworteten wir: Nicht ihr, die ihr das Land dem Ruin entgegenführt, habt uns mit Drohungen und Schmähungen zu bewerfen, uns, die wir alles tun, was in unseren Kräften steht, damit das Land nicht zugrunde gehe! Wir fürchten eure Drohungen nicht; vor uns steht das geheiligte Bild des geplagten Rußlands. Wir werden unsere Arbeit zur Versorgung der Armee und des Volkes mit Brot weiterführen, wir werden alle Anstrengungen machen, wenn ihr uns nicht endgültig alle Möglichkeiten, diese Pflicht vor der Heimat zu erfüllen, abschneidet. Anderenfalls werden vor der Armee und dem Volke alle Schrecken des Hungers stehen, aber die Verantwortung dafür fällt auf die Gewalttäter.

*Das Exekutivkomitee der Angestellten
des Ministeriums für Ernährungswesen"*

## „An alle Beamten!

Hiermit wird bekanntgegeben, daß alle Beamten und Amtspersonen, die den Regierungsdienst quittiert und die öffentlichen Institutionen verlassen haben, sowie auch die, welche wegen Sabotage oder wegen Nichtübergabe ihrer Amtsangelegenheiten in der festgesetzten Frist entlassen worden sind, aber ihr Gehalt im voraus empfangen haben, ohne es erarbeitet zu haben, verpflichtet werden, bis spätestens zum 27. (14.) November 1917 dieses Gehalt an die Institutionen zurückzuzahlen, bei denen sie gearbeitet haben.

Alle, die diese Weisung nicht ausführen, werden wegen Veruntreuung von Staatseigentum vor dem revolutionären Kriegsgericht zur Verantwortung gezogen.

24. (11.) November 1917

*Das Revolutionäre Militärkomitee"*


## „Von der Sonderbehörde für Lebensmittelversorgung

Bürger! Die Bedingungen unserer Arbeit zur Versorgung Petrograds mit Lebensmitteln werden mit jedem Tag schwieriger.

Die für unser Arbeitsgebiet unheilvolle Einmischung der Kommissare des Revolutionären Militärkomitees wird noch immer fortgesetzt.

*Ihre selbstherrlichen Handlungen* und die Aufhebung unserer Verfügungen *können zur Katastrophe führen.*

Wieder ist ein Kühlhaus versiegelt worden, wo für die Bevölkerung bestimmtes Fett und Fleisch gelagert ist, und wir können die Temperatur nicht regulieren, *damit die Lebensmittel nicht verderben.*

Ein Waggon Kartoffeln und ein Waggon Kohl sind beschlagnahmt und mit unbekanntem Ziel abtransportiert worden.

Frachten, die der Requirierung nicht unterliegen (Chalwa), werden von den Kommissaren requiriert; fünf Kisten Chalwa hat sich kürzlich ein Kommissar persönlich angeeignet.

*Wir können nicht über unsere Kühlhäuser verfügen,* selbstherrliche Kommissare geben keine Produkte heraus und terrorisieren unsere Angestellten, drohen ihnen mit Verhaftung.

*Alles, was in Petrograd geschieht, wird in der Provinz bekannt,* und aus dem Dongebiet, aus Sibirien, aus Woronesh und anderen Orten haben wir schon Absagen erhalten, Getreide zu schicken.

Lange kann das nicht mehr so weitergehen.

Die Arbeit beginnt unseren Händen zu entgleiten.

Unsere Pflicht ist es, dies alles der Bevölkerung zur Kenntnis zu geben.

Bis zur allerletzten Möglichkeit werden wir über die Interessen der Bürger wachen.

*Wir tun alles, um die heraufziehende Hungersnot abzuwenden, aber wenn unter diesen schweren Bedingungen unsere Arbeit unvermeidlich eingestellt werden muß, möge es die Bevölkerung wissen – nicht wir sind daran schuld ...*"

### 14.

*Die Wahlen zur Konstituierenden Versammlung in Petrograd*

In Petrograd gab es neunzehn Listen. Das folgende Ergebnis wurde am 30. November veröffentlicht:

| Partei | Stimmen |
|---|---|
| Volkssozialisten | 19 109 |
| Kadetten | 245 006 |
| Bauerndemokraten | 3 707 |
| Bolschewiki | 424 027 |
| Sozialisten-Universalisten | 158 |
| Ukrainische und jüdische sozialdemokratische und sozialrevolutionäre Arbeiter | 4 219 |
| Liga für die Gleichberechtigung der Frauen | 5 310 |
| Sozialrevolutionäre (Vaterlandsverteidiger) | 4 696 |
| Linke Sozialrevolutionäre | 152 230 |
| Bund der Volksentwicklung | 385 |
| Radikale Demokraten | 413 |
| Rechtgläubige Kirchengemeinden | 24 139 |
| Frauenbund zur Rettung des Vaterlandes | 318 |
| Unabhängiger Bund der Arbeiter, Soldaten und Bauern | 4 942 |
| Christliche Demokraten (Katholiken) | 14 382 |
| Vereinigte Sozialdemokraten | 11 740 |
| Menschewiki | 17 247 |
| Gruppe „Jedinstwo" | 1 823 |
| Bund der Kosakentruppen | 6 712 |

## 15.

### „Vom Rat der Volkskommissare an die werktätigen Kosaken

Brüder Kosaken! Man betrügt euch! Man hetzt euch auf das übrige Volk. Man sagt euch, die Sowjets der Arbeiter-, Soldaten- und Bauerndeputierten seien eure Feinde, sie wollten euch eure Kosakenfreiheit, eure Kosaken,sonderrechte' nehmen. Glaubt das nicht, Kosaken! Man belügt euch. Man betrügt euch in verbrecherischer Weise. Eure eigenen Generale und Gutsbesitzer betrügen euch, um euch in Finsternis und Knechtschaft zu halten. Wir, der Rat der Volkskommissare, wenden uns hiermit an euch, Kosaken. Lest dies Blatt aufmerksam und urteilt selbst, wo die Wahrheit und wo übler Betrug ist.

Das Leben und der Dienst eines Kosaken war immer Unfreiheit und Zwangsarbeit. Auf den ersten Ruf der Obrigkeit mußte sich der Kosak aufs Pferd setzen und ins Feld ziehen. Seine ganze Kriegs,ausrüstung' mußte sich der Kosak selbst mit eigenen, selbst erarbeiteten Mitteln anschaffen. Der Kosak im Felde und die Wirtschaft werden ruiniert und gehen zugrunde. Ist eine solche Ordnung gerecht? Nein, sie muß ein für allemal abgeschafft werden. *Das Kosakentum muß von der Knechtschaft befreit werden.* Die neue, die Volksmacht, die Sowjetmacht ist bereit, den werktätigen Kosaken zu Hilfe zu kommen. Es ist nur notwendig, daß die Kosaken selbst sich entschließen, die alte Ordnung abzuschaffen, ihre Unterwürfigkeit gegenüber den Gutsbesitzern, den Reichen aufzugeben, das verfluchte Joch sich vom Halse zu schaffen. Erhebt euch, Kosaken! Vereinigt euch! Der Rat der Volkskommissare ruft euch zu einem neuen, freieren, glücklicheren Leben.

Im Oktober und November haben in Petrograd Gesamtrussische Kongresse der Sowjets der Soldaten-, Arbeiter- und Bauerndeputierten stattgefunden. Diese Kongresse haben die ganze Macht in den einzelnen Orten in die Hände der Sowjets gelegt, d. h. in die Hände der vom Volk gewählten Menschen. Von jetzt ab wird es in Rußland keine Regenten und Beamten mehr geben, die das Volk von oben kommandieren und malträtieren. Das Volk selbst schafft sich seine Macht. Ein General hat nicht mehr Rechte als ein Soldat. Alle sind gleichberechtigt. Urteilt selbst, Kosaken, ob das schlecht ist oder gut. Wir rufen euch auf, Kosaken, euch dieser neuen Volksordnung

anzuschließen und euch eure eigenen *Sowjets der Kosakendeputierten* zu schaffen. Diesen Sowjets muß in den Gemeinden alle Macht
gehören. Nicht den Atamanen im Generalsrang, sondern den gewählten Vertretern der werktätigen Kosaken, ihren vertrauens-
würdigen und zuverlässigen Leuten.

Die Gesamtrussischen Kongresse der Soldaten-, Arbeiter- und
Bauerndeputierten haben beschlossen, allen gutsherrlichen Boden
dem werktätigen Volk zur Nutzung zu übergeben. Ist das vielleicht
nicht gerecht, Kosaken? Alle die Kornilow, Kaledin, Dutow, Karaulow und Bardish verfechten mit aller Kraft die Interessen der
Reichen, und sie sind bereit, Rußland im Blut zu ersäufen, nur
damit der Boden den Gutsbesitzern bleibt. Doch ihr, die werktätigen Kosaken, leidet ihr etwa nicht selbst an der Armut, der
Unterdrückung und dem Mangel an Land? Wie viele Kosaken
gibt es, die nur vier bis fünf Desjatinen Land bei ihrem Hof haben. Daneben aber gibt es unter den Kosaken Gutsbesitzer, die
Tausende Desjatinen Land ihr eigen nennen und die darüber hinaus sich die für die Ernährung der Truppen bestimmten Ländereien
aneignen. Nach dem neuen, nach dem Sowjetgesetz müssen die
Ländereien der Gutsbesitzer unter den Kosaken unentgeltlich den
werktätigen Kosaken, den armen Kosaken übergeben werden. Man
schreckt euch damit, daß die Sowjets euch euren Boden wegnehmen
wollen. Wer schreckt euch damit? Die reichen Kosaken, die wissen,
daß *die Sowjetmacht den gutsherrlichen Boden in eure Hände geben
will.* Wählt, Kosaken, für wen ihr euch erheben sollt: für die Kornilow und Kaledin, für die Generale und die Geldsäcke oder für die
Sowjets der Bauern-, Soldaten- und Arbeiterdeputierten.

Der vom Gesamtrussischen Sowjetkongreß gewählte *Rat der
Volkskommissare hat allen Völkern unverzüglichen Waffenstillstand
und einen ehrlichen, demokratischen Frieden, einen Frieden ohne
Kränkungen und Nachteile für irgendein Volk vorgeschlagen.* Alle
Kapitalisten, alle Gutsbesitzer, alle Kornilowgenerale haben sich ge-
gen die Friedenspolitik der Sowjetmacht gewandt. Ihnen hat der
Krieg Gewinn, Macht, Ränge eingetragen. Aber was hat er euch,
den einfachen Kosaken, eingetragen? Ihr seid ohne Sinn und
Zweck zugrunde gegangen wie eure Brüder, die Soldaten und
Matrosen. Dreieinhalb Jahre zieht sich nun schon dieser verfluchte
Krieg hin, den die Kapitalisten und Gutsbesitzer aller Länder um
ihrer Profite und der Eroberungen willen vom Zaune gebrochen

haben. Den werktätigen Kosaken hat der Krieg nur Ruin und Untergang gebracht. Der Krieg hat aus der Kosakenwirtschaft alle Säfte ausgesogen. Die einzige Rettung für unser ganzes Land und für die werktätigen Kosaken im besonderen ist ein schneller und ehrlicher Friedensschluß. Der Rat der Volkskommissare hat allen Regierungen und allen Völkern erklärt: Wir wollen nichts Fremdes und wir wollen das Unsere nicht weggeben. Frieden ohne Annexionen und Kontributionen! Jedes Volk soll selbst sein Schicksal entscheiden. Es darf keinerlei Unterdrückung einer Nation durch eine andere geben. Einen solchen ehrlichen, demokratischen, d. h. dem Volke genehmen Frieden eben schlägt der Rat der Volkskommissare allen Regierungen, allen Völkern, den verbündeten wie den feindlichen, vor. Und das erste Ergebnis liegt vor: *An der russischen Front ist schon Waffenstillstand eingetreten!* Dort fließt schon kein Soldaten- und Kosakenblut mehr. Jetzt, Kosaken, entscheidet selbst: Wenn ihr weiter diesen verderblichen, verhängnisvollen, unsinnigen, verbrecherischen Krieg führen wollt, dann unterstützt die Kadetten – diese Volksfeinde, dann unterstützt die Tschernow, Zereteli, Skobelew, die euch am 18. Juni in die Offensive geschickt haben, dann unterstützt Kornilow, der die Todesstrafe an der Front für Soldaten und Kosaken eingeführt hat. *Aber wenn ihr einen baldigen und ehrlichen Frieden haben wollt, dann stellt euch auf die Seite der Sowjets und unterstützt den Rat der Volkskommissare.*

Euer Schicksal, Kosaken, liegt in eurer eigenen Hand. Unsere gemeinsamen Feinde: die Gutsbesitzer, die Kapitalisten, die Kornilowoffiziere, die bürgerlichen Zeitungsschreiber – betrügen euch und stoßen euch auf den Weg des Verderbens. In Orenburg hat Dutow den Sowjet verhaften und die Garnison entwaffnen lassen. Kaledin bedroht die Sowjets am Don. Er hat dort den Kriegszustand verkündet und zieht seine Truppen dorthin. Karaulow läßt Einheimische im Kaukasus erschießen. Die Kadettenbourgeoisie stellt ihnen ihre Millionen zur Verfügung. Ihr gemeinsames Ziel ist, die Volkssowjets abzuwürgen, die Arbeiter und Bauern zu unterdrücken, wieder die mit dem Stock aufrechterhaltene Disziplin in der Armee einzuführen und die Sklaverei der werktätigen Kosaken zu verewigen.

Unsere revolutionären Truppen sind gegen den Don und gegen den Ural marschiert, um dort mit dem verbrecherischen Aufstand gegen das Volk Schluß zu machen. Den Führern der revolutionären Truppen ist der Befehl erteilt, keinerlei Verhandlungen mit den Putschistengeneralen aufzunehmen, sondern entschlossen und schonungslos vorzugehen.

Kosaken! Von euch hängt es jetzt ab, ob weiter Bruderblut fließen wird. Wir strecken euch die Hand hin. Vereinigt euch mit dem ganzen Volk gegen seine Feinde. Erklärt Kaledin, Kornilow, Dutow, Karaulow und alle ihre Handlanger und Helfershelfer für Volksfeinde, für Verräter. Verhaftet sie mit eigenen Händen und übergebt sie der Sowjetmacht, die sie richten wird im offenen und öffentlichen Revolutionsgericht.

Kosaken! Vereinigt euch zu Sowjets der Kosakendeputierten. Nehmt in eure eigenen arbeitsgewohnten Hände die Verwaltung aller Angelegenheiten der Kosaken. Nehmt den Boden der reichen Gutsbesitzer. Übergebt ihr Getreide, ihre landwirtschaftlichen Geräte den werktätigen Kosaken, die durch den Krieg ruiniert worden sind, damit sie damit den Boden bestellen können.

Vorwärts, Kosaken, zum Kampf für die Sache des ganzen Volkes! Es leben die werktätigen Kosaken!

Es lebe das Bündnis der Kosaken, Soldaten, Bauern und Arbeiter!

Es lebe die Macht der Sowjets der Kosaken-, Soldaten-, Bauern- und Arbeiterdeputierten!

Nieder mit dem Krieg! Nieder mit den Gutsbesitzern und Kornilowgeneralen!

Es lebe der Frieden und die Brüderlichkeit unter den Völkern!

*Der Rat der Volkskommissare"*

### 16.

*Von der Kommission für Volksbildung
bei der Zentralen Stadtduma*

„Genossen Arbeiter und Arbeiterinnen!

Einige Tage vor den Feiertagen wurde ein Streik der Lehrer der städtischen Lehranstalten erklärt. Die Lehrer stellten sich auf die Seite der Bourgeoisie gegen die Arbeiter-und-Bauern-Regierung.

Genossen, organisiert Elternkomitees und faßt Resolutionen gegen den Streik der Lehrer. Wendet euch an die Bezirkssowjets der

Arbeiter- und Soldatendeputierten, an die Gewerkschaftsverbände, an die Fabrik- und Parteikomitees mit dem Vorschlag, Protestkundgebungen zu organisieren. Beschafft mit eigenen Kräften Tannenbäume und veranstaltet Feiern für die Kinder, verlangt Wiederaufnahme des Unterrichts nach den Feiertagen zu dem von der Zentralen Duma angeordneten Termin.

Genossen, festigt eure Stellung auf dem Gebiet der Volksbildung, besteht auf der Kontrolle der proletarischen Organisationen über die Schule.

*Die Kommission für Volksbildung*
*bei der Zentralen Stadtduma"*

## 17.

### Die diplomatische Korrespondenz der Sowjetregierung

Die Noten Trotzkis an die Alliierten und die neutralen Nationen und die Note der alliierten Militärattachés an General Duchonin sind zu umfangreich, um sie hier wiederzugeben. Außerdem gehören sie in eine andere Phase der Geschichte der Sowjetrepublik, die nicht in diesem Buch behandelt wird – in die Außenpolitik der Sowjetregierung. Ich beschäftige mich damit eingehend im nächsten Band, „Von Kornilow bis Brest-Litowsk".

## 18.

### Appell an die Front gegen Duchonin

„Der Kampf um den Frieden ist auf den Widerstand der Bourgeoisie und der konterrevolutionären Generale gestoßen . . .

Nach Zeitungsmitteilungen sammeln sich im Hauptquartier des ehemaligen Oberbefehlshabers Duchonin Paktierer und Agenten der Bourgeoisie: Werchowski, Awxentjew, Tschernow, Goz, Zereteli u. a. Sie sammeln sich dort, um eine neue Macht gegen die Sowjets zu bilden.

Genossen Soldaten! Alle obengenannten Personen waren schon Minister. Sie haben alle mit der Bourgeoisie und mit Kerenski unter einer Decke gesteckt. Sie sind verantwortlich für die Offensive vom 18. Juni und für die Fortdauer des Krieges. Sie haben den Bauern Land versprochen, in Wirklichkeit aber die Bodenkomitees der

Bauern verhaftet. Sie haben die Todesstrafe für Soldaten eingeführt. Sie haben sich den englischen, amerikanischen und französischen Börsenjobbern unterworfen.

Für seine Weigerung, den Befehlen des Rates der Volkskommissare zu folgen, ist General Duchonin als Oberbefehlshaber abgesetzt worden ... Als Antwort darauf läßt er in den Truppenteilen die Noten der Militärattachés der alliierten imperialistischen Mächte verbreiten und sucht eine Konterrevolution zu provozieren ...

Ordnet euch nicht Duchonin unter! Folgt nicht seinen Provokationen! Seid ihm gegenüber und seiner Gruppe von konterrevolutionären Generälen äußerst wachsam!"

## 19.

### *Aus dem Befehl an Armee und Flotte Nr. 2*

„... Ich erkläre den ehemaligen Oberbefehlshaber General Duchonin wegen seiner hartnäckigen Weigerung, dem Befehl über die Absetzung Folge zu leisten, und wegen verbrecherischer Handlungen, die zu einem neuen Ausbruch des Bürgerkriegs führen, zum Feind des Volkes.

Alle Personen, die Duchonin unterstützen, sind, unabhängig von ihrer gesellschaftlichen und Parteistellung und ihrer Vergangenheit, zu verhaften. Die Verhaftung ist von besonders dazu bevollmächtigten Personen vorzunehmen. Ich beauftrage General Manikowski, eine entsprechende Verfügung über die Absetzung zu erlassen.

Der Oberbefehlshaber *Krylenko*"

## KAPITEL XII

### 1.

### *Antwort auf Anfragen von Bauern*

Als Antwort auf zahlreiche Anfragen von Bauern wird die Aufklärung gegeben, daß die Macht im Staate von jetzt ab restlos in die Hände der Sowjets der Arbeiter-, Soldaten- und Bauerndeputierten übergegangen ist. Die Arbeiterrevolution hat in Petrograd und Moskau gesiegt und siegt an allen übrigen Orten Rußlands. Die Arbeiter-und-Bauern-Regierung sichert das Bündnis der Masse der Bauern, der armen Bauern, der Mehrheit der Bauern, mit den Arbeitern gegen die Gutsbesitzer, gegen die Kapitalisten.

Deshalb sind die Sowjets der Bauerndeputierten, in erster Linie die Kreissowjets, dann die Gouvernementssowjets, von jetzt ab bis zur Konstituierenden Versammlung die bevollmächtigten örtlichen Organe der Staatsmacht. Das Eigentum der Gutsbesitzer an Grund und Boden ist vom Zweiten Gesamtrussischen Sowjetkongreß *aufgehoben* worden. Die jetzige provisorische Arbeiter-und-Bauern-Regierung hat bereits einen Erlaß über den Grund und Boden herausgegeben. Auf Grund dieses Erlasses gehen die gesamten Ländereien der Gutsbesitzer vollständig in die Hände der Sowjets der Bauerndeputierten über.

Die Amtsbezirks-Bodenkomitees müssen sofort die Verfügungsgewalt über alle Ländereien der Gutsbesitzer übernehmen, eine strenge Bestandsaufnahme durchführen, volle Ordnung aufrechterhalten und das ehemalige Eigentum der Gutsbesitzer, das jetzt allgemeines Volkseigentum geworden ist und deshalb vom Volke selbst geschützt werden muß, strengstens bewachen.

Alle Anordnungen der Amtsbezirks-Bodenkomitees, die mit Zustimmung der Kreissowjets der Bauerndeputierten in Ausführung der Dekrete der revolutionären Staatsmacht angenommen wurden, haben volle Gesetzeskraft und müssen unbedingt und sofort durchgeführt werden.

Die Arbeiter-und-Bauern-Regierung, die vom Zweiten Gesamtrussischen Sowjetkongreß eingesetzt worden ist, trägt den Namen: Rat der Volkskommissare.

Der Rat der Volkskommissare fordert die Bauern auf, selbst die ganze lokale Macht in ihre Hände zu nehmen.

Die Arbeiter werden die Bauern restlos, in jeder Weise und mit allen Mitteln unterstützen, werden die Produktion von Maschinen und Geräten in Gang bringen und bitten die Bauern, ihrerseits ihnen durch Zufuhr von Getreide zu helfen.

Petrograd, den 18. (5.) November 1917

Der Vorsitzende<br>
des Rates der Volkskommissare<br>
*W. Uljanow (Lenin)*"

## 2.

Der ordentliche Kongreß der Bauernsowjets trat etwa eine Woche
später zusammen und tagte mehrere Wochen. Hier wiederholte sich,
allerdings in erweitertem Rahmen, was sich schon vorher auf der
„außerordentlichen Konferenz" abgespielt hatte. Erst stand die
Mehrheit der Delegierten der Sowjetregierung feindlich gegenüber
und unterstützte den reaktionären Flügel. Einige Tage später unterstützte der Kongreß schon die gemäßigten Elemente mit Tschernow
an der Spitze. Und noch einige Tage später stimmten die Delegierten in ihrer übergroßen Mehrheit für die Gruppe um Maria
Spiridonowa und entsandten ihre Vertreter zum Zentralexekutivkomitee in den Smolny ... Daraufhin verließ der rechte Flügel den
Kongreß und berief eine eigene Tagung ein, die von Tag zu Tag
zusammenschmolz, bis nichts mehr von ihr übrigblieb.

Das Buch des amerikanischen Schriftstellers und Kommunisten John Reed, „Zehn Tage, die die Welt erschütterten", wurde 1919 in den USA herausgegeben und erschien zum erstenmal in russischer Sprache in der Sowjetunion 1923. Lenin hat es in seinem Vorwort zur amerikanischen Ausgabe* hoch eingeschätzt. Es schildert wahrheitsgetreu die sozialistische Oktoberrevolution als Revolution der Volksmassen und zeigt überaus lebendig die geschichtliche Schöpferkraft des Volkes und die große Rolle der Bolschewiki als Ausdruck des Willens der Arbeiterklasse, der Masse der Bauern und Soldaten.

Die große Oktoberrevolution war eine in der Geschichte der Menschheit beispiellose Revolution. Ihr Inspirator, Führer und Organisator war die bolschewistische Partei, ihr Zentralkomitee unter Führung Lenins.

Unsere Partei und ihr Führer Lenin sahen mit genialem Weitblick den gesamten Verlauf der Revolution voraus, alle ihre möglichen Zickzackwege, das Verhalten der revolutionären Massen in ihr und der ihnen feindlichen Klassen und Parteien. In ihrer gesamten Tätigkeit ließen sich die Organe zur Führung des Aufstands: das Politbüro und die Parteizentrale der bolschewistischen Partei, der Petrograder Sowjet und sein operativer Stab zur Führung des Aufstands, das Revolutionäre Militärkomitee, von Lenins Ideen leiten.

Lenins Ideen bahnten sich den Weg ins Leben im erbitterten Kampf gegen die Opportunisten, die nicht an die Kraft der prole-

---

* Als John Reed zum zweitenmal 1919 in Sowjetrußland war, schrieb Lenin das Vorwort zur neuen amerikanischen Ausgabe des Buches. Dieses Buch mit dem Vorwort Lenins erschien aber erst 1926 in den USA. *Die Red.*

tarischen Revolution, an die Möglichkeit ihres Sieges in Rußland glaubten. Diese Kapitulanten traten entweder direkt gegen Lenins taktischen Plan des bewaffneten Volksaufstands auf oder erklärten sich in Worten mit der Idee des Aufstands einverstanden, schlugen aber einen solchen taktischen Plan für seine Verwirklichung vor, der in der Tat den Aufstand zum Mißerfolg verurteilt hätte.

Alle Briefe und Aufsätze Lenins am Vorabend des Aufstands (September/Oktober) sind vom unerschütterlichen Glauben an den Sieg der Volksmassen erfüllt und basieren auf der nüchternen Einschätzung der realen Situation im Lager der Revolution und im Lager ihrer Feinde. Sie brandmarken und entlarven leidenschaftlich alle Feiglinge und Verräter, die bereit waren, in den kritischen Augenblicken der Revolution die Waffen vor dem Feind zu strecken.

In dem Artikel „Die Krise ist herangereift" vom 12. Oktober (29. September) kritisiert Lenin scharf die Haltung, die die Mitglieder des Zentralkomitees der bolschewistischen Partei Sinowjew, Kamenew, Trotzki und eine kleine Gruppe ihrer Anhänger in den Parteispitzen einnahmen. Lenin verurteilt scharf die Haltung Sinowjews und Kamenews, die auf die Notwendigkeit der Teilnahme der Bolschewiki am Vorparlament hartnäckig bestanden und damit die Kräfte der Revolution ideologisch entwaffneten, sie von der Vorbereitung des Aufstands ablenkten. Lenin entlarvt jene Politiker und unter ihnen Trotzki, die für das „Abwarten" des Sowjetkongresses, gegen die sofortige Machtergreifung, gegen den sofortigen Aufstand, der als unaufschiebbare Aufgabe auf der Tagesordnung stand, waren.

„Diese Richtung oder Meinung muß *bekämpft werden*", schrieb Lenin zornig. „Sonst würden sich die Bolschewiki *mit Schmach bedecken* und als Partei *erledigt* sein. Denn einen solchen Augenblick verpassen und den Sowjetkongreß abwarten, wäre *vollendete Idiotie* oder *vollendeter Verrat* ... Den Sowjetkongreß ‚abwarten' ... das heißt Wochen verlieren, Wochen und sogar Tage entscheiden aber jetzt *alles* ... Jetzt nicht die Macht ergreifen, ‚warten', im Zentralexekutivkomitee schwatzen, sich auf den ‚Kampf um ein Organ' (des Sowjets), sich auf den Kampf für den Kongreß beschränken, heißt die Revolution *zugrunde richten*."

Lenins beharrlicher Kampf innerhalb des Zentralkomitees gegen die Kapitulanten war von vollem Erfolg gekrönt. Das Zentralkomitee nahm am 23. (10.) Oktober zum Referat Lenins über die gegenwärtige Lage die von ihm verfaßte Resolution an, die feststellt, daß der bewaffnete Aufstand unumgänglich und völlig herangereift ist. Das Zentralkomitee fordert darin alle Parteiorganisationen auf, sich in ihrer praktischen Arbeit hiervon leiten zu lassen. Gegen diese Resolution stimmten Sinowjew und Kamenew. Trotzki verharrte auf seiner früheren Position und schlug vor, den Aufstand nicht vor Eröffnung des Zweiten Sowjetkongresses zu beginnen, was in der Tat darauf hinauslief, den herangereiften Aufstand hinauszuschieben und den Tag des Aufstands vor dem Feind preiszugeben.

Diese Position wurde insbesondere von Trotzki auf der Plenartagung des Petrograder Sowjets vom 5. November (23. Oktober) eingenommen. John Reed gibt in seinem Buch diese Rede Trotzkis wieder. Auf die Frage, ob die Bolschewiki eine Demonstration beabsichtigen, antwortete Trotzki: „Die Übergabe der Regierungsgewalt wird der Gesamtrussische Sowjetkongreß besorgen . . . Wir hoffen, daß der Gesamtrussische Sowjetkongreß die Macht . . ., die auf der organisierten Freiheit des Volkes beruht, in seine Hände nehmen wird." (Seite 105 der vorliegenden Ausgabe.)

Lenin trat entschieden gegen diese für die Revolution verhängnisvolle Taktik auf. In seinem Brief an die Mitglieder des Zentralkomitees vom 6. November (24. Oktober) abends überzeugt er sie leidenschaftlich, daß man um jeden Preis heute abend, heute nacht die Regierung verhaften und sofort die Macht ergreifen müsse. „Man darf nicht warten!! Man kann alles verlieren!! . . . Eine Verzögerung wird die Geschichte den Revolutionären nicht verzeihen, die heute siegen können (und heute bestimmt siegen werden), während sie morgen Gefahr laufen, vieles, ja alles zu verlieren. Wenn wir heute die Macht ergreifen, so ergreifen wir sie nicht gegen die Sowjets, sondern für sie . . . Es wäre Verderb oder Formalität, die unsichere Abstimmung am 25. Oktober abzuwarten, das Volk hat das Recht und die Pflicht, solche Fragen nicht durch Abstimmungen, sondern durch Gewalt zu entscheiden; das Volk hat das Recht und die Pflicht, in kritischen Augenblicken der Revolution seinen Vertretern . . . die Richtung zu weisen und nicht auf sie zu warten."

Nach seiner Ankunft im Smolny in der Nacht vom 6. zum 7. November (24. zum 25. Oktober) nahm Lenin alle Fäden der Führung des Aufstands in seine Hände. In der Nacht des 7. November (25. Oktober) waren bei Lenin im Smolny Dutzende Arbeiter und

501

Soldaten – die Chefs der Rotgardistenabteilungen und Verbindungs-
männer, die Vertreter aus den Bezirken, Betrieben und Truppenteilen. Sie alle erhielten von Lenin genaue Anweisungen. Das Revolutionäre Militärkomitee entwickelte eine außerordentliche Aktivität
und gewann in der von Lenin breit entfalteten revolutionären
Initiative der Arbeiter und Soldaten seine feste Stütze.

Es siegte die geniale Leninsche Taktik.

Die unbesiegbare Stärke Lenins bestand darin, daß sie in sich
eine gigantische intellektuelle, theoretische Kraft mit organisato-
rischem Genie vereinigte. Die gesamte Arbeit der Parteizentrale
und des Revolutionären Militärkomitees zur Führung des Aufstands verlief genau nach dem von Lenin ausgearbeiteten Plan, den
er in seinen Briefen über die Taktik (September/Oktober) dargelegt
hatte.

John Reed nannte Lenin einen ungewöhnlichen Führer. Lenin
war wirklich ein ungewöhnlicher Führer. Ihm war jede Effekthascherei fremd, wie sie für den westeuropäischen sozialdemokratischen
Führertypus so charakteristisch ist. Er war ungewöhnlich schlicht
und zugleich ungewöhnlich weise in allen seinen Handlungen und
Urteilen. Er besaß, schreibt John Reed, die „außerordentliche Fähigkeit, tiefe Gedanken in einfachste Worte zu kleiden und konkrete
Situationen zu analysieren. Sein Scharfsinn ist verbunden mit der
größten Kühnheit des Denkens." Alle diese Eigenschaften des großen Lenin beruhten auf seiner engen Verbindung mit den Volksmassen, in denen er die Schöpfer der Geschichte sah, an deren
schöpferische Kräfte er unbeirrt glaubte.

In seiner ersten Rede auf der Plenartagung des Petrograder
Sowjets nach dem Sieg des Volksaufstands, am 7. November
(25. Oktober), brachte Lenin seine unerschütterliche Überzeugung
zum Ausdruck, daß der vom Volk errungene Sieg von Dauer sein
wird. Klar sah er die Zukunft des neuen Sowjetrußlands vor Augen
und formulierte einfach und klar die historische Aufgabe, die vor
den Bolschewiki, vor der Arbeiterklasse und vor den breiten Volksmassen stand: der Aufbau des proletarischen sozialistischen Staates,
der Sieg des Sozialismus in der Sowjetunion.

Diesem nüchternen Optimismus der Bolschewiki stand die per-
spektivlose, defätistische Erklärung Trotzkis auf dem Zweiten
Sowjetkongreß gegenüber. John Reed gibt in seinem Buch diesen
Teil der Rede Trotzkis auf dem Kongreß wieder: „... daß, wenn

auch weiterhin in Europa die imperialistische Bourgeoisie herrschen wird, das revolutionäre Rußland sich allein nicht zu halten vermag. Es gibt nur die Alternative: Entweder die russische Revolution wird eine revolutionäre Bewegung in Europa auslösen, oder die reaktionären Mächte Europas werden das revolutionäre Rußland zerstören!" (Seite 201 der vorliegenden Ausgabe.)

Dieser Standpunkt Trotzkis beruhte auf seinem Unglauben an die revolutionäre Unterstützung des siegreichen russischen Proletariats durch die werktätige Bauernschaft, auf seinem Unglauben an die Fähigkeit des Proletariats, die Bauernmassen für sich zu gewinnen. Er war der Ausdruck seiner menschewistischen Theorie der „permanenten Revolution", die er schon 1905 aufstellte. Das war die Theorie, die behauptete, daß der Sieg der sozialistischen Revolution in einem Lande vor der Eroberung der Macht durch das Proletariat in den ausschlaggebenden Ländern Europas unmöglich sei. Trotzki schrieb kurz vor der Oktoberrevolution in seiner Broschüre „Das Friedensprogramm": „Eine siegreiche Revolution in Rußland oder England ist undenkbar ohne eine Revolution in Deutschland und umgekehrt." Den gleichen Gedanken, nämlich daß der Sieg der sozialistischen Revolution nur als gleichzeitiger Sieg des Proletariats der ausschlaggebenden Länder Europas möglich sei, brachte Trotzki auch in seinem Interview zum Ausdruck, das er John Reed am 30. (17.) Oktober gab. Über die Außenpolitik der künftigen Regierung sagte er: „Ich sehe Europa am Ende dieses Krieges neugeschaffen, nicht von Diplomaten, sondern vom Proletariat. Eine föderative Republik von Europa, die Vereinigten Staaten von Europa..." (Seite 93/94 der vorliegenden Ausgabe.) Hier stellt Trotzki der Leninschen Theorie der proletarischen Revolution vom Siege des Sozialismus in einem Lande seine Losung der Vereinigten Staaten von Europa entgegen, die aus seiner defätistischen Theorie der „permanenten Revolution" entspringt.

Die unerbittliche Logik der historischen Ereignisse zwang die Vertreter der kapitulantenhaften Linie manchmal, entgegen ihrer Überzeugung zu sprechen und zu handeln. So war es mit Trotzki während des Aufstands, da er als Vorsitzender des Petrograder Sowjets kraft des objektiven Verlaufs der Revolution die Leninsche Taktik des Aufstands durchführen mußte. Auf der Sitzung des Petrograder Sowjets am 7. November (25. Oktober) angesichts der siegreichen Erhebung des Volkes war Trotzki gezwungen, auf den

Zuruf, daß die Kunde vom siegreichen Aufstand auf der Plenartagung dem Willen des Gesamtrussischen Sowjetkongresses vorgreife, im Geiste der Leninschen Taktik zu antworten: „Es ist der Aufstand der Petrograder Arbeiter und Soldaten, der dem Sowjetkongreß vorgegriffen hat." (Seite 135 der vorliegenden Ausgabe.) Er war gezwungen, das Gegenteil dessen zu sagen, was er zwei Tage zuvor auf der Plenartagung des Petrograder Sowjets am 5. November (23. Oktober) gesagt hatte.

Aber die Logik der historischen Ereignisse änderte nicht und konnte auch im Grunde genommen die opportunistische Natur Trotzkis, seiner konsequenten Anhänger und anderer Kapitulanten nicht ändern, die im Prinzip die Möglichkeit des Sieges der sozialistischen Revolution und des Sozialismus in Rußland bestritten und im Grunde für die historische Gesetzmäßigkeit der Errichtung der bürgerlichen parlamentarischen Republik eintraten. Ihr weiterer Weg in der Partei und im Lande führte über eine ununterbrochene Kette verräterischer Aktionen gegen die Leninsche Generallinie beim Aufbau des Sowjetstaates und der sozialistischen Gesellschaft in der UdSSR. Sie nahmen eine verräterische Haltung während der Brester Friedensverhandlungen ein, sie führten demagogische Angriffe gegen die Leninsche Linie beim Aufbau des Sozialismus auf der Grundlage der Neuen Ökonomischen Politik, sie verleumdeten das Zentralkomitee der Partei, das konsequent die Leninsche Linie der sozialistischen Industrialisierung des Landes und der Kollektivierung der Landwirtschaft durchführte. Das natürliche Resultat dieses unaufhörlichen Kampfes der oppositionellen Gruppierungen und Fraktionen der Kapitulanten gegen die Leninsche Generallinie war ihre völlige Abkehr von der Partei und ihr Übergang auf sowjetfeindliche Positionen.

John Reed konnte infolge der objektiven Bedingungen, unter denen er bei der Sammlung von Material für sein Buch und an seiner Deutung arbeiten mußte, nicht mit der notwendigen Konkretheit und Echtheit der Tätigkeit der bolschewistischen Parteizentren in der Periode der Vorbereitung des Aufstands und während des Aufstands studieren, da die Tätigkeit der bolschewistischen Partei und Lenins bis zum Sieg des Aufstands in der Illegalität verlief. Deshalb ist es natürlich, daß jener beharrliche Kampf, den Lenin und seine nächsten Kampfgefährten gegen die Kapitulanten und gegen die taktische Linie Trotzkis führten, nicht in genügendem

Maße in dem Buch seine Widerspiegelung finden konnte. Das hinderte den Autor, das Widerspruchsvolle in den Reden Trotzkis in den ersten Tagen der Oktoberrevolution wahrzunehmen.

Falsch ist Reeds Behauptung, daß „niemand, ausgenommen vielleicht Lenin, Trotzki, die Petrograder Arbeiter und die einfachen Soldaten", für möglich hielt, daß sich die Bolschewiki länger als drei Tage an der Macht halten könnten. Zusammen mit Lenin waren das Zentralkomitee und die örtlichen bolschewistischen Organisationen in ihrer überwiegenden Mehrheit davon überzeugt, daß der errungene Sieg von Dauer sein wird. Nur die bankrotten Parteien der Menschewiki und Sozialrevolutionäre, die Vertreter der Ausbeuterklassen, denen die Macht genommen war, und ihre Helfershelfer sowie ein Häuflein Kapitulanten innerhalb der bolschewistischen Partei „prophezeiten" den unvermeidlichen Untergang der siegreichen Revolution. Was Trotzki betrifft, so fällt gerade in diese Zeit seine von ausweglosem Pessimismus erfüllte Rede über das Schicksal der russischen Revolution auf dem Gesamtrussischen Sowjetkongreß. Die Darlegung der Umstände, unter denen der Beschluß über den bewaffneten Aufstand vom Zentralkomitee angenommen wurde, wie sie im Buch gegeben wird, entspricht nicht der historischen Wahrheit. (Siehe Seite 78 der vorliegenden Ausgabe und Anmerkungen dazu.)

Diese Mängel sowie andere Ungenauigkeiten, die das Buch enthält, sind jedoch von untergeordneter Natur und wirken sich überhaupt nicht auf die prinzipielle Einschätzung des Buches aus, mit dem John Reed ein hervorragendes Dokument geschaffen hat, das die Wahrheit über die Große Sozialistische Oktoberrevolution erzählt und in die Literatur eingegangen ist.

Der Autor des Buches war begeistert von Lenins Ideen und denen der bolschewistischen Partei, die ihren Ausdruck fanden in der operativen Tätigkeit der legalen führenden Zentren des Aufstands, im Heroismus, im Mut und in der revolutionären Schöpferkraft des aufständischen Volkes. Und gerade dieser Umstand ermöglichte es John Reed, mit dem scharfen Auge des leidenschaftlichen Revolutionärs und begabten Künstlers in das verborgene Wesen der revolutionären Ereignisse einzudringen, die sich vor ihm abspielten, und ihren tiefen historischen Sinn zu erfassen. Darin liegt auch das Hauptverdienst des Buches, das nach Lenins Urteil „eine wahrheitsgetreue und äußerst lebendige Darstellung der Ereignisse gibt, die für das Verständnis der proletarischen Revolution und der Diktatur des Proletariats von größter Bedeutung sind".

Die große Wahrheit über die Oktoberrevolution des russischen Volkes, der John Reed sein Buch widmete, war nicht nach dem Sinn der amerikanischen und anderen Imperialisten, die sich in ihrer Presse bemühten, durch niederträchtige Verleumdungen der Bolschewiki und der Sowjetordnung in Rußland die Aufmerksamkeit der von ihnen ausgebeuteten Massen von dem ansteckenden Beispiel des revolutionären Heldenmuts und der Kühnheit der russischen Arbeiter, Bauern und Soldaten abzulenken. Sie machten den Versuch, die von John Reed gesammelten Materialien zu beschlagnahmen. Sechsmal planten sie, durch Banditenüberfälle von Einbrechern das Manuskript des Buches aus dem Verlagsbüro zu stehlen, um es zu vernichten.

Doch trotz aller Hindernisse und Schwierigkeiten wurde John Reeds Buch „Zehn Tage, die die Welt erschütterten" 1919 in den USA herausgegeben. Als erstes Werk der Weltliteratur berichtete dieses Buch der ganzen Menschheit die Wahrheit über die siegreiche sozialistische Revolution in Rußland, die eine neue Ära in der Geschichte der Menschheit einleitete, die Ära der proletarischen Revolution.

## BIOGRAPHIE JOHN REEDS

### Von A. Williams

Portland, an der Küste des Stillen Ozeans, war die erste amerikanische Stadt, in der sich Arbeiter erstmalig weigerten, Munition für die Armee Koltschaks zu verladen. In dieser Stadt wurde John Reed am 22. Oktober 1887 geboren.

Sein Vater war einer der echten Bahnbrecher und starken Naturen, wie sie Jack London in seinen Erzählungen über den amerikanischen Westen schildert. Er war ein Mensch mit scharfem Verstand, der Heuchelei und Verstellung haßte. An wohlhabende und einflußreiche Leute hielt er sich nicht, sondern trat gegen sie auf und führte einen erbitterten Kampf gegen die Trusts, die, gleich gigantischen Kraken, die Wälder und andere Naturreichtümer des Landes an sich rissen. Er wurde verfolgt, geprügelt, aus seiner Stellung entlassen. Aber niemals kapitulierte er vor den Feinden.

So erhielt John Reed von seinem Vater ein gutes Erbe: einen scharfen Verstand, einen kämpferischen, kühnen und mutigen Geist. Früh schon zeigten sich seine hervorragenden Fähigkeiten, und nach Abschluß der Oberschule kam er auf die berühmteste Universität der Vereinigten Staaten – auf die Harvard-Universität. Gewöhnlich schickten die Petroleumkönige, die Kohlenbarone und Stahlmagnaten ihre Söhne dorthin. Sie wußten genau, daß die Muttersöhnchen, die dort vier Jahre in sportlicher Betätigung, in Luxus und im „langweiligen Studium langweiliger Wissenschaften" verbringen, von der Universität zurückkehren, ohne daß ihre Seelen den geringsten Anflug von Radikalismus aufweisen; denn in den Colleges und Universitäten wurden auf eben diese Weise Zehntausende amerikanischer Jünglinge zu Verteidigern der herrschenden Ordnung, zur Weißen Garde der Reaktion.

John Reed verbrachte vier Jahre in den Wänden der Harvard-

Universität und wurde wegen seiner gewinnenden Art und seinen Fähigkeiten zum allgemeinen Liebling. Täglich kam er mit den jungen Sprößlingen der reichen und privilegierten Klassen zusammen. Er hörte die schwülstigen Vorlesungen rechtgläubiger Lehrer der Soziologie, er hörte die Predigten der Hohenpriester des Kapitalismus – der Professoren der politischen Ökonomie. Das Ende war, daß er mitten im Zentrum dieser Festung der Plutokratie einen sozialistischen Klub gründete. Das war ein Schlag ins Gesicht der gelehrten Ignoranten. Sie trösteten sich mit dem Gedanken, daß dies einfach eine Knabentorheit sei, und sagten: „Der Radikalismus vergeht ihm, sobald er das College verläßt und die breite Arena des Lebens betritt."

John Reed schloß sein Studium mit einem akademischen Grad ab, trat ins weite Leben hinaus und eroberte es in unwahrscheinlich kurzer Zeit: mit seiner Liebe zum Leben, seinem Enthusiasmus und seiner Feder. Schon auf der Universität, als Redakteur des satirischen Blattes „Lampoon", hatte er sich als Meister eines leichten und glänzenden Stils gezeigt. Jetzt ergoß sich aus seiner Feder ein Strom von Gedichten, Erzählungen, Dramen. Die Verleger überschütteten ihn mit Angeboten; illustrierte Zeitschriften zahlten ihm fabelhafte Honorare; bekannte Zeitungen bestellten bei ihm Berichte über die wichtigsten Ereignisse des Lebens im Ausland.

So wurde er zum Wanderer auf den großen Wegen der Welt. Wer über das Gegenwartsleben auf dem laufenden sein wollte, der brauchte nur John Reed zu folgen; denn überall, wo nur irgend etwas Bedeutendes geschah, war er rechtzeitig am Platz, einem Sturmvogel gleich.

In Paterson schwoll der Aufstand der Textilarbeiter zu einem revolutionären Sturm an – und schon stand John Reed mitten im Gewühl.

In Colorado verließen die Sklaven Rockefellers die Gruben und weigerten sich trotz der Knüppel und Gewehre der Wachen, dorthin zurückzukehren – und schon war John Reed unter den Rebellen.

Die unterjochten Bauern in Mexiko hißten das Banner des Aufruhrs und zogen unter Führung von Villa zum Sitz des Präsidenten – John Reed hoch zu Pferd neben ihnen.

Der Bericht über diesen letzten heldenhaften Kampf erschien im „Metropolitan Journal" und später in seinem Buch „Mexiko in Aufruhr". Mit echt poetischem Gefühl schildert er die violetten und purpurfarbenen Berge, die ausgedehnten Wüsten, „ringsum geschützt von Riesenkakteen und Dornbüschen". Es fesselten ihn die endlosen Ebenen, aber in noch größerem Maße ihre Bewohner, die von den Gutsbesitzern und von der katholischen Kirche erbarmungslos ausgebeutet wurden. Er beschreibt, wie sie ihre Herden von den Bergen heruntertreiben, um sich den Befreiungsarmeen anzuschließen, wie sie abends an den Lagerfeuern ihre Lieder singen und trotz Hunger und Kälte – in Lumpen, barfüßig – sich prächtig für Land und Freiheit schlagen.

Der imperialistische Krieg brach aus – John Reed war überall dort, wo Kanonen donnerten: in Frankreich, Deutschland, Italien, in der Türkei, auf dem Balkan und sogar hier, in Rußland. Als er den Verrat der zaristischen Beamten entlarvte und Materialien sammelte, die ihre Teilnahme an der Organisierung von Judenpogromen bewiesen, wurde er zusammen mit dem berühmten Künstler Bordman Robinson von der Gendarmerie verhaftet. Aber wie immer, dank eines geschickten Tricks, eines glücklichen Zufalls oder eines geistreichen Streiches, entschlüpfte er ihren Krallen und stürzte sich lachend ins nächste Abenteuer. Niemals konnte ihn die Gefahr zurückhalten. Sie war sein eigentliches Element. Immer drang er in Sperrgebiete vor, bis in die vordersten Schützengräben.

Lebendig erwacht in meiner Erinnerung meine Reise mit John Reed und Boris Reinstein im September 1917 an die Rigaer Front. Unser Auto fuhr nach Süden, in Richtung Wenden, als die deutsche Artillerie ein Dörfchen ostwärts mit Granaten überschüttete. Dieses Dörfchen wurde plötzlich für John Reed der interessanteste Platz auf der Welt! Er bestand darauf, dorthin zu fahren. Langsam, vorsichtig bewegten wir uns vorwärts – als hinter uns ein Geschoß krepierte und der Weg, den wir eben passiert hatten, nun als schwarze Fontäne von Rauch und Staub in die Luft flog.

Erschreckt hielten wir uns krampfhaft aneinander fest, doch nach einer Minute schon strahlte John Reed vor Begeisterung, als fühle er innere Befriedigung.

So durchzog er die ganze Welt, kam durch alle Länder, an alle Fronten, ging von einem ungewöhnlichen Abenteuer zum anderen. Aber er war nicht einfach ein Abenteurer, ein Reisereporter schlechthin, ein Zuschauer, der das Leid der Menschen ruhig von der Seite her beobachtete. Im Gegenteil, ihr Leid war auch sein Leid. Dieses ganze Chaos, der Schmutz, die Qualen und das Blutvergießen verletzten sein Gefühl für Gerechtigkeit und Anstand. Er strebte beharrlich danach, bis an die Wurzel des Übels vorzudringen, um es dann mit der Wurzel auszureißen.

Nun kehrte er von seinen Fahrten zurück nach New York – aber nicht zur Erholung, sondern zu neuer Arbeit und Agitation.

Als er aus Mexiko zurückkam, erklärte er: „Ja, in Mexiko ist Aufruhr und Chaos, aber die Verantwortung für all das fällt nicht auf die landlosen Bauern, sondern auf jene, die durch Gold- und Waffensendungen Unruhe säen, auf die miteinander wetteifernden amerikanischen und englischen Petroleumgesellschaften."

Aus Paterson zurückgekehrt, organisierte er in dem größten Saal New Yorks – Madison Square Garden – eine gewaltige, eindrucksvolle Veranstaltung unter dem Thema „Der Kampf des Proletariats von Paterson mit dem Kapital".

Aus Colorado kam er zurück und schilderte die Verbrechen in Ludlow, die durch ihre Grausamkeiten die Erschießungen an der Lena in Sibirien zum Teil in den Schatten stellten. Er berichtete, wie die Grubenarbeiter aus ihren Häusern hinausgeworfen wurden, wie sie in Zelten lebten, wie diese Zelte mit Petroleum begossen und angezündet wurden, wie flüchtende Arbeiter von den Soldaten erschossen wurden – und wie Frauen und Kinder in den Flammen umkamen. Sich an Rockefeller, den König der Millionäre, wendend, sagte er: „Es sind eure Gruben, es sind von euch gedungene Banditen und Soldaten. Ihr seid die Mörder!"

Vom Kriegsschauplatz kehrte er nicht mit leerem Geschwätz über die Grausamkeiten der einen oder der anderen Seite zurück, sondern mit einer Verdammung des Krieges überhaupt als des Inbegriffs der Bestialität, als eines Blutbades, das von den sich einander bekämpfenden Imperialisten inszeniert ist. In der radikal-revolutionären Zeitschrift „The Liberator", der er seine besten Beiträge unentgeltlich zur Verfügung stellte, veröffentlichte er einen scharf antimilitaristischen Artikel: „Bereite für deinen Sohn die Zwangsjacke vor." Zusammen mit den anderen Redakteuren wurde er vom New-Yorker Gericht unter Anklage des Landesverrats gestellt. Der Staatsanwalt bemühte sich mit allen Kräften, von den patriotisch gestimmten Geschworenen ein Schuldurteil zu erzielen. Er ging sogar so weit, daß er während der Gerichtsverhandlung in der Nähe des Gerichtsgebäudes von einem Orchester die Nationalhymne spielen ließ! Aber Reed und seine Genossen verteidigten fest ihre Überzeugung. Als

Reed mutig erklärte, er halte es für seine Pflicht, unter dem revolutionären Banner für die soziale Revolution zu kämpfen, fragte ihn der Staatsanwalt: „Würden Sie aber im gegenwärtigen Krieg unter der amerikanischen Fahne kämpfen?" „Nein", antwortete Reed kategorisch. „Und weshalb nicht?" Als Antwort hielt Reed eine leidenschaftliche Rede, in der er die Greuel schilderte, deren Zeuge er auf dem Schlachtfeld gewesen war. Die Schilderung war so lebendig und stark, daß sogar einige der voreingenommenen kleinbürgerlichen Geschworenen bis zu Tränen gerührt waren und die Redakteure freigesprochen wurden.

Zur Zeit, als die Vereinigten Staaten in den Krieg eintraten, mußte sich Reed einer Operation unterziehen und büßte eine Niere ein. Die Ärzte erklärten ihn für den Militärdienst untauglich. „Der Verlust einer Niere kann mich davon befreien, dem Krieg zwischen zwei Völkern zu dienen", sagte Reed, „aber er befreit mich nicht vom Dienst, wenn es um den Krieg zwischen den Klassen geht."

Im Sommer 1917 eilte John Reed nach Rußland, weil er in den ersten revolutionären Zusammenstößen das Nahen des großen Klassenkrieges erkannte.

Rasch analysierte er die Situation und erkannte, daß die Eroberung der Macht durch das Proletariat logisch und unvermeidlich war. Das Zögern und Hinausschieben machte ihn unruhig. Jeden Morgen war er in gereizter Stimmung, wenn er sich vergewisserte, daß die Revolution noch nicht begonnen hatte. Endlich – der Smolny gab das Signal, und die Massen gingen zum revolutionären Kampf über. Es war völlig selbstverständlich, daß John Reed zusammen mit ihnen vorging. Er war überall: bei der Auflösung des Vorparlaments, beim Barrikadenbau, bei den Ovationen für Lenin und Sinowjew, als diese aus der Illegalität kamen, bei der Einnahme des Winterpalastes . . .

Überall, wo er nur hinkam, sammelte er Material. Er sammelte ganze Jahrgänge der „Prawda", der „Iswestija", alle Proklamationen, Broschüren, Plakate und Anschläge. Eine besondere Leidenschaft hegte er für Plakate. Jedesmal, wenn ein neues Plakat erschien, zögerte er nicht lange, es von der Wand zu reißen, wenn er es sich nicht auf andere Weise beschaffen konnte.

In diesen Tagen wurden Plakate in einer solchen Menge und mit solcher Schnelligkeit gedruckt, daß es schwerfiel, einen Platz für sie an den Zäunen zu finden. Plakate aller Parteien und Richtungen – der Kadetten, der Sozialrevolutionäre, der Menschewiki, der linken Sozialrevolutionäre, der Bolschewiki – wurden in so dicken Schichten aufeinandergeklebt, daß Reed einmal eine ganze Schicht von sechzehn übereinandergeklebten Plakaten abriß. In mein Zimmer stürmend, schwenkte er die riesige Papiertafel und rief aus: „Schau, mit einem Schwung habe ich die ganze Revolution und Konterrevolution gepackt!"

So brachte er auf die verschiedenste Weise eine großartige Sammlung von Materialien zusammen, so großartig, daß sie ihm, als er nach 1918 im Hafen von New York eintraf, von den Agenten des amerikanischen Justizministeriums weggenommen wurde. Immerhin gelang es ihm, sie erneut in seinen Besitz zu bringen und in einem New-Yorker Zimmerchen zu verstecken, wo er beim Getöse der über und unter ihm dahinrollenden Züge sein Buch „Zehn Tage, die die Welt erschütterten" schrieb.

Selbstverständlich war es den amerikanischen Pogromhelden nicht erwünscht, daß das Buch das Publikum erreichte. Sechsmal drangen sie in die Räume des Verlages ein, um das Manuskript zu stehlen. Seine Fotografie versah John Reed mit der Aufschrift: „Meinem Verleger Horatio Liveright, der durch Drucklegung des Buches fast ruiniert wurde."

Dieses Buch war nicht die einzige Frucht seiner literarischen Tätigkeit, die die Wahrheit über Rußland verbreitete. Es ist selbstverständlich, daß die Bourgeoisie, die die russische Revolution haßte und fürchtete, versuchte, sie in einem Lügenstrom zu ertränken. Unendliche Ströme schmutziger Verleumdungen ergossen sich von den politischen Tribünen, von der Filmleinwand, aus den Spalten der Zeitungen und Zeitschriften. Zeitschriften, die ehemals bei Reed um Artikel gebettelt hatten, brachten keine einzige von ihm geschriebene Zeile. Aber sie konnten ihn nicht zum Schweigen bringen. Er sprach auf stark besuchten Versammlungen.

Er gründete eine eigene Zeitschrift, wurde Redakteur der linkssozialistischen Zeitschrift „The Revolutionary Age", später auch der Zeitschrift „The Communist". Artikel auf Artikel schrieb er für den „Liberator", reiste in den Vereinigten Staaten umher, nahm an Konferenzen teil, informierte die Teilnehmer durch reiches Tatsachenmaterial, steckte sie an mit seinem Enthusiasmus und seiner revolutionären Glut. Schließlich gründete er mit einer Gruppe im

Zentrum des amerikanischen Kapitalismus die Kommunistische Arbeiterpartei, genauso wie er zehn Jahre früher im Herzen der Harvard-Universität den sozialistischen Klub gegründet hatte.

Die „Weisen" hatten gewohnheitsgemäß danebengetroffen. Der Radikalismus John Reeds war, was auch immer, keinesfalls aber eine „vorübergehende Torheit". Entgegen den Prophezeiungen hat die Berührung mit der Außenwelt John Reed keineswegs davon geheilt. Sie hat seinen Radikalismus nur gestärkt und gefestigt. Davon, daß dieser Radikalismus jetzt tief und stark war, konnte sich die Bourgeoisie beim Lesen von „The Voice of Labor" überzeugen, dem neuen kommunistischen Organ, das unter der Redaktion John Reeds erschien. Die Bourgeoisie der Vereinigten Staaten begriff nun, daß in ihrem Vaterland schließlich ein echter Revolutionär erschienen war. Allein das Wort „Revolutionär" ließ sie erzittern! Freilich hatte es auch in der fernen Vergangenheit der Vereinigten Staaten Revolutionäre gegeben. Daran erinnern die Namen solcher Organisationen wie „Töchter der amerikanischen Revolution" und „Söhne der amerikanischen Revolution". Damit zollt die heute reaktionäre Bourgeoisie dem Andenken ihrer Revolution von 1776 ihren Tribut. Aber jene Revolutionäre gehören längst einer anderen Welt an. John Reed jedoch war ein lebender Revolutionär, ungewöhnlich lebendig – er war eine Herausforderung, eine Geißel für die Bourgeoisie! Ihr blieb nur eins: Reed hinter Schloß und Riegel zu halten. So wurde er verhaftet – nicht einmal und nicht zweimal, sondern zwanzigmal. In Philadelphia schloß man den Versammlungssaal, um ihn nicht sprechen zu lassen. Er aber kletterte auf eine Seifenkiste, und von dieser „Tribüne" wandte er sich an die große Masse, die die Straße überflutete. Die Versammlung wurde zu einem großen Erfolg, und es nahmen an ihr viele Sympathisierende teil, so daß es nach der Verhaftung Reeds den Geschworenen unmöglich war, ein Gerichtsurteil wegen „Störung der öffentlichen Ordnung" zu fällen. Keine einzige Stadt in den Vereinigten Staaten fühlte sich sicher, solange nicht John Reed – und sei es auch nur ein einziges Mal – in Haft genommen wurde. Es gelang ihm jedoch ständig, freizukommen – entweder gegen Bürgschaft oder durch Gerichtsvertagung. Sofort beeilte er sich, auf irgendeiner neuen Arena einen Kampf zu liefern.

Nicht Rußland hat John Reed zum Revolutionär gemacht. Revolutionäres amerikanisches Blut floß seit seiner Geburt in seinen

Adern. Wenn man die Amerikaner auch stets als wohlbeleibte, selbstgefällige und reaktionäre Nation darstellt, so lebt in ihr doch Empörung und Aufruhr. Denkt an die großen Aufständischen der Vergangenheit – an Thomas Paine, W. Whitman, J. Brown und Parsons. Und die Kampfgefährten John Reeds – Bill Haywood, Robert Minor, Ruthenberg und Foster! Erinnert euch der blutigen Konflikte in den Industriebezirken Homestead, Pullman und Lawrence, denkt an den Kampf der „Industriearbeiter der Welt" (IWW)... Sie alle, Führer wie Massen, sind amerikanischer Herkunft. Und wenn es gegenwärtig auch nicht ganz augenscheinlich ist, so hat das amerikanische Blut doch einen starken Zusatz von Rebellentum.

Deshalb kann man nicht sagen, Rußland habe John Reed zu einem Revolutionär gemacht. Es hat aus ihm vielmehr einen *wissenschaftlich denkenden und konsequenten* Revolutionär gemacht! Darin liegt das große Verdienst Rußlands. Es hat ihn veranlaßt, sich mit den Werken von Marx, Engels und Lenin zu beschäftigen, hat ihm Verständnis für den Geschichtsprozeß und für den Gang der Ereignisse gegeben. Es ließ ihn seine etwas verschwommenen humanistischen Ansichten durch harte grobe Tatsachen der Ökonomie ersetzen und hat ihn bewogen, zum Lehrer der amerikanischen Arbeiterbewegung zu werden und zu versuchen, ihr dasselbe wissenschaftliche Fundament zu geben, mit dem er seine eigene Überzeugung untermauert hat.

„Doch nicht in der Politik liegt deine Kraft, John", sagten ihm seine Freunde des öfteren. „Du bist ein Künstler, aber kein Propagandist. Du solltest deine Talente der schöpferischen literarischen Tätigkeit widmen!" Er hat oft die Wahrheit dieser Worte empfunden, denn immer entstanden neue Gedichte, Romane und Dramen in seinem Kopf, die sich Ausdruck zu verschaffen suchten und danach drängten, eine bestimmte dichterische Form anzunehmen. Als die Freunde dann darauf bestanden, daß er die revolutionäre Propaganda beiseite lassen und sich an den Schreibtisch setzen solle, antwortete er lächelnd: „Gut, ich tue es sofort."

Doch auch nicht für eine Minute stellte er seine revolutionäre Tätigkeit ein. Er konnte es einfach nicht! Die russische Revolution hatte ihn voll und ganz in ihren Bann gezogen. Er war von ihr beherrscht. Sie nötigte ihn, seine schwankenden anarchistischen Stimmungen der strengen Disziplin des Kommunismus unterzuordnen. Sie sandte ihn als eine Art Propheten mit leuchtender Fackel in die Städte Amerikas, sie rief ihn 1919 nach Moskau, damit er in der Kommunistischen Internationale an der Vereinigung der beiden kommunistischen Parteien der USA mitwirke.

Ausgerüstet mit neuen Erkenntnissen der revolutionären Theorie, begab er sich erneut auf eine illegale Reise nach New York. Doch von einem Matrosen verraten und ausgebootet, wurde er in ein finnisches Gefängnis in Einzelhaft geworfen. Von dort kehrte er wieder nach Rußland zurück, schrieb in der „Kommunistischen Internationale", sammelte Material für ein neues Buch, wurde auf den Kongreß der Ostvölker nach Baku delegiert. Er erkrankte an Typhus (mit dem er sich wahrscheinlich im Kaukasus infiziert hatte); erschöpft durch Überarbeitung, überstand er die Krankheit nicht und starb am Sonntag, dem 17. Oktober 1920.

Gleich John Reed kämpften auch andere gegen die konterrevolutionäre Front in Amerika und Europa, sie kämpften nicht weniger tapfer als die Rote Armee gegen die Konterrevolution in der Sowjetunion. Manche fielen als Opfer von Pogromen, andere verstummten für ewig in den Gefängnissen; einer kam auf dem Heimweg nach Frankreich im Weißen Meer während eines Sturmes um, ein anderer stürzte in San Franzisko mit seinem Flugzeug ab, von dem er Flugblätter abgeworfen hatte, die zum Protest gegen die Intervention aufriefen. So sehr der Vorstoß des Imperialismus gegen die Revolution auch wütete, ohne diese Kämpfer hätte er noch stärker wüten können. Sie haben einiges getan, um das Vordringen der Konterrevolution aufzuhalten. Nicht nur Russen, Ukrainer, Tataren und Kaukasier haben der russischen Revolution geholfen, sondern auch – wenn auch in geringerem Grade – Franzosen, Deutsche, Engländer und Amerikaner. Unter diesen „nichtrussischen Gestalten" ragt die Persönlichkeit John Reeds hervor; er war ein Mensch von außergewöhnlicher Begabung, der in der Fülle seiner Kraft vom Tode ereilt wurde ...

Als die Nachricht von seinem Tode aus Helsingfors und Reval eintraf, waren wir überzeugt, es sei eine der Lügen, wie sie in den konterrevolutionären Lügenmühlen täglich fabriziert wurden. Als aber Louise Bryant die erschütternde Nachricht bestätigte, mußten wir die Hoffnung auf ein Dementi aufgeben, so schmerzhaft es auch für uns war.

Wenn John Reed auch, zu einer fünfjährigen Freiheitsstrafe verurteilt, als ein aus der Heimat Verbannter starb, so hat ihm doch selbst die bürgerliche Presse als Künstler und Mensch Anerkennung gezollt. Die Herzen der Bourgeois waren erleichtert: John Reed war nicht mehr, er, der es verstanden hatte, ihre Verlogenheit und Heuchelei zu entlarven, der sie mit seiner Feder schonungslos an den Pranger gestellt hatte.

Die radikale Welt der Vereinigten Staaten erlitt einen nicht mehr wettzumachenden Verlust. Die Genossen außerhalb der USA können wohl kaum die tiefe Trauer ermessen, die sein Tod hervorgerufen hat. Die Russen halten es für ganz natürlich, für etwas Selbstverständliches, daß ein Mensch für seine Überzeugung stirbt. In Sowjetrußland haben Tausende und Zehntausende ihr Leben für den Sozialismus hingegeben, in den USA dagegen wurden verhältnismäßig wenig solcher Opfer gebracht. Wenn man will, so war John Reed der erste Märtyrer der kommunistischen Revolution, dem später Tausende andere folgten. Das plötzliche Ende seines wahrhaft meteorhaften Lebens im fernen blockierten Rußland war für die amerikanischen Kommunisten ein furchtbarer Schlag. Nur ein Trost ist seinen alten Freunden und Genossen geblieben: die Tatsache, daß John Reed dort seine letzte Ruhestätte gefunden hat, wo er am liebsten weilte – an der Kremlmauer.

Auf seinem Grab wurde ihm ein Denkmal errichtet, das seinem Charakter entspricht: ein unbehauener Granitblock, auf dem eingemeißelt ist: „John Reed, Delegierter der III. Internationale, 1920".

516

Dem vorliegenden Band liegt die Ausgabe des Verlages für Literatur und Politik, Wien-Berlin 1927, in der Übersetzung von Willi Schulz zugrunde, die nach dem amerikanischen Original neu überprüft wurde. Das Vorwort von W. I. Lenin, das Vorwort von John Reed, die „Einführenden Bemerkungen und Erklärungen" und die Beilagen im Anhang wurden aus dem amerikanischen Original hinzugefügt. Das Vorwort von N. K. Krupskaja, die Biographie John Reeds von A. Williams, das Nachwort und der größte Teil der redaktionellen Fußnoten wurden der russischen Ausgabe des Staatsverlages für Politische Literatur, Moskau 1957, entnommen.

Der Verlag

# INHALT